KB240905

기업
가업승계와
상속증여세
절세

기업 가업승계와 상속증여세 절세

2020년　5월 22일　초판 발행
2025년　5월 16일　3판 발행

지 은 이　조남철·강성준·권우진·문예인·최재원
발 행 인　이희태
발 행 처　삼일피더블유씨솔루션
등 록 번 호　1995.6.26.제3 – 633호
주　　소　서울특별시 용산구 한강대로 273 용산빌딩 4층
전　　화　02)3489 – 3100
팩　　스　02)3489 – 3141
가　　격　30,000원

ISBN　979 – 11 – 6784 – 395 – 1　93320

기업 가업승계와 상속증여세 절세

개 정 판

조남철 · 강성준 · 권우진
문예인 · 최재원 공저

SAMIL | 삼일인포마인

2025년 개정 3판 머리말

　세계적으로 정치, 경제, 군사적 불확실성은 점점 심화되고 있고 각 국가의 자국 이익 우선주의 분위기가 확산되고 있다. 이로 인해 수출입에 의존하고 있는 대한민국 경제는 그 불확실성에 즉각적으로 노출되어 사업의 큰 리스크로 작용하고 있다. 이러한 분위기 속에서 수십 년간 기업을 일궈온 중소기업, 중견기업 창업자는 아직 많이 부족하다고 생각되는 자녀에게 기업 승계를 해야 할지 아니면 기존 임원 또는 외부 전문경영인에게 경영을 맡길지, 아예 기업을 매각할지 현실적인 고민을 하게 된다.

　과거 실적이 좋았거나 현재 정상적인 이익을 내는 기업들은 기업의 누적 이익 잉여금과 부동산 가치 상승 등으로 기업 가치는 꾸준히 상승하게 되었다. 이러한 가운데 최근 들어 여당, 야당 모두 상속세 감세하는 세법개정안에 대한 구체적인 협의를 진행하고 있는 것은 나름 긍정적인 상황으로 해석 할 수 있다. 기존 피상속인 전체 재산에 과세하는 유산세에서 상속인이 받게 되는 재산에 대해서 과세하는 유산취득세형으로의 개편이 논의 되고 있는데 법안이 통과되면 기존 상속세 일괄공제 5억 해주던 금액이 자녀 1인당 5억씩 공제가 된다. 또한, 배우자공제도 기존 기본 5억 공제에서 기본 10억 공제로 공제 금액이 2배로 상향된다. 배우자가 있고 자녀가 2인이라면 기본적인 상속공제가 20억원으로 기존 10억원 보다 2배 상향 조정되어 중산층에 대한 상속세 부담을 대폭 낮출 것으로 예상된다.

　최근 5년간 가업상속공제, 주식증여특례에 대한 대폭적인 개정들이 있어서 가업 승계에 대한 제도 활용에 그 어느 때보다 신청건수와 관심도가 높아져가고 있다. 가업상속공제 제도에서 가장 문제가 되었던 사후관리 유지기간이 2020년도에 10년에서 7년으로 개정 되었고, 2023년도에는 사후관리 기간이 5년으로 개정 되었다.

그리고 2020년부터 기준고용인원 기준과 총 급여 기준 2가지 요건 중 1가지를 선택할 수 있게 개정이 되었으며 사후관리 기간 중 기간 단축으로 인한 기간 요건이 충족된 경우 사후관리를 충족한 것으로 개정되었다.

가업상속공제, 가업승계에 대한 주식증여특례 규정 적용에서 가장 문제가 되고 있는 업무무관자산에 대한 해석과 판례 역시 사업에 필수적인 부분 이었다고 판단되면 해외법인, 자회사, 투자회사에 대한 주식, 사업 활동에 필수적인 금융자산도 업무 유관자산으로 판단하는 예규 및 판례가 생산되고 있다. 창업자 사후가 아니라 사전에 가업승계를 촉진하기 위해서 2024년도부터 가업승계 주식증여특례 공제한도를 가업상속공제와 동일하게 가업영위기간이 30년 이상인 경우 600억원으로 상향 조정되었다.

가업승계 제도를 활용할 수 있을지는 개별 기업마다 컨디션이 모두 다르기 때문에 기업마다의 상황별 세금 시뮬레이션을 해보고 현 시점에서 주식 전부를 증여할지, 일부주식만 증여하고 일부는 상속시점에 정리할 지를 판단해야 한다. 기업의 현재가치가 상대적으로 저평가 되어 있고 미래가치가 현재보다 고평가 될 것이라고 판단이 되면 과감하게 현 시점에서 주식을 증여하는 것이 중장기적인 관점에서 합리적인 의사결정이 될 것이다.

스티븐 코비의 "나는 내 환경의 산물이 아니라, 내 선택의 산물이다."라는 명언처럼 우리 기업 가치와 이전 되는 부의 크기도 창업주의 선택과 결정에 의해서 달라질 것이다.

– 저자 조남철 –

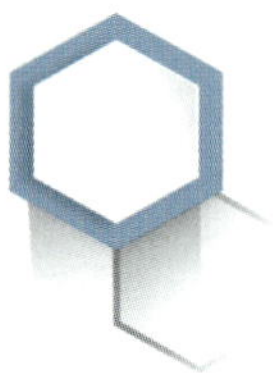

초판 머리말

4차 산업혁명과 AI 출현 그리고 코로나바이러스의 영향으로 앞으로의 산업 흐름은 더욱 혁신적으로 변화할 것이고, 이에 대한 준비를 하지 못한 기업은 가루가 되어 소멸하게 될 것이다. 경제가 발전하면서 1인당 국민 소득이 증가 했고, 정부정책의 큰 기조로 근로자 급여가 인상되어 생산 단가는 높아지고 기업하기는 더욱 어려워지고 있다. 국내 제조업은 캄보디아, 베트남, 태국 등으로 제조 공장을 이전하고 있고, 해방 이래 국내에서 제조업을 하기 가장 어려운 시대에 살고 있다.

선친이 하던 사업을 기존의 방식 그대로 승계하여 이어간다는 것은 시대의 변화 속도를 감안하게 되면 냄비 속 개구리가 냄비 속에서 익어가는 것을 기다리는 형국일 수 있다.

그렇다고 기존에 하고 있던 사업을 완전히 바꿀 수도 없다. 기존의 방식에서 유연한 확장과 변형을 통해서 새로운 "Next Big Things" 시장을 준비해야 할 것이다. 이를 위해서는 기존사업 業의 본질에 대한 통찰과 새로운 정의를 통해서 앞으로 시대 변화에 맞는 기업의 "transformation"이 필요한 시대가 된 것이다. 또한 업종 불문하고 un-tact, digital tact 사회 환경에 맞는 시장 변형을 준비해야 한다.

　하지만 이와는 별도로 과거 선친이 이루어놓은 가업을 온전히 승계하기 위한 세법적 지식 습득이 필수적이다. 통상적인 기업의 경우 개인사업자로 운영하다가 규모가 커지게 되면 법인사업자로 법인전환을 하고, 법인전환 이후 20~30년 이상 운영하게 되면 자녀 등에게 가업의 승계를 걱정하게 된다. 국가에서는 지속적인 중소기업의 유지 발전을 위해서 가업상속공제와 가업승계주식증여특례, 창업자금증여특례 등의 규정을 운영 중에 있다. 하지만 까다로운 요건과 사후관리로 인해서 그 신청이 저조한 것이 사실이다.

　현시내의 어려운 경제싱황을 개선하고 신청이 저조한 가업상속 관련 제도를 개정하고 있으며, 최근 가업상속공제의 사후관리 요건 중 가장 문제가 되었던 10년간 사후관리를 7년으로 개정함으로써 가업상속 제도의 활성화에 의지를 보이고 있다. 가업상속공제 후 고용유지 의무 관련 근로자 인원 기준 외에 총급여액 기준을 선택적으로 적용할 수 있도록 함으로써 보다 완화된 가업 상속공제 요건으로 개정되어 가업상속공제에 대해 재검토할 필요가 있다.

　또한 상대적으로 금액이 적은 가업승계주식에 대한 증여특례 한도 금액에 대한 상향 논의가 있으므로 그 어느 때보다 활용가능성이 높아지고 있는 가업상속공제나 가업승계주식증여특례에 대한 관심을 가져야 한다.

Contents

Contents

Part 02   가업승계의 의미와 절차

Contents

Part 03   가업승계 지원제도

1. 가업승계 관련 실태조사 • 211

2. 가업상속공제 • 222

Contents

Contents

기   업
가업승계와
상속증여세
절   세

Part 01

상속 관련
법률의 이해

상속 관련 법률의 이해

1 상속세의 이해

(1) 개념과 납세 현황

1) 개념

상속세란 사망으로 그 재산이 가족이나 친족 등에게 무상으로 이전되는 경우에 당해 상속재산에 대하여 부과하는 세금을 말한다.

2) 상속세 신고 및 결정 현황

① 상속세 신고 현황

〈상속세 신고 현황(납세지별)〉

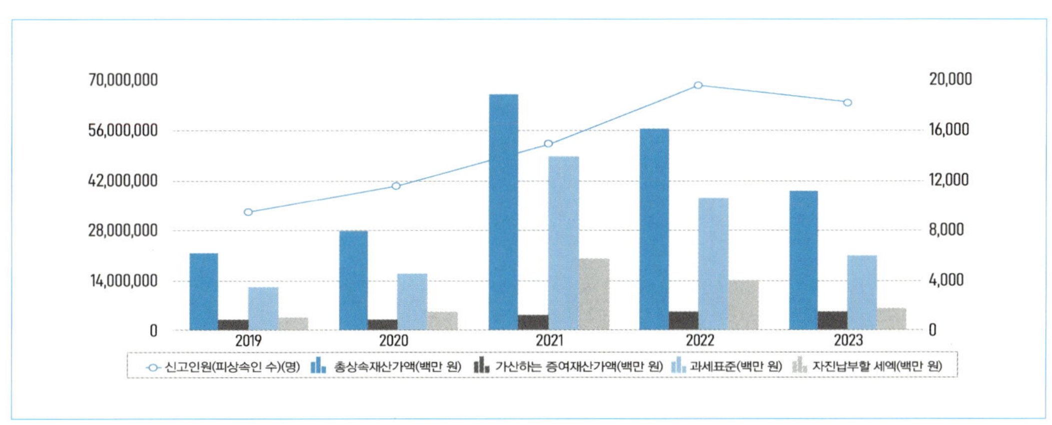

구분	2019	2020	2021	2022	2023
신고인원(피상속인수) (명)	9,555	11,521	14,951	19,506	18,282
총상속재산가액(백만원)	21,537,994	27,413,896	65,971,374	56,519,431	39,054,915
가산하는 증여재산가액 (백만원)	3,183,283	3,304,628	4,398,700	5,444,171	4,996,279
과세표준(백만원)	12,261,946	16,020,664	48,962,293	37,371,904	21,126,109
자진납부할 세액(백만원)	3,672,276	5,176,495	20,448,353	13,725,277	6,379,383

(출처: 국세통계포탈)

② 상속세 결정현황

〈상속세 결정 현황(자산종류별)〉

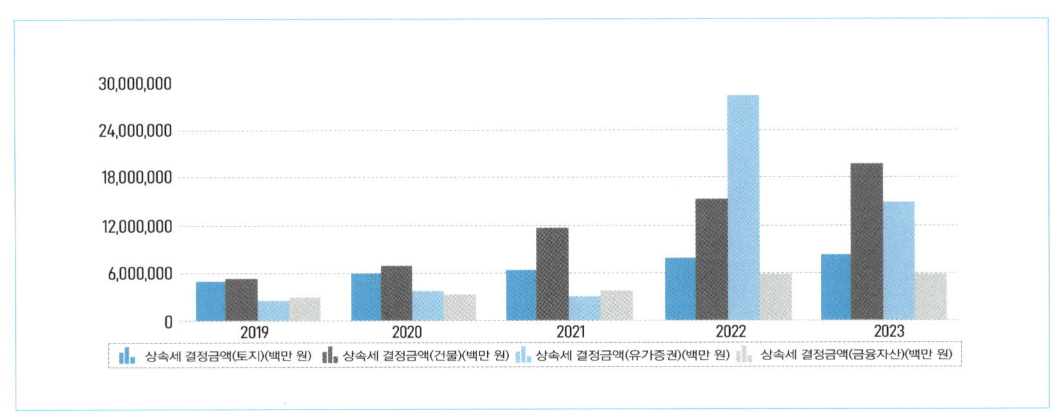

구분	2019	2020	2021	2022	2023
상속세 결정금액(토지) (백만원)	4,969,423	6,050,553	6,438,282	7,876,904	8,274,815
상속세 결정금액(건물) (백만원)	5,322,066	6,956,574	11,648,432	15,326,563	19,845,497
상속세 결정금액 (유가증권) (백만원)	2,292,010	3,681,629	2,861,570	28,461,560	14,947,906
상속세 결정금액 (금융자산) (백만원)	2,695,348	3,149,053	3,808,124	5,534,131	5,953,643

(출처:국세통계포탈)

(2) 상속세 납세의무자

상속세 신고·납부의무가 있는 납세의무자에는 상속을 원인으로 재산을 물려받는 "상속인"과 유언이나 증여계약 후 증여자의 사망으로 재산을 취득하는 "수유자"가 있다.

상속인이란 혈족인 법정상속인과 대습상속인, 사망자(피상속인)의 배우자 등을 말하며, 납세의무가 있는 상속포기자와 특별연고자도 포함된다.

민법에서는 상속이 개시되면 유언 등에 의한 지정상속분을 제외하고, 피상속인의 유산은 그의 직계비속·직계존속·형제자매·4촌 이내의 방계혈족 및 배우자에게 상속권을 부여하고 있다.

[상속의 순위(민법 제1000조)]

우선순위	피상속인과의 관계	상속인 해당 여부
1순위	직계비속과 배우자	항상 상속인
2순위	직계존속과 배우자	직계비속이 없는 경우 상속인
3순위	형제자매	1, 2순위가 없는 경우 상속인
4순위	4촌 이내의 방계혈족	1, 2, 3순위가 없는 경우 상속인

- 같은 순위의 상속인이 여러 명인 경우에는 피상속인과 촌수가 가까운 자가 상속인이 되고, 촌수가 같은 상속인이 여러 명인 경우에는 공동상속인이 된다.
  【예시】아들 A, 딸 B, 손자녀 C와 D가 있는 경우
    ⇒ 아들 A와 딸 B가 공동상속인이 되며, 손자녀 C와 D는 상속인이 될 수 없다.
- 태아는 상속순위를 결정할 때는 이미 출생한 것으로 본다.
- 배우자는 직계비속과 같은 순위로 공동상속인이 되며, 직계비속이 없는 경우에는 2순위 상속인인 직계존속과 공동상속인이 된다. 직계비속과 직계존속이 없는 경우에는 단독 상속인이 된다.
- 상속인이 될 직계비속 또는 형제자매가 상속개시 전에 사망하거나 결격자가 된 경우, 그 직계비속이 있는 때에는 그 직계비속이 사망하거나 결격된 자의 순위에 갈음하

여 상속인이 된다.

【예시】아들 E와 아들의 자녀인 F가 있는 경우에 아들 E가 상속개시일 전 사망한
　　　경우

　　　⇒ 아들 E가 상속인이나 사망했기 때문에 아들의 자녀인 F가 상속인이 된다.

특별연고자나 수유자가 영리법인인 경우에는 당해 영리법인이 납부할 상속세는 면제된다.

다만, 2014년 1월 1일 이후 상속개시 분부터는 그 영리법인의 주주 또는 출자자 중 상속인과 그 직계비속이 있는 경우에는 지분상당액을 그 상속인 및 직계비속이 납부하여야 한다.

> ### ※ 2024.4.25. 유류분 판결
>
> 상속 유류분 제도에 대한 헌법재판소의 판단은 우리나라의 상속법에 큰 영향을 미칠 것으로 예상된다.
>
> 1) 형제자매의 유류분 조항
> - 헌법재판소는 피상속인의 형제자매에게 유류분을 인정한 민법 조항을 단순위헌으로 결정하였다. 이는 현대 사회의 가족 구조 변화(핵가족화, 1인 가구 증가 등)를 반영한 것으로 보이고 해당 조항은 즉시 효력을 상실하였다.
>
> 2) 패륜적 상속인에 대한 규정
> - 피상속인을 돌보지 않거나 학대하는 상속인(자녀, 부모 등)의 유류분을 제한하는 조항과 기여분을 인정하지 않는 민법 조항은 헌법불합치로 판단되었다. 이는 일반 국민의 법감정에 반하는 것으로, 2025년 12월 31일까지 법 개정을 요구하였다.
>
> 3) 법적 혼란 방지
> - 헌법재판소는 현행 민법 조항의 적용을 2025년 12월 31일까지 유지하기로 하여, 법적 혼란을 방지하고 있다.

이번 결정은 상속인의 권리와 의무에 대한 재조정을 의미하며, 패륜적 상속인에 대한 유류분 제한을 하게 되었고, 특정인의 기여분을 인정하지 않는 민법 규정은 헌법불합치로 최근 사회적 분위기를 반영된 판결로 볼 수 있다.

(3) 상속세 과세대상

사망자(피상속인)가 상속개시일 현재 거주자인지 비거주자인지 여부에 따라 과세대상 범위가 달라진다.

- (거주자인 경우) 국내 및 국외에 있는 모든 상속재산
- (비거주자인 경우) 국내에 있는 모든 상속재산

※ 거주자와 비거주자의 판단(상속세 및 증여세법 제2조)

- (거주자) 국내에 주소※를 두거나 183일 이상 거소를 둔 사람
  * 국내에 주소를 둔 경우에 해당하는지 여부는 소득세법 시행령 제2조, 제4조 제1항·제2항 및 제4항을 따른다.
- (비거주자) 거주자가 아닌 사람

(4) 상속세 연대납부 책임

상속인이나 수유자는 세법에 의하여 부과된 상속세에 대하여 각자가 받았거나 받을 재산(=자산총액 – 부채총액 – 상속세액)을 한도로 연대하여 납부할 의무가 있다.

- 각자가 받았거나 받을 재산에는 상속재산에 가산하는 증여재산이나 추정상속재산 중 상속인이나 수유자의 지분 상당액이 포함된다.

따라서 상속세 납세의무자 등 일부가 상속세를 납부하지 아니한 경우에는 다른 상속세 납부의무자들이 미납된 상속세에 대하여 자기가 받았거나 받을 재산을 한도로 연대 납부할 책임이 있다.

(5) 상속세 신고·납부기한

구분	법정신고기한	제출대상서류
피상속인이 거주자인 경우	상속개시일이 속하는 달의 말일부터 <u>6월</u> 이내	【필수 제출서류】 1. 상속세 과세표준신고 및 자진납부계산서 2. 상속세 과세가액 계산명세서(부표1) 3. 상속인별 상속재산 및 그 평가명세서(부표2) 4. 채무·공과금·장례비용 및 상속공제명세서(부표3) 5. 상속개시 전 1(2)년 이내 재산처분·채무부담 내역 및 사용처소명명세서(부표4)
피상속인이나 상속인 전원이 비거주자인 경우	상속개시일이 속하는 달의 말일부터 <u>9월</u> 이내	【해당시 제출서류】 1. 영리법인 상속세 면제 및 납부명세서(부표5) 2. 그 밖에 상속세 및 증여세법에 의하여 제출하는 서류 등 　　(예시) 가업상속공제신고서 등

(6) 상속세 세액계산 구조

1) 피상속인이 거주자인 경우

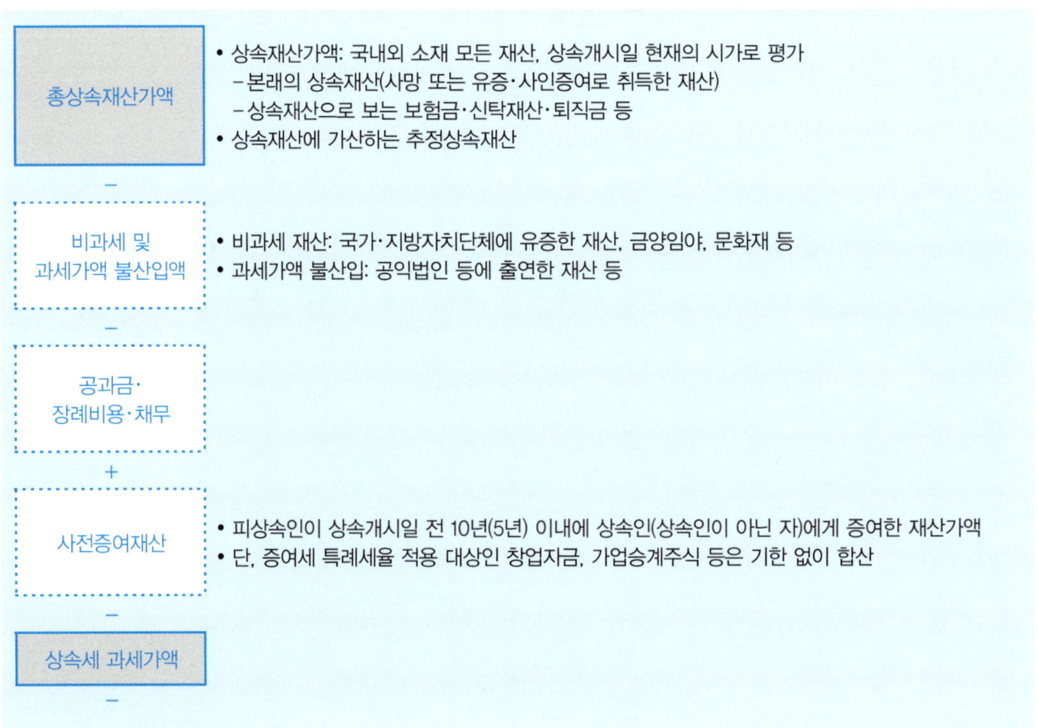

| 상속공제 | 아래 공제의 합계 중 공제적용 종합한도 내 금액만 공제 가능
• (기초공제 + 그 밖의 인적공제)와 일괄공제(5억 원) 중 큰 금액
• 가업·영농상속공제 　• 배우자공제
• 금융재산 상속공제 　• 재해손실공제
• 동거주택 상속공제 |

−

| 감정평가수수료 |

−

| **상속세 과세표준** |

×

세율	과세표준	1억 원 이하	5억 원 이하	10억 원 이하	30억 원 이하	30억 원 초과
	세　율	10%	20%	30%	40%	50%
	누진공제액	없음	1천만 원	6천만 원	1억 6천만 원	4억 6천만 원

−

| **상속세 산출세액** | • (상속세 과세표준 × 세율) − 누진공제액 |

+

| 세대생략할증세액 | • 상속인이나 수유자가 피상속인의 자녀가 아닌 직계비속이면 30% 할증(단, 미성년자가 20억 원을 초과하여 상속받는 경우에는 40% 할증)
• 직계비속의 사망으로 최근친 직계비속에 해당하는 경우는 적용 제외 |

−

| 세액공제 | • 문화재자료 징수유예, 증여세액공제, 외국납부세액공제, 단기재상속세액공제, 신고세액공제 |

+

| 신고불성실·
납부지연 가산세 등 |

−

| 분납·연부연납·
물납 |

−

| **자진납부할 상속세액** |

2) 피상속인이 비거주자인 경우

총상속재산가액
- 상속재산가액: 국내 소재 모든 재산, 상속개시일 현재의 시가로 평가
  - 본래의 상속재산(사망 또는 유증·사인증여로 취득한 재산)
  - 상속재산으로 보는 보험금·신탁재산·퇴직금 등
- 상속재산에 가산하는 추정상속재산

−

비과세 및 과세가액 불산입액
- 비과세 재산: 국가·지방자치단체에 유증한 재산, 금양임야, 문화재 등
- 과세가액 불산입: 공익법인 등에 출연한 재산 등

−

공과금·채무
- (공과금) 해당 상속재산의 공과금 공제
- (채무) 해당 상속재산을 목적으로 하는 전세금, 임차권, 저당권 담보채무는 공제 사망 당시 국내 사업장의 확인된 사업상 공과금·채무는 공제

+

사전증여재산
- 피상속인이 상속개시일 전 10년(5년) 이내에 상속인(상속인이 아닌 자)에게 증여한 재산가액
- 단, 증여세 특례세율 적용 대상인 창업자금, 가업승계주식 등은 기한 없이 합산

−

상속세 과세가액

−

상속공제
- 기초공제 2억 원　　　• 공제적용 한도액 적용

−

감정평가수수료

−

상속세 과세표준

×

세율

과세표준	1억 원 이하	5억 원 이하	10억 원 이하	30억 원 이하	30억 원 초과
세　율	10%	20%	30%	40%	50%
누진공제액	없음	1천만 원	6천만 원	1억 6천만 원	4억 6천만 원

−

상속세 산출세액
- (상속세 과세표준 × 세율) − 누진공제액

+

세대생략할증세액
- 상속인이나 수유자가 피상속인의 자녀가 아닌 직계비속이면 30% 할증 (단, 미성년자가 20억 원을 초과하여 상속받는 경우에는 40% 할증)
- 직계비속의 사망으로 최근친 직계비속에 해당하는 경우는 적용 제외

−

세액공제
- 문화재자료 징수유예, 증여세액공제, 단기재상속세액공제, 신고세액공제

+

신고불성실· 납부지연 가산세 등

−

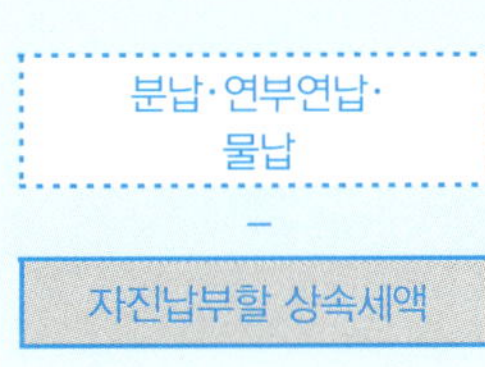

(7) 상속세 신고서 작성

1) 상속세 신고서는 아래 순서대로 작성하는 것이 편리하며, 최종적으로 납부서를 작성한다.

작성순위	작성순서
1	상속개시전 1(2)년 이내 재산처분·채무부담 내역 및 사용처 소명 명세서
2	상속인별 상속재산 및 평가명세서
3	채무·공과금·장례비용 및 상속공제 명세서
4	배우자 상속공제 명세서
5	상속세 과세가액계산 명세서
6	상속세 과세표준 신고 및 자진납부계산서

2) 상속세 신고서 작성 후 제출할 서류는 다음과 같다.

【필수 제출서류】

① 상속세 과세표준신고 및 자진납부계산서

② 상속세 과세가액 계산명세서(부표1)

③ 상속인별 상속재산 및 그 평가명세서(부표2)

④ 채무·공과금·장례비용 및 상속공제명세서(부표3)

⑤ 배우자 상속공제 명세서(부표3의2)

⑥ 상속개시전 1(2)년 이내 재산처분·채무부담 내역 및 사용처소명명세서(부표4)

   ① 영리법인 상속세 면제 및 납부명세서(부표5)

   ② 가업상속공제신고서 등 그 밖에 상속세 및 증여세법에 의하여 제출하는 서류 등

(8) 상속세 신고 관할세무서

- 상속세 신고서는 피상속인의 주소지를 관할하는 세무서에 제출해야 한다. 다만, 상속개시지가 국외인 경우에는 국내에 있는 주된 상속재산의 소재지를 관할하는 세무서에 제출한다.

- 실종선고 등으로 피상속인의 주소지가 불분명한 경우에는 주된 상속인의 주소지를 관할하는 세무서에 제출해야 한다.

(9) 상속세 신고기한

1) 상속세 납부의무가 있는 자는 상속세 신고서를 상속개시일이 속하는 달의 말일부터 6월 이내에 관할세무서에 제출해야 한다.

- 상속개시일이 속하는 달의 말일부터 6월이 되는 날이 공휴일·토요일·근로자의 날에 해당되면 그 공휴일 등의 다음날까지 신고·납부하면 된다.

【예시1】 상속개시일이 2021년 3월 10일인 경우

   ⇒ 상속세 신고기한은 2021년 9월 30일임.

【예시2】 상속개시일이 2021년 1월 10일인 경우

   ⇒ 상속세 신고기한은 2021년 7월 31일까지이나 해당일이 토요일로 최종 신고기한은 2021년 8월 2일까지임.

2) 피상속인이나 상속인 전원이 비거주자인 경우에는 상속개시일이 속하는 달의 말일부터 9월 이내에 신고서를 제출해야 한다.

- 상속개시일이 속하는 달의 말일부터 9월이 되는 날이 공휴일·토요일·근로자의 날에 해당되면 그 공휴일 등의 다음날까지 신고·납부하면 된다.

【예시1】 상속개시일이 2021년 3월 10일인 경우

　　　⇒ 상속세 신고기한은 2021년 12월 31일임.

【예시2】 상속개시일이 2021년 1월 10일인 경우

　　　⇒ 상속세 신고기한은 2021년 10월 31일까지이나 해당일이 일요일로 최종
　　　　 신고기한은 2021년 11월 1일까지임.

(10) 상속세 신고세액공제와 가산세

1) 상속세 법정신고기한 내에 상속세 신고서를 제출하면 신고세액공제 3%를 적용받을 수 있다.

2) 상속세 법정신고기한까지 상속세를 신고하지 않거나 과소신고하는 경우에는 세액공제 혜택을 적용받을 수 없을 뿐만 아니라 가산세를 추가로 부담하게 된다.

① 신고불성실 가산세

- 일반 무신고 가산세: 일반 무신고납부세액 × 20%
- 부정 무신고 가산세: 일반 무신고납부세액 × 40%
- 일반 과소신고 가산세: 일반 과소신고납부세액 × 10%
- 부정 과소신고 가산세: 부정 과소신고납부세액 × 40%

다만, 상속재산에 대하여 아래와 같은 사유에 해당하는 경우에는 과소신고 가산세를 적용하지 않는다.

> 가. 신고 당시 소유권에 대한 소송 등의 사유로 상속재산으로 미확정된 경우
> 나. 공제 적용에 착오가 있었던 경우
> 　　 * 상속세 및 증여세법 제18조 ~ 제23조, 제23조의2, 제24조, 제53조, 제54조
> 다. 상속재산 평가가액의 차이

상속세를 납부하지 않거나 납부할 세액에 미달하게 납부하면 납부지연가산세를 추가로 부담하게 된다.

② 납부지연 가산세

= 미납·미달납부세액 × 미납기간 × 이자율

* 미납기간: 납부기한의 다음날부터 자진납부일이나 납세고지일까지의 기간
* 이자율: 22/100,000

(11) 상속세 항목별 설명

1) 상속재산가액

① 상속재산의 범위

- 상속재산은 피상속인에게 귀속되는 재산으로서 금전으로 환가할 수 있는 경제적 가치가 있는 모든 물건과 재산적 가치가 있는 법률상 또는 사실상의 모든 권리를 포함한다.
- 다만, 피상속인의 일신에 전속하는 것으로 피상속인의 사망으로 인하여 소멸되는 것은 제외한다.

② 상속재산으로 보는 보험금·신탁재산·퇴직금 등

- 상속개시일 현재 상속·유증·사인증여로 취득한 재산(이하 '본래의 상속재산')이 아니더라도 상속 등과 유사한 경제적 이익이 발생하는 보험금·신탁재산·퇴직금 등(이하 '간주상속재산')은 상속재산으로 보아 과세한다.
  a. 보험금: 피상속인의 사망으로 인하여 지급받는 생명보험 또는 손해보험의 보험금으로서 피상속인이 보험계약자(보험계약자가 피상속인 외의 자이나 피상속인이 실제 보험료를 납부한 경우 포함)인 보험계약에 의하여 받는 것
  b. 신탁재산: 피상속인이 신탁한 재산의 경우 그 신탁재산가액과 피상속인이 신탁으로 인하여 신탁의 이익을 받을 권리를 소유한 경우 그 이익에 상당하는 가액
  c. 퇴직금 등: 피상속인의 사망으로 인하여 피상속인에게 지급될 퇴직금, 퇴직수당, 공로금, 연금 또는 이와 유사한 것으로 국민연금법, 공무원연금법 등 각종 법령에 따라 지급되는 유족연금 등은 상속재산에 포함되지 않는다.

2) 상속재산에 가산하는 추정상속재산

① 상속개시일 전 재산을 처분하거나 예금을 인출 또는 채무를 부담한 경우로서 사용처가 객관적으로 명백하지 아니한 금액은 이를 상속인이 상속받은 것으로 추정하여 상속세 과세가액에 산입(이하 '추정상속재산')된다.

② 피상속인이 재산을 처분하여 받은 그 처분대금 또는 피상속인의 재산에서 인출한 금액에 대해 상속인이 구체적인 사용처를 규명해야 하는 대상은 다음과 같다.

- 상속개시일 전 1년(2년) 이내에 재산종류별로 계산하여 피상속인이 재산을 처분하여 받거나 피상속인의 재산에서 인출한 금액이 2억원(5억원) 이상인 경우

[재산종류별의 구분]

① 현금·예금 및 유가증권
② 부동산 및 부동산에 관한 권리
③ ① ~ ②외의 기타재산

3) 추정상속재산은 다음과 같이 계산한다

① 피상속인이 재산을 처분하여 받은 그 처분대금 또는 피상속인의 재산에서 인출한 금액에 대하여 사용처가 불분명한 경우

* 추정상속재산 = 미입증금액 − Min(처분재산가액 등 × 20%, 2억원)

② 국가, 지방자치단체, 금융기관으로부터 차입하여 피상속인이 부담한 채무로 사용처가 불분명한 경우

* 추정상속재산 = 미입증금액 − Min(처분재산가액 등 × 20%, 2억원)

③ 국가, 지방자치단체, 금융기관이 아닌 자로부터 차입하여 피상속인이 부담한 채무로 사용처가 불분명한 경우

* 추정상속재산 = 미입증금액 전체

【예시】 상속개시일 1년 이내 부동산 처분금액이 5억원이나, 그 용도가 확인된 금액
이 2억원인 경우 상속세 과세가액에 가산하는 금액은?
⇒ 추정상속재산 2억원 = 미입증금액 3억원(처분금액 5억원 - 용도 확인된
금액 2억원) - Min(처분재산가액 5억원 × 20%, 2억원)

4) 비과세되는 상속재산

① 전사자 등에 대한 상속세 비과세

- 전사나 이에 준하는 사망, 전쟁이나 이에 준하는 공무의 수행 중 입은 부상 또는
질병으로 인한 사망으로 상속이 개시되는 경우에는 피상속인이 소유한 모든 재산에
대하여 상속세를 부과하지 않는다.

② 비과세되는 상속재산

ⓐ 국가·지방자치단체 또는 공공단체에 유증(사인증여 포함)한 재산

ⓑ 문화재보호법에 따른 국가지정문화재 및 시·도 지정문화재와 같은 법에 따른
보호구역 안의 토지로서 당해 문화재 등이 속한 토지

ⓒ 피상속인이 제사를 주재하고 있던 선조의 분묘에 속한 9,900㎡ 이내의 금양임
야 및 분묘에 속하는 1,980㎡ 이내의 묘토인 농지(한도액 2억원)

ⓓ 족보 및 제구(한도액 1천만원)

ⓔ 정당법에 따른 정당에 유증 등을 한 재산

ⓕ 근로복지기본법에 따른 사내근로복지기금 또는 근로복기본법에 따른 우리사주
조합 및 근로복지진흥기금에 유증 등을 한 재산

ⓖ 사회통념상 인정되는 이재구호금품, 치료비 그 밖의 불우한 자를 돕기 위하여
유증한 재산

ⓗ 상속재산 중 상속인이 신고기한 이내에 국가·지방자치단체나 공공단체에 증여
한 재산

5) 과세가액 불산입재산

① 문화의 향상, 사회복지 및 공익의 증진을 목적으로 하는 공익법인 등이 출연받은

재산은 상속세 과세가액에 산입되지 않는다.

- 그러나 공익과 선행을 앞세워 변칙적으로 증여세 탈세수단으로 이용되는 사례를 방지하기 위하여 일정한 요건과 규제조항을 두어 당해 요건 위배 시 상속세를 추징하게 된다.

② 과세가액 불산입되는 상속재산

- 상속세 과세표준 신고기한 이내에 공익법인 등에게 출연한 재산
- 상속세 과세표준 신고기한 이내에 공익신탁을 통하여 공익법인 등에 출연하는 재산의 가액

6) 공과금·장례비용·채무 공제액

상속재산가액에서 차감하는 공과금·장례비용·채무는 다음과 같다.

① 공과금

- 공과금이란 상속개시일 현재 피상속인이 납부할 의무가 있는 것으로서 상속인에게 승계된 조세·공공요금 등을 말한다.
- 상속개시일 이후 상속인의 귀책사유로 납부하였거나 납부할 가산세·가산금·체납처분비·벌금·과료·과태료 등은 공제할 수 없다.
- 피상속인이 비거주자인 경우에는 당해 상속재산에 관한 공과금만 상속재산가액에서 차감할 수 있다.

② 장례비용

- 장례비용이란 피상속인의 사망일부터 장례일까지 장례에 직접 소요된 금액과 봉안시설의 사용에 소요된 금액을 말한다.
- 장례에 직접 소요된 금액은 봉안시설의 사용에 소요된 금액을 제외하며, 그 금액이 5백만원 미만인 경우에는 5백만원을 공제하고 1천만원을 초과하는 경우에는 1천만원까지만 공제한다.
- 봉안시설, 자연장지에 사용된 금액은 별도로 5백만원을 한도로 공제한다.

- 피상속인이 비거주자인 경우에는 장례비를 공제하지 않는다.

③ 채무

- 채무란 상속개시일 현재 피상속인이 부담하여야 할 확정된 채무로서 공과금 이외의 모든 부채를 말하며 상속인이 실제로 부담하는 사실이 입증되어야 한다.
- 국가·지방자치단체·금융기관의 채무: 당해 기관에 대한 채무임을 확인할 수 있는 서류
- 그 밖의 채무: 채무부담계약서, 채권자확인서, 담보설정 및 이자지급에 관한 증빙 등에 의하여 그 사실을 확인할 수 있는 서류
- 피상속인이 비거주자인 경우에는 당해 상속재산을 목적으로 하는 임차권, 저당권 등 담보채무, 국내사업장과 관련하여 장부로 확인된 사업상 공과금 및 채무 등에 한정하여 차감할 수 있다.

④ 공과금·장례비용·채무의 합계액이 상속재산가액을 초과하는 경우에는 그 초과액은 없는 것으로 본다.

7) 과세가액에 합산하는 사망 전 증여재산

① 피상속인이 사망하기 전 일정 기간 내에 증여한 재산의 가액(이하 '사전증여재산')은 상속세과세가액에 가산한다.

- 상속개시일 전 10년 이내에 피상속인이 상속인에게 증여한 재산가액과 상속개시일 전 5년 이내에 피상속인이 상속인이 아닌 자에게 증여한 재산가액은 상속세 과세가액에 가산한다.
- 조세특례제한법 제30조의5 또는 동법 제30조의6에서 규정하는 창업자금 또는 가업 승계 주식 등의 증여재산은 증여시기에 관계없이 상속세 과세가액에 가산한다.

② 비과세되는 증여재산·영농자녀가 증여받은 증여세 감면 농지·공익법인 등에 출연한 재산 등의 가액은 가산하지 않는다.

③ 상속재산의 가액에 가산하는 사망 전 증여재산가액은 증여일 현재를 기준으로 평가된 가액으로 한다.

8) 상속공제

① 기초공제

- 거주자 또는 비거주자의 사망으로 상속이 개시되는 경우 기초공제 2억원을 공제한다.
- 피상속인이 비거주자인 경우에는 기초공제 2억원은 공제되지만 다른 상속공제는 적용받을 수 없다.

② 가업상속공제

- 가업이란 상속개시일이 속하는 소득세 과세기간 또는 법인세 사업연도의 직전 소득세 과세기간 또는 법인세 사업연도 말 현재 중소기업 또는 중견기업(이하 '중소기업 등')으로서 피상속인이 10년 이상 계속하여 경영한 기업을 말한다.
- 해당 주제는 후술하기로 한다.

③ 그 밖의 인적공제

▶ 거주자의 사망으로 인하여 상속이 개시되는 경우에는 자녀 및 동거가족에 대해 공제받을 수 있다.

구분	상속공제
자녀공제	자녀수 × 1인당 5천만원
미성년자공제	미성년자수 × 1천만원 × 19세까지의 잔여연수 * 상속인(배우자 제외) 및 동거가족 중 미성년자에 한함
연로자공제	연로자수 × 1인당 5천만원 * 상속인(배우자 제외) 및 동거가족 중 65세 이상자에 한함
장애인공제	장애인수 × 1인당 1천만원 × 기대여명 연수 * 상속인(배우자 포함) 및 동거가족 중 장애인 * (기대여명 연수)

- 자녀공제는 미성년자공제와 중복 적용되며, 장애인공제는 자녀·미성년자·연로자 공제 및 배우자공제와 중복 적용이 가능하다.
- 장애인 공제를 받고자 하는 경우에는 장애인증명서를 상속세 신고 시 납세지 관할세 무서장에게 제출하여야 한다.

[동거가족]

- 상속개시일 현재 피상속인이 사실상 부양하고 있는 직계존비속(배우자의 직계 존속을 포함) 및 형제자매를 말한다.

[기대여명 연수]

- 상속개시일 현재 통계법 제18조에 따라 통계청장이 승인하여 고시하는 통계 표에 따른 성별, 연령별 기대여명의 연수를 말하며, 국가통계포털(kosis.kr) 에서 확인할 수 있다.

④ 일괄공제

- 거주자의 사망으로 인하여 상속이 개시되는 경우로 상속인 또는 수유자가 배우자 및 직계비속, 형제자매 등인 때에 상속세 신고기한 내 신고한 경우에는 기초공제 2억원과 그 밖의 인적공제액의 합계액과 5억원(이하 '일괄공제') 중 큰 금액을 공제받을 수 있다.
- 배우자 단독으로 상속받은 경우에는 일괄공제를 적용받을 수 없으며, 기초공제 (2억원 및 가업·영농상속공제 포함)와 그 밖의 인적공제의 합계액으로만 공제받을 수 있다.

【예시】 기초공제 2억원, 그 밖의 인적공제 1억 5천만원인 경우 ⇒ 일괄공제금액인 5억원을 공제받을 수 있다.

- 상속세 신고기한 내 신고가 없는 경우에는 5억원(일괄공제)을 공제하며 배우자가 있는 경우에는 배우자공제를 추가로 적용받을 수 있다.

⑤ 배우자 상속공제

a. 개요

거주자의 사망으로 인하여 상속이 개시되는 경우로 피상속인의 배우자가 생존해 있으면 배우자 상속공제를 적용받을 수 있다.

b. 배우자 상속공제액

배우자 상속공제액은 다음과 같다.

    ⓐ 배우자가 실제 상속받은 금액이 없거나 5억원 미만인 경우: 5억원 공제
    ⓑ 배우자가 실제 상속받은 금액이 5억원 이상인 경우: 실제 상속받은 금액 (공제한도액 초과 시 공제한도액) 공제

c. 배우자공제한도액 = MIN(ⓐ, ⓑ)

    ⓐ (상속재산가액 + 추정상속재산 + 10년 이내 증여재산가액 중 상속인 수증분 − 상속인 외의 자에게 유증·사인증여한 재산가액 − 비과세·과세가액불산입 재산가액 − 공과금·채무) × (배우자 법정상속지분) − (배우자의 사전증여재산에 대한 증여세 과세표준)
    ⓑ 30억원

d. 배우자가 실제 상속받은 금액

- 배우자가 상속받은 상속재산가액(사전증여재산가액 및 추정상속재산가액 제외) 배우자가 승계하기로 한 공과금 및 채무액 배우자 상속재산 중 비과세 재산가액 = 배우자가 실제 상속받은 금액

e. 배우자 상속공제 적용 시 주의사항

- 실제 상속받은 금액으로 배우자공제를 받기 위해서는 상속세 신고기한의 다음날부터 6개월이 되는 날(이하 '배우자 상속재산 분할 신고기한')까지 배우자의 상속재산을 분할(등기·과등록·과명의개서 등을 요하는 경우에는 그 등기·등록·명의개서 등이 된 것에 한함)해야 한다.

- 이 경우 상속인은 상속재산의 분할사실을 배우자 상속재산 분할 신고기한까지 납세지 관할세무서장에게 신고하여야 한다.
- 다만, 상속인 등이 상속재산에 대하여 부득이한 사유로 배우자의 상속재산을 분할할 수 없는 경우로 배우자 상속재산 분할 신고기한(부득이한 사유가 소의 제기나 심판청구로 인한 경우에는 소송 또는 심판청구가 종료된 날)의 다음날부터 6개월이 되는 날까지 상속재산을 분할하여 신고하는 경우에는 배우자 상속재산 분할 기한 이내에 분할한 것으로 본다.
- 이 경우 상속인은 그 부득이한 사유를 배우자 상속재산 분할기한까지 납세지 관할세무서장에게 신고해야 한다.

f. 부득이한 사유
  ⓐ 상속인 등이 상속재산에 대하여 상속회복청구의 소를 제기하거나 상속재산 분할의 심판을 청구한 경우
  ⓑ 상속인이 확정되지 아니하는 부득이한 사유 등으로 배우자 상속분을 분할하지 못하는 사실을 관할세무서장이 인정하는 경우

⑥ 금융재산공제

a. 개요

거주자의 사망으로 인하여 상속이 개시된 경우 상속개시일 현재 상속재산가액 중 금융재산의 가액이 포함되어 있는 때에는 그 금융재산가액에서 금융채무를 차감한 가액(이하 '순금융재산의 가액')을 공제한다.

b. 금융재산공제 금액은 다음과 같다.

순금융재산가액	금융재산상속공제
2,000만 원 이하	해당 순금융재산가액 전액
2,000만 원 초과~1억 원 이하	2,000만 원
1억 원 초과~10억 원 이하	해당 순금융재산가액×20%
10억 원 초과	2억 원

c. 공제대상이 되는 금융재산가액

「금융 실명거래 및 비밀 보장에 관한 법률」 제2조 제1호에 규정된 금융기관이 취급하는 예금·적금·부금·주식 등이며 최대주주 또는 최대출자자*가 보유하고 있는 주식 또는 출자지분은 포함되지 않는다.

* [최대주주 또는 최대출자자]
주주 또는 출자재(주주 등) 1인과 그의 특수관계인의 보유주식 등을 합하여 그 보유주식 등의 합계가 가장 많은 경우의 해당 주주 등 1인과 그의 특수관계인 모두를 말한다.

d. 상속세 신고기한 내 신고하지 아니한 타인명의 금융재산은 포함되지 않는다.

⑦ 동거주택 상속공제

a. 개요

다음의 요건을 모두 갖춘 경우에는 동거주택 상속공제액(6억원 한도)을 상속세 과세가액에서 공제한다.

ⓐ 피상속인이 거주자일 것

ⓑ 피상속인과 상속인(직계비속)이 상속개시일부터 소급하여 10년 이상 계속하여 동거할 것

ⓒ 피상속인과 상속인이 상속개시일부터 소급하여 10년 이상 「소득세법」 제88조 제6호에 따른 1세대를 구성하면서 1주택(같은 호에 따른 고가주택을 포함)에 소유할 것

ⓓ 피상속인의 일시적 2주택, 혼인 합가, 등록문화재 주택, 이농·귀농 주택, 직계존속 동거봉양한 경우에는 1세대가 1주택을 소유한 것으로 본다.

ⓔ 상속개시일 현재 무주택자로서 피상속인과 동거한 상속인(직계비속)이 상속받은 주택일 것

b. 피상속인과 상속인이 다음의 사유에 해당하여 동거하지 못한 경우에는 계속하여 동거한 것으로 보되, 그 동거하지 못한 기간은 동거기간에 산입하지 않는다.

ⓐ 징집

ⓑ 취학, 근무상 형편 또는 질병 요양의 사유로서 기획재정부령으로 정하는 사유*

ⓒ ⓐ 및 ⓑ와 비슷한 사유로서 기획재정부령으로 정하는 사유

  * [기획재정부령으로 정하는 사유]
    • 「초·중등교육법」에 따른 학교(유치원·초등학교 및 중학교는 제외한다) 및 「고등교육법」에 따른 학교에의 취학
    • 직장의 변경이나 전근 등 근무상의 형편
    • 1년 이상의 치료나 요양이 필요한 질병의 치료 또는 요양

c. 동거주택 상속공제 금액은 상속주택가액(「소득세법」 제89조 제1항 제3호에 따른 주택부수토지의 가액을 포함하되, 상속개시일 현재 해당 주택 및 주택부수토지에 담보된 피상속인의 채무액을 뺀 가액을 말함)의 80%을 공제하며 6억원을 한도로 한다.

⑧ 재해손실공제

a. 개요

상속세 신고기한 이내에 재난으로 인하여 상속받은 재산이 멸실·훼손된 경우에는 그 손실가액을 상속세 과세가액에서 공제한다.

b. 상속공제 적용의 한도

• 거주자의 사망으로 인하여 상속이 개시되는 경우에 상속세 과세가액에서 상속공제(기초공제, 배우자공제, 그 밖의 인적공제, 일괄공제, 금융재산 상속공제, 재해손실공제, 동거주택 상속공제)를 공제 시 상속공제의 총합계액은 다음의 산식에 의해 계산한 공제적용한도액을 초과할 수 없으며, 공제한도액까지만 공제된다.

• 공제적용한도액 = 상속세 과세가액 − 상속인이 아닌 자에게 유증·사인증여 (증여채무 이행 중인 재산 포함)한 재산가액 − 상속인의 상속포기로 그 다음 순위의 상속인이 상속받은 재산의 가액 − 상속세 과세가액에 가산하는 증여재산*의 과세표준

  * 상속세 과세가액이 5억원 초과시 적용, 증여재산공제액과 재해손실공제액은 차감하여 계산하며 창업자금 및 가업승계 주식 등은 포함하지 않는다.

9) 세율

• 상속세 산출세액은 과세표준에 세율을 곱하여 계산하는 것이며, 세율은 최저 10%부터 최고 50%까지의 5단계 초과누진세율 구조로 되어 있다.

과세표준	세율	누진공제
1억 원 이하	10%	–
1억 원 초과~5억 원 이하	20%	1천만 원
5억 원 초과~10억 원 이하	30%	6천만 원
10억 원 초과~30억 원 이하	40%	1억 6천만 원
30억 원 초과	50%	4억 6천만 원

10) 세대생략 할증세액

① 개요

상속인이 피상속인의 자녀가 아닌 직계비속인 경우에는 상속세를 할증하여 계산한다.

② 계산 방법

세대생략 할증세액 계산은 다음과 같다.

   a. 미성년자로 증여재산가액이 20억원을 초과하는 경우
- 상속세 산출세액 × 피상속인의 자녀를 제외한 직계비속이 받은 상속재산가액 / 총상속재산가액(상속인이나 수유자가 증여받은 재산가액을 포함) × 40%

   b. 'a' 외의 경우
- 상속세 산출세액 × 피상속인의 자녀를 제외한 직계비속이 받은 상속재산가액 / 총상속재산가액(상속인이나 수유자가 증여받은 재산가액을 포함) × 30%
- 다만, 상속개시 전에 상속인이 사망하거나 결격자가 되어 그의 직계비속이 대신하여 상속받는 대습상속인 경우에는 세대생략 할증과세를 적용하지 않는다.

11) 세액공제 등

① 증여세액공제

a. 개요

상속세 과세가액에 가산한 증여재산에 대한 증여세액(증여 당시 증여세 산출세

액)은 상속세 산출세액에서 공제된다.

- 상속세 과세가액에 가산하는 증여재산에 대하여 국세부과제척기간의 만료로 인하여 증여세가 부과되지 않는 경우와 상속세 과세가액이 5억원 이하인 경우에는 공제하지 않는다.

b. 한도 계산

증여세액공제의 한도액 계산은 다음과 같다.

ⓐ 수증자가 상속인 또는 수유자인 경우
  - 상속인 등 각자가 납부할 상속세 산출세액 × 상속인 등 각자의 증여재산에 대한 증여세 과세표준 / 상속인 등 각자가 받았거나 받을 상속재산(증여재산 포함)에 대한 상속세 과세표준상당액
ⓑ 수증자가 상속인 및 수유자가 아닌 경우
  - 상속세 산출세액 × 가산한 증여재산에 대한 증여세 과세표준/상속세 과세표준

② 단기재상속에 대한 세액공제

a. 개요

상속개시 후 10년 이내에 상속인 또는 수유자의 사망으로 상속세가 부과된 상속재산이 재상속되는 경우에는 전(前)의 상속세가 부과된 상속재산 중 재상속분에 대한 전(前)의 상속세 상당액을 상속세 산출세액에서 공제한다.
  - 단기재상속에 대한 세액공제 제도의 취지는 단기간 내에 동일한 재산에 대하여 상속세가 중복 과세됨에 따른 세부담을 완화하기 위함에 있다.(조심 2016서1095, 2016.6.21.)

b. 단기재상속 공제세액 계산은 다음과 같다.

공제되는 세액은 아래 ⓐ에 따라 계산한 금액에 ⓑ의 공제율을 곱하여 계산한 금액으로 한다.

ⓐ 상증세법 제30조 제2항에 따른 금액

$$\text{전의 상속세 산출세액} \times \frac{\text{재상속분의 재산가액} \times \dfrac{\text{전의 상속세과세가액}}{\text{전의 상속재산가액}}}{\text{전의 상속세 과세가액}}$$

ⓑ 공제율

재상속 기간	공제율
1년 이내	100분의 100
2년 이내	100분의 90
3년 이내	100분의 80
4년 이내	100분의 70
5년 이내	100분의 60
6년 이내	100분의 50
7년 이내	100분의 40
8년 이내	100분의 30
9년 이내	100분의 20
10년 이내	100분의 10

c. 재 상속분의 재산가액의 의미

단기 재상속에 대한 세액공제는 재 상속된 각각의 상속재산별로 구분하여 계산한다.

d. 단기 재 상속 관련 예규 및 판례

ⓐ 1차 상속 시 사전증여재산으로 상속세과세가액에 포함되었던 재산이 재 상속된 경우 단기 재 상속 세액공제 대상에 해당하는지 여부

– 단기 재 상속에 대한 세액공제제도의 취지는 단기간 내에 동일한 재산에 대하여 상속세가 중복 과세됨에 따른 세 부담을 완화하기 위한 것인 점, 사전증여재산의 경우 수증자가 증여세를 부담한 후 1차 상속 시 상속세 과세표준을 구성하고 당해 재산이 다시 상속되는 경우 2차로 상속세를 부담

하게 되어 단기간 내에 동일한 재산에 대하여 중복 과세되는 결과를 초래하는 점, 사전증여재산도 단기 재 상속에 대한 세액공제를 적용함이 입법취지에 부합되는 점 등에 비추어 이를 부인하고 상속세를 부과한 처분은 잘못이 있음.(조심2016서1095, 2016.6.21.)

ⓑ 유언장에 따라 상속받기로 한 부동산을 등기이전하지 않고 다른 상속인과의 협의를 통해 현금으로 정산한 경우 해당 현금 중 재상속 되는 부분을 단기 재 상속에 대한 세액공제를 적용할 수 있는지 여부

　– 피상속인의 유언장에 따라 상속세 신고와 결정이 완료된 후 유언장에 따라 유증받기로 한 부동산을 등기이전하지 않고 다른 상속인과의 협의를 통해 현금으로 정산한 경우로서 현금으로 정산 받은 상속인의 사망으로 재상속이 개시된 경우, 상속등기 없이 정산 받은 해당 현금 중 재상속되는 부분은 「상속세 및 증여세법」 제30조 제1항에 따른 단기 재 상속에 대한 세액공제를 적용하는 것이며, 정산 받은 현금이 재 상속된 재산에 포함되었는지 여부는 예금 입출금액의 발생원인과 사용처 등을 확인하여 판단할 사항임.(사전-2024-법규재산-0864, 2024.12.10.)

ⓒ 상속개시 2년 이내 예금인출액 중 사용처불명금액이 피상속인의 배우자로부터 상속받은 재산으로서 단기상속면제대상인지 여부

　– 상속개시 전 2년 이내 예금인출액 중 사용처 불명금액과 대여금에 대해 피상속인이 상속받은 금융재산 중 일부로 인정해 '단기상속재산'으로 봄.(국심2001서0781, 2002.2.9.)

ⓓ 전의 상속재산가액은 상속 시 산출세액 총액을 의미하는지 여부

　– 재 상속분의 재산가액은 실제로 전의 상속세가 전의 상속재산과 상속인의 고유재산 중 어느 재산으로 납부 되었는지와 관계없이 모두 전의 상속재산에서 납부한 것으로 보아 전의 상속재산가액에서 전의 상속세 상당액을 차감하여 산정함이 상당함(대법원2017두31668, 2017.4.27.)

ⓔ 상속받은 재산을 상속인이 아닌 손자녀에게 증여 후 사망 시 「상속세 및 증여세법」 제30조에 따른 단기 재상속에 대한 세액공제 적용 여부

　– 「상속세 및 증여세법」 제30조 제1항에 따른 재상속되는 상속재산에는 피상

속인이 상속인 또는 수유자가 아닌 자에게 증여한 재산가액이 포함되지 않는 것임.(서면-2021-법규재산-4029, 2022.3.17.)

③ 신고세액공제

- 상속세 과세표준을 신고기한까지 신고한 경우에는 적법하게 신고된 산출세액(세대생략 할증세액 포함)에서 공제세액 등을 차감한 금액에 신고세액공제율을 곱하여 계산한 금액을 공제한다.

  * 신고세액공제율: '19년 이후 증여분 3%, '18년도 증여분 5%

④ 문화재자료 등에 대한 상속세 징수유예

- 상속재산 중 다음의 재산이 포함되어 있는 경우에는 그 재산가액에 상당하는 상속세액의 징수를 유예한다.
- 「문화재보호법」 제2조 제2항 제3호에 따른 문화재자료 및 같은 법 제53조 제1항에 따른 국가등록문화재와 동법 제27조 제1항에 따른 보호구역에 있는 토지
- 「박물관 및 미술관 진흥법」에 따라 등록한 박물관자료 또는 미술관자료로서 동법에 따른 박물관 또는 미술관(사립박물관이나 사립미술관의 경우에는 공익법인등에 해당하는 것만을 말함)에 전시 중이거나 보존 중인 재산
- 징수유예세액 계산은 다음과 같다.

$$\text{상속세 산출세액} \times \frac{\text{지정문화재 등 징수유예세액 (문화재자료 등 + 박물관자료 등 + 국가지정문화재 등의 가액)}}{\text{상속세 재산가액(사전증여재산 포함)}}$$

(12) 상속재산의 평가

① 상속재산의 평가방법

상속재산의 평가는 상속개시일(사망일 또는 실종선고일) 현재의 시가로 평가한다.

다만, 시가를 산정하기 어려운 경우에는 당해 재산의 종류·규모·거래상황 등을 감안하여 규정된 방법(이하 '보충적 평가방법')에 따라 평가한 가액을 시가로 본다.

② 상속재산의 시가

상속재산의 시가란 불특정 다수인 사이에 자유로이 거래가 이루어지는 경우에 통상 성립된다고 인정되는 가액을 말하는 것으로서, 상속개시일 전후 6개월 이내의 기간(이하 '평가기간') 중 매매·감정·수용·경매 또는 공매(이하 '매매 등')가 있는 경우에는 그 확인되는 가액을 포함한다.

다만, 평가기간에 해당하지 아니하는 기간으로서 상속개시일 전 2년 이내의 기간과 평가기간이 경과한 후부터 상속세 법정신고기한 후 9개월까지의 기간 중에 상속재산과 면적·위치·용도·종목 및 기준시가가 동일하거나 유사한 다른 재산의 매매 등 가액이 있는 경우로 상속개시일과 매매 계약일 등 시가적용 판단기준일까지 기간 중 주식발행회사의 경영상태, 시간의 경과 및 주위환경의 변화 등을 고려하여 가격변동의 특별한 사정이 없다고 보아 납세자, 세무서장 등이 재산평가심의위원회에 해당 매매 등의 가액에 대한 시가 심의를 신청하는 때에는 위원회의 심의를 거쳐 인정된 해당 매매 등의 가액을 시가로 포함할 수 있다.

- 시가의 인정범위는 다음과 같다.
  a. 당해 재산에 대해 매매사실이 있는 경우: 그 거래가액. 다만, 특수관계자와의 거래 등 그 거래가액이 객관적으로 부당하다고 인정되는 경우 등에는 제외됨.
  b. 당해 재산(주식 및 출자지분은 제외함)에 대하여 2 이상의 공신력 있는 감정기관이 평가한 감정가액이 있는 경우: 그 감정가액의 평균액. 단, 해당재산이 기준시가 10억 이하인 경우에는 1이상의 감정기관의 감정가액도 가능함.
  c. 당해 재산에 대하여 수용·경매 또는 공매 사실이 있는 경우: 그 보상가액·경매가액 또는 공매가액. 다만, 물납한 재산을 증여자·수증자 또는 그와 특수관계 있는 자가 경매 또는 공매받은 경우 등에는 그 경매가액 또는 공매가액은 시가로 보지 아니함.
  d. 상속개시일 전 6개월부터 평가기간 내 상속세 신고일까지의 기간 중에 상속재산과 면적·위치·용도·종목 및 기준시가가 동일하거나 유사한 다른 재산에 대한 매매가액·감정가액의 평균액 등이 있는 경우: 당해 가액

e. 평가기간에 해당하지 아니하는 기간으로서 상속개시일 전 2년 이내의 기간
   과 평가기간이 경과한 후부터 상속세 법정신고기한 후 9개월까지의 기간 중
   에 상속재산과 면적·위치·용도·종목 및 기준시가가 동일하거나 유사한 다른
   재산에 대한 매매가액·감정가액 등이 있는 경우로서 납세자, 세무서장 등이
   재산평가심의위원회에 해당 매매 등의 가액에 대한 시가 심의를 신청하고 위
   원회에서 시가로 인정한 경우: 당해 가액

③ 시가 적용 시 판단기준일은?

상속개시일 전후 6월 이내에 해당하는지 여부는 다음에 해당하는 날을 기준으로 하
여 판단한다.
  a. 거래가액: 매매계약일
  b. 감정가액: 감정가액평가서의 작성일(가격산정기준일과 감정가액평가서 작성일이
     모두 평가기간 이내이어야 함)
  c. 수용·보상·경매가액: 가액 결정일
  d. 시가로 보는 가액이 2 이상인 경우에는 평가기준일로부터 가장 가까운 날에 해
     당하는 가액을 시가로 한다.

④ 재산평가심의위원회를 통한 시가 인정
  • 재산평가심의위원회를 통해 매매 등의 가액을 시가를 인정받기 위해서는 상속세
    법정신고기한 만료 4개월 전까지 피상속인의 납세지 관할 재산평가심의위원회에
    다음의 서류를 첨부하여 서면 및 인터넷(홈택스)를 통해 신청하여야 한다.
    a. 재산의 매매 등 가액의 시가 인정 심의 신청서: 재산평가심의위원회 운영규
       정 별지 제6호 서식
    b. 재산의 매매 등 가액의 시가 인정 관련 검토서: 재산평가심의위원회 운영규
       정 별지 제6호 서식 부표
    c. a부터 b까지의 규정에 따른 서식의 기재내용을 증명할 수 있는 증거서류

- 재산평가심의위원회 신청방법은 다음과 같다.

  「재산의 매매 등 가액의 시가인정 심의 신청서」를 작성하여 구비서류와 함께 상속세 법정신고기한 만료 4개월 전까지, 다만 평가기간이 경과한 후부터 상속세 법정신고기한 후 9개월까지의 기간 중에 매매등이 있는 경우에는 해당 매매등이 있는 날부터 6개월 이내 피상속인의 납세지 관할 지방국세청장(소득세제과장)에게 서면(방문·우편)으로 신청해야 한다.

(13) 부동산에 대한 보충적 평가 방식

부동산 유형	평가방식
토지	• 「부동산 가격공시에 관한 법률」에 의한 개별공시지가로 평가
주택	• 「부동산 가격공시에 관한 법률」에 의한 개별주택가격 및 공동주택가격으로 평가
일반건물	• 일반건물은 신축가격 기준액, 구조, 용도, 위치, 신축연도, 개별건물의 특성 등을 참작하여 매년 1회 이상 국세청장이 산정 고시하는 가액으로 평가 – 국세청 건물 기준시가 계산방법 고시
오피스텔 및 상업용 건물	• 국세청장이 지정하는 지역에 소재하면서 국세청장이 토지와 건물에 대하여 일괄하여 산정 고시한 가액이 있는 경우 그 고시한 가액으로 평가 • 국세청장이 일괄하여 산정 고시한 가액이 없는 경우에는 토지와 건물을 별도로 평가한 가액으로 평가 – 오피스텔 및 상업용 건물에 대한 기준시가 고시
임대차 계약이 체결된 재산	• 평가기준일 현재 시가에 해당하는 가액이 없는 경우로서 사실상 임대차 계약이 체결되거나, 임차권이 등기된 부동산일 경우 – 토지의 개별공시지가 및 건물의 기준시가와 1년간 임대료를 환산율(12%)로 나눈 금액에 임대보증금을 합계한 금액(토지와 건물의 기준시가로 안분한 금액을 말함)을 토지와 건물별로 비교하여 큰 금액으로 평가한 가액

(14) 국세청 감정평가사업

1) 시행배경

- 상증세법상 상속세나 증여세가 부과되는 재산의 가액은 상속개시 및 증여당시의 시가에 따르도록 하여 시가 평가를 원칙으로 하고 있다. 다만, 예외적으로 시가를 산정하기 어려운 경우에 한하여 보충적 평가방법에 의하여 평가하도록 하고 있으며, 이 경우 부동산은 공시(고시)가격에 의하여 평가하도록 하고 있다.
  - ① 보충적 평가방법: 해당 재산의 종류, 규모, 거래상황 등을 고려하여 「상속세 및 증여세법」 제61조부터 제65조까지 규정된 방법

② 공시가격: (토지) 개별공시지가, (단독주택) 개별주택가격, (공동주택) 공동주택가격

- 아파트·오피스텔 등은 면적·위치·용도 등이 유사한 물건이 많아 매매사례가액 등을 상속 및 증여재산의 시가로 활용할 수 있는데 비해 비주거용 부동산은 물건별로 개별적 특성이 강해 비교대상 물건이 거의 없고, 거래도 빈번하지 않아 매매사례가액 등을 확인하기 어려운 문제점이 있었다.
- 일부 자산가들이 저평가된 꼬마빌딩 등 비주거용 부동산을 편법적인 증여의 수단으로 악용하는 사례가 빈번했던 것을 제재하기 위한 목적 및 주택과의 과세형평성과 조세평등주의를 확립하고, 불공정한 평가관행을 개선하기 위하여 감정평가사업을 시행하게 되었다.

2) 과세의 법적 근거

2019. 2. 12. 납세자가 상속·증여세를 신고한 이후에도 법정결정기한까지 발생한 매매·감정·수용가액 등에 대하여 평가심의위원회를 통해 시가로 인정받을 수 있는 법적 근거가 마련되었다.

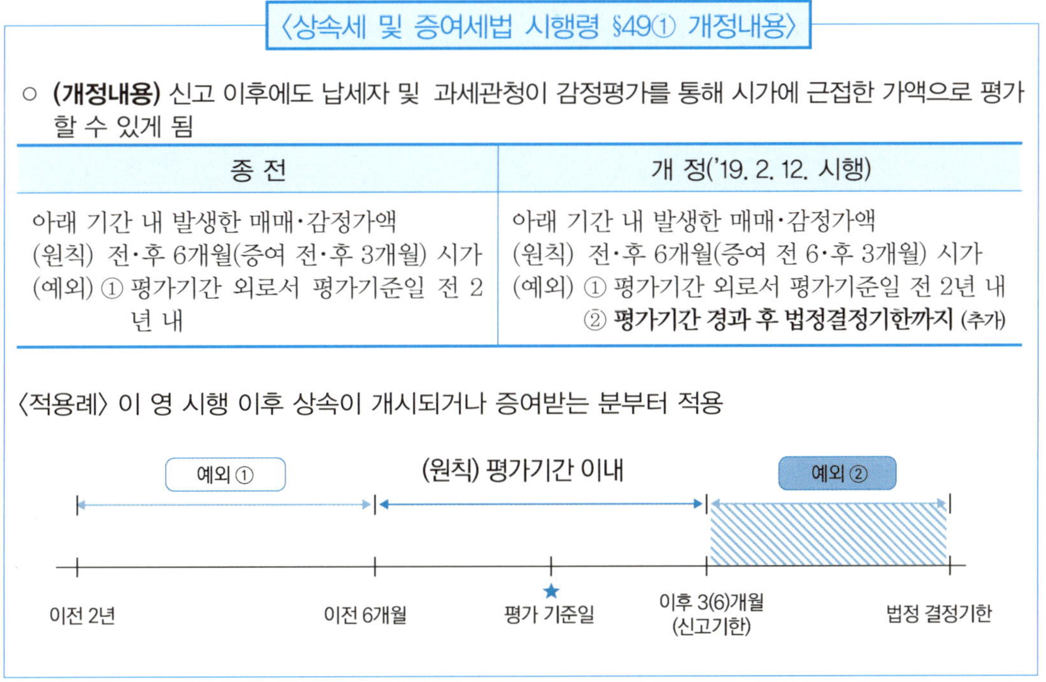

종 전	개 정('19. 2. 12. 시행)
아래 기간 내 발생한 매매·감정가액 (원칙) 전·후 6개월(증여 전·후 3개월) 시가 (예외) ① 평가기간 외로서 평가기준일 전 2년 내	아래 기간 내 발생한 매매·감정가액 (원칙) 전·후 6개월(증여 전 6·후 3개월) 시가 (예외) ① 평가기간 외로서 평가기준일 전 2년 내 ② **평가기간 경과 후 법정결정기한까지** (추가)

〈 상속·증여세 신고기한 및 법정결정기한 〉

구　분	신고기한	법정결정기한
상속세	상속개시일이 속하는 달의 말일부터 6개월 이내	신고기한부터 9개월
증여세	증여받은 날이 속하는 달의 말일부터 3개월 이내	신고기한부터 6개월

3) 감정평가 사업 개요

감정평가대상은 상속·증여 부동산 중 부동산 가격공시에 관한 법률 제2조에 따른 비주거용 부동산(국세청장이 고시하는 오피스텔 및 일정규모 이상의 상업용건물 제외)과 지목의 종류가 대지 등으로 지상에 건축물이 없는 토지(나대지)를 대상으로 한다.

위 유형에 해당하는 부동산 중 보충적 평가방법에 따라 재산을 평가하여 신고하고, 시가와의 차이가 큰 부동산을 중심으로 배정된 예산 범위 내에서 감정평가를 실시할 계획이다.

감정평가는 공신력 있는 둘 이상의 감정기관에 의뢰하여 진행하고, 재산평가심의위원회에서 시가 인정여부를 심의하게 되며, 감정가액이 시가로 인정되면 감정가액으로 상속·증여 재산을 평가한다.

4) 적용시기

적용 시기는 2019.2.12 이후 상속 및 증여받은 부동산 중 법정결정기한 이내의 물건을 대상으로 실시하고 있다.

5) 국세청 질의응답(Q&A)

① 고가의 비주거용 부동산이 모두 감정평가 대상이 되는지?

○ 고가의 비주거용 부동산 전체가 감정평가 대상이 되는 것은 아닙니다.
　- 상속·증여된 비주거용 부동산으로서 시가와 신고가액의 차이가 큰 경우 등 과세형평성이 현저히 떨어지는 물건을 대상으로 합니다.

○ 구체적인 금액 기준 등이 외부로 공개될 경우 조세 회피 목적에 악용되어 공정한 업무수행에 큰 지장을 초래할 우려가 있으므로 공개하기 어려움을 양해하여 주시기 바랍니다.

③ 감정가액으로 상속·증여재산을 평가하는 경우 재산세, 종합부동산세 등 보유세와 양도소득세 산정에도 영향이 있는지?

○ 감정가액은 상속세 및 증여세의 과세표준과 세액을 결정하는데 활용됩니다.

○ 감정가액으로 평가된 상속·증여 부동산을 양도하는 경우, 양도차익 계산* 시 그 감정가액을 취득가액으로 활용합니다.

  * (양도소득세 양도차익 계산) 양도 당시 실지거래가액 취득가액(감정가액)

○ 재산세 및 종합부동산세는 행정안전부의 시가표준액(부동산 공시가격)이 적용되므로 감정가액은 활용되지 않습니다.

④ 감정평가에 소요되는 기간 및 비용 부담은?

○ 부동산 규모, 평가난이도 등에 따라 달라질 수 있으나 통상 일주일 정도의 기간이 소요될 것으로 보이며, 감정평가대상으로 과세관청이 선정하여 감정 평가하는 경우 그에 따른 감정평가 수수료 등 일체의 비용은 국세청이 부담합니다.

⑤ 감정한 가액이 모두 시가로 인정받는 것인지?

○ 감정평가가 완료된 이후 재산평가심의위원회*에서 감정가액의 적정성, 가격변동의 특별한 사정 유무 등을 감안하여 감정가액을 시가로 인정할 것인지를 심의하게 됩니다.

  * 3명의 내부위원과 4명의 외부위원(변호사, 회계사, 세무사, 감정평가사 등)

– 세무서장 등은 심의결과에 따라 감정가액을 시가로 보아 상속·증여재산을 평가하여 상속·증여세를 결정합니다.

○ 납세자가 상속·증여재산에 대해 보충적 평가방법에 따라 신고하였으나, 과세관청이 평가심의위원회를 거쳐 감정가액을 시가로 평가함에 따라 추가 납부할 세액이 발생하는 경우
  – 신고불성실 및 납부지연(2019.12.31. 이전 납부불성실) 가산세가 면제됩니다.(국세기본법 §47의3④1.다. 및 같은법 §48①2)

○ 김△△이 2019.0.00. 본인 소유 비주거용 부동산을 자(子)에게 증여하고 보충적 평가방법으로 신고납부한 경우

(단위: 백만 원)

구분	보충적 평가방법 신고 시	감정평가 시	차액
증여세과세가액	3,500	5,500	2,000
증여재산공제	50	50	–
감정평가수수료	0	0	–
과세표준	3,450	5,450	–
세율	50%	50%	–
산출세액	1,265	2,265	1,000
신고불성실가산세 납부불성실가산세	–	0	0

6) 과세관청의 직권감정에 대한 문제점

조세법률주의는 과세요건을 법률로 규정하여 국민의 재산권을 보장하고, 과세요건을 명확하게 규정하여 납세자의 예측가능성을 보장하기 위한 것인데 그 중 '과세요건 법정주의'는 납세의무를 성립시키는 과세물건·과세표준·세율 등의 과세요건을 법률로

써 규정하여야 한다는 것을 의미한다.

과세관청이 부과처분의 근거로 제시하는 상증세법 시행령 제49조 제1항은 상증세법 제60조 제2항에 따라 시가는 불특정 다수인 사이에 자유롭게 거래가 이루어지는 경우에 통상적으로 성립된다고 인정되는 가액으로 하고, 수용가격·공매가격·감정가격 등에 대한 시가의 세부적인 내용을 규정해놓은 것에 불과하다. 따라서 과세관청이 납세자를 임의로 선정하여 상속·증여재산에 대한 감정평가를 실행하여 과세할 수 있는 법적근거로 보기는 어렵다.

또한 사무처리 규정은 법률이 아니므로 납세자를 구속하거나 권리나 의무에 영향을 미치는 것은 어렵고, 공무원의 행동규범(재량권 남용 등)에 속한다. 그러나 국세청이 입법하지 못한 채 고육지책으로 진행하는 정책의 의미, 사회적 이슈, 정책의 합리성, 공공의 이익 등은 법관의 심리 대상이 될 수 있다.

한편 서울행정법원에서는 '시가와의 차이가 큰 부동산을 중심으로 감정평가를 실시할 계획'이라는 점과 관련 사업 예산이 배정된 금액의 범위 내에서 임의적으로 감정평가 대상을 선별하고 있는 점에 대해서는 모든 납세의무자들에게 공평하고 동일한 기준을 적용하는 것 보다는 과세관청의 자의적인 기준에 따라 다르게 취급하여 재산권을 부당하게 침해한 것으로 볼 여지가 있다고 판시하기도 하였다.

따라서 조세의 부과와 징수는 납세자의 담세력에 상응하여 공정하고 평등하게 이루어져야 한다는 조세평등주의의 관점에서도 감정평가 사업은 절차적으로 많은 문제제기가 있을 것으로 보여진다.

7) 감정평가사업 주요 심판례

① 서울고등법원 2023누41903(2023. 12. 15.)

- 상증세법 제60조 제1항, 같은 법 시행령 제49조 제1항 문언 및 관련 대법원 법리 등에 따라 기존 감정가액이 존재하지 않는 상황에서 과세관청이 적극적으로 감정을 의뢰하여 받은 감정가액 역시 시가로 인정할 수 있음.

이 사건 증여일부터 이 사건 가격산정기준일까지의 사이에 상당한 가격변동이 있어 보이므로 이 사건 감정가액은 증여일 당시 객관적인 교환가치를 적정히 반영하고 있지 못한바 이 사건 감정가액을 시가로 보기 어려움.

② 수원고등법원 2023누10781(2024.4.24.)

- 평가기준일부터 가격산정기준일 및 감정가액평가서 작성일까지 기간 중 가격변동의 특별한 사정이 있었다고 봄이 상당하므로 이와 다른 전제에서 이루어진 이 사건 처분은 위법함.
- 갑 제3, 4호증, 제5호증의 1, 2(을 제1호증의 1, 2와 동일), 제6호증의 각 기재에 변론 전체의 취지를 더하여 인정되는 다음과 같은 사정, 즉 평가기준일부터 상당히 지난 시점을 가격산정기준일로 한 점, 평가기준일부터 가격산정기준일까지 자본수익률이 2배 이상 급등하였고, 이에 따라 감정평가액도 4.015% 증가한 점, 개별공시지가 변동률, 인근 개발사업 등을 고려하면, 평가기준일부터 가격산정 기준일 및 감정가액평가서 작성일까지 기간 중 가격변동의 특별한 사정이 있었다고 봄이 상당하다. 이와 다른 전제에서 이루어진 이 사건 처분은 위법함.

③ 서울고등법원 2023누35380(2023.6.16.)

- 구 상증세법 시행령 제49조 제1항 단서 규정 자체에서 '시간의 경과'를 '가격변동의 특별한 사정'의 고려요소 중 하나로 정하고 있으므로, 그 문언 자체에서 보더라도 시간 경과에 따른 가격변동을 포함하여 일반적인 가격변동이 없을 것을 이미 적용요건으로 예정하고 있는 것으로 보이는 점 등을 종합하면, 일반적인 가격변동 역시 '가격변동의 특별한 사정'에 해당하는 것으로 해석함이 타당해 보임. 평가심의위원회의 심의는 구 상증세법 시행령 제49조 제1항 단서에 따라 시가를 인정하기 위한 하나의 요건일 뿐, 그러한 심의가 있다하여 앞서 본 것과 같은 가격변동의 특별한 사정이 없다는 점에 관한 증명이 이루어졌다고 볼 수 없음.

[세　　목] 상증
[판결유형] 국패
[사건번호] 서울고등법원-2023-누-35380(2023.06.16)
[직전소송사건번호] 서울행정법원-2021-구합-72291(2023.01.20)
[심판청구 사건번호] 조심 2021서847(2021.04.27.)
[제　목] 평가심의위원회를 거친 이 사건 감정가액의 시가 적법 여부

[요 지]

구 상증세법 시행령 제49조 제1항 단서 규정 자체에서 '시간의 경과'를 '가격변동의 특별한 사정'의 고려요소 중 하나로 정하고 있으므로 그 문언 자체에서 보더라도 시간 경과에 따른 가격변동을 포함하여 일반적인 가격변동이 없을 것을 이미 적용요건으로 예정하고 있는 것으로 보이는 점 등을 종합하면, 일반적인 가격변동 역시 '가격변동의 특별한 사정'에 해당하는 것으로 해석함이 타당해 보임

평가심의위원회의 심의는 구 상증세법 시행령 제49조 제1항 단서에 따라 시가를 인정하기 위한 하나의 요건일 뿐, 그러한 심의가 있다하여 앞서 본 것과 같은 가격변동의 특별한 사정이 없다는 점에 관한 증명이 이루어졌다고 볼 수 없음

[판결내용] 판결 내용은 붙임과 같습니다.
[관련법령] 상속세및증여세법 제48조

사　　　　건	2023누35380	상속세부과처분취소
원　　　　고	00교회 외1	
피　　　　고	00세무서장	
변 론 종 결	2023. 05. 19	
판 결 선 고	2023. 06. 16	

주　문

1. 피고의 항소를 모두 기각한다.
2. 항소비용은 피고가 부담한다.

청구취지 및 항소취지

1. 청구취지

　피고가 2020. 10. 6. 원고들에 대하여 한 상속세 0.000,000,000원 및 가산세 000,000,000원의 부과처분을 취소한다.
2. 항소취지

　　제1심판결을 취소한다. 원고들의 청구를 모두 기각한다.

이　　유

1. 제1심 판결서 이유의 인용
　　피고가 당심에서 주장하는 내용은 제1심에서의 주장 내용과 크게 다르지 아니한바, 피고의 주장을 제1심 및 당심에 제출된 증거들과 함께 다시 살펴보아도 제1심의 사실인정과 판단은 정당하다.

　　이에 이 법원이 이 판결에 기재할 이유는, 아래 제2항과 같이 고쳐 쓰거나 추가하는 외에는 제1심판결의 이유 기재와 같으므로, 행정소송법 제8조 제2항, 민사소송법 제420조 본문에 의하여 이를 그대로 인용한다.

2. 고쳐 쓰거나 추가하는 부분
○ 제1심판결문 제7면 제12행의 "예시한 것에"를 "예시한 것으로"로 고친다.
○ 제1심판결문 제13면 제1행 아래에 다음과 같은 내용을 추가한다.
『 상속재산의 평가방법과 관련하여 상속개시 당시의 '시가'라 함은 원칙적으로 정상적인 거래에 의하여 형성된 객관적인 교환가격을 말한다 할 것인바, 위 매매가액을 상속개시 당시의 시가라고 할 수 있기 위하여는 객관적으로 보아 그 매매가액이 일반적이고도 정상적인 교환가치를 적정하게 반영하고 있다고 볼 사정이 있어야 하고, 또한 상속개시 당시와 위 매매일 사이에 그 가격의 변동이 없어야 한다고 할 것이며, 이러한 가격변동이 없었다는 점은 과세관청이 주장·증명하여야 한다(대법원 1988. 6. 28. 선고 88누582 판결, 대법원 1998. 7. 10. 선고 97누10765 판결, 대법원 2012. 4. 26. 선고 2011두30038 판결 등 참조). 』

○ 제1심판결문 제14면 제3행 아래에 다음과 같은 내용을 추가한다.
『 이에 대하여 피고는, 조문의 문언에 비추어 볼 때 구 상증세법 시행령 제49조 제1항 단서에서 정한 '가격변동의 특별한 사정'은 통상적으로 가격변동을 일으킬 만한 모든 사정을 의미하는 것이 아니라 이례적으로 가격변동을 일으킬만한 사정을 의미하는 것으로 좁게 해석하여야 하므로, 일반적인 지가변동율은 '가격변동의 특별한 사정'으로 보기 어렵다는 취지로 주장하나, (1) 앞서 본 바와 같이 상속재산의 평가방법과 관련하여 상속개시 당시의 '시가'라 함은 원칙적으로 정상적인 거래에 의하여 형성된 객관적인 교환가격을 의미하는데, 이와 관련하여 판례는 매매 등의 거래가격을 시가로 인정함에 있어 거래일과 시가산정일 사이에 가격변동이 없어야 한다는 입장을 취하고 있는 점, (2) 구 상증세법 시행령 제49조 제1항 단서의 '가격변동의 특별한 사정'을 좁게 인정하면 제1항 본문에서 매매 등 거래가격의 시가 인정 기간을 원칙적으로 평가기준일 전후 6개월로 제한하여 규정하는 취지를 몰각시키게 되는 점, (3) 구 상증세법 시행령 제49조 제1항 단서 규정 자체에서 '시간의 경과'를 '가격변동의 특별한 사정'의 고려요소 중 하나로 정하고 있으므로 그 문언 자체에서 보더라도 시간 경과에 따른 가격변동을 포함하여 일반적인 가격변동이 없을 것을 이미 적용요건으로 예정하고 있는 것으로 보이는 점 등을 종합하면, 일반적인 가격변동 역시 '가격변동의 특별한 사정'에 해당하는 것으로 해석함이 타당해 보이므로, 피고의 위 주장은 받아들이기 어렵다. 』

○ 제1심판결문 제14면 제16행 아래에 다음과 같은 내용을 추가한다.
『 이에 대하여 피고는, 이 사건 부동산의 개별 공시지가는 2014년도, 2020년도에는 직전년도보다 낮아졌고, 2010년도부터 2013년도까지는 상승하지도 아니하였으므로, 상속개시시점인 망인의 사망 당시로부터 이 사건 감정가액의 감정평가의 기준시점 사이에 이 사건 부동산의 지가가 상승하였다거나 변동하였다고 보기 어렵다는 취지의 주장을 하나, 앞서 본 바와 같이 망인 사망 당시인 2019. 2.경 한국부동산원이 공표한 파주시

계획관리지역의 지가지수는 95.397이고, 이 사건 감정가액평가서 작성일 무렵인 2020. 5.경의 지가지수는 99.409로서 그 사이의 지가변동률이 4.205%에 달하고, 특히 2019년~2020년경부터 저금리 및 전반적인 부동산 경기활황, 수도권 부동산 시장의 상황 변화 등이 맞물려 이 사건 부동산을 포함한 인근의 부동산 가격이 한참 상승하는 추세였음이 인정되므로, 피고가 들고 있는 사정만을 들어 상속개시시점인 망인의 사망 당시로부터 이 사건 감정가액의 감정평가의 기준시점 사이에 이 사건 부동산의 지가가 상승하지 아니하거나 변동하지 아니하였다고 보기는 어렵다. 』

○ 제1심판결문 제15면 제17행 아래에 다음과 같은 내용을 추가한다.
『 이에 대하여 피고는, 2020. 6. 16. 평가심의위원회에서 이 사건에 관하여 가격변동의 특별한 사정이 없다고 심의하였다고 주장하기도 하나, 평가심의위원회의 심의는 구 상증세법 시행령 제49조 제1항 단서에 따라 시가를 인정하기 위한 하나의 요건일 뿐, 그러한 심의가 있다 하여 앞서 본 것과 같은 가격변동의 특별한 사정이 없다는 점에 관한 증명이 이루어졌다고 볼 수 없다. 』

3. 결 론
  그렇다면 원고들의 청구는 이유 있어 이를 모두 인용하여야 한다. 제1심판결은 이와 결론을 같이하여 정당하므로 피고의 항소는 이유 없어 모두 기각한다.

8) 상증세 사무처리규정 제72조 개정(2023.7.3.)

- 납세자의 예측가능성을 제고하기 위하여 내부지침으로 운영되던 비주거용부동산 감정평가사업 대상이 되는 부동산의 기준을 사무처리 규정에 명시하여 보완이 되었다.

개정전 (~2023.7.2.)	현행 (2023.7.3.~)
제72조(감정평가 대상 및 절차) ① 지방국세청장 또는 세무서장은 상속세 및 증여세가 부과되는 재산에 대해 시행령 제49조제1항에 따라 감정기관에 의뢰하여 평가할 수 있다. 다만, 비주거용 부동산 감정평가 사업의 대상은 비주거용부동산등(「소득세법」 제94조제1항제4호다목에 해당하는 부동산과 다보유법인이 보유한 부동산 포함)으로 한다. ② 국세청장은 재산 규모, 평가실효성, 과세형평성, 사업예산 등을 감안하여 합리적인 범위내에서 감정평가 대상에 관한 구체적인 기준을 정할 수 있다. ③ 지방국세청장 또는 세무서장은 국세청장이 정한 기준에 따라 납세자가 법 제61조부터	제72조(감정평가 대상 및 절차) ① (현행과 같음) ② (삭제) ② ---------------------다음 각 호의 사항을 고려하여 비주거용부동산 감

개정전 (~2023.7.2.)	현행 (2023.7.3.~)
제66조까지 방법에 의해 평가하여 신고한 가액과 시가의 차이가 큰 경우 다음 각 호의 사항을 고려하여 감정평가 대상 부동산을 선정한다. 이 경우 국세청장은 지방국세청장 또는 세무서장의 선정내용을 검토·조정할 수 있다. 1. 재산의 형태 및 이용상태 등에 대한 동일성이 유지되고 있다는 점 2. 주위환경의 변화가 없다는 점 3. 그밖에 거래당시와 평가기준일 사이에 가격변동의 특별한 사정이 없다는 점 ④ 지방국세청장 또는 세무서장은 제1항에 따라 감정평가를 실시하는 경우 「감정평가 실시에 따른 협조 안내(별지 제34호 서식)」를 작성하여 납세자에게 안내하고, 감정평가가 완료된 후에는 감정평가표(명세서포함)를 납세자에게 송부하여야 한다. 다만, 납세자의 요청이 있는 경우 감정평가서 사본을 세무조사 결과 통지시 함께 송부하여야 한다. ⑤ 지방국세청장 또는 세무서장은 둘 이상의 감정기관에 의뢰하여 산정된 감정가액에 대하여 시행령 제49조제1항 단서에 따라 평가심의위원회에 시가 인정 심의를 신청하여야 하며, 시가 인정 심의에 관한 사항은 「평가심의위원회 운영규정」에 따른다.	정평가 대상을 선정할 수 있으며, 이 경우 대상 선정을 위해 5개 이상의 감정평가법인에 의뢰하여 추정시가(최고값과 최소값을 제외한 가액의 평균값)를 산정할 수 있다. 1. 추정시가와 법 제61조부터 제66조까지 방법에 의해 평가한 가액(이하 "보충적 평가액"이라 한다)의 차이가 10억원 이상인 경우 2. 추정시가와 보충적 평가액 차이의 비율이 10% 이상[(추정시가−보충적평가액)/추정시가]인 경우 ③ (개정전④항과 같음) ④ (개정전⑤항과 같음)
(신설)	⑤ 그 밖에 규정되지 않은 사항은 국세청장이 별도로 정하는 기준에 따른다.

① 감정평가 대상 추가

최근 주거용 부동산의 거래 가격이 높아지면서 일부 초고가 아파트 및 호화 단독주택의 공시가격이 매매가의 절반에도 미치지 못하는 사례가 발생하고 있다. 따라서 25년부터 시가보다 현저히 낮은 가격으로 신고한 주거용 부동산에 대해서는 감정평가를 추가로 실시할 계획이다.

〈 주요 초고가 아파트 추정시가 및 공시가격 사례 〉

아 파 트	전용면적	추정시가(①)	공시가격(②)	비율(②/①)
나인원한남	273㎡	220억	86억	39.1%
아크로리버파크	235㎡	180억	75억	41.7%
아크로서울포레스트	198㎡	145억	59억	40.7%

② 감정평가 대상 범위 확대

개정전 (~2024.12.31.)	현행 (2025.1.1.~)
제1장 재산의 평가 제1조의2(정의) 이 규정에서 사용하는 용어의 정의는 다음과 같다. 16. "비주거용부동산등"이란 다음 각 목에 따른 재산을 말한다. 가. 「부동산 가격공시에 관한 법률」 제2조에 따른 비주거용 부동산(토지와 건물 등의 일부를 상속·증여하는 경우를 포함하며, 법 제61조제1항제3호에 따라 국세청장이 고시한 오피스텔 및 상업용 건물은 제외한다) 나. 나대지(지목의 종류가 대지 등으로 지상에 건축물이 없는 토지)로 「공간정보의 구축 및 관리 등에 관한 법률」 제67조에 의한 대(垈)지, 공장용지, 주차장, 주유소 용지, 창고용지, 잡종지와 그 외의 지목 중 위 용도로 사용하는 경우를 포함한다. 17. "비주거용 부동산 감정평가 사업"이란 상속세 및 증여세 부과대상이 되는 비주거용 부동산등에 대해 지방국세청장 또는 세무서장이 감정기관에 감정평가를 의뢰하여 과세하는 사업을 말한다.	**제1장 재산의 평가** 제1조의2(정의) (좌동) 16. "부동산 감정평가 사업"이란 상속세 및 증여세 부과대상이 되는 부동산(일부를 상속·증여하는 경우를 포함한다)에 대해 지방국세청장 또는 세무서장이 감정기관에 감정평가를 의뢰하여 과세하는 사업을 말한다. 17. 제16호에 따른 "부동산"이란 다음 각 목에 해당하는 재산을 말한다. 가. 「부동산 가격공시에 관한 법률」 제2조제1호에 따른 주택(「상속세 및 증여세법」 제23의2조에 따라 동거주택 상속공제가 적용되는 주택을 상속하는 경우 제외한다) 나. 「부동산 가격공시에 관한 법률」 제2조제4호에 따른 비주거용 부동산 다. 지상에 건축물이 없는 토지(「조세특례제한법」 제71조제1항 각 호의 요건을 모두 충족하는 농지 등을 상속 또는 증여하는 경우 제외한다)

개정전 (~2024.12.31.)	현행 (2025.1.1.~)
제9장 재산의 평가 제72조(감정평가 대상 및 절차) ① 지방국세청장 또는 세무서장은 상속세 및 증여세가 부과되는 재산에 대해 시행령 제49조제1항에 따라 <u>둘 이상의</u> 감정기관에 의뢰하여 평가할 수 있다. 다만, 비주거용 부동산 감정평가 사업의 대상은 비주거용부동산등(「소득세법」 제94조제1항제4호다목에 해당하는 부동산과다보유법인이 보유한 부동산 포함)으로 한다. ② 지방국세청장 또는 세무서장은 다음 각 호의 사항을 고려하여 <u>비주거용부동산 감정평가 대상</u>을 선정할 수 있으며, 이 경우 대상 선정을 위해 5개 이상의 감정평가법인에 의뢰하여 추정시가(최고값과 최소값을 제외한 가액의 평균값)를 산정할 수 있다. 1. 추정시가와 법 제61조부터 제66조까지 방법에 의해 평가한 가액(이하 "보충적 평가액"이라 한다)의 차이가 <u>10억원 이상</u>인 경우 2. 추정시가와 보충적 평가액 차이의 비율이 10% 이상[(추정시가−보충적평가액)/추정시가]인 경우 ③ 지방국세청장 또는 세무서장은 제1항에 따라 감정평가를 실시하는 경우「감정평가 실시에 따른 협조 안내(별지 제34호 서식)」를 작성하여 납세자에게 안내하고, 감정평가가 완료된 후에는 감정평가표(명세서포함)를 납세자에게 송부하여야 한다. 다만, 납세자의 요청이 있는 경우 감정평가서 사본을 세무조사 결과 통지시 함께 송부하여야 한다. ④ 지방국세청장 또는 세무서장은 둘 이상의 감정기관에 의뢰하여 산정된 감정가액에 대하여 시행령 제49조제1항 단서에 따라 평가심의위원회에 시가 인정 심의를 신청하여야 하며, 시가 인정 심의에 관한 사항은「평가심의위원회 운영규정」에 따른다. ⑤ 그 밖에 규정되지 않은 사항은 국세청장이 별도로 정하는 기준에 따른다.	**제9장 재산의 평가** 제72조(감정평가 대상 및 절차) ① 지방국세청장 또는 세무서장은 상속세 및 증여세가 부과되는 재산에 대해 시행령 제49조제1항에 따라 감정기관에 의뢰하여 평가할 수 있다. 다만, 비주거용 부동산 감정평가 사업의 대상은 비주거용부동산등(「소득세법」 제94조제1항제4호다목에 해당하는 부동산과다보유법인이 보유한 부동산 포함)으로 한다. ② 지방국세청장 또는 세무서장은 다음 각 호의 사항을 고려하여 <u>부동산 감정평가 대상</u>을 선정할 수 있으며, 이 경우 대상 선정을 위해 5개 이상의 감정평가법인에 의뢰하여 추정시가(최고값과 최소값을 제외한 가액의 평균값)를 산정할 수 있다. 1. 추정시가와 법 제61조부터 제66조까지 방법에 의해 평가한 가액(이하 "보충적 평가액"이라 한다)의 차이가 <u>5억원 이상</u>인 경우 2. 추정시가와 보충적 평가액 차이의 비율이 10% 이상[(추정시가−보충적평가액)/추정시가]인 경우 ③ (좌동) ④ (좌동) ⑤ (좌동)

(15) 유가증권에 대한 평가

유가증권에 대한 시가 평가는 다음 주식 유형에 따라 평가한다.

주식 유형	평가방식
상장주식 또는 코스닥상장주식	○ 상속개시일 이전 이후 각 2월간에 공표된 매일의 최종시세가액(거래실적의 유무를 불분함)의 평균액으로 평가한다. – 평가기준일 전후의 기간이 4월에 미달하는 경우에는 등 기간에 대한 최종시세가액의 평균액으로 한다. – 평가기준일이 공휴일, 매매거래정지일, 납회기간 등인 경우에는 그 전일을 기준으로 평균액을 계산한다.
유가증권시장 상장 추진 중인 주식	○ 아래 평가가액 중 큰 금액으로 평가한 가액을 시가로 보아 평가한다. – 자본시장과 금융투자업에 관한 법률에 따라 금융위원회가 정하는 기준에 따라 결정된 공모가격 – 코스닥시장 상장법인 주식 등의 평가방법에 따라서 평가한 해당 주식 등의 가액(그 가액이 없으면 비상장주식 평가규정에 따른 평가액)
코스닥시장 상장 추진 중인 주식	○ 아래 평가가액 중 큰 금액으로 평가한 가액을 시가로 보아 평가한다. – 자본시장과 금융투자업에 관한 법률에 따라 금융위원회가 정하는 기준에 따라 결정된 공모가격 – 비상장주식 평가규정에 따른 평가액
비상장 주식	○ 상속개시일 전후 6월 이내에 불특정다수인 사이의 객관적 교환가치를 반영한 거래가액 또는 경매 공매가액이 확인되는 경우 이를 시가로 보아 평가한다. – 비상장주식의 감정가액은 시가로 인정되지 않는다. ○ 단, 가중평균한 가액이 1주당 순자산가치의 100분의 80보다 낮은 경우에는 1주당 순자산가치에 100분의 80을 곱한 금액으로 한다.

① 비상장주식에 대한 보충적 평가는 원칙적으로 1주당 순손익가치와 순자산가치를 각각 3과 2의 비율로 가중평균한 가액으로 평가한다.

> 1주당 평가액 = (1주당 순손익가치 × 3 + 1주당 순자산가치 × 2) ÷ 5

- 예외적으로 자산가액 중 부동산 및 부동산에 관한 권리의 가액이 50% 이상인 법인은 순손익가치와 순자산가치를 각각 2와 3의 비율로 가중평균한 가액으로 평가한다.

> 1주당 평가액 = (1주당 순손익가치 × 2 + 1주당 순자산가치 × 3) ÷ 5

※ 경상적인 순손익가치를 측정하기 곤란한 다음의 경우에는 순자산가치로 평가한다.
- 상속세 법정신고기한 내에 청산, 사업자 사망 등으로 계속 사업이 곤란한 법인
- 사업개시 전 법인, 사업개시 후 3년 미만이거나 휴·폐업 중인 법인
- 법인의 자산총액 중 부동산 등의 가액의 합계액이 차지하는 비율이 80% 이상인 법인
- 법인의 자산총액 중 주식 등의 가액의 합계액이 차지하는 비율이 80% 이상인 법인
- 정관에 존속기한이 확정된 법인으로서 평가기준일 현재 잔여 존속기한이 3년 이내인 법인의 주식 등

② 순손익가치와 순자산가치의 평가방법은 다음과 같다.

a. 순손익가치의 평가

[1주당 순손익가치 = 1주당 최근 3년간 순손익액의 가중평균액 ÷ 기획재정부령이 정하는 이자율]

* 기획재정부령이 정하는 이자율(상속세 및 증여세법 시행규칙 제17조): 10%
* 1주당 최근 3년간 순손익액의 가중평균액의 계산방법:
  [(평가기준일 이전 1년이 되는 사업연도의 1주당 순손익액 × 3) + (평가기준일 이전 2년이 되는 사업연도의 1주당 순손익액 × 2) + (평가기준일 이전 3년이 되는 사업연도의 1주당 순손익액 × 1)] ÷ 6

b. 순자산가치의 평가

[1주당 순자산가치＝평가기준일 현재 당해 법인의 순자산가액 ÷ 평가기준일 현재의 발행주식 총수]

* 순자산가액이란 평가기준일 현재의 당해 법인의 자산총액에서 부채총액을 차감한 가액에서 영업권 평가액을 합한 금액을 말한다. 자산의 평가는 평가기준일 현재의 시가에 의하며, 시가가 불분명한 경우 보충적 평가방법에 따라 평가하되, 그 가액이 장부가액보다 적은 경우에는 장부가액으로 평가한다.

③ 최대주주 및 그와 특수관계에 있는 주주의 주식·출자지분에 대해서는 그 평가액에 20%를 가산하되, 중소기업 주식에 한해서는 상속·증여받는 경우 최대주주라도 주식가액 평가 시 할증 평가하지 않는다.

(16) 재산평가심의위원회를 통한 비상장 주식 평가

① 비상장기업의 주식을 보충적 평가방법에 따라 평가한 가액이 불합리한 경우 다음의 어느 하나에 해당하는 방법으로 피상속인의 납세지 관할 재산평가심의위원회에 상속세 법정신고기한 만료 4개월 전까지 해당 비상장주식의 평가를 신청할 수 있다.

다만, 납세자가 평가한 가액이 보충적 평가방법에 따른 주식평가액의 100분의 70에서 100분의 130까지의 범위 안의 가액인 경우로 한정한다.

a. 해당 법인의 자산·매출액 규모 및 사업의 영위 기간을 고려하여 같은 업종을 영위하고 있는 다른 법인의 주식가액을 이용하여 평가하는 방법
b. 향후 기업에 유입될 것으로 예상되는 현금흐름에 일정한 할인율을 적용하여 평가하는 방법
c. 향후 주주가 받을 것으로 예상되는 배당수익에 일정한 할인율을 적용하여 평가하는 방법
d. 그 밖의 a부터 c까지의 규정에 준하는 방법으로서 일반적으로 공정하고 타당한 것으로 인정되는 방법

(17) 저당권 등이 설정된 재산의 평가

저당권 등*이 설정된 재산의 평가는 시가 또는 보충적 평가방법에 따라 평가한 가액과 다음의 규정에 의한 평가액 중 큰 금액을 평가가액으로 한다.

* 저당권 또는 질권이 설정된 재산, 양도담보재산, 전세권이 등기된 재산(임대보증금을 받고 임대한 재산을 포함)

1) 저당권(공동저당권 및 근저당권을 제외함)이 설정된 재산의 가액은 당해 재산이 담보하는 채권액

2) 공동저당권이 설정된 재산의 가액은 당해 재산이 담보하는 채권액을 공동저당된 재산의 평가기준일 현재의 가액으로 안분하여 계산한 가액

3) 근저당권이 설정된 재산의 가액은 평가기준일 현재 당해 재산이 담보하는 채권액

4) 질권이 설정된 재산 및 양도담보재산의 가액은 당해 재산이 담보하는 채권액

5) 전세권이 등기된 재산의 가액은 등기된 전세금(임대보증금을 받고 임대한 경우에는 임대보증금)

(18) 상속·증여재산 스스로 평가하기

- 납세자가 상속·증여받은 재산에 관한 유사재산 매매사례가액이나 보충적 평가액을 쉽게 확인할 수 있도록 재산평가에 필요한 정보를 제공한다.

재산평가정보조회	전자신고·납부
• 공동주택·오피스텔: 매매사례가액 • 일반부동산: 보충적 평가액 • 상장주식: 전후 2개월 평균액	• 증여재산 평가와 신고가 동시에 가능 • 합산대상 증여세 결정정보조회

- 상속·증여재산 평가정보 조회서비스에서는 토지, 공동주택, 개별주택, 일반건물, 상업용건물, 오피스텔, 상장주식에 대한 상속 및 증여재산의 평가에 관한 정보를 제공하고 있다.

  * 홈택스 〉 조회/발급 〉 세금신고납부 〉 상속·증여재산 평가하기

[제공정보]

- 전국의 공동주택과 수도권(서울·경기·인천), 5대 지방광역시(부산·대구·광주·대전·울산) 및 세종특별자치시('19년 고시부터) 소재 오피스텔의 유사재산 매매사례가액

  * 매매계약일부터 D/B수록일까지 일정 시간이 소요됨에 따라 조회일 전 약 2개월 이내 유사재산 매매사례가액은 제공되지 않음

- 토지·개별주택·일반건물의 기준시가 등 보충적 평가액
- 상장주식의 평가기준일 이전·이후 2개월 종가평균액

(19) 상속세 납부

1) 상속세 납부방식

- 상속세는 일시에 납부하는 것이 원칙이나 일시납부에 따른 과중한 세부담을 분산시켜 상속재산을 보호하고 납세의무의 이행을 쉽게 이행하기 위하여, 일정요건이 성립되는 경우에 분할하여 납부할 수 있다.

- 이 경우 2회에 나누어 내는 것을 분납, 장기간에 나누어 내는 것을 연부연납이라고 한다.

2) 상속세 분납

① 납부할 세액이 1천만원을 초과하는 때에는 신고납부기한이 지난 후 2개월 이내에 그 세액을 아래와 같이 분할하여 납부할 수 있다.

    a. 납부할 세액이 2천만원 이하일 때: 1천만원을 초과하는 금액

    b. 납부할 세액이 2천만원 초과할 때: 그 세액의 50% 이하의 금액

② 상속세 신고서의 '분납'란에 분할하여 납부할 세액을 기재하여 신고서를 제출하는 때에 분납 신청이 완료되므로 별도 신청서를 제출할 필요는 없다.

③ 연부연납을 허가받은 경우에는 상속세 분납이 허용되지 않는다.

3) 상속세 연부연납

- 상속세 신고 시 납부해야 할 세액이나 납세고지서 상의 납부세액이 2천만원을 초과하는 때에는 아래 요건을 모두 충족하는 경우에 피상속인의 주소지를 관할하는 세무서장으로부터 연부연납을 허가받아 일정기간 동안 분할하여 납부할 수 있다.

[연부연납 기간]

세　목		연부연납기간
상속세	가업상속재산	20년간 분할납부(10년 거치 가능) * 가업상속공제 비율 관계없이 적용
	일반상속재산	10년간 분할납부(거치기간 없음)
증여세	가업승계 증여특례	15년간 분할납부(거치기간 없음)
	일반증여	5년간 분할납부(거치기간 없음)

4) 연부연납 신청요건

① 상속세 납부세액이 2천만원 초과

② 연부연납을 신청한 세액에 상당하는 납세담보 제공

③ 납세보증보험증권 등 납세담보가 확실한 경우에는 신청일에 세무서장의 허가를
받은 것으로 간주한다.

④ 상속세 연부연납 신청기한 내[*] 연부연납허가신청서 제출

* (신고 시) 법정신고기한 까지 (고지 시) 고지서의 납부기한 까지

- 연부연납을 허가받은 경우에는 상속세 분납이 허용되지 않는다.
- 연부연납기간은 상속인이 신청한 기간으로 하되, 아래 기간 내에 가능하다.

상속재산 구분	연부연납 기간
가업상속재산 외의 상속재산	허가받은 날부터 10년
가업상속재산	허가일부터 20년 또는 연부연납 10년 거치 후 10년

* 사용인이 아닌 자에게 유증한 재산 제외

5) 연부연납 가산금 이자율

연부연납 가산금 이자율은 아래와 같다.

'18.3.19.~ '19.3.19.	'19.3.20.~ '20.3.12.	'20.3.13.~ '21.3.15.	'21.3.16.~ '23.3.19.	'23.3.20.~ '24.3.21	'24.3.22.~	'25.3.21.~
연 1.8%	연 2.1%	연 1.8%	연 1.2%	연 2.9%	연 3.5%	연 3.1%

* 2025.3.21. 이후 연부연납 신청부터 납부일 현재 이자율 적용
* 2025.3.21. 전에 연부연납 기간 중에 있는 분에 대해서는 2025.3.21. 이후 납부하는 분부터 납부일 현재 이자율을 적용할 수
있으며, 납부일 현재 이자율을 적용한 이후 연부연납 기간에 대해서는 개정규정을 계속 적용하여야 함

6) 상속받은 재산으로 세금 납부방법(물납)

① 개요

상속세는 현금으로 납부하는 것을 원칙으로 하나, 현금으로 납부하기 곤란한 경우에는 일정요건을 모두 갖추어 피상속인의 주소지를 관할하는 세무서장의 승인을 받으면 상속받은 재산으로 납부(물납)할 수 있다.

② 물납의 요건

a. 사전증여재산을 포함한 상속재산 중 부동산과 유가증권의 가액(비상장주식 등 제외)이 2분의 1 초과

b. 상속세 납부세액이 2천만원 초과

c. 상속세 납부세액이 상속재산가액 중 금융재산 가액 초과

d. 상속세 물납 신청기한 내* 물납신청서 제출

    * (신고 시) 법정신고기한 까지 (고지 시) 고지서의 납부기한 까지

③ 신청 가능 납부세액

a. 물납을 신청할 수 있는 납부세액은 다음의 금액 중 적은 금액을 초과할 수 없다.
   - 물납에 충당할 수 있는 부동산 및 유가증권의 가액에 대한 상속세 납부세액
   - 상속세 납부세액에서 금융재산(금융재무 차감)과 거래소에 상장된 유가증권(법령에 따라 처분 제한된 것은 제외)의 가액을 차감한 금액

b. 거래소에 상장되어 있지 아니한 법인의 주식등(비상장주식등)으로 물납할 수 있는 납부세액은 상속세 납부세액에서 상속세 과세가액(비상장주식등과 상속개시일 현재 상속인이 거주하는 주택 및 그 부수토지의 가액을 차감)을 차감한 금액을 초과할 수 없다.

c. 연부연납 분납세액에 대해서도 첫 회분 분납세액(중소기업자는 5회분 분납세액)에 한해서만 물납을 할 수 있다.

(20) 상속재산의 확인

1) 안심상속 원스톱서비스(사망자 등 재산조회 통합처리 신청)

▶ 행정안전부에서는 상속인이 피상속인의 금융거래, 토지, 자동차, 세금 등의 재산 확인을 위해 개별기관을 일일이 방문하지 않고, 한 번의 통합신청으로 문자·온라인·우편 등으로 결과를 확인하는 서비스인 안심상속 원스톱서비스(사망자 등 재산조회 통합처리 신청)를 시행하고 있다.

2) 제공받을 수 있는 정보

▶ 안심상속 원스톱서비스를 통해 제공받을 수 있는 정보는 다음과 같다.

구분	제공정보
금융거래	• 피상속인 명의의 모든 금융채권과 채무
연금	• (국민연금) 가입 및 대여금 채무 유무 • (공무원 연금) 가입 및 대여금 채무 유무 • (사립학교 교직원연금) 가입 및 대여금 채무 유무 • (군인연금) 가입 유무 • (건설근로자퇴직연금) 가입 유무
국세	• 국세 체납액 및 납부기한이 남아 있는 미납세금, 국세 환급금
지방세	• 지방세 체납내역 및 납부기한이 남아 있는 미납세금, 지방세 환급금
토지	• 개인별 토지 소유현황
건축물	• 개인별 건축물 소유현황
자동차	• 자동차 소유내역

3) 신청자격

▶ 신청자격은 상속인과 상속인의 대리인이다.

• 상속인은 민법상 제1순위 상속인인 사망자의 직계비속과 배우자이다.

• 제1순위 상속인이 없을 경우에 한하여 제2순위 상속인인 사망자의 직계존속과 사망자의 배우자가 신청가능하며, 제1순위 및 제2순위 상속인이 없을 경우에는 제3순위 상속인이 신청가능하다.

* 제1순위 상속인의 상속포기로 인한 제2순위 상속인은 제외된다.

4) 신청방법 및 신청시기

① 안심상속 원스톱서비스 신청방법

- 안심상속 원스톱서비스 신청은 사망신고와 동시에 또는 사망일(상속개시일)이 속한 달의 말일부터 6개월까지 다음 방법에 따라 신청할 수 있다.
- (온라인 신청) 정부24(www.gov.kr)에서 신청할 수 있다.
- (방문 신청) 가까운 시, 구, 읍, 면, 동(주민센터)에 방문하여 신청할 수 있다.

② 안심상속 원스톱서비스 신청 시 제출서류

- 재산조회 통합처리 신청서(사망자 및 피후견인 등 재산조회 통합처리에 관한 기준[별지 제1호 서식])
- 신청인의 신분증(대리 시 대리인의 신분증, 상속인의 위임장 및 본인의 서명사실 확인서(또는 인감증명서))
- 가족관계증명서(사망신고 이후에 별도로 통합처리 신청을 하는 경우에만 제출)

5) 조회결과 확인방법

- ▶ 신청인이 신청 시 선택한 방식(우편, 문자, 방문수령 등)에 따라 조회결과를 확인할 수 있다.
- 금융거래, 국세, 연금의 경우에는 해당기관의 홈페이지에서 신청인이 조회결과를 각각 확인할 수 있다.

2 민법상 상속 관련 제도

(1) 기여분제도

1990년 민법의 개정 시에는 법정 상속분을 완전히 평등하게 하면서 동시에 상속 재산에 관하여 특별히 공로 및 기여가 있거나 부모를 부양한 상속인이 있는 경우에는 그 상속인의 기여분을 인정해주어 실제상의 불공평이 없도록 배려하였다. 이를 '기여 상속인(寄與相續人)' 제도라고 하며, 기여상속인이 상속 재산에서 주장할 수 있는 권리를 '기여분(寄與分)'이라고 한다.

상속 재산 중에서 자기의 기여분이 있음을 주장할 수 있는 권리자는 첫째, 상속 재산의 유지 또는 증가에 관하여 특별히 기여한 자이고, 둘째, 피상속인을 특별히 부양한 자이다(제1008조의2 제1항). 기여분 권리자는 공동상속인 중에 포함되어 있어야 한다. 따라서 상속인 자격이 없는 사람은 아무리 기여가 있어도 기여분 권리자가 아니다.

기여분 권리자는 한 사람에 한하지 않는다. 예를 들어, 형제가 함께 아버지의 사업에 기여·공헌하여 아버지의 재산이 증가하였다면 두 사람이 모두 기여분 권리자가 되는 것이다. 기여분 권리자는 반드시 장남이라고 할 수 없다.

기여의 내용에 대해서 민법은 단순히 '상속 재산의 유지와 증가에 특별히 기여한 자' 또는 '피상속인을 특별히 부양한 자를 포함한다'라고만 되어 있어, 기여의 구체적 내용은 학설과 판례를 통해서 정립되어 나갈 수밖에 없으나, 대체로 다음과 같은 경우에는 기여가 될 것이다.

즉, 자식이 월급을 받지 않고 아버지가 경영하는 점포, 공장 또는 사업에 함께 종사하여 아버지의 재산을 증가시킨 경우, 아버지가 경영하는 사업에 자식이 자본을 대거나 아버지의 사업상 빚을 대신 갚아 아버지의 재산이 남에게 넘어가지 않게 한 경우, 아내가 남편과 함께 점포를 공동으로 경영하여 높은 이익을 올리게 하거나 남편 명의의 재산을 크게 증가시킨 경우, 장기간 요양을 하게 된 부모를 옆에서 헌신적으로 간호하여 직업 간호인에게 지출하게 될 비용을 지출하지 않게 된 경우 등이 그것이다.

(2) 유류분제도(민법 제1112조)

우리 민법은 제정 이후 1977년까지는 이러한 자유의 제한을 두지 않다가 그 후 피상속인은 유족들의 법정 상속분이 2분의 1 내지 3분의 1의 범위는 유언으로도 배제하지 못하는 제도, 즉 '유족을 위해 남겨두어야 하는 재산의 몫'인 유류분(遺留分) 제도를 도입하여 오늘에 이르고 있다.

다만, 우리 민법은 피상속인이 유언으로 상속 재산 전부를 제3자에게 처분(증여)하는 것 자체는 제한하지 않고, 이를 전부 처분한 경우에 상속인들로 하여금 자기의 유류분을 반환해달라고 하는 유류분 반환 청구권을 허용하는 방식을 취하고 있다.

유류분 권리자는 피상속인의 직계비속, 배우자, 직계존속, 형제자매들로서 원래의 법정 상속권자들이다. 다만, 후순위 상속권자는 선순위 상속권자가 없는 경우에 한하여 유류분 권리를 갖는다. 태아도 살아서 출생하면 직계비속으로서 유류분을 갖고, 대습상속인도 유류분 권리가 있다. 상속권자로서의 결격 사유가 있거나 상속을 포기한 경우에는 유류분 권리도 상실된다. 또 유류분 권리는 상속의 포기가 인정되는 이상 얼마든지 포기할 수 있다.

상속권자의 유류분의 범위는 '직계비속 및 배우자'는 자기의 법정 상속분의 2분의 1이며, '직계존속과 형제자매'는 자기 상속분의 3분의 1이다. 따라서 피상속인이 상속 재산을 전부 유언으로 처분해도 직계존속과 배우자는 자기 법정 상속분의 2분의 1을, 직계존속과 형제자매는 3분의 1을 유류분으로 반환 청구할 수 있다는 뜻이다.

1) 유류분의 산정

① 증여

증여는 상속개시 전의 1년 간에 행한 것에 한하여 유류분산정의 방식(「민법」 제1113조)에 따라 그 가액을 산정한다.(「민법」 제1114조 전단)

다만, 당사자 쌍방이 유류분 권리자에게 손해를 가할 것을 알고 증여를 한 때에는 1년 전에 한 것도 마찬가지로 그 가액을 산정한다.(「민법」 제1114조 후단)

한편, 공동상속인 가운데 특별수익을 한 사람이 있는 경우 그 증여는 상속개시 1년 이전의 것이었는지, 당사자 쌍방이 손해를 가할 것을 알고 한 것인지 관계없이 유류분 산정을 위한 기초재산에 산입된다.(대법원 1996.9.25. 선고 95다17885 판결)

유류분을 산정할 때 반환의무자가 증여받은 재산의 시가는 상속개시 당시를 기준으로 산정해야 하고, 해당 반환의무자에 대하여 반환해야 할 재산의 범위를 확정한 다음 그 원물반환이 불가능하여 가액반환을 명하는 경우에는 그 가액은 사실심 변론종결시를 기준으로 산정해야 한다.(대법원 2005.6.23. 선고 2004다51887 판결)

② 채무

판례는 유류분 산정시 공제되어야 할 채무의 범위와 관련하여 채무에 상속세, 상속재산의 관리·보존을 위한 소송비용 등 상속재산에 관한 비용이 포함되는지 여부가 문제된 사안에서, 공제되어야 할 채무란 상속채무, 즉 피상속인의 채무를 가리키는 것이고, 여기에 상속세, 상속재산의 관리·보존을 위한 소송비용 등 상속재산에 관한 비용은 포함되지 아니한다고 판시하였다.(대법원 2015.5.14. 선고 2012다21720 판결)

2) 유류분의 계산

유류분 금액 = (적극상속재산액 + 증여액 − 상속채무액) × (각 상속인의 유류분율) − 특별수익액

(3) 한정승인과 상속포기

1) 한정승인(민법 제1028조)

상속은 임의로 포기할 수도 있다. 그러나 상속의 내용에 따라서는 상속의 포기라는 방법보다는 '한정승인(限定承認)'이라는 방법이 더 유용할 수 있다. 이 제도는 전적으로 피상속인이 적극 재산과 함께 채무도 상속하게 한 경우에 상속인을 보호하기 위해서 인정된 제도이므로, 한정승인을 할 것인가 여부는 상속인의 자유에 속한다.

상속인은 상속 개시 원인, 즉 피상속인의 사망을 안 날로부터 3개월 내에는 상속을 포기할 것인지, 한정승인을 할 것인지를 선택할 수 있다. 이 3개월의 기간을 '고려 기간'이라고 한다. 한정승인은 상속 포기와 마찬가지로 상속 개시 원인이 있음을 안 날로부터 3개월 이내에 법원에 한정승인 신고를 하여야 한다.

이 신고에는 상속 재산의 내용을 명백히 하기 위해 '상속 재산 목록'을 첨부하여야 한다. 재산 목록에서 자기에게 유리한 재산을 일부러 누락시키는 것은 허용되지 않으며, 한정승인으로서의 효력이 없다.

일단 적법한 한정승인 신고가 이루어지면, 상속인은 상속으로 얻은 재산의 한도 내에서만 피상속인의 채무를 변제하면 된다. 예를 들어 상속으로 얻은 이익이 10억 원이고 상속된 채무가 20억 원이라면, 한정승인을 한 경우에는 10억 원의 채무만 갚으면 되는 것이다. 여러 명의 공동상속인들이 있는 경우에도 이들은 자기들의 법정 상속분의 비율대로 한정 승인할 수 있다.

2) 상속포기(민법 제1043조)

단독 상속인은 자기의 상속권을 전부 포기할 수 있고, 공동상속인은 누구나 자기의 상속분을 포기할 수 있다. 상속의 내용이 재산보다도 채무가 많은 경우에는 '상속의 포기'라는 방법에 의해서만 상속된 빚에서 벗어날 수 있기 때문에 상속포기 제도는 실용성도 크다.

이처럼 우리 민법은 상속포기의 자유를 인정하고 있다. 상속포기는 피상속인의 권리와 의무가 자기에게 승계·이전되는 것을 부인하는 의사 표시이다. 다만, 상속의 포기는 첫째, 반드시 상속인이 상속 개시 원인(즉, 사망)이 있음을 안 날로부터 3개월 이내에, 둘째, 법원에 상속포기 신고를 하여야만 법률상 유효한 포기가 된다.

또 상속의 포기는 상속 재산 전부에 대해 해야 한다. 특정한 재산은 상속하고 특정한 재산이나 빚만 포기한다는 식으로는 허용되지 않는다. 포기에 기한이나 조건을 붙여서도 안 된다. 포기했다가 이를 취소하는 것도 원칙적으로 허용되지 않는다. 이러한 요건 하에 상속을 포기하면 상속 개시 당시에 소급하여 상속의 효력은 없어지고, 자기 상속분을 포기하면 포기된 상속분은 다른 상속인들이 자기 상속분의 비율대로 인수하게 된다.

3) 한정승인과 상속포기의 선택

상속 포기하는 경우에는 채무가 다음 상속인에게 승계되고 후순위 상속인이 선순위 상속인의 상속포기 사실을 모르거나 기한을 넘겨 알게 되는 경우 본인 의사와 상관없이 상속채무를 떠 안을 가능성도 있기 때문에 선순위 상속인이 한정승인을 신청함으로서 후순위 상속인들이 예기치 못한 상속세나 상속채무의 부담을 떠안지 않게 해야 한다.

(4) 상속의 순위

상속의 순위는 1) 피상속인의 직계비속 2) 피상속인의 직계존속 3) 피상속인의 형제자매 4) 피상속인의 4촌 이내의 방계혈족이 된다.

위 상속 순위에서 동순위 상속인이 수인인 때에는 최근친을 선순위로 하고, 동친 등의 상속인이 수인인 때에는 공동상속인이 된다. 태아는 상속 순위에 관하여는 이미 출생한 것으로 본다.

피상속인의 배우자는 위의 1)과 2)에 의한 상속인이 있는 경우에는 그 상속인과 동순위로 공동상속인이 되고, 1)과 2)에 해당하는 상속인이 없는 때에는 단독 상속인이 된다.

(5) 민법상 상속분의 비율

기본적으로 상속인 중 자녀는 1의 가중치, 배우자는 2의 가중치로 법률상 상속비율이 정해져 있다.

구분	상속인	상속분	상속비율
자녀 및 배우자가 있는 경우	장남, 배우자	장남	1
		배우자	1.5
	장남, 장녀, 배우자	장남	1
		장녀	1
		배우자	1.5
	장녀, 장녀, 2남, 2녀, 배우자	장남	1
		장녀	1
		2남	1
		2녀	1
		배우자	1.5
자녀는 없고 배우자 및 직계존속이 있는 피상속인의 경우		부	1
		모	1
		배우자	1.5

(6) 유언의 방식

유언의 방식은 아래 5가지 방식과 유언대용신탁이 있고 이외의 유언은 무효이고, 자필증서 이외의 모든 유언에는 증인이 필요하다.

1) 자필증서(민법 제1066조)

- 유언내용, 작성연월일, 주소, 성명을 서명 날인해야 한다.

2) 녹음(민법 제1067조)

- 유언의 취지, 성명, 연월일을 구술하고 증인 1인이 유언의 정확함과 그 성명을 구술해야 한다.

3) 공정증서(민법 제1068조)

- 증인 2인이 참여하고 공증인이 필기 낭독해야 한다. 유언에 의해 이익을 받을 사람, 공증인, 친족, 동거의 호주 또는 가족, 그 배우자와 직계혈족, 공증인의 보조자 등은 증인이 될 수 없다.

4) 비밀증서(민법 제1069조)

- 유언장을 엄봉 날인하고 2인 이상의 증인 면전에서 유언장임을 표시한 후 제출 연월일을 기재하고 기명날인해야 한다.

5) 구수증서(민법 제1070조)

- 질병 등으로 상기 방법이 불가능한 경우 2인 이상의 증인이 참여하고, 유언의 취지를 구수하고 필기 낭독하여 정확함을 승인한 후 서명 날인해야 한다.

※ 상속인의 결격사유

- 다음 각 호의 어느 하나에 해당한 자는 상속인이 되지 못한다.(민법 제1004조)

1. 고의로 직계존속, 피상속인, 그 배우자 또는 상속의 선순위나 동순위에 있는 자를 살해하거나 살해하려한 자
2. 고의로 직계존속, 피상속인과 그 배우자에게 상해를 가하여 사망에 이르게 한 자
3. 사기 또는 강박으로 피상속인의 상속에 관한 유언 또는 유언의 철회를 방해한 자
4. 사기 또는 강박으로 피상속인의 상속에 관한 유언을 하게 한 자
5. 피상속인의 상속에 관한 유언서를 위조·변조·파기 또는 은닉한 자

(7) 후견인 제도

1) 성년후견제도

- 질병·장애·노령 등의 사유로 인해 정신적 제약을 가진 사람들이 존엄한 인격체로서 주체적으로 후견제도를 이용하고 자신의 삶을 영위해 나갈 수 있도록, 개정 민법은 금치산·한정치산제도를 폐지하고 성년후견제도를 도입했다.
- 종래의 금치산·한정치산제도는 재산관리에 중점을 두었고, '본인의 의사와 잔존능력'에 대한 고려 없이 행위능력을 획일적으로 제한하였다.
- 반면, 2013년 7월 1일부터 시행된 성년후견제도는 '본인의 의사와 잔존능력의 존중'을 기본이념으로 하여 후견 범위를 개별적으로 정할 수 있도록 하였고 재산 관련 분야뿐만 아니라 치료, 요양 등 신상에 관한 분야에도 폭넓은 도움을 줄 수 있다. 또한 현재 정신적 제약이 없는 사람이라도 미래를 대비하여 성년후견제도(임의후견)를 이용할 수 있다.

2) 성년후견제도의 종류

- 성년후견제도의 후견은 법정후견과 임의후견으로 나눌 수 있고, 법정후견에는 성년후견, 한정후견, 특정후견이 있다.

내용	성년후견	한정후견	특정후견	임의후견
개시사유	정신적 제약으로 사무처리능력의 지속적 결여	정신적 제약으로 사무처리능력의 부족	정신적 제약으로 일시적 후원 또는 특정사무 후원의 필요	정신적 제약으로 사무처리능력의 부족
후견개시 청구권자	본인, 배우자, 4촌 이내의 친족, 미성년후견인, 미성년후견감독인, 한정후견인, 한정후견감독인, 특정후견인, 특정후견감독인, 검사 또는 지방자치단체의 장	본인, 배우자, 4촌 이내의 친족, 미성년후견인, 미성년후견감독인, 성년후견인, 성년후견감독인, 특정후견인, 특정후견감독인, 검사 또는 지방자치단체의 장	본인, 배우자, 4촌 이내의 친족, 미성년후견인, 미성년후견감독인, 검사 또는 지방자치단체의 장	본인, 배우자, 4촌 이내의 친족, 임의후견인, 검사 또는 지방자치단체의 장 (※ 임의후견 개시 요건인 임의후견감독인 선임 청구권자)
본인의 행위능력	원칙적 행위능력상실자	원칙적 행위능력자	행위능력자	행위능력자
후견인의 권한	원칙적으로 포괄적인 대리권, 취소권	법원이 정한 범위 내에서 대리권, 동의권, 취소권	법원이 정한 범위 내에서 대리권	각 계약에서 정한 바에 따름

사례

- 해외에 살고 있는 자녀
- 고령으로 인한 정신적 제약으로 자신의 재산관리 및 신상 문제를 제대로 해결하기 어려운 아버지

자녀: 아버지를 위하여 법원에 성년후견 등 법정후견 개시 청구를 함으로써, 성년후견인 등이 아버지를 후견할 수 있도록 할 수 있음.

아버지: 또한 본인은 이러한 때에 대비하여 미리 신뢰할 만한 사람과 재산관리 및 신상보호에 관한 사무를 맡기는 내용의 계약을 공정증서로 체결하고 이를 등기함으로써, 정신적 제약이 발생한 때를 스스로 준비할 수 있음(임의후견).

3) 청구 방법

① 관할법원

후견에 관한 사건은 피후견인(후견을 받는 사람) 주소지의 가정법원 및 가정법원 지원이 관할한다. 가정법원이 설치되지 아니한 지역에서는 해당 지역의 지방법원 및 지방법원 지원이 관할한다.

② 비용

가사비송사건 청구를 위한 일반적인 비용(인지대, 송달료 등)과 감정비용 등이 있다. 법원은 절차에 드는 비용을 지출할 자금능력이 없거나 그 비용을 지출하면 생활에 현저한 지장이 있는 사람에 대해서 그 사람의 신청에 따라 또는 직권으로, 절차에 드는 비용 중 일부를 지원할 수 있다(절차구조, 가사소송법 제37조의2).

4) 재판 진행

- 성년후견, 한정후견의 개시 여부를 판단하기 위해서 법원은 본인의 정신 상태에 관하여 의사의 감정을 받도록 하는 것을 원칙으로 한다. 특정후견, 임의후견의 경우에는 감정 대신 의사나 그 밖에 전문지식이 있는 사람의 의견을 듣는 것을 원칙으로 한다. 또한 법원은 본인의 상태를 확인하고 의사를 존중하기 위하여 당사자 본인을 심문하여 그 진술을 듣는 것을 원칙으로 한다.
- 이와 같은 절차를 거쳐 법원은 본인이 잔존능력을 최대한 활용할 수 있도록 후견 개시, 후견인 선임, 법정대리권의 범위 결정 등의 심판을 하게 된다. 그 외에도 후견인 변경, 후견 종료 등 다양한 심판사항이 법에 규정되어 있다.

5) 후견인

① 후견인 대상

법원은 우선 본인의 의사를 존중하되, 본인의 건강, 생활관계, 재산상황 등 여러 사정을 고려하여 적합한 자를 후견인으로 선임하게 되는데, 가족·친척·친구 등은 물론 변호사·법무사·세무사·사회복지사 등의 전문가도 후견인으로 선임될 수 있고, 여러 명이 선임될 수도 있다.

② 후견인의 역할

후견인은 선량한 관리자의 주의로써 피후견인의 복리를 위해 후견사무를 처리하여야 하고, 피후견인의 의사를 존중해야 한다. 후견의 종류와 심판 내용에 따라 후견인의 구체적인 권한 및 사무가 다른데, 후견인의 주요 사무를 살펴보면 다음과 같다.

a. 재산관리: 후견인은 피후견인의 재산을 관리하고 법률행위의 대리권·동의권 등을 행사할 수 있는데, 이는 후견의 종류에 따라 법원의 심판에서 구체적으로 정해진다.

b. 신상보호: 의료, 개호, 재활, 교육, 주거의 확보 등 신상에 관한 사항에 관하여는 피후견인이 단독으로 결정하는 것이 원칙이나, 피후견인이 스스로 결정하기 어려운 경우라면 후견인이 법원으로부터 권한을 부여받아 신상에 관한 결정을 할 수도 있다.

3 보험계약과 상속증여세 재원마련

(1) 개요

2015년 1월 기준 서울 전체 아파트 가격이 13.8억원을 기록했다. 강남구, 서초구, 용산구의 경우 20억원을 훌쩍 넘는다. 한국인의 자산구조를 보면 부동산 비중이 가장 높은데 상속세가 부과된 피상속인의 상속재산을 분석해보면 당연 부동산가액이 상속재산가액의 80% 이상을 차지한다. 상속재산가액이 10억 초과~30억 이하인 경우 40%세율, 30억 초과인 경우 50%의 세율로 상속세가 부과된다. 높은 상속세로 인해 부동산을 처분하지 않으면 상속세 납부 재원을 마련할 수 없는 상황을 직면 하는 것이 현실이다. 부동산 처분이나 담보대출을 통해 상속세 납부재원을 마련할 수도 있지만, 보험계약을 통해서도 상속세 재원을 마련할 수 있다.

개인재산이나 법인재산 상속 등으로 막대한 상속세가 예상되거나 상속세를 대비하고자 할 때 상속세 재원마련을 위해서 현실적인 보험계약 가입을 검토해 볼 수 있다.

(2) 보험계약의 구조 및 특징

1) 구조

보험계약은 일반 계약에 비해 복잡한 구조인데 보험 계약 시 다음의 계약 주체가 필요하다.

① 보험계약자

보험계약자는 보험의 계약자로서 보험료 납부의 의무를 지는 자이다.

② 피보험자

피보험자는 보험사고의 대상이 되는 주체로 피보험자의 사망, 질병, 재해 장해, 생존 등 여러 사고 등을 목적물로 삼을 수 있다.

③ 수익자

보험금 수령을 할 수 있는 자로 보험금 지급 사유가 발생할 때 보험금을 수령할 수 있다.

2) 특징

- 보험계약은 계약자, 피보험자, 수익자의 구성을 모두 다르게 설정 할 수 있다.
- 보험계약자 또는 수익자가 사망 시 보험계약이 소멸되는 것이 아니라 타인이 승계할 수 있다.

(3) 관련법령

1) 상속재산으로 보는 보험금

① 피상속인의 사망으로 인하여 받는 생명보험 또는 손해보험의 보험금으로서 피상속인이 보험계약자인 보험계약에 의하여 받는 것은 상속재산으로 본다.

② 보험계약자가 피상속인이 아닌 경우에도 피상속인이 실질적으로 보험료를 납부하였을 때에는 피상속인을 보험계약자로 보아 제1항을 적용한다.

2) 보험금의 가액

$$\text{지급받은 보험금의 총합계액} \times \frac{\text{피상속인이 부담한 보험료의 금액}}{\text{해당 보험계약에 따라 피상속인의 사망 시까지 납입된 보험료의 총합계액}}$$

3) 보험금의 증여

① 생명보험이나 손해보험에서 보험사고(만기보험금 지급의 경우를 포함한다)가 발생한 경우 해당 보험사고가 발생한 날을 증여일로 하여 다음의 구분에 따른 금액을 보험금 수령인의 증여재산가액으로 한다.

a. 보험금 수령인과 보험료 납부자가 다른 경우(보험금 수령인이 아닌 자가 보험료의 일부를 납부한 경우를 포함한다): 보험금 수령인이 아닌 자가 납부한 보험료 납부액에 대한 보험금 상당액
b. 보험계약 기간에 보험금 수령인이 재산을 증여받아 보험료를 납부한 경우: 증여받은 재산으로 납부한 보험료 납부액에 대한 보험금 상당액에서 증여받은 재산으로 납부한 보험료 납부액을 뺀 가액

② 제1항은 제8조에 따라 보험금을 상속재산으로 보는 경우에는 적용하지 아니한다.

(4) 개인계약과 종신보험 활용

1) 보험금이 상속재산에 포함되는 경우

사망 시 보험금을 지급하는 정기보험의 경우 보험계약자와 피보험자를 피상속인으로 하는 정기보험을 설계 시 피보험자가 사망 시 피상속인의 상속재산에 보험금이 포함된다.

2) 보험금이 상속재산에 포함되지 않은 경우

보험계약자를 자녀로 하고 실제 자녀의 소득으로 보험료를 납부한다면 피상속인의 상속재산에 포함되지 않는다.

3) 활용방법

핵심은 보험계약자가 피상속인이 아닌 배우자나 자녀인 경우 피상속인의 상속재산에 잡히지 않아 상속개시 시 수령한 보험금으로 상속세를 납부재원을 마련할 수 있다.

보험계약자를 배우자로 설정할지 자녀로 설정할지는 예상 상속재산 및 상속세의 규모 및 배우자 및 자녀의 소득을 고려하여 설정할 필요가 있다.

(5) 법인계약과 종신보험 활용

1) 개인계약이 어려운 경우

법인의 대표자인 경우 법인 운영에 집중하다 보니 법인 자금을 인출하지 않아 개인 자산이 부족한 경우가 있다. 이런 경우 개인의 주식가치는 높으나 현금화 할 수 있는 자산은 법인에 있는 경우가 많은데 이런 경우는 보험계약자를 법인으로 하는 방법을 생각해 볼 수 있다.

2) ceo정기보험과 유상감자 플랜

법인이 보험계약자가 되고 피보험자는 대표자, 수익자는 법인인 경우 대표자의 사망시 법인은 사망보험금을 수령하게 되고 상속인들은 주식을 상속받게 된다. 상속인들은 주식의 유상감자를 통해 법인의 자금을 인출하여 상속세 재원을 마련하여 상속세를 납부 할 수 있게 된다.

4 증여세의 이해

(1) 개념과 납세현황

1) 개념

증여란 그 행위 또는 거래의 명칭·형식·목적 등과 관계없이 직접 또는 간접적인 방법으로 타인에게 무상으로 유형·무형의 재산 또는 이익을 이전(현저히 낮은 대가를 받고 이전하는 경우를 포함)하거나 타인의 재산 가치를 증가시키는 것을 말하며, 유증과 사인증여는 제외한다. 증여세란 타인(증여자)으로부터 재산을 증여 받은 경우에 그 재산을 증여받은 자(수증자)가 부담하는 세금을 말한다.

① 증여세 신고현황

〈증여세 신고 현황(납세지별)〉

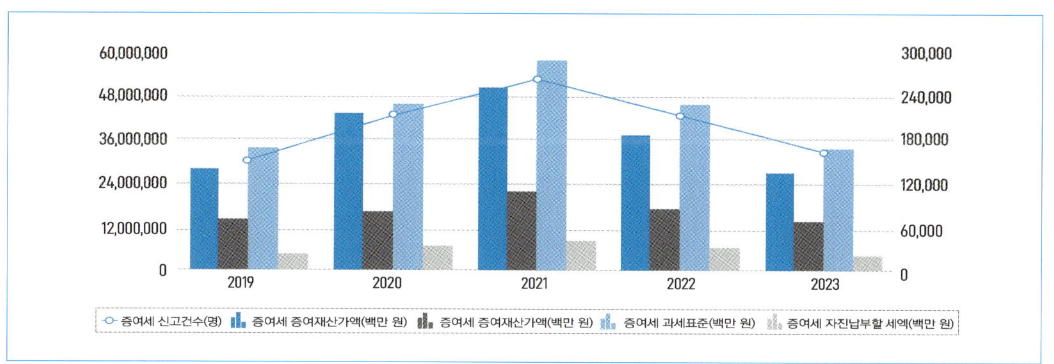

구분	2019	2020	2021	2022	2023
증여세 신고건수(명)	151,399	214,603	264,274	215,640	164,230
증여세 증여재산가액 (백만원)	28,250,186	43,613,387	50,459,313	37,745,424	27,338,773
증여세 증여재산가산액 (백만원)	13,928,316	16,302,574	22,120,283	17,470,107	14,064,994
증여세 과세표준 (백만원)	33,911,728	46,246,322	58,464,167	45,347,217	33,784,511
증여세 자진납부할 세액 (백만원)	4,910,393	6,852,792	8,351,446	6,822,908	4,822,057

(출처 : 국세통계포탈)

② 증여세 결정현황

〈증여세 결정 현황(증여재산종류별)〉

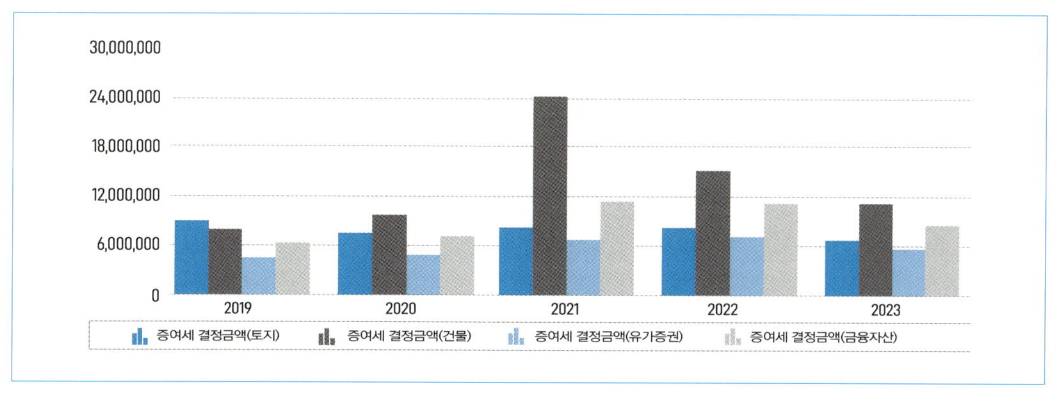

(출처 : 국세통계포탈)

구분	2019	2020	2021	2022	2023
증여세 결정금액(토지)	8,973,107	7,456,116	8,167,303	8,040,236	6,697,017
증여세 결정금액(건물)	8,016,712	9,872,886	24,220,447	15,004,856	11,118,308
증여세 결정금액(유가증권)	4,527,522	4,837,109	6,896,250	7,049,584	5,895,322
증여세 결정금액(금융자산)	6,373,298	7,282,214	11,295,892	11,309,903	8,657,233

(출처 : 국세통계포탈)

(2) 증여세 납세의무자

- 타인으로부터 재산을 무상으로 받은 수증자(개인 또는 비영리법인)는 그 재산에 대한 증여세를 신고·납부하여야 한다.
- 수증자가 영리법인인 경우에는 영리법인이 증여받은 재산은 법인세 과세대상에 포함되므로 그 영리법인에게 증여세를 부과하지 않는다.

(3) 거주자와 비거주자

- 수증자가 증여일 현재 거주자인지 비거주자인지 여부에 따라 과세범위 및 증여세 납부의무자에 차이가 있다.

- (거주자인 경우) 국내외에 있는 모든 증여재산에 대해 수증자가 납부할 의무가 있다. 다만, 당사자가 특수관계인이 아닌 경우로서 그 증여재산에 대해 외국 법령으로 증여세(실질적 유사 조세 포함)가 부과 또는 세액 면제되는 경우 증여세 납부의무가 면제된다.(국제조세조정에 관한 법률 제35조)

- (비거주자인 경우) 국내에 있는 모든 증여재산은 수증자가 납부할 의무가 있으며, 거주자로부터 증여받은 국외에 있는 모든 증여재산은 증여자가 납부할 의무가 있다.

수증자	과세범위	증여세 납부의무자
거주자	국내의 모든 증여재산	(납부의무자) 수증자
비거주자	국내에 있는 모든 증여재산	(납부의무자) 수증자
	거주자로부터 증여받은 국외에 모든 증여재산	(납부의무자) 증여자

- 「권리의 이전이나 그 행사에 등기, 등록, 명의개서 등이 필요한 재산(토지와 건물은 제외)」을 조세회피 목적으로 실제소유자 명의가 아닌 타인의 명의로 명의신탁한 경우에는 실제소유자가 명의자에게 증여한 것으로 보며, 이 경우 실제소유자가 증여세 납부의무가 있다.

(4) 증여재산의 취득시기

- 증여일로 보는 증여재산 유형별 취득시기는 다음과 같다.

재산구분	증여재산의 취득시기
등기·등록을 요하는 재산	소유권의 이전 등기·등록 신청서 접수일
증여 목적으로 수증인 명의로 완성한 건물이나 취득한 분양권	사용승인서 교부일·사실상 사용일·임시사용 승인일 중 빠른 날
타인의 기여에 의하여 재산 가치가 증가한 경우	재산가치 증가 사유 발생일
주식 및 출자지분	객관적으로 확인된 주식 등 인도일 다만, 인도일이 불분명하거나 인도전 명의개서 시 명부 등의 명의개서일
무기명채권	이자지급 등으로 취득사실이 객관적으로 확인된 날 다만, 불분명시 이자지급·채권상환을 청구한 날
위 외의 재산	인도한 날 또는 사실상의 사용일

(5) 증여세 연대납부 책임

- 증여세는 재산을 증여받은 수증자가 납부하는 것이 원칙이지만 수증자가 다음 중 어느 하나에 해당하는 경우에는 수증자가 납부할 증여세에 대하여 증여자가 연대하여 납부할 의무가 있다.

- 수증자의 주소 또는 거소가 분명하지 아니한 경우로서 조세채권의 확보가 곤란한 경우
- 수증자가 증여세를 납부할 능력이 없다고 인정되는 경우로서 강제징수를 하여도 조세채권의 확보가 곤란한 경우
- 수증자가 비거주자인 경우

(6) 신고납부기한 및 납부

1) 법정신고기한

구분	법정신고기한	제출대상서류
아래 증여의제 이외의 증여	재산을 증여받은 날이 속하는 달의 말일부터 3월 이내	[기본세율 적용 증여재산 신고] 1. 증여세 과세표준신고 및 자진납부계산서(기본세율 적용 증여재산 신고용) 2. 증여재산 및 평가명세서(부표1) 3. 채무사실 등 그 밖의 입증서류 [특례세율 적용 증여재산 신고] 1. 증여세 과세표준신고 및 자진납부계산서(창업자금 및 가업승계주식 등 특례세율 적용 증여재산 신고용) 2. 창업자금 증여재산평가 및 과세가액 계산명세서(부표1) 또는 가업승계 주식 등 증여재산평가 및 과세가액 계산명세서(부표2) 3. 창업자금 특례신청서 또는 주식 등 특례신청서 4. 채무사실 등 그 밖의 입증서류
특정법인과의 거래를 통한 이익의 증여의제	특정법인의 법인세 과세표준의 신고기한이 속하는 달의 말일부터 3개월이 되는 날	1. 증여세 과세표준신고 및 자진납부계산서기본세율 적용 증여재산(신고용) 2. 증여재산 및 평가명세서(부표1) 3. 채무사실 등 그 밖의 입증서류
특수관계법인과의 거래를 통한 이익의 증여의제 (일감몰아주기)	수혜법인의 법인세 과세표준의 신고기한이 속하는 달의 말일부터 3개월이 되는 날	1. 증여세 과세표준신고 및 자진납부계산서(특수관계법인과의 거래를 통한 증여의제이익 신고용) 2. 수증자 등 및 과세가액 계산명세서(Ⅰ) 3. 수증자 등 및 과세가액 계산명세서(Ⅱ) 4. 법인세법 시행규칙 별지 제15호 서식 부표1 및 같은 서식 부표2에 따른 과목별 소득금액조정명세서 1부 5. 지배주주와 특수관계법인과의 관계를 확인할 수 있는 서류
특수관계법인으로부터 제공받은 사업기회로 발생한 이익의 증여의제 (일감떼어주기)	수혜법인의 법인세 과세표준의 신고기한이 속하는 달의 말일부터 3개월이 되는 날	1. 증여세 과세표준신고 및 자진납부계산서(특수관계법인으로부터 제공받은 사업기회로 발생한 증여의제이익 신고용) 2. 수증자 등 및 과세가액 계산명세서(A) 3. 수증자 등 및 과세가액 계산명세서(B) 4. 법인세법 시행규칙 별지 제15호 서식 부표1 및 같은 서식 부표2에 따른 과목별 소득금액조정명세서 1부 5. 지배주주와 특수관계법인과의 관계를 확인할 수 있는 서류

2) 증여세 납부

① 증여세 납부방식

- 증여세는 일시에 납부하는 것이 원칙이나 일시납부에 따른 과중한 세부담을 분산시켜 증여재산을 보호하고 납세의무의 이행을 쉽게 이행하기 위하여, 일정요건이 성립되는 경우에 분할하여 납부할 수 있다.
- 이 경우 2회에 나누어 내는 것을 분납, 장기간에 나누어 내는 것을 연부연납이라고 한다.

② 증여세 분납

- 납부할 세액이 1천만원을 초과하는 때에는 신고납부기한이 지난 후 2개월 이내에 그 세액을 아래와 같이 분할하여 납부할 수 있다.

- 납부할 세액이 2천만원 이하일 때: 1천만원을 초과하는 금액
- 납부할 세액이 2천만원 초과할 때: 그 세액의 50% 이하의 금액

- 증여세 신고서의 '분납'란에 분할하여 납부할 세액을 기재하여 신고서를 제출하는 때에 분납 신청이 완료되므로 별도 신청서를 제출할 필요는 없다.
- 연부연납을 허가받은 경우에는 증여세 분납이 허용되지 않는다.

③ 증여세 연부연납

a. 개요

증여세 신고 시 납부해야 할 세액이나 납세고지서 상의 납부세액이 2천만원을 초과하는 때에는 아래 요건을 모두 충족하는 경우에 수증자의 주소지를 관할하는 세무서장으로부터 연부연납을 허가받아 일정기간 동안 분할하여 납부할 수 있다.

b. 연부연납 신청요건

ⓐ 증여세 납부세액이 2천만원 초과

ⓑ 연부연납을 신청한 세액에 상당하는 납세담보 제공

  * 납세보증보험증권 등 납세담보가 확실한 경우에는 신청일에 세무서장의 허가를 받은 것으로 간주한다.

ⓒ 증여세 연부연납 신청기한 내* 연부연납허가신청서 제출

  * (신고 시) 신고기한 까지 (고지 시) 고지서의 납부기한 까지

- 연부연납을 허가받은 경우에는 증여세 분납이 허용되지 않으며, 연부연납기간은 5년 이내에 수증자가 신청한 기간으로 한다.

〈연부연납 가산금 이자율〉

'18.3.19.~ '19.3.19.	'19.3.20.~ '20.3.12.	'20.3.13.~ '21.3.15.	'21.3.16.~ '23.3.19.	'23.3.20.~ '24.3.21	'24.3.22.~	'25.3.21.~
연 1.8%	연 2.1%	연 1.8%	연 1.2%	연 2.9%	연 3.5%	연 3.1%

* 2025.3.21. 이후 연부연납 신청부터 납부일 현재 이자율 적용
* 2025.3.21. 전에 연부연납 기간 중에 있는 분에 대해서는 2025.3.21. 이후 납부하는 분부터 납부일 현재 이자율을 적용할 수 있으며, 납부일 현재 이자율을 적용한 이후 연부연납 기간에 대해서는 개정규정을 계속 적용하여야 함

(7) 세액계산 흐름도 표

1) 수증자가 거주자이고 기본세율 적용 증여재산인 경우

증여재산가액	• 국내외 소재 모든 재산, 증여일 현재의 시가로 평가
−	
비과세 및 과세가액 불산입액	• 비과세: 사회통념상 인정되는 피부양자의 생활비, 교육비 등 • 과세가액 불산입: 공익법인 등에 출연한 재산 등
−	
채무액	• 증여재산에 담보된 채무인수액(임대보증금, 금융기관 채무 등)
+	
증여재산가산액	• 해당 증여일 전 동일인으로부터 10년 이내에 증여받은 재산의 과세가액 합계액이 1천만 원 이상인 경우 그 과세가액을 가산 　− 동일인: 증여자가 직계존속인 경우 그 배우자 포함
−	
증여세 과세가액	
−	

<table>
<tr><td rowspan="6">증여공제·
증여재산공제·
재해손실공제</td><td colspan="2">

• (증여재산공제) 수증자가 다음의 증여자로부터 증여받는 경우 적용하며, 증여재산 공제 한도는 10년간의 누계한도액임.

증여자	배우자	직계존속	직계비속	기타친족*	기타
공제한도액	6억 원	5천만 원 (수증자가 미성년자인 경우 2천만 원)	5천만 원	1천만 원	없음

* 4촌 이내 혈족 및 3촌 이내 인척

• (재해손실공제) 증여세 신고기한 이내 재난으로 멸실·훼손된 경우 그 손실가액을 공제

</td></tr>
</table>

−

감정평가수수료

−

증여세 과세표준

• 아래 유형 이외의 증여: 증여재산 증여재산공제·재해손실공제 감정평가수수료
• 명의신탁: 신탁재산 감정평가수수료
• 합산배제(상증법 제45조의2 내지 제45조의4 제외): 증여재산 3천만 원 감정평가수수료

−

세율

과세표준	1억 원 이하	5억 원 이하	10억 원 이하	30억 원 이하	30억 원 초과
세 율	10%	20%	30%	40%	50%
누진공제액	없음	1천만 원	6천만 원	1억 6천만 원	4억 6천만 원

−

증여세 산출세액

• (증여세 과세표준 × 세율) − 누진공제액

−

세대생략할증세액

• 수증자가 증여자의 자녀가 아닌 직계비속이면 30% 할증(단, 미성년자가 20억 원을 초과하여 증여받는 경우에는 40% 할증)
• 직계비속의 사망으로 최근친 직계비속에 해당하는 경우는 적용 제외

−

세액공제 등

• 문화재자료 징수유예, 납부세액공제, 외국납부세액공제, 신고세액공제, 그 밖의 공제·감면세액

+

신고불성실·납부지연 가산세 등

−

분납·연부연납

• 물납 불가

−

자진납부할 증여세액

2) 수증자가 거주자이고 특례세율 적용 증여재산인 경우

| 증여재산가액 | • 해당 창업자금 또는 가업승계 주식 등의 가액 |

−

| 채무액 | |

−

| 해당 증여세 과세가액 | |

+

| 기 과세특례 적용된 증여세 과세가액 | • 증여시기와 관계없이 기 과세특례 적용받은 창업자금 또는 가업승계 주식 등의 과세가액 합산
• 기본세율 적용 증여재산은 합산하지 않음. |

−

| 특례적용 대상 해당 증여세 과세가액 | • 특례적용 대상 증여세 과세가액: 해당 증여세 과세가액 + 기 과세특례적용된 증여세 과세가액
(창업자금) 50억 원 한도, 창업을 통해 10명 이상 신규 고용 시 100억 원 한도
(가업승계 주식 등) 600억 원 한도 |

−

| 증여공제 | • (창업자금) 5억 원, (가업승계 주식 등) 10억 |

−

| 감정평가수수료 | |

−

| 증여세 과세표준 | |

×

| 세율 | • (창업자금) 10%
• (가업승계 주식 등) 10%, 가업승계 과세표준 60억 원 초과분은 20% |

| 증여세 산출세액 | • (증여세 과세표준 × 세율) − 누진공제액 |

−

| 세대생략할증세액 | • 수증자가 증여자의 자녀가 아닌 직계비속이면 30% 할증(단, 미성년자가 20억 원을 초과하여 증여받는 경우에는 40% 할증)
• 직계비속의 사망으로 최근친 직계비속에 해당하는 경우는 적용 제외 |

−

| 세액공제 등 | • 납부세액공제, 외국납부세액공제
• 단, 신고세액공제는 적용하지 않음. |

+

| 신고불성실·납부지연 가산세 등 | |

−

| 분납·연부연납 | • 물납 불가 |

−

| 자진납부 할 증여세액 | |

3) 수증자가 비거주자이고 기본세율 적용 증여재산인 경우

증여재산가액
- 국내 소재한 모든 증여재산, 증여일 현재의 시가로 평가

−

비과세 및 과세가액 불산입액
- 비과세: 사회통념상 인정되는 피부양자의 생활비, 교육비 등
- 과세가액 불산입: 공익법인 등에 출연한 재산 등

−

채무액
- 증여재산에 담보된 채무인수액(임대보증금, 금융기관 채무 등)

+

증여재산가산액
- 해당 증여일 전 동일인으로부터 10년 이내에 증여받은 재산의 과세가액 합계액이 1천만 원 이상인 경우 그 과세가액을 가산
  − 동일인: 증여자가 직계존속인 경우 그 배우자 포함

−

증여세 과세가액

−

증여공제·재해손실공제
- (증여재산공제) 적용하지 않음.
- (재해손실공제) 증여세 신고기한 이내 재난으로 멸실·훼손된 경우 그 손실가액을 공제

−

감정평가수수료

−

증여세 과세표준
- 아래 유형 이외의 증여: 증여재산 증여재산공제·재해손실공제 감정평가수수료
- 명의신탁: 신탁재산 감정평가수수료
- 합산배제(상증법 제45조의2 내지 제45조의4 제외): 증여재산 3천만 원 감정평가수수료

×

세율

과세표준	1억 원 이하	5억 원 이하	10억 원 이하	30억 원 이하	30억 원 초과
세 율	10%	20%	30%	40%	50%
누진공제액	없음	1천만 원	6천만 원	1억 6천만 원	4억 6천만 원

−

증여세 산출세액
- (증여세 과세표준 × 세율) − 누진공제액

−

세대생략할증세액
- 수증자가 증여자의 자녀가 아닌 직계비속이면 30% 할증(단, 미성년자가 20억 원을 초과하여 증여받는 경우에는 40% 할증)
- 직계비속의 사망으로 최근친 직계비속에 해당하는 경우는 적용 제외

−

세액공제 등
- 납부세액공제, 신고세액공제

+

신고불성실·납부지연 가산세 등

−

분납·연부연납
- 물납 불가

자진납부할 증여세액

1) 증여세 신고서 작성

작성순위	작성순서
1	증여재산 및 평가명세서
2	증여세 과세표준 신고 및 자진납부계산서
3	자진납부서

- 기본세율 적용 증여재산에 대한 증여세 신고 시 제출할 서류는 다음과 같다.
  ① 증여세 과세표준신고 및 자진납부계산서
    [상속세 및 증여세법 시행규칙 별지 제10호서식]
  ② 증여재산 및 그 평가명세서
    [상속세 및 증여세법 시행규칙 별지 제10호서식 부표]
  ③ 채무사실 등 기타 입증서류

2) 증여세 신고 관할세무서

- 증여세 신고서는 신고서 제출일 현재의 수증자의 주소지를 관할하는 세무서에 제출해야 한다. 다만, 수증자가 비거주자이거나 수증자의 주소 및 거소가 분명하지 아니한 경우 및 명의신탁재산의 증여의제의 경우에는 증여자의 주소지를 관할하는 세무서에 제출해야 한다.
- 수증자와 증여자 모두 비거주자에 해당하거나 주소 및 거소가 분명하지 아니한 경우 등에는 증여재산의 소재지를 관할하는 세무서에 증여세 신고서를 제출해야 한다.

3) 증여세 신고기한

- 증여세 납부의무가 있는 자는 증여세 신고서를 증여일이 속하는 달의 말일부터 3월 이내에 관할세무서에 제출해야 한다.
- 증여일이 속하는 달의 말일부터 3월이 되는 날이 공휴일·토요일·근로자의 날에 해당되면 그 공휴일 등의 다음날까지 신고·납부하면 된다.

【예시1】 증여일이 2021년 6월 10일인 경우

　　　　⇒ 증여세 신고기한은 2021년 9월 30일임.

【예시2】 증여일이 2021년 4월 10일인 경우

　　　　⇒ 증여세 신고기한은 2021년 7월 31일까지이나 해당일이 토요일로 최
　　　　　종 신고기한은 2021년 8월 2일까지임.

4) 증여세를 신고·납부하지 않았을 때 불이익

- 증여세 신고기한 내에 증여세 신고서를 제출하면 신고세액공제 3%를 적용받을 수 있다.
- 증여세 신고기한까지 증여세를 신고하지 않거나 과소신고하는 경우에는 세액공제 혜택을 적용받을 수 없을 뿐만 아니라 가산세를 추가로 부담하게 된다.

[신고하지 않거나 과소신고하는 경우 부담하는 가산세]

- 일반 무신고 가산세: 일반 무신고납부세액 × 20%
- 부정 무신고 가산세: 일반 무신고납부세액 × 40%
- 일반 과소신고 가산세: 일반 과소신고납부세액 × 10%
- 부정 과소신고 가산세: 부정 과소신고납부세액 × 40%

※ 다만, 증여재산에 대하여 아래와 같은 사유에 해당하는 경우에는 과소신고 가산세를 적용하지 않는다.

가. 신고 당시 소유권에 대한 소송 등의 사유로 증여재산으로 미확정된 경우
나. 공제 적용에 착오가 있었던 경우
　* 상속세 및 증여세법 제18조 ~ 제23조, 제23조의2, 제24조, 제53조, 제54조
다. 증여재산 평가가액의 차이
라. 법인세 과세표준 및 세액의 결정·경정으로 일감몰아주기 증여의제이익이 변경되는 경우

- 증여세를 납부하지 않거나 납부할 세액에 미달하게 납부하면 납부지연가산세를 추가로 부담하게 된다.

- 납부지연가산세: 미납·미달납부세액 × 미납기간 × 이자율
  * 미납기간: 납부기한의 다음날부터 자진납부일이나 납세고지일까지의 기간
  * 이자율: 22 / 100,000

5) 증여세 신고 관련 도움정보

- 증여세 신고 시 가산해야 하는 증여재산 확인에 따른 신고 불편을 해소하기 위해 수증자가 증여받은 증여재산에 대한 결정정보를 홈택스를 통해 제공하고 있다.
- (제공정보) 수증자가 증여일 전 10년 내 증여받은 재산에 대한 결정정보 및 기간 관계없이 모두 합산하는 창업자금·가업승계 주식 결정정보를 홈택스를 통해 제공한다.
- (확인방법) 본인 확인된 수증자가 별도 신청 없이 홈택스에서 조회[※]할 수 있다.
  * 홈택스 → 조회/발급 → 세금 신고 납부 → 증여세 결정정보 조회

- 무신고 등의 사유로 결정정보가 조회되지 않는 증여재산도 증여세 신고 시 합산 신고하여야 한다.

증여세 신고를 할 때에는 반드시 과거 10년간 사전증여재산에 대한 신고여부와 금액을 확인해야 한다. 그런데 시간이 오래되서 기억이 잘 안나는 경우나 신고서를 분실한 경우도 많다. 이러한 경우 세무서에서 과거 신고서류를 새로 발급받았어야 하는데 지금은 홈택스에서 과거 10년치 사전증여신고내역에 대해서 열람이 된다.

또한 증여재산에 대한 유사매매사례가액 등에 대한 정보도 국세청 홈택스를 통해서 제공하고 있으므로 아파트 등 공동주택의 경우에는 반드시 증여 시 시가평가에 대한 이슈를 홈택스를 통해서 확인해보아야 한다.

(9) 항목별 설명

1) 증여재산가액

① 증여재산의 범위

증여세 과세대상인 증여재산은 수증자에게 귀속되는 재산으로서 금전으로 환가할 수 있는 경제적 가치가 있는 모든 물건과 재산적 가치가 있는 법률상 또는 사실상의 모든 권리, 금전으로 환산할 수 있는 모든 경제적 이익을 포함한다.

② 증여받은 재산을 반환하는 경우 증여세 과세

증여받은 재산의 당초 증여자에게 반환하는 시기에 따라 증여세 과세방법이 달라진다. 다만, 금전의 경우에는 그 시기에 관계없이 당초 증여·반환에 대해 모두 증여세를 과세한다.

반환시기	증여세 과세방법
신고기한 이내 반환	당초 증여 및 반환 모두에 대해 과세하지 않는다.
신고기한 경과 후 3월 이내 반환	당초 증여에 대해서는 과세하고, 반환하는 것에 대하여는 과세하지 않는다.
신고기한 경과 후 3월 경과 반환	당초 증여 및 반환 모두에 대해 과세한다.

③ 판결에 의한 권리가 말소된 경우

증여세 과세대상 재산이 취득원인 무효의 판결에 의해 그 재산상의 권리가 말소되는 경우에는 증여세를 과세하지 아니하며 과세된 증여세는 취소한다. 다만, 형식적인 재판 절차만 경유한 사실이 확인되는 경우에는 그러하지 아니한다.

④ 유류분 반환

피상속인의 증여로 인하여 재산을 증여받은 자가 민법의 규정에 유류분 권리자에게 반환한 경우 반환한 재산의 가액은 당초부터 증여가 없었던 것으로 본다.

⑤ 연대납부의무자의 증여세 대납

증여자가 연대납부의무자로서 납부하는 증여세액은 수증자에 대한 증여로 보지 아니하는 것이나, 연대납세의무자에 해당하지 아니하는 경우 수증자를 대신하여 납부한 증여세액은 증여가액에 포함하여 증여세를 부과한다.

2) 비과세되는 증여재산

- 국가 또는 지방자치단체로부터 증여받은 재산의 가액
- 정당법의 규정에 의한 정당이 증여받은 재산의 가액
- 사회통념상 인정되는 이재구호금품·치료비·피부양자의 생활비·교육비, 기타 이와 유사한 것으로서 다음 중 어느 하나에 해당하는 가액

1) 학자금 또는 장학금 기타 이와 유사한 금품

2) 기념품·축하금·부의금 기타 이와 유사한 금품으로서 통상 필요하다고 인정되는 금품

3) 혼수용품으로서 통상 필요하다고 인정되는 금품

4) 타인으로부터 기증을 받아 외국에서 국내에 반입된 물품으로서 당해 물품의 관세의 과세가격이 100만원 미만인 물품

5) 무주택근로자가 건물의 총연면적이 85제곱미터 이하인 주택(주택에 부수되는 토지로서 건물연면적의 5배 이내의 토지를 포함)을 취득 또는 임차하기 위하여 사내근로복지기금 및 공동근로복지기금(상속세 및 증여세법 제46조 제4호)으로부터 증여받은 주택취득보조금 중 그 주택취득가액의 100분의 5 이하의 것과 주택임차보조금 중 전세가액의 100분의 10 이하의 것

6) 불우한 자를 돕기 위하여 언론기관을 통하여 증여한 금품
「장애인복지법」에 의해 등록한 장애인 및 「국가유공자등 예우 및 지원에 관한 법률」에 의하여 등록한 상이자를 수익자로 한 보험의 보험금으로서 연간 4천만원 이하의 보험금 등

3) 과세가액 불산입 재산

■ 공익법인 등이 출연받은 재산 또는 공익신탁재산

- 문화의 향상, 사회복지 및 공익의 증진을 목적으로 하는 공익법인 등이 출연받은 재산은 증여세 과세가액에 산입하지 않는다.
- 그러나 공익과 선행을 앞세워 변칙적으로 증여세 탈세수단으로 이용되는 사례를 방지하기 위하여 일정한 요건과 규제조항을 두어 조건부로 과세가액 불산입 후 요건 위배 시 증여세를 과세한다.

■ 장애인이 증여받은 재산

- 장애인이 타인으로부터 증여받은 재산(금전, 유가증권, 부동산)을 신탁업자에게 신탁하여 그 신탁의 이익을 전부 지급받는 경우에는 그 증여받은 재산가액(당해 장애인이 생존기간 동안 증여받은 재산가액 합계액으로 5억원 한도)은 과세가액에 산입하지 않는다.
- 과세가액 불산입 요건은 다음과 같다.
  1) 증여받은 재산의 전부를 자본시장과 금융투자업에 관한 법률에 따른 신탁회사에 신탁할 것
  2) 그 장애인이 신탁의 이익의 전부를 받는 수익자일 것
  3) 신탁기간이 그 장애인이 사망할 때까지로 되어 있을 것
     * 이 경우, 장애인이 사망하기 전에 신탁기간이 끝나는 경우에는 신탁기간을 장애인 사망할 때까지 계속 연장해야 함

4) 채무액

- 증여재산가액에서 공제할 수 있는 채무란 해당 증여재산에 담보된 증여자의 채무(증여재산 관련 임대보증금 포함)로서 수증자가 인수한 채무를 말한다.
- 증여자가 부담하고 있는 채무를 수증자가 인수한 것으로 확인되는 경우에는 부담부 증여에 해당하여 그 채무액을 차감하여 증여세 과세가액을 계산하고, 해당 채무는 소득세법 규정에 의한 유상양도에 해당하므로 증여자는 양도소득세 납세의무가 있다.

5) 증여재산가산액

- 해당 증여일 전 10년 이내에 동일인으로부터 받은 증여재산가액의 합계액이 1천만원

이상인 경우에는 그 가액을 증여세 과세가액에 합산하여 신고해야 한다.

- 이 경우 동일인에는 증여자가 직계존속인 경우에는 그 직계존속의 배우자를 포함한다.

【예시】 성년 자녀 A가 2021년 2월 1일에 부(父)로부터 현금 1억원을 증여받는 경우로 해당 증여일 전 증여받은 현황은 다음과 같을 때에 증여재산가산액은?

[기 증여현황]

- 2020년 2월 1일, 부(父)로부터 현금 1천만원 증여받음.
- 2020년 5월 1일, 조부(祖父)로부터 현금 1억원 증여받음.
- 2020년 7월 1일, 모(母)로부터 현금 5천만원 증여받음.
  ⇒ 증여재산가산액은 부(父)와 모(母)로부터 증여받은 현금 합계액 6천만원임.
  * 증여받은 증여세 과세가액이 1천만원 이상일 때에 합산

다만, 합산배제 증여재산, 비과세되는 증여재산, 공익목적 출연재산 등의 과세가액 불산입 재산, 영농자녀가 증여받는 농지 등, 증여세 특례세율 적용 증여재산(창업자금, 가업승계 주식 등) 등은 다른 증여재산과 합산하여 과세하지 않는다.

6) 증여재산공제 등

- 거주자인 수증자가 배우자, 직계존속, 직계비속, 기타 4촌 이내의 혈족 및 3촌 이내의 인척으로부터 증여받은 경우에는 다음 금액을 증여세 과세가액에서 공제한다.
- 이 경우 해당 증여 전 10년 이내에 공제받은 금액과 해당 증여가액에서 공제받을 금액의 합계액이 다음에 규정하는 금액을 초과하는 경우에는 그 초과하는 부분은 공제하지 아니한다.

증여자와의 관계	증여재산공제 한도액 (10년간 합산하여 공제할 수 있는 금액)
배우자	6억 원
직계존속(계부, 계모 포함)	5천만 원 (미성년자가 직계존속으로 증여받은 경우 2천만 원)
직계비속	5천만 원

증여자와의 관계	증여재산공제 한도액 (10년간 합산하여 공제할 수 있는 금액)
기타 친족 (4촌 이내의 혈족 및 3촌 이내의 인척)	1천만 원
그 외의 자	없음

7) 재해손실공제

증여세 신고기한 이내에 재난으로 인하여 증여받은 재산이 멸실·훼손된 경우에는 그 손실가액을 증여세 과세가액에서 공제한다.

8) 세율

증여세 산출세액은 과세표준에 세율을 곱하여 계산하는 것이며, 세율은 최저 10%부터 최고 50%까지의 5단계 초과누진세율 구조로 되어 있다.

과세표준	세율	누진공제
1억 원 이하	10%	–
1억 원 초과 ~ 5억 원 이하	20%	1천만 원
5억 원 초과 ~ 10억 원 이하	30%	6천만 원
10억 원 초과 ~ 30억 원 이하	40%	1억 6천만 원
30억 원 초과	50%	4억 6천만 원

단, 조세특례제한법 제30조의5에서 규정하는 창업자금이면 10%, 동법 제30조의6에서 규정하는 가업승계용 중소기업주식 등에 해당 시 120억원 한도 내에서 10%(120억원 초과분은 20%) 특례세율이 적용된다.

* 창업자금과 가업승계 주식 등의 증여세 과세특례는 중복 적용되지 않는다.

9) 세대생략 할증세액

수증자가 증여자의 자녀가 아닌 직계비속인 경우에는 증여세를 할증하여 계산한다.

▶ 세대생략 할증세액 계산은 다음과 같다.

① 미성년자로 증여재산가액이 20억원을 초과하는 경우

$$증여세\ 산출세액 \times \frac{수증자의\ 부모를\ 제외한\ 직계존속으로부터\ 증여받은\ 재산가액}{총\ 증여재산가액} \times 40\% - 종전에\ 납부한\ 할증과세액$$

② '①'외의 경우

$$증여세\ 산출세액 \times \frac{피상속인의\ 자녀를\ 제외한\ 직계비속이\ 받은\ 상속재산가액}{총\ 상속재산가액(상속인이나\ 수유자가\ 증여받은\ 재산가액을\ 포함)} \times 30\% - 종전에\ 납부한\ 할증과세액$$

다만, 증여자의 최근친인 직계비속이 사망하여 그 사망자의 최근친인 직계비속이 증여받은 경우에는 그러하지 아니한다.

10) 신고세액공제 및 납부세액공제

① 신고세액공제

- 증여세 과세표준을 신고기한까지 신고한 경우에는 적법하게 신고된 산출세액(세대생략 할증세액 포함)에서 공제세액 등을 차감한 금액에 신고세액공제율을 곱하여 계산한 금액을 공제한다.

  * 신고세액공제율: '19년 이후 증여분 3%, '18년도 증여분 5%

② 납부세액공제

- 해당 증여일 전 10년 이내에 동일인으로부터 받은 증여재산가액을 과세가액에 가산하는 경우 가산한 증여재산의 산출세액과 한도액을 비교하여 작은 금액을 납부세액으로 산출세액에서 공제한다.
- 납부세액공제액 = Min(ⓐ, ⓑ)
- ⓐ 가산한 증여재산의 산출세액

ⓑ 공제한도

$$\text{증여세 산출세액} \times \frac{\text{가산한 증여재산에 대한 과세표준}}{\substack{\text{당해 증여재산과 가산한 증여재산가액의 합계액에} \\ \text{대한 과세표준}}}$$

③ 박물관자료 등에 대한 징수유예공제

- 증여재산 중 박물관자료 또는 미술관자료로서 박물관 또는 미술관에 전시 중이거나 보존 중인 재산이 포함되어 있는 경우에는 그 재산가액에 상당하는 증여세액의 징수를 유예한다.
- 징수유예세액 계산은 다음과 같다.

$$\text{증여세 산출세액} \times \frac{\text{문화재 자료 등의 가액}}{\text{증여재산가액(증여재산가액포함)}}$$

11) 혼인·출산 증여재산 공제(신설)

① 혼인증여재산공제

거주자가 직계존속으로부터 혼인일(혼인관계증명서상 신고일) 전후 2년 이내 증여를 받는 경우에는 제2항(출산 증여재산 공제) 및 제53조 제2호에 따른 공제와 별개로 1억원을 증여세 과세가액에서 공제한다.

② 출산증여재산공제

거주자가 직계존속으로부터 자녀의 출생일(출생신고서상 신고일) 또는 입양일(입양신고일)부터 2년 이내 증여를 받는 경우에는 제1항(혼인증여재산 공제) 및 제53조 제2호에 따른 공제와 별개로 1억원을 증여세 과세가액에서 공제한다.

③ 취지

혼인 또는 출산 시 증여받는 자금에 대한 증여세 부담을 완화하기 위하여 혼인·출산 증여재산 공제를 도입.

④ 요건

ⓐ 직계존속으로부터 증여받을 것

ⓑ 혼인일 전후 2년 이내 및 출생·입양일 2년 이내 증여받을 것

ⓒ 혼인증여재산 및 출산증여재산의 합계가 1억원 초과 시 초과분은 공제하지 않음.

ⓓ 다음 각 호에 해당하는 증여가 아닐 것

> 1. 상증세법 제33조부터 제39조까지, 제39조의2, 제39조의3, 제40조, 제41조의2부터 제41조의5까지, 제42조, 제42조의2 또는 제42조의3에 해당하는 경우의 그 재산 또는 이익
> 2. 상증세법 제44조 또는 제45조에 해당하는 경우의 그 재산 또는 이익
> 3. 상증세법 제45조의2부터 제45조의5까지의 규정에 해당하는 경우에는 그 재산 또는 이익

⑤ 사후관리

ⓐ 혼인증여재산공제를 받은 후 부득이한 사유가 발생한 경우

- 거주자가 제1항에 따른 공제를 받은 후 약혼자의 사망 등 대통령령으로 정하는 부득이한 사유*가 발생하여 해당 증여재산을 그 사유가 발생한 달의 말일부터 3개월 이내에 증여자에게 반환하는 경우에는 처음부터 증여가 없었던 것으로 본다.
  * [부득이한 사유]
    - 약혼자의 사망
    - 「민법」 제804조 제1호부터 제7호까지의 약혼해제 사유
    - 그 밖에 혼인할 수 없는 중대한 사유로서 국세청장이 인정하는 사유

ⓑ 혼인 전에 공제를 받은 거주자가 2년 이내 혼인하지 아니한 경우

- 혼인 전에 거주자가 증여일(공제를 적용받은 증여가 다수인 경우 최초 증여일을 말한다)부터 2년 이내에 혼인하지 아니한 경우로서 증여일부터 2년이 되는 날이 속하는 달의 말일부터 3개월이 되는 날까지 「국세기본법」 제45조에 따른 수정신고 또는 같은 법 제45조의3에 따른 기한 후 신고를 한 경우에는 대통령령으로 정하는 바에 따라 같은 법 제47조의2부터 제47조의4까지에 따른 가산세의 전부 또는 일부를 부과하지 아니하되, 대통령령으로 정하는 바에 따라 계산한 이자상당액*을 증여세에 가산하여 부과한다.
  * [대통령령으로 정하는 바에 따라 계산한 이자상당액]
    이자상당액 = 증여세 과세표준 신고기한의 다음날 ~ 수정신고 또는 기한 후 신고한 날까지의 기간 × 2.2/10,000

ⓒ 혼인 후 혼인공제를 받은 자가 2년 이내 혼인이 무효가 된 경우

- 제1항에 따른 공제를 받은 거주자가 혼인이 무효가 된 경우로서 혼인무효의 소에 대한 판결이 확정된 날이 속하는 달의 말일부터 3개월이 되는 날까지 「국세기본법」 제45조에 따른 수정신고 또는 같은 법 제45조의3에 따른 기한 후 신고를 한 경우에는 대통령령으로 정하는 바에 따라 같은 법 제47조의2부터 제47조의4까지에 따른 가산세의 전부 또는 일부를 부과하지 아니하되, 대통령령으로 정하는 바에 따라 계산한 이자상당액을 증여세에 가산하여 부과한다.

5 증여의제 및 증여추정 관련 규정

(1) 특정법인과의 거래를 통한 이익의 증여의제(제45조의5)

1) 개요

지배주주와 그 친족이 직접 또는 간접으로 보유하는 주식보유비율이 100분의 30 이상인 법인(특정법인)이 지배주주의 특수관계인과 일정한 거래를 하는 경우 그 특정법인의 이익에 특정법인의 지배주주 등이 직접 또는 간접으로 보유하는 주식보유비율을 곱하여 계산한 금액을 그 특정법인의 지배주주 등이 증여받은 것으로 본다.

2) 과세 연혁

구분	개정 내용
2004.1.1. 개정내용	• 증여재산가액 계산방법 개정 • 증여재산가액: 1주당 평가차액 × 주식수 → 증여재산가액 × 지분율
2010.1.1. 개정내용	• 증여이익 계산 등 시행령 위임 규정 신설(상증세법 제41조 제2항)
2014.1.1. 개정내용	• 특정법인의 범위를 상장·코스닥상장법인으로 확대 • 지배주주와 그 친족이 보유하는 주식비율이 100분의 50 이상인 법인을 포함 • 증여재산가액은 특정법인이 부담하는 법인세 상당액을 빼고 계산
2016.1.1. 개정내용	• 특정법인과의 거래를 통한 이익의 증여 규정을 증여의제 규정으로 전환 • 특정법인과의 거래를 통한 이익 증여의제의 거래의 범위 中 • 시가와 대가의 차액이 시가의 100분의 30 이상이거나 <u>3억원</u> 이상인 경우 　(1억원 → 3억원)

구분	개정 내용
2017.1.1. 개정내용	• 증여의제시기 명확화: 증여시기는 특정법인과의 거래를 하는 날로 정함
2020.1.1. 개정내용	• 결손·흑자법인 구분 폐지 및 지분율 요건·과세대상 주주 일원화: 지분율 요건: 지배주주등의 지분율 30%* 이상 • 증여세 한도 신설 • 주주에게 직접 증여한 경우의 증여세 − 법인세상당액* 　* 산출세액 × (증여재산가액 / 각사업연도소득금액) × 해당 주주의 주식보유비율
2025.3.14. 개정내용	• 특정법인과의 거래를 통한 이익의 증여 의제 적용시 거래의 범위에 불균등 감자 등 자본거래가 포함되지 않았던 제도의 미비점을 보완하여 25년 3월 14일부터 특정법인의 자본거래를 통한 이익의 분여를 받은 경우에도 증여 의제를 적용하도록 개정되었다.

3) 특정법인과의 거래를 통한 이익의 증여의제 과세 요건

① 특정법인이 특정법인과 그 지배주주의 특수관계인이 아래의 거래를 할 것

※ 과세대상 거래

1. 재산 또는 용역을 무상으로 제공받는 것
2. 재산 또는 용역을 통상적인 거래 관행에 비추어 볼 때 현저히 낮은 대가로 양도·제공받는 것
3. 재산 또는 용역을 통상적인 거래 관행에 비추어 볼 때 현저히 높은 대가로 양도·제공하는 것
3의 2. 불균등 감자 등 대통령령으로 정하는 자본거래를 통하여 이익을 분여 받는 것 (2025. 3. 14. 신설)
4. 그 밖에 제1호부터 제3호까지의 거래와 유사한 거래로서 대통령령으로 정하는 것

② 특정법인의 지배주주 등이 증여받은 것으로 보는 이익이 1억원 이상인 경우(상증령 §34의5⑤)

4) 증여자, 수증자, 특정법인, 지배주주에 대한 구분

구분	세부내용
증여자	• 지배주주의 특수관계인으로서 특정법인과 일정 거래를 하여 이익을 제공한 자
수증자	• 지배주주와 그 친족("지배주주등"이라 한다)이 특정법인에 대해 직접 또는 간접으로 보유하는 주식보유비율이 100분의 30 이상인 경우 그 지배주주와 친족
특정법인	• 지배주주와 그 친족("지배주주등"이라 한다)이 직접 또는 간접으로 보유하는 주식보유비율이 100분의 30 이상인 법인
지배주주	• 특정법인의 최대주주등 중에서 주식보유비율이 가장 높은 개인(상증령 §34의3①) • 특정법인의 최대주주등 중에서 직접보유비율이 가장 높은 자가 개인인 경우: 해당 개인주주 • 특정법인의 최대주주등 중에서 직접보유비율이 가장 높은 자가 법인인 경우: 특정법인에 대한 직·간접 보유비율 합계가 가장 높은 개인

5) 증여의제이익 계산 방법(상증령 §34의5④~⑨)

① 증여의제이익

= 특정법인이 얻은 이익* × 주식보유비율

② 특정법인의 이익: a. − b.

a. 다음 구분에 따른 가액

ⓐ 재산을 증여하거나 해당 법인의 채무를 면제·인수 또는 변제하는 경우: 증여재산가액 또는 그 면제·인수 또는 변제로 인하여 해당 법인이 얻는 이익에 상당하는 금액

ⓑ 'ⓐ' 외의 경우: 「법인세법 시행령」 제89조를 따른 시가와 대가와의 차액에 상당하는 금액 (금전을 대부하거나 대부받는 경우에는 상증세법 제41조의4를 준용하여 계산함)

b. 법인세 상당액

$$= 법인세액 \times \frac{해당거래이익}{각 \ 사업연도 \ 소득금액}$$

6) 증여세 과세 한도액(상증법 §45의5②)

제1항에 따른 증여세액이 지배주주등이 직접 증여받은 경우의 증여세 상당액에서 특정법인이 부담한 법인세 상당액을 차감한 금액을 초과하는 경우 그 초과액은 없는 것으로 본다.

7) 예규 및 판례

① 특정법인이 특수관계자로부터 주식을 저가로 현물출자받은 경우 상증법 §45의5 적용 여부 등

특정법인에 상장주식을 현물출자한 경우로서, '시가보다 낮은 가액으로 특정법인에 현물출자하는 것'은 같은 법 제45조의5 제2항 제4호 및 같은 법 시행령 제34조의4 제6항 제2호에 따라, 특정법인과의 거래를 통한 이익의 증여의제 적용대상 거래에 해당(기준-2018-법령해석재산-0299, 2021.10.25.)

② 2년 이상 계속하여 결손금이 발생하는 법인의 특수관계자가 법인에게 가수금을 지급한 것을 금전의 무상대부(제공)로 보아 증여의제규정을 적용하여 주주에게 증여세를 부과할 수 있는지 여부

가수금에 적정이자율을 적용한 경제적 이익이 특정법인에게 분여된 것으로 볼 때 가수금을 무상지급한 것은 무상대부한 것과 동일한 결과이므로 주주인 청구인에게 나누어 준 이익을 증여받은 것으로 봄이 정당함.(조심2016구4195, 2017.2.10.)

③ 특정법인 주주 등의 과세가액 계산 시 '본인 증여이익'을 차감하는지 여부

해당 주주의 개별 증여이익을 계산한 후 차감하여 계산함.(기획재정부 조세법령운용과-846, 2021.10.1.)

④ 특정법인에게 증여한 자가 당해 특정법인의 지배주주인 경우 증여의제 대상인지
   여부

청구인이 증여법인과 수증법인의 주주에 동시에 해당한다 하더라도 법인격이 있는
법인간에 이루어진 이익분여를 개인간에 이루어진 이익분여로 간주하기는 어려우나,
특정법인에 증여한 자가 당해 특정법인의 지배주주 개인인 경우 해당 이익분여 금액
은 본인이 본인에게 증여한 것이 되므로 상증세법 제45조의5 규정에 따른 이익의 증
여의제대상에 해당한다고 보기 어려움.(조심2020중0019, 2020.3.12.)

⑤ 「상속세 및 증여세법」 제45조의5에 따른 특정법인에게 주식보유비율을 초과하여
   배당하는 경우 같은 조 제2항에 따른 거래에 해당하여 증여세가 과세되는지 여부

초과배당은 재산을 무상으로 제공한 거래에 해당하므로 「상속세 및 증여세법」 제45
조의5에 따른 증여세 과세 가능(기획재정부 재산세제과−434, 2019.6.18.)

⑥ 1년 이내 동일거래시 이익별 합산 기준

특정법인의 주주가 증여받은 것으로 보는 이익은 이익별로 구분하여 그 증여일부터
소급하여 1년 이내에 동일한 거래 등이 있는 경우에는 각각의 거래 등에 따른 이익을
해당 이익별로 합산하여 계산하여 1억원 이상인지 여부를 판단하는 것임.(서면−2018−상속
증여−2260, 2018.8.14.)

(2) 일감몰아주기 증여의제 과세제도

1) 개요

- 본인·자녀·친족 등이 주주인 법인에게 특수관계에 있는 법인이 일감을 몰아주어
  그 본인·자녀·친족 등이 얻게 된 간접적인 이익에 대해 증여세를 과세하기 위하여
  2011.12.31. 상속세 및 증여세법 제45조의3(특수관계법인과의 거래를 통한 이익의
  증여의제) 규정 신설(편의상 '일감몰아주기 증여의제'라고 함)

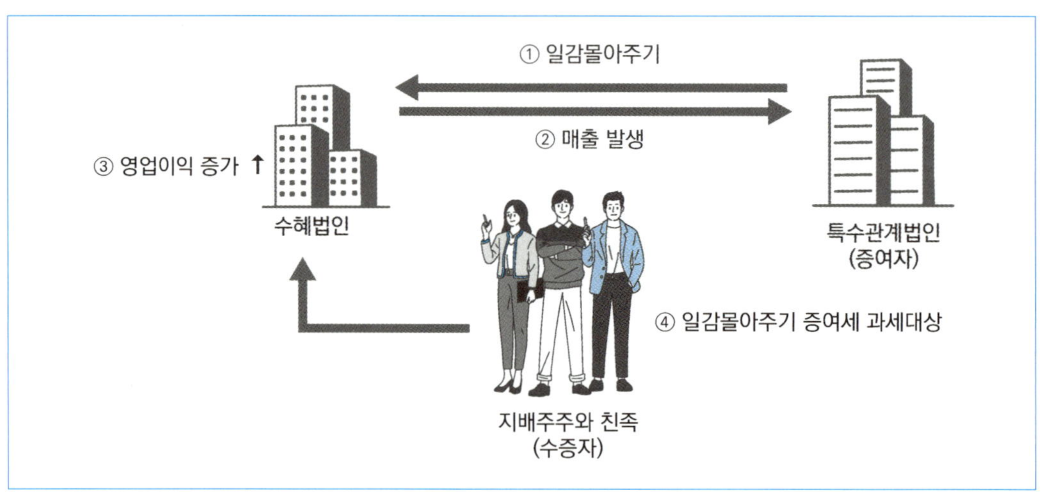

2) 일감몰아주기 증여의제 과세요건

① 수혜법인의 세후영업이익이 있을 것

② 특수관계법인거래비율이 정상거래비율 30%*(중견 40%·중소 50%)를 초과할 것

   * 특수관계법인에 대한 매출액이 1천억을 초과하고 중견·중소기업에 해당하지 않는 법인 20%

③ 수혜법인의 지배주주와 그 친족의 주식보유비율이 한계보유비율 3%(중견·중소 10%)를 초과할 것

3) 증여자, 수증자, 수혜법인, 지배주주에 대한 구분

구분	세부내용
증여자	수혜법인의 지배주주와 특수관계에 있는 법인으로서 일감을 몰아준 해당 법인으로 수혜법인의 해당 사업연도 매출액 중에서 수혜법인의 지배주주와 상증령 제2조의2 제1항 제3호부터 제8호까지의 관계에 있는 특수관계법인에 대한 매출액의 합계액이 차지하는 비율이 정상거래비율을 초과하는 경우의 지배주주와 특수관계에 있는 법인이다.(상증령 §34의4①)
수증자	수증자는 수혜법인의 사업연도 종료일을 기준으로 지배주주와 그 <u>지배주주의 친족*</u> 중 수혜법인에 대한 직접보유비율과 간접보유비율을 합하여 계산한 비율이 한계보유비율 3%(중소·중견기업 10%)를 초과하는 자이다.(상증법 §45의3①, 상증령 §34의3⑥)
수혜법인	법인의 사업연도 매출액 중에서 그 법인의 지배주주와 특수 관계에 있는 법인에 대한 매출액이 차지하는 비율(특수관계법인거래비율)이 정상거래비율 30%*(중견 40%·중소 50%)를 초과하는 내국법인을 말한다.(상증법 §45의3①) *특수관계법인에 대한 매출액이 1천억을 초과하고 중견·중소기업에 해당하지 않는 법인 20%

구분	세부내용
지배주주	• 수혜법인의 <u>최대주주등</u>* 중에서 주식보유비율이 가장 높은 개인(상증령 §34의 3①) • 수혜법인의 <u>최대주주등</u>* 중에서 직접보유비율이 가장 높은 자가 개인인 경우: 해당 개인주주 • 수혜법인의 <u>최대주주등</u>* 중에서 직접보유비율이 가장 높은 자가 법인인 경우: 수혜법인에 대한 직·간접 보유비율 합계가 가장 높은 개인

※ 최대주주 등(상속세 및 증여세법 시행령 제19조 제2항)

- 주주등 1인과 그의 특수관계인의 보유주식등을 합하여 그 보유주식등의 합계가 가장 많은 경우의 해당 주주 등 1인과 그의 특수관계인 모두

  * 특수관계인: 상속세 및 증여세법 제2조의2 제1항 각 호의 어느 하나에 해당하는 관계에 있는 자

※ 특수관계법인

- 수혜법인의 지배주주와 상속세 및 증여세법 시행령 제2조의2 제1항 제3호부터 제8호에 해당하는 특수관계에 있는 법인(비영리법인 포함)을 말한다.(상증령 §34의 3①)

※ 지배주주의 친족

- 지배주주와 상속세 및 증여세법 시행령 제2조의2 제1항 제1호에 따른 「국세기본법 시행령」 제1조의2 제1항 제1호부터 제4호까지의 어느 하나에 해당하는 자(이하 "친족") 및 직계비속의 배우자의 2촌 이내의 혈족과 그 배우자

※ 친족(국세기본법 시행령 제1조의2 제1항)

1. 4촌 이내의 혈족
2. 3촌 이내의 인척
3. 배우자(사실상의 혼인관계에 있는 자를 포함한다)
4. 친생자로서 다른 사람에게 친양자 입양된 자 및 그 배우자·직계비속

4) 일감몰아주기 증여의제 과세대상

① 증여의제이익 계산

구분	증여의제이익 계산식
중견기업·중소기업 이외 법인	수혜법인의 세후영업이익 × (특수관계법인거래비율* − 5%) × 주식보유비율
중견기업	수혜법인의 세후영업이익 × (특수관계법인거래비율* − 20%) × (주식보유비율 − 5%)
중소기업	수혜법인의 세후영업이익 × (특수관계법인거래비율* − 50%) × (주식보유비율 − 10%)

※ 특수관계법인거래비율

- 일감몰아주기증여의제이익은 특수관계법인거래비율이 일정 규모 이상인 경우 과세되며 특수관계법인거래비율이 높게 산정될수록 증여의제이익이 높아지는 상관관계가 있다.

$$\text{특수관계거래비율} = \frac{\text{특수관계법인 매출액} - \text{과세제외 매출액}}{\text{수혜법인 총매출액} - \text{과세제외 매출액}} \times 100$$

※ 과세제외 매출액

- 특수관계법인거래비율을 계산할 때 다음에 해당하는 매출액은 제외한다. 매출액이 열거된 사유에 동시에 해당하는 경우 더 큰 금액으로 한다.

1. 중소기업인 수혜법인이 중소기업인 특수관계법인과 거래한 매출액*
2. 수혜법인이 본인의 주식보유비율이 100분의 50 이상인 특수관계법인과 거래한 매출액
3. 수혜법인이 본인의 주식보유비율이 100분의 50 미만인 특수관계법인과 거래한 매출액에 그 특수관계법인에 대한 수혜법인의 주식보유비율을 곱한 금액
4. 수혜법인이 「독점규제 및 공정거래에 관한 법률」 제2조 제7호에 따른 지주회사(이하 "지주회사"라 한다)인 경우로서 수혜법인의 같은 법 제2조 제8호에 따른 자회사(이하 "자회사"라 한다) 및 같은 법 제2조 제9호에 따른 손자회사(같은 법 제18조 제5항에 따른 증손회사를 포함하며, 이하 "손자회사"라 한다)와 거래한 매출액
5. 수혜법인이 제품·상품의 수출(「부가가치세법」 제21조 제2항에 따른 수출을 말한다)을 목적으로 특수관계법인과 거래한 매출액

5의 2. 수혜법인이 용역을 국외에서 공급(「부가가치세법」 제22조에 따라 영세율이 적용되는 용역의 공급을 말한다)할 목적으로 특수관계법인과 거래한 매출액

5의 3. 수혜법인이 「부가가치세법」 제24조 제1항에 따라 영세율이 적용되는 용역의 공급으로서 같은 법 시행령 제33조 제2항 제1호 다목 또는 바목에 따른 용역의 공급(해당 용역을 공급받은 비거주자 또는 외국법인이 공급받은 용역과 동일한 용역을 다시 거주자 또는 내국법인에 공급하는 경우는 제외한다)을 목적으로 특수관계법인과 거래한 매출액

6. 수혜법인이 다른 법률에 따라 의무적으로 특수관계법인과 거래한 매출액

7. 한국표준산업분류에 따른 스포츠 클럽 운영업 중 프로스포츠구단 운영을 주된 사업으로 하는 수혜법인이 특수관계법인과 거래한 광고 매출액

8. 수혜법인이 국가, 지방자치단체, 「공공기관의 운영에 관한 법률」에 따른 공공기관 또는 「지방공기업법」에 따른 지방공기업(이하 "국가등"이라 한다)이 운영하는 사업에 참여함에 따라 국가등이나 「국가재정법」 별표 2에서 규정하는 법률에 따라 설립된 기금(이하 "공공기금"이라 한다) 또는 공공기금이 발행주식총수 또는 출자총액의 100분의 100을 출자하고 있는 법인이 발행주식총수 또는 출자총액의 100분의 50 이상을 출자하고 있는 법인에 출자한 경우 해당 법인과 거래한 매출액

- 중소기업인 수혜법인이 중소기업인 특수관계법인과 거래를 한 경우 해당 매출액은 과세 제외 매출액에 해당한다. 따라서 수혜법인과 특수관계법인 모두 중소기업에 해당하고 그 외의 특수관계법인 매출액이 없다면 특수관계법인거래비율이 '0'으로 산정되므로 증여의제이익은 없다.

② 이중과세 조정

a. 지배주주 등이 수혜법인으로부터 배당받은 소득이 있는 경우

지배주주등이 수혜법인의 직전 사업연도에 대한 법 제68조 제1항 단서에 따른 증여세 과세표준 신고기한의 다음날부터 해당 사업연도에 대한 같은 항 단서에 따른 증여세 과세표준 신고기한까지 수혜법인 또는 간접출자법인으로부터 배당받은 소득이 있는 경우에는 다음의 구분에 따른 금액을 해당 출자관계의 증여의제이익에서 공제한다. 다만, 공제 후의 금액이 음수(陰數)인 경우에는 영으로 본다.

ⓐ 수혜법인으로부터 받은 배당소득

다음 계산식에 따라 계산한 금액. 이 경우 배당가능이익은 「법인세법 시행령」 제86조의3 제1항에 따른 배당가능이익(이하 "배당가능이익"이라 한다)으로 한다.

$$\text{배당소득} \times \frac{\text{제13항에 따라 계산한 직접 출자관계의 증여의제이익}}{(\text{수혜법인의 사업연도 말일 배당가능이익} \times \text{지배주주등의 수혜법인에 대한 직접보유비율})}$$

ⓑ 간접출자법인으로부터 받은 배당소득

다음 계산식에 따라 계산한 금액

$$\text{배당소득} \times \frac{\text{제13항에 따라 계산한 간접 출자관계의 증여의제이익}}{[\text{간접출자법인의 사업연도 말일 배당가능이익} + (\text{수혜법인의 사업연도 말일 배당가능이익} \times \text{간접출자법인의 수혜법인에 대한 주식보유비율})] \times \text{지배주주등의 간접출자법인에 대한 직접보유비율}}$$

b. 양도소득세 이중과세 조정

양도소득세를 과세함에 있어서 취득가액은 특수관계법인과의 거래를 통한 이익의 증여 의제 규정에 따른 증여의제이익을 더한 금액으로 한다.

5) 일감몰아주기 증여의제 증여 시기

- 증여일에 해당하는 증여재산 취득시기는 다음과 같다.

구분	증여재산의 취득시기
일감몰아주기 증여의제	수혜법인의 해당 사업연도 종료일(상증법 §45의3③)

6) 일감몰아주기 증여의제 납세의무자

- 수증자가 증여일 현재 거주자인지 비거주자인지 여부에 따라 과세범위 차이는 없다.

수증자	과세범위	증여세 납부의무자
거주자	수혜법인(내국법인)의 영업이익을 기준으로 계산된 가액	수증자
비거주자		

– (거주자) 국내에 주소를 두거나 183일 이상 거소를 둔 사람

  * 국내에 주소와 거소에 대해서는 소득세법 시행령 제2조, 제4조 제1항·제2항 및 제4항을 따른다.

– (비거주자) 거주자가 아닌 사람

7) 일감몰아주기 증여의제 신고 및 납부기한

구분	법정신고납부기한
일감몰아주기 증여세	수혜법인의 법인세 과세표준의 신고기한이 속하는 달의 말일로부터 3개월이 되는 날

[다음의 경우 증여세 신고기한]

– 수혜법인의 사업연도: 2024년 1월 1일 ~ 12월 31일
– 특수관계법인과의 거래를 통한 이익의 증여의제 증여일: 2024년 12월 31일
– 법인세 과세표준 신고기한: 2025년 3월 31일
  ⇒ 증여세 신고기한은 2025년 6월 30일

【제출대상서류】

1. 증여세 과세표준신고 및 자진납부계산서(특수관계법인과의 거래를 통한 증여의제이익 신고용)
2. 수증자 등 및 과세가액 계산명세서(Ⅰ)
3. 수증자 등 및 과세가액 계산명세서(Ⅱ)
4. 법인세법 시행규칙 별지 제15호서식 부표1 및 같은 서식 부표2에 따른 과목별 소득금액조정명세서 1부
5. 지배주주와 특수관계법인과의 관계를 확인할 수 있는 서류

8) 일감몰아주기 증여의제 과세관할

• 수증자의 주소지 관할세무서

납세지는 수증자의 주소지 관할세무서이다. 다만, 수증자가 비거주자이거나 주소 또는 거소가 분명하지 아니한 경우에는 수혜법인의 소재지 관할세무서이다.(상증법 §6②, ③)

9) 예규 판례

① 영업외수익으로 계상한 상표권 사용료수입이 일감몰아주기 과세대상 세후영업이익에
　해당하는지 여부

이 사건 상표권 사용료 수입을 영업외수익으로 계상한 회계처리가 일반기업회계기준이나 관행에 어긋난다고 단정하기 어렵고, 위 수입금액에 관한 부분을 영업손익에 포함되어야 한다고 볼 수 없음.(서울행정법원2019구합77002, 2020.9.1.)

② 일감몰아주기 증여이익 계산 시 수혜법인의 '세무조정 후 영업손익'에서 차감하는
　'세무조정 후 영업손익에 대한 법인세 상당액'에 수혜법인의 미환류소득에 대한
　법인세액이 포함되는 것인지 여부

세후영업이익 계산 시 '세무조정 후 영업손익'에서 차감하는 '세무조정 후 영업손익에 대한 법인세 상당액'에서 舊「법인세법(제14386호, 2017.1.1. 시행)」 제56조에 따른 '미환류소득에 대한 법인세액'은 제외되지 않는 것임.(기준-2023-법규재산-0125, 2024.5.13.)

③ 수혜법인과 특수관계법인의 주식 중 명의 신탁 주식을 실질 소유자로 귀속하면
　100% 완전지배법인에 해당하는 경우 증여의제이익 규정 적용 여부

수혜법인과 특수관계법인은 명의신탁한 주식에 해당하여 완전지배법인에 해당하므로 특수관계법인과의 거래를 통한 이익의 증여의제 규정을 적용하지 아니함.(대법원 2016두44247, 2016.9.28.)

④ 지배주주 등의 수혜법인에 대한 주식보유비율 산정시 의결권이 없는 자기주식을
　총발행주식수에 포함하는지 여부

특수관계 법인에 해당하는 경우 지배주주 등의 보유지분을 산정하는 경우 자기주식은 발행주식총수에서 제외하는 것이며, 증여의제이익의 계산은 수혜법인의 사업연도 단위로 하고, 수혜법인의 해당 사업연도종료일을 증여시기로 봄.(서면법규과-1487, 2012.12.14.)

⑤ 특수관계법인의 최종소비자에 대한 매출을 보조한 특약거래 매출액을 특수관계법인에 대한 매출액에서 제외하는지 여부

이 사건 특약매입거래 매출액은 구 상증세법 및 증여세법 제45조의3 제1항상의 기업회계기준에 의할 때 최종소비자에 대한 매출액이라 할 것이어서, 이 사건 특약매입거래 매출액은 '특수관계법인에 대한 매출액'에서 제외됨.(서울행정법원2021구합90145, 2023.1.31.)

(3) 일감떼어주기 증여의제 과세제도

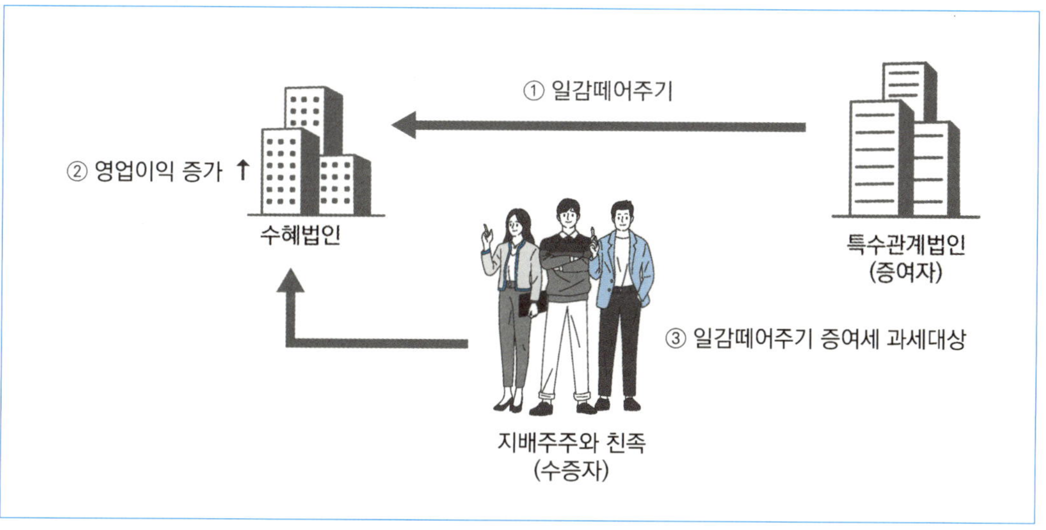

본인·자녀·친족 등이 주주인 법인에게 특수관계에 있는 법인이 직접 수행하거나 다른 사업자가 수행하고 있던 사업기회를 제공함으로써 그 본인·자녀·친족 등이 얻게 된 간접적인 이익에 대해 증여세를 과세하기 위하여 2015.12.15. 상속세 및 증여세법 제45조의4【특수관계법인으로부터 제공받은 사업기회로 발생한 이익의 증여의제】규정 신설(편의상 '일감떼어주기 증여의제'라고 함)

1) 개요

- 2015년 12월 15일 특수관계법인으로부터 제공받은 사업기회로 발생한 이익의 증여의제 규정이 신설됨에 따라 2016년 1월 1일 이후 개시하는 사업연도의 거래분부터 수혜법인이 특수관계법인으로부터 제공받은 사업기회로 발생한 이익(일감 떼어주기)에 대해 그 법인의 주주에게 증여로 의제하여 증여세가 부과된다.(상증법 §45의4)

2) 일감떼어주기 증여의제 과세요건

① 특수관계법인*으로부터 사업기회를 제공받을 것

② 사업기회를 제공받은 사업 부문의 세무조정 후 영업이익이 존재할 것

③ 수혜법인의 지배주주와 그 친족의 수혜법인에 대한 주식보유비율의 합계가 30% 이상일 것

> ※ 대통령령으로 정하는 방법으로 사업기회를 제공받는 경우
>
> 특수관계법인이 직접 수행하거나 다른 사업자가 수행하고 있던 사업기회를 임대차계약, 입점계약, 대리점계약 및 프랜차이즈계약 등 명칭 여하를 불문한 약정을 방법으로 제공받는 것을 말한다.(상속세 및 증여세법 시행령 제34조의4 ②, 시행규칙 제10조의8)

3) 증여자, 수증자, 수혜법인, 지배주주에 대한 구분

구분	세부내용
증여자	• 증여자는 지배주주와 특수관계에 있는 법인으로부터 사업기회를 제공받은 경우 그 특수관계에 있는 법인에 해당한다.(상증령 §34의4①)
수증자	• 증여세 납부의무자인 수증자는 사업기회를 제공받은 수혜법인의 주주로서 <u>지배주주와 그의 친족</u>*이 해당된다.(상증법 §45의4①)
수혜법인	• 수혜법인이란 <u>특수관계법인</u>*으로부터 사업기회를 제공받은 법인으로서 지배주주등의 주식보유비율이 30% 이상인 법인을 말한다.(상증법 §45의4①)
지배주주	• 수혜법인의 <u>최대주주등</u>* 중에서 주식보유비율이 가장 높은 개인(상증령 §34의3①) • 수혜법인의 <u>최대주주등</u>* 중에서 직접보유비율이 가장 높은 자가 개인인 경우: 해당 개인주주 • 수혜법인의 <u>최대주주등</u>* 중에서 직접보유비율이 가장 높은 자가 법인인 경우: 수혜법인에 대한 직·간접 보유비율 합계가 가장 높은 개인

※ 최대주주등(상속세 및 증여세법 시행령 제19조 제2항)

- 주주등 1인과 그의 특수관계인의 보유주식등을 합하여 그 보유주식등의 합계가 가장 많은 경우의 해당 주주 등 1인과 그의 특수관계인 모두

  * 특수관계인: 상속세 및 증여세법 제2조의2 제1항 각 호의 어느 하나에 해당하는 관계에 있는 자

※ 특수관계법인

- 수혜법인의 지배주주와 상속세 및 증여세법 시행령 제2조의2 제1항 제3호부터 제8호에 해당하는 특수관계에 있는 법인(비영리법인 포함)을 말한다.(상증령 §34의3①)

  다만, 그 법인이 「조세특례제한법」 제6조 제1항에 따른 중소기업과 수혜법인이 50% 이상 출자한 법인은 제외한다.

※ 지배주주의 친족(일감몰아주기 판정과 동일)

- 지배주주와 상속세 및 증여세법 시행령 제2조의2 제1항 제1호에 따른 「국세기본법 시행령」 제1조의2 제1항 제1호부터 제4호까지의 어느 하나에 해당하는 자(이하 "친족") 및 직계비속의 배우자의 2촌 이내의 혈족과 그 배우자

※ 친족(국세기본법 시행령 제1조의2 제1항)

1. 4촌 이내의 혈족
2. 3촌 이내의 인척
3. 배우자(사실상의 혼인관계에 있는 자를 포함한다)
4. 친생자로서 다른 사람에게 친양자 입양된 자 및 그 배우자·직계비속

---

4) 일감떼어주기 증여의제이익 계산

① 증여의제 이익은 개시 사업연도 종료일 기준으로 추계 계산, 정산 사업연도 기준으로 실제 발생한 증여이익에 대해 각각 증여이익을 계산한다.

구분	증여의제 이익의 계산
개시 사업연도의 증여의제이익	[{(제공받은 사업기회로 인하여 발생한 개시 사업연도의 수혜법인의 이익 × 지배주주 등의 주식보유비율) − 개시 사업연도분의 법인세 납부세액 중 상당액} ÷ 개시 사업연도의 월 수 × 12] × 3
정산 사업연도의 증여의제이익	[(제공받은 사업기회로 인하여 개시 사업연도부터 정산 사업연도까지 발생한 수혜법인의 이익 합계액) × 지배주주 등의 주식보유비율] − 개시사업연도분부터 정산사업연도분까지의 법인세 납부세액 중 상당액

※ 정산 사업연도: 개시사업연도부터 사업기회제공일 이후 2년이 지난 날이 속하는 사업연도

※ 정산증여의제이익이 당초의 증여의제이익보다 적은 경우에는 그 차액에 상당하는 증여세액(제2항에 따라 납부한 세액을 한도로 한다)을 환급받을 수 있다.

※ 증여의제이익의 사업부문별 적용

※ 수혜법인이 다음의 요건을 갖춘 경우에는 사업부문별로 특수관계법인거래비율 및 세후영업이익 등을 계산할 수 있다.(시행령 제34조의3 제3항 및 시행규칙 제10조의8)

– 사업부문별로 자산·부채 및 손익을 기획재정부령으로 정하는 바에 따라 각각 독립된 계정과목으로 구분하여 경리할 것
– 한국표준산업분류에 따른 세세분류 이상으로 사업부문을 구분할 것

② 이중과세 조정

　(지배주주 등이 수혜법인으로부터 배당받은 소득이 있는 경우)

※ 소득세 이중과세 조정(상증법 시행령 제34조의4 【특수관계법인으로부터 제공받은 사업기회로 발생한 이익의 증여 의제】) ⑥

지배주주 등이 수혜법인의 법 제45조의4 제1항에 따른 개시사업연도 말일부터 같은 조 제5항에 따른 과세표준 신고기한까지 수혜법인으로부터 배당받은 소득이 있는 경우에는 다음의 계산식에 따라 계산한 금액을 같은 조 제3항의 정산증여의제이익에서 공제(공제 후의 금액이 음수인 경우에는 영으로 본다)한다.
(법 제45조의4 제1항에 따른 개시사업연도 말일부터 같은 조 제5항에 따른 과세표준 신고기한 종료일까지 수혜법인으로부터 배당받은 소득의 합계) × (법 제45조의4 제3항에 따라 계산한 증여의제이익) ÷ [(수혜법인의 법 제45조의4 제1항에 따른 개시사업연도 말일부터 같은 조 제3항에 따른 정산사업연도 말일까지의 기간에 각 사업연도 말일을 기준으로 각 사업연도 단위로 계산한 「법인세법 시행령」 제86조의2 제1항에 따른 배당가능이익의 합계) × (지배주주등의 수혜법인에 대한 주식보유비율)]

5) 일감떼어주기 증여의제 증여시기

▶ 증여일에 해당하는 증여재산 취득시기는 다음과 같다

구분	증여재산의 취득시기
일감떼어주기 증여의제	수혜법인의 개시사업연도 종료일(상증법 §45의3③)

6) 일감떼어주기 증여의제 납세의무자

▶ 수증자가 증여일 현재 거주자인지 비거주자인지 여부에 따른 과세범위의 차이는 없다.

수증자	과세범위	증여세 납부의무자
거주자	수혜법인(내국법인)의 영업이익을 기준으로 계산된 가액	수증자
비거주자		

7) 일감떼어주기 증여의제 신고 및 납부기한

구분	법정신고납부기한
일감떼어주기 증여세	수혜법인의 법인세 과세표준의 신고기한이 속하는 달의 말일로부터 3개월이 되는 날

[예시: 다음의 경우 증여세 신고기한은?]

- 수혜법인의 사업연도: 2020년 1월 1일 ~ 12월 31일
- 특수관계법인으로부터 제공받은 사업기회로 발생한 이익의 증여의제 증여일: 2020년 12월 31일
- 법인세 과세표준 신고기한: 2021년 3월 31일
  ⇒ 증여세 신고기한은 2021년 6월 30일

1. 증여세 과세표준신고 및 자진납부계산서(특수관계법인으로부터 제공받은 사업기회로 발생한 증여의제이익 신고용)
2. 수증자 등 및 과세가액 계산명세서(A)
3. 수증자 등 및 과세가액 계산명세서(B)
4. 법인세법 시행규칙 별지 제15호서식 부표1 및 같은 서식 부표2에 따른 과목별 소득금액조정명세서 1부
5. 지배주주와 특수관계법인과의 관계를 확인할 수 있는 서류

8) 일감떼어주기 증여의제 과세관할

▶ 수증자의 주소지 관할세무서

- 납세지는 수증자의 주소지 관할세무서이다. 다만, 수증자가 비거주자이거나 주소 또는 거소가 분명하지 아니한 경우에는 수혜법인의 소재지 관할세무서이다.(상증법 §6②,③)
- 특수관계법인으로부터 제공받은 사업기회로 발생한 이익의 증여의제

9) 예규 판례

① 시혜법인이 특수관계에 있는 수혜법인을 시공사로 선정하거나, 사업시행권을 양도한 행위에 대하여 상속세 및 증여세법 제45조의4를 적용할 수 있는지 여부

일감떼어주기 과세대상에 '수행할 사업기회'가 포함되지 않음.(기준-2022-법무재산-0116, 2022.11.23.)

② 시혜법인이 중소기업유예기간 중에 수혜법인에 사업기회를 제공하는 경우 수혜법인의 지배주주가 「상속세 및 증여세법」 제45조의4에 따른 증여의제 과세대상인지 여부

상증법 제45조의4(일감떼어주기 증여의제)의 '중소기업'에는 유예기간 중인 기업도 해당되고, 당초 시혜법인이 중소기업에 해당하는 등 상증법 제45조의4의 과세요건을 충족하지 않은 경우 해당 사업기회 제공건에 대해서는 이후에도 상증법 제45조의4를 적용하지 않는 것이나, 중소기업 유예기간이 종료된 후 새로운 사업기회를 제공받는 경우에는 같은 법 같은 조가 적용되는 것임.(서면-2018-법령해석재산-2103, 2019.5.28.)

③ 시행사업의 이익발생 여부 등이 "사업계획승인"을 계기로 현실화되는 경우, 쟁점사업에 대한 사업기회 제공시기를 약정일과 사업계획승인일 중 어느 때로 보아야 하는지

쟁점규정 관련 부칙 등에 비추어 사업기회의 제공과 관련한 약정이 쟁점규정 시행일 이후에 체결되어야 쟁점규정이 적용되므로, 쟁점규정 시행전 약정이 체결된 쟁점사업에 대하여 쟁점규정을 적용할 수 없음.(조심2021인1847, 2022.12.13.)

④ 쟁점시혜법인은 쟁점수혜법인 지분의 50% 이상을 보유하고 있으므로 상증세법 제45조의4 제1항의 특수관계법인에서 제외된다는 청구주장의 당부

상증세법 제45조의4 제1항의 일감 떼어주기 증여의제에서 대통령령이 정하는 특수관계에 있는 법인(시혜법인)을 제외하고 있으며, 같은 법 시행령 제34조의4 제8항에서 "대통령령이 정하는 특수관게에 있는 법인"(시혜법인)이란 수혜법인의 주식보유비율이 100분의 50 이상인 법인을 말한다고 규정하고 있는바, 이를 수혜법인이 시혜법인의 주식 50% 이상을 보유하고 있는 특수관계법인으로 해석하는 것이 합리적이므로 청구주장을 받아들이기 어려움.(조심2023구10773, 2024.3.21.)

⑤ 물류사업에 대한 지급보증을 제공하고 기존거래처와 거래를 중단한 청구법인이 사업기회를 제공한 것으로 볼 수 있는지 여부

청구인들이 제출한 '통합물류센터 내부 검토'를 청구법인 경영기획실에서 작성한 점, (주)BBB는 물류센터를 취득할 자력이 없었으나 청구법인으로부터 지급보증을 제공받아 물류센터를 취득한 점 등에 비추어 내부비용의 외부화가 '사업기회의 제공'에 해당하지 아니한다는 청구주장을 받아들이기 어려움.(조심2020서1544, 2021.10.25.)

(4) 명의신탁재산 증여의제

1) 개요

① 주권 상장을 위한 지분정리 시 명의신탁주식 증여의제에 대한 증여세 과세 가능

② 거래소에서 상장심사 시, 상장이전에 부(富)를 편법으로 이전시키거나 주식가치를 희석시키는 것 등을 방지하기 위하여 해당 기업의 지분 당사자 간의 관계, 지분구조의 변동 내용기간 등에 비추어 기업 경영의 안정성이 인정되는지 여부를 심사하므로 상장 이전에 명의신탁주식에 대한 환원이 필요하다.

2) 취지

명의신탁을 내세워 증여세를 회피하는 것을 방지하여 조세정의와 조세평등을 관철하고 증여를 은폐하는 수단으로 명의신탁을 이용한 경우에 이를 제재하려는데 목적이 있다.

명의신탁재산의 증여의제는 권리의 이전이나 그 행사에 등기 등이 필요한 재산(주식 등)의 실제소유자와 명의자(주주명부 등)가 다른 경우 그 명의자로 등록을 한 날 실제소유자가 증여세 납세의무가 있다.(2019.1.1. 증여분부터 적용)

3) 과세 요건

증여세 과세요건은 다음을 모두 충족하여야 한다.

① 권리의 이전이나 그 행사에 등기 등이 필요한 재산일 것(주로 주식이 문제됨)
② 실제소유자와 명의자가 다를 것
③ 조세회피목적으로 명의신탁을 할 것

4) 관련 사례

① 조세회피 목적의 판단기준

a. 조세회피 목적이 있는 경우
조세회피 목적이 없는 것을 입증하는 경우 명의신탁증여의제 규정을 적용하지 아니하며, 여기서 조세란 증여세에 한정된 것이 아닌 상속세, 소득세, 법인세, 부가가치세, 취득세 등 각종 국세와 지방세, 관세를 포함하는 것이다.

명의신탁은 증여세 이외의 조세의 회피방법으로도 얼마든지 이용될 수 있다. 구체적인 예를 살펴보면 다음과 같다.

ⓐ 국세 체납 회피: 명의신탁으로 재산을 은닉해 국세 체납 시 결손처분을 받아 납부를 면탈할 수 있다.

ⓑ 상속세 회피: 명의신탁을 통해 주식을 상속인에게 미리 이전해 상속세 부담을 줄일 수 있다.

ⓒ 소득세 회피: 주식 소유를 분산시켜 배당소득 합산과세를 피하고 누진세 부담을 경감할 수 있다.

ⓓ 양도소득세 회피: 명의신탁으로 과점주주 지위를 회피해 높은 양도소득세율 적용을 피할 수 있다.

ⓔ 취득세 회피: 명의신탁으로 과점주주가 되는 것을 방지해 비상장법인 주식 취득 시 취득세 납부를 면할 수 있다.

ⓕ 특수관계자 규정 회피: 명의신탁으로 특수관계자 범위를 벗어나 각종 조세회피방지규정 적용을 피할 수 있다.

ⓖ 제2차 납세의무 회피: 명의신탁으로 과점주주 지위를 피하거나 지분율을 낮춰 법인의 세금에 대한 제2차 납세의무를 회피할 수 있다.

(헌재2004헌바40, 2005헌바24, 2005.6.30.)

b. 조세회피 목적이 없는 경우

상장을 위한 뚜렷한 목적에서 주식을 명의신탁한 경우 증여세 과세대상 아님.(대법원 2013두13655 판결): 하단에 이어서 상장을 위한 목적에서 이루어진 명의신탁의 경우 증여세 과세대상 아님.(대법원 2018.10.25. 선고 2013두13655 판결) 원고 甲이 내국법인 A 발행 주식을 취득·보유하기 위한 목적으로 1999년경 말레이시아 라부안에 B법인을 설립하고, B법인이 자신의 명의로 A법인 발행 주식을 취득하였다가, 2007년경 A법인의 코스닥 상장 과정에서 '외국계 명목회사인 B법인이 최대주주라는 사정이 상장심사에 장애가 된다'는 상장주관사의 검토 결과가 제시되자, B법인은 위 주식을 원고 乙에게 명의신탁하였는데, 피고는 '명목회사인 B법인 명의로 되어 있던 위 주식의 실제 권리자는 원고 甲이고, 원고 甲

이 조세회피 목적으로 위 주식을 원고 乙에게 명의신탁하였다'는 이유로 명의신탁재산 증여의제규정을 적용하여 원고들에게 증여세를 부과한 사안에서,

B법인과 그 상위 지주회사는 법인격을 가지고, 원고 甲이 지주회사 지배구조의 최종 1인 주주로서 B법인을 지배·관리하고 있다는 사정만으로는 B법인의 법인격이나 이를 전제로 한 사법상 효과 및 법률관계를 부인할 수 없다는 등의 이유로, 원고 甲이 아니라 B법인이 1999년경 위 주식을 취득하였다가 2007년경 이를 명의신탁하였다고 보는 것이 타당

나아가 B법인은 2007년경 A법인이 코스닥 상장심사를 통과할 수 있도록 하기 위한 뚜렷한 이유에서 위 주식을 명의신탁하였고 그 명의신탁에 부수하여 사소한 조세경감이 생긴 것에 불과하다고 보아, 결국 이 사건 증여세 부과처분이 위법하다고 판단하여, 원심판결을 파기한 사례

② 입증 책임

- 이 경우에 조세회피의 목적이 없었다는 점에 관한 증명책임은 이를 주장하는 명의자에게 있고, 조세회피의 목적이 없었다는 점에 대하여는 조세회피의 목적이 아닌 다른 목적이 있었음을 증명하는 등의 방법으로 입증할 수 있다 할 것이나, 증명책임을 부담하는 명의자로서는 명의신탁에 조세회피의 목적이 없었다고 인정될 정도로 조세회피와 상관없는 뚜렷한 목적이 있었고, 명의신탁 당시에나 장래에 회피될 조세가 없었다는 점을 객관적이고 납득할 만한 증거자료에 의하여 통상인이라면 의심을 가지지 않을 정도의 증명을 하여야 한다.(대법원 2006.9.22. 선고 2004두11220 판결 등 참조)

③ 조세회피 여부 판단 시점

- 이 사건에서 보건대, 원고는 쟁점주식의 명의신탁으로 인하여 실제 회피된 조세가 전혀 없었다는 사실만 주장할 뿐 명의신탁에 있어 조세회피의 목적이 없었다고 인정될 정도로 조세회피와 상관없는 뚜렷한 목적이 있었다는 점에 대하여는 아무런 입증이 없으므로(조세회피의 목적이 없었는지 여부는 명의신탁(명의개서) 할 당시를 기준으로 판단할 것이지 그 후 실제로 조세를 포탈하였는지 여부로 판단할 것은

아니다) 원고의 이 부분 주장 또한 이유 없다.(서울고법2009누38635, 2010.10.6.)

④ 유상증자 시 증여의제시기

1997.1.1. 이후 실질소유자가 아닌 자의 명의로 명의개서한 주식에 대하여는 적용되지 아니하는 것이다. 이때 유상증자 또는 무상증자로 인하여 교부받은 신주를 타인 명의로 명의개서하는 것은 새로운 명의신탁에 해당하는 것이다.(재삼 4601-1676, 1998. 9.3.)

5) 명의신탁주식 실제소유자 확인신청

2001년 7월 23일 이전 상법 규정에 따라 발기인이 3명 이상일 경우에만 법인설립 허용되어 법인설립요건을 충족하기 위해 친인척 및 지인에게 명의신탁을 하는 경우가 많았다.

이러한 사정을 고려하여 국세청에 명의신탁 실제소유자 확인제도를 마련하였다.

가업상속계획이 있다면 이 제도를 신청하여 간단한 절차로 실제소유자의 환원을 인정받아 원활한 가업상속을 계획해볼 수 있다.

① 확인신청요건

a. 주식발행법인이 2001년 7월 23일 이전에 설립된 법인으로 「조세특례제한법 시행령」 제2조에서 정하는 중소기업에 해당할 것

b. 실제소유자와 명의수탁자(실명전환 전 주주명부 등에 주주로 등재되어 있던 자로서 국내에 주소를 두고 있는 거주자를 말한다)가 법인설립 당시 발기인으로서 설립 당시에 명의신탁한 주식을 실제소유자에게 환원하는 경우일 것

c. 제2호의 설립 당시 명의신탁주식에는 법인설립 이후에 「상법」 제418조 제1항 및 「자본시장과 금융투자업에 관한 법률」 제165조의6 제1항 제1호에서 정하는 주주배정방식으로 배정된 신주를 기존주주가 실권 없이 인수하는 증자(이하 "균등증자"라고 하며, 무상증자 또는 주식배당을 원인으로 증자한 경우를 포함한다)를 원인으로 명의수탁자가 새로이 취득한 주식을 포함한다.

② 확인신청절차

a. 명의신탁주식 실제소유자 확인신청서(별지 제24호 서식을 말한다. 이하 "신청서"
   라 한다)

b. 중소기업 등 기준검토표(「법인세법 시행규칙」 별지 제51호 서식을 말한다)

c. 주식발행법인이 당초 명의자와 실제소유자 인적사항, 실명전환(명의개서)일, 실
   명전환주식수 등을 확인하여 발행한 주식 명의개서 확인서

d. 주식 등을 명의신탁한 사유·경위 등에 관한 실제소유자와 명의수탁자의 확인서
   또는 진술서 및 명의수탁자의 신분증 사본

③ 실제소유자의 확인절차

a. 세무서장(재산제세 담당과장)은 제1항 및 제2항에 따라 신청된 신청서의 기재내
   용과 제출된 서류 등을 근거로 사실관계를 확인하여 현장확인 등의 절차를 거치
   지 아니하고 실제소유자 여부를 판정하여 처리할 수 있다.

b. 세무서장(재산제세 담당과장)은 실제소유자(신청인)가 제1항 및 제2항에 따라 신
   청서를 제출한 경우로서 다음 각 호의 어느 하나에 해당하는 경우에는 명의신탁
   주식 실제소유자 확인신청에 대한 객관적이고 공정한 처리를 위해 "명의신탁주식
   실명전환 자문위원회(이하 "자문위원회"라 한다)"의 자문을 받아 실제소유자 인
   정 여부를 결정하여야 한다.
   ⓐ 실명전환주식가액이 20억원 이상인 경우
   ⓑ 신청서 및 제출 서류만으로 실제소유자 여부가 불분명한 경우

④ 결과통지

a. 세무서장(재산제세 담당과장)은 제1항부터 제4항까지의 규정에 따라 명의신탁주
   식에 대해서 실제소유자 여부를 판정하여 처리한 경우에는 신청서를 제출한 자
   (대리인을 제외한다)에게 그 처리결과를 통지하여야 한다. 다만, 제9항 각 호의
   어느 하나에 해당하는 경우에는 해당 사유 등에 대한 통지로 이를 갈음할 수 있다.

⑤ 확인처리 결과에 따른 납세의무

a. 실제 소유자로 인정되는 경우: 명의신탁에 따른 증여세, 배당에 따른 종합소득세

b. 실제 소유자로 불인정되는 경우: 유상거래인 경우 양도소득세, 무상거래인 경우
   증여세

명의신탁주식 실제소유자 확인신청서

접수번호		

신 청 인 (실제소유자)	① 성 명		② 생년월일		가족관계	
	③ 주 소			연락처	☎ (H.P)	

■ 실명전환한 주식 또는 출자지분에 관한 사항

(주, 백만원)

명의수탁자(명의자)			⑦ 실제 소유자와의 관계	⑧ 명의신탁일	⑨ 실명전환일	⑩ 실명전환 주식수
④ 성 명 (법인명)	⑤ 생년월일 (사업자등록번호)	⑥ 주 소 (본점소재지)				
합계						

■ 주식발행법인 또는 출자법인에 관한 사항

⑪ 법인명	⑫ 사업자등록번호	⑬ 대표자	⑭ 설립일	⑮ 중소기업여부	⑯ 주권상장 법인여부

■ 대리인이 신청하는 경우에는 아래의 **위임장을 작성하시기 바랍니다.**　※ 본인 신분증사본 첨부

위임장	본인은 명의신탁주식 실제소유자 확인신청과 관련한 모든 사항을 아래의 대리인에게 위임합니다. 　　　　　　　　　　　　　　　　　　　　　　본인:　　　　　　　　　　　(서명 또는 인)			
대리인 인적사항	성명(법인명)	생년월일(사업자등록번호)	전화번호	신청인과의 관계

「상속세 및 증여세 사무처리규정」 제12조제1항 및 제2항의 규정에 의하여 명의신탁주식 실제소유자 확인을 신청합니다.

년　　　월　　　일

신청인　　　　　　　　　　(서명 또는 인)
위 대리인　　　　　　　　　(서명 또는 인)

세무서장 귀하

※ 제출할 서류: 1. 중소기업 등 기준검토표(「법인세법 시행규칙」 별지 제51호 서식)

　　　　　　　　2. 주식발행법인이 발행한 "주식 명의개서 확인서"

　　　　　　　　3. 신청인(실제소유자) 및 명의수탁자의 명의신탁 확인서 또는 진술서(신분증사본 첨부)

　　　　　　　　4. 그 밖에 당초 명의신탁 및 실제소유자를 입증할 수 있는 증빙서류

　　　　　　　　(※ 주식대금납입 또는 배당금 수령에 관한 금융증빙, 신탁약정서, 법인설립 당시 정관 및 주주명부, 법인등기부등본 등)

※ 신청서는 본인(또는 대리인) 신분증을 지참하여 신청인(실제소유자)의 주소지 관할세무서장에게 제출하시기 바랍니다.

※ 신청서는 주식발행법인 또는 출자법인별로 각각 작성하고, 명의수탁자가 많은 경우에는 명세를 별지로 첨부합니다.

-------------------------------〈 절 취 선 〉-------------------------------

접수증	접수번호		접수일	
	신청인 (또는 대리인)		접수자	(소속) (성명)　　　☎
	■ 위와 같이 「명의신탁주식 실제소유자 확인신청서」를 접수하였습니다.			

「명의신탁주식 실제소유자 확인신청서」 작성요령

1. 신청인 사항 (①~③)

①~③ 실명전환한 명의신탁주식의 실제소유자 성명, 생년월일, 주소지 등을 기재합니다.

2. 실명전환한 주식 또는 출자지분에 관한 사항 (④~⑩)

④~⑥ 명의수탁자(명의자) 사항: 명의신탁 당시 주주명부 또는 사원명부에 주주 또는 출자자로 기재된 자가 개인일 경우에는 성명, 생년월일, 주소지를 기재하고, 법인일 경우에는 법인명, 사업자등록번호, 본점소재지를 기재합니다.

⑦ 실제소유자와의 관계: 실제소유자와 명의수탁자 간의 인적·사회적 관계를 기재합니다.

〈예시〉	실제소유자	본인	친족	대표이사	대표이사
	명의수탁자	친족	본인	임직원	기타 지인 등
	기재요령	친족	친족	사용인	지인

⑧ 명의신탁일: 실명전환한 주식에 대하여 주주명부 또는 사원명부에 실제소유자가 아닌 명의수탁자를 주주로 등재하거나 명의수탁자 명의로 명의개서한 날을 기재합니다.

⑨ 실명전환일: 명의신탁주식에 대해서 주주명부 또는 사원명부에 실제소유자 명의로 개서한 날을 기재합니다(주식발행법인 확인서류의 주주명부 등재일을 기재합니다).

⑩ 실명전환주식수: 실명전환한 주식수(출자지분의 경우에는 소유지분비율을 말한다)를 기재합니다.

3. 주식발행법인 또는 출자법인에 관한 사항 (⑪~⑯)

⑪~⑭ 주식발행법인 기본사항: 법인명, 사업자등록번호, 대표자 성명, 설립일자 등을 기재합니다.

⑮~⑯ 중소기업 및 주권상장법인 여부: 「조세특례제한법 시행령」 제2조에서 정하는 중소기업 요건을 충족하는지 및 유가증권시장 또는 코스닥시장에 주권을 상장한 법인인지를 기재합니다.

※ 중소기업 여부를 확인할 수 있도록 「법인세법 시행규칙」제82조 제1항 제49호에 의한 "중소기업 등 기준검토표(별지 제51호 서식)"를 반드시 작성 후 첨부하여 제출하여야 합니다.

4. 제출할 서류 및 부표 작성요령

- 제출할 서류 중 1. 중소기업 등 기준검토표, 2. 주식 명의개서 확인서, 3. 실제소유자와 명의수탁자 확인서(신분증사본 첨부) 등의 서류는 반드시 제출하셔야 합니다.

- 제출할 서류 중 4. 그 밖에 당초 명의신탁 및 실제소유자를 입증할 수 있는 증빙서류는 반드시 제출하여야 하는 것은 아니지만, 제출하시면 사실관계를 규명하는 데 도움이 되어 확인처리기간이 단축될 수 있습니다.

　– 「명의신탁주식 실제소유자에 관한 보충확인서(부표)」 중 1번~4번 항목은 반드시 기재하시고, 5번과 6번 항목은 해당사항이 없으면 기재하지 않으셔도 무방합니다.

※ 안내말씀: 이 신청서는 당초 명의신탁에 대한 증여세 감면 또는 면제를 신청하는 것이 아니며, 귀하의 명의신탁주식 실명전환에 따른 실제소유자 여부를 확인하기 위한 것임을 알려드립니다.

또한, 신청시 제출한 자료를 검토하는 과정에서 명의환원을 가장하여 허위 신청한 사실이 확인될 경우 세무조사 등을 통해 조세범으로 고발될 수 있음을 유의하시기 바랍니다.

명의신탁주식 실제소유자에 관한 보충 확인서

■ 명의신탁주식 실제소유자 확인에 필요한 자료이므로 신청인이 사실대로 작성하여 주시기 바랍니다.

확 인 할 사 항	신청인 답변내용
1. 최초 명의신탁하게 된 사유와 경위를 기재해 주십시오. (간단히 요약 기재) ※ 간단하게 요약 기재하고, 신청인과 명의수탁자의 진술서 또는 확인서를 첨부해 주십시오.	

2. 주식발행법인의 설립 당시의 발기인별현황과 현직책 등을 기재해 주십시오. (인원이 많을 경우 별지로 작성하고, 설립 당시 명의자 기준으로 작성합니다) ※ 설립 당시의 주주명부, 정관 또는 발기인총회회의록 사본을 첨부하시고, 해당법인으로부터 원본대조필을 받아 제출하시기 바랍니다.

성명	생년월일	인수한주식수	현직책

3. 신청인(실제소유자)이 주식발행법인에서 담당하는 업무와 직책을 기재해 주십시오. ※ 법인등기부등본상 직위를 함께 기재합니다.

구분	연령	직위	직책	담당업무
명의신탁 당시				
실명전환 당시				

4. 신청인이 법인 설립이후 임원의 임면 등 경영에 참여한 사실을 기재하여 주십시오. (내부결재, 경영방침 수립, 이사회 참석, 회사행사 참여 등 실제 회사운영에 관여한 내용) ※ 본 문항은 실질적 경영권행사 여부에 관한 것이므로 법인등기부등본, 업무집행서류 등을 함께 제출해 주시기 바랍니다.	
5. 신청인이 실명전환일까지 다른 법인의 경영 또는 사업체 운영, 타회사 근무한 사실 등이 있으면 기재하여 주십시오.	
6. 기타 참고사항 (당초 명의신탁 및 실제소유자를 확인할 수 있는 추가적 사실이나 내용 또는 증빙 등을 기재)	

(5) 재산 취득자금 등의 증여 추정(상증세법 제45조)

1) 개요

직업, 연령, 소득 및 재산상태 등으로 볼 때 ① 재산을 자력으로 취득하거나 ② 채무를 상환하였다고 인정하기 어려운 경우 또는 ③ 금융실명거래 및 비밀보장에 관한 법률 제3조에 따라 (또는 외국의 관계 법령에 따라) 실명이 확인된 계좌에 보유하고 있는 재산은 명의자가 그 재산을 취득한 것으로 추정하여 증여세를 과세한다.

2) 취지

증여추정은 납세자의 반대 입증이 제시되기 전까지는 증여로 보는 것으로 반대사실이 있는 경우 입증책임을 납세자에게 두고 있다. 규정을 둔 취지는 과세관청의 입증책임 완화 및 조세회피 방지를 위함이다.

3) 과세 요건

① 재산의 자력 취득을 인정하기 어려운 경우

> * 취득재산의 가액이란 그 재산의 취득에 실제로 소요된 자금을 말하는 것으로, 부동산 취득의 경우 거래가액에 취득세, 등기비용, 중개수수료 등 부대비용을 합한 금액을 말한다.

② 채무를 상환하였다고 인정하기 어려운 경우

③ 실명이 확인된 계좌에 보유하고 있는 재산

4) 증여시기

① 재산의 자력 취득을 인정하기 어려운 경우: 당해재산을 취득한 때

② 채무를 상환하였다고 인정하기 어려운 경우: 채무를 상환한 때

③ 실명이 확인된 계좌에 보유하고 있는 재산: 입금시점에서 명의자가 취득한 것으로 봄

5) 증여재산가액

증여재산가액 =
　　취득재산가액 − 채무상환금액 − 실명확인계좌재산 − <u>자금 출처로 입증된 금액</u>※

※ 적용 범위

미입증 금액 〉 Min(취득재산 × 20%, 2억원)

6) 자금 출처로 입증된 금액(상증령 제34조 제1항 각 호)

① 신고하였거나 과세(비과세 또는 감면받은 경우를 포함한다)받은 소득금액
② 신고하였거나 과세받은 상속 또는 수증재산의 가액
③ 재산을 처분한 대가로 받은 금전이나 부채를 부담하고 받은 금전으로 당해 재산의 취득 또는 당해 채무의 상환에 직접 사용한 금액

※ 참고 (상속세 및 증여세법 기본통칙 45−34…1【자금출처로 인정되는 경우】)

① 영 제34조 제1항 각 호에 따라 입증된 금액은 다음 각호의 구분에 따른다. (2011.5.20. 개정)
1. 본인 소유재산의 처분사실이 증빙에 따라 확인되는 경우 그 처분금액(그 금액이 불분명한 경우에는 법 제60조부터 제66조까지에 따라 평가한 가액)에서 양도소득세 등 공과금 상당액을 뺀 금액(2011.5.20. 개정)
2. 기타 신고하였거나 과세받은 소득금액은 그 소득에 대한 소득세 등 공과금 상당액을 뺀 금액(2011.5.20. 개정)
3. 농지경작소득
4. 재산취득일 이전에 차용한 부채로서 영 제10조 규정의 방법에 따라 입증된 금액. 다만, 원칙적으로 배우자 및 직계존비속간의 소비대차는 인정하지 아니한다.
5. 재산취득일 이전에 자기재산의 대여로서 받은 전세금 및 보증금
6. 제1호 내지 제5호 이외의 경우로서 자금출처가 명백하게 확인되는 금액
② 제1항에 따라 자금출처를 입증할 때 그 재산의 취득자금을 증여받은 재산으로 하여 자금출처를 입증하는 경우에는 영 제34조 제1항 단서의 규정을 적용하지 아니한다. (2011.5.20. 개정)

7) 증여추정 배제

① 입증되지 아니하는 금액이 취득재산의 가액 또는 채무의 상환금액의 100분의 20에 상당하는 금액과 2억원 중 적은 금액에 미달하는 경우

② 취득자금 또는 상환자금의 출처에 관한 충분한 소명(疏明)이 있는 경우

③ 재산취득일 전 또는 채무상환일 전 10년 이내에 해당 재산 취득자금 또는 해당 채무 상환자금의 합계액이 5천만원 이상으로서 연령·직업·재산상태·사회경제적 지위 등을 고려하여 <u>국세청장이 정하는 금액</u>* 이하인 경우

※ 국세청장이 정하는 금액

- 상속세 및 증여세 사무처리규정 제42조【재산취득자금 등의 증여추정 배제기준】
  ① 재산취득일 전 또는 채무상환일 전 10년 이내에 주택과 기타재산의 취득가액 및 채무상환금액이 각각 아래 기준에 미달하고, 주택취득자금, 기타재산 취득자금 및 채무상환자금의 합계액이 총액한도 기준에 미달하는 경우에는 법 제45조 제1항과 제2항을 적용하지 않는다.

구 분	취득재산		채무상환	총액한도
	주택	기타재산		
30세 미만	5천만 원	5천만 원	5천만 원	1억 원
30세 이상	1.5억 원	5천만 원	5천만 원	2억 원
40세 이상	3억 원	1억 원	5천만 원	4억 원

  ② 제1항과 관계없이 취득가액 또는 채무상환금액이 타인으로부터 증여받은 사실이 확인될 경우에는 증여세 과세대상이 된다.

8) 예규 판례

① 민법 제830조 제1항에 의하여 부부의 일방이 혼인 중 취득한 부동산은 그 명의자의 특유재산으로 추정되므로, 당해 부동산의 취득자금의 출처가 명의자가 아닌 다른 일방 배우자인 사실이 밝혀졌다면 일단 그 명의자가 배우자로부터 취득자금을 증여받은 것으로 추정할 수 있고, 이 경우 취득자금이 증여가 아닌 다른 목적으로 지급

된 것이라는 등 특별한 사정이 있다면 이에 대한 입증의 필요는 납세자에게 있음.(서울행정법원2023구합67729, 2024.6.14.)

② 증여를 추정하기 위하여는 수증자에게 일정한 직업이나 소득이 없다는 점 외에도 증여자에게 재산을 증여할 만한 재력이 있다는 점을 과세관청이 증명하여야 함.(대법원 2008두20598, 2010.7.22.)

③ 공동사업을 위해 부동산을 취득하기 위해 금융기관으로부터 차입한 자금은 공동사업자 일부만을 위해 먼저 사용된 것이 아니라 공동사업자의 지분비율대로 귀속된 것임.(서울고등법원2023누36390, 2023.8.30.)

④ 원고는 여러 가지 사정들에 비추어 보면 아파트를 자력으로 취득하였다고 인정하기 어렵고, 원고의 자력에 비추어 볼 때 원고 부친이 원고 가족을 부양할 의무가 있는 것은 아니므로 원고가 미국 유학 자금으로 부로부터 송금받은 돈이 사회통념상 인정되는 생활비나 교육비에 해당한다고 볼 수 없음.(대법원2021두57896, 2022.3.17.)

⑤ 이 사건 대출 채무와 관련하여 원고는 대출은행 업무규정에 따른 것으로 단순한 물상보증인에 그치지 않고 배우자와의 관계에서 실질적으로 공동채무자로 하기로 한 것으로 볼 수 있으므로 피고의 처분은 위법함.(대법원2023두56835, 2024.1.25.)

⑥ 취득자금 등이 직업·연령·소득·재산상태 등을 감안하여 국세청장이 정하는 금액 이하여서 증여추정규정을 적용하지 아니하는 경우 취득자금 등은 10년 이내의 취득자금 등의 합계액에 의하는 것이며, 재산취득자금 등의 80% 상당액 이상을 소명함으로써 증여추정규정을 적용하지 아니하도록 규정한 상증령 제34조 제1항 단서의 규정은 재산취득 또는 채무상환이 있을 때마다 그 해당여부를 판단함.(서일46014-10766, 2003.6.12.)

⑦ 증여세의 부과요건인 재산의 증여사실은 원칙적으로 과세관청이 입증할 사항이므로, 재산취득 당시 일정한 직업과 상당한 재력이 있고 또 그로 인하여 실제로도 상당한 소득이 있었던 자라면, 그 재산을 취득하는 데 소요된 자금을 일일이 제시하지

못한다고 하더라도 특별한 사정이 없는 한 재산의 취득자금 중 출처를 명확히 제시하지 못한 부분이 다른 사람으로부터 증여받은 것이라고 추정할 수 없으나, 일정한 직업 또는 소득이 없는 사람이 당해 재산에 관하여 납득할 만한 자금출처를 대지 못하고, 그 직계존속이나 배우자 등 그와 가까운 자가 증여할 만한 재력이 있는 경우에는 그 취득자금을 그 재력 있는 자로부터 증여받았다고 추정함이 옳다고 할 것이며, 이는 일정한 직업이나 소득이 있다고 할지라도 소득금액에 비해 현저히 많은 재산을 취득한 사람이 당해 재산에 관하여 납득할 만한 자금출처를 대지 못하는 경우에도 마찬가지라고 할 것임.(대법원2009두2085, 2009.4.9.)

⑧ 부부 사이에서 일방 배우자 명의의 예금이 인출되어 타방 배우자 명의의 예금계좌로 입금되는 경우에는 증여 외에도 단순한 공동 생활의 편의, 일방 배우자 자금의 위탁 관리, 가족을 위한 생활비 지급 등 여러 원인이 있을 수 있으므로, 그와 같은 예금의 인출 및 입금사실이 밝혀졌다는 사정만으로는 경험칙에 비추어 해당 예금이 타방 배우자에게 증여되었다는 과세요건사실이 추정된다고 할 수 없음.(대법원2015두41937, 2015.9.10.)

6 이익의 증여로 보는 예시적 규정

(1) 상장 등에 따른 이익의 증여

1) 개요

최대주주 등으로부터 증여·취득한 주식이 5년 이내에 상장하는 경우 상장차익에 대하여 증여세 과세대상에 해당할 수 있다.

2) 취지

내부정보를 이용하여 상장에 따른 막대한 시세차익을 얻을 목적으로 비상장 주식을 증여·취득하는 경우 상장차익을 과세하여 변칙적인 부의 세습을 방지하고자 한다.

최대주주 등으로부터 특수관계자가 형식상으로 증여받은 재산은 비상장주식이나, 실질적인 증여재산을 상장주식의 가치로 보아 상장차익에 대하여 증여세를 추가 과세한다.

3) 과세요건

① 기업의 경영 등에 관하여 공개되지 아니한 정보를 이용할 수 있는 지위에 있다고 인정되는 최대주주 등의 특수관계인이 다음의 방법으로 주식을 취득하는 경우
- 최대주주 등으로부터 주식 등을 증여받거나 유상으로 취득할 것
- 최대주주 등으로부터 증여받은 재산으로 최대주주 등이 아닌 자로부터 주식을 취득할 것

② 증여일 또는 취득일로부터 5년 이내에 그 주식 등이 상장될 것

③ 주식가격(실질증가분 제외)이 증여·취득 당시의 증여세 과세가액·취득가액에 비해 30% 이상 또는 3억원 이상인 경우

4) 증여재산가액

[(a) 정산기준일 1주당 평가가액 − (b) 증여·취득 당시 증여세 1주당 과세(취득)가액] × 증여받거나 취득한 주식수 − [(c) 1주당 기업가치 실질증가분 × 증여·취득한 주식수]

(a) 정산기준일 1주당 평가가액: 정산기준일(상장 후 3월이 되는 날)의 전후 2월간의 최종시세가액의 평균액에 의하며, 이 경우 최대주주 등의 주식은 할증평가 적용 대상이다.

(b) 1주당 과세(취득)가액: 증여받은 주식은 증여일 현재 상증세법 제60조 내지 제66조의 규정에 의한 평가액을 말하며, 부담부증여의 경우에는 증여세 과세가액을 말한다. 유상으로 취득한 주식은 취득가액을 말하며, 특수관계자로부터 저가로 취득함으로써 취득시점에서 증여세가 과세된 경우에는 취득가액에 증여이익을 가산한 가액을 말한다.

(c) 1주당 기업가치 실질증가분: 비상장주식의 증여 또는 취득일이 속하는 사업연도

개시일로부터 상장일 등 전일까지의 1주당 순손익액의 합계액 / 증여 취득일의 사업연도 개시일부터 상장 등의 전일까지 월 수 × 증여 취득일부터 정산기준일까지의 월 수

5) 예규 및 판례

① 사전-2021-법규재산-1007, 2022.5.18.

- 최대주주등의 특수관계인이 최대주주등으로부터 주식을 증여받거나 유상으로 취득한 경우로서 그 취득한 날부터 5년 이내에 그 주식이 상장됨에 따라 당초의 취득가액을 초과하여 이익을 얻은 경우에는 증여세가 과세됨.

② 상증, 서울행정법원-2016-구합-80588, 2017.10.19., 국패, 완료

- 소득·재산 등으로 보아 자신의 계산으로 주식을 취득하기 충분하고, 차입금으로 주식을 인수하였으며, 최대주주와 특수관계자 아니며, 상장내부정보를 제공받았다고 인정할 수 없는 등 상장이익이 기타이익증여의 과세요건을 충족하지 못해 처분은 위법함.

③ 최대주주등 집단에 속하는 양도인(증여자)과 양수인(수증자)간에 특수관계가 없는 경우에도 양도인이 속하는 최대주주등 집단 내 어느 1인과 양수인(수증자)간에 특수관계가 있다면, 양수인을 최대주주등의 특수관계인에 해당하는 것으로 보아 주식등의 상장등에 따른 이익의 증여 규정을 적용할 수 있는지 여부

- 「상속세 및 증여세법」 제41조의3 제1항을 적용할 때, 최대주주등의 특수관계인이 같은 법 같은 조 제2항 제1호에 따라 해당법인의 주식 등을 증여받거나 취득한 경우에 있어, "최대주주등의 특수관계인"은 최대주주등에 해당하고 주식등을 증여하거나 양도하는 자의 특수관계인을 말하는 것임.(기준-2023-법규재산- 0173, 2024.10.22.)

④ 근로소득에 대한 대가로 받은 주식이 '유상으로 취득한 경우'에 해당하는지 여부, 상장에 따른 이익을 계산할 때 최대주주에 대한 할증평가 적용 제외대상 여부를

판정하는 기준시점을 당초 취득일과 정산기준일 중 어느 시점으로 보아야 하는지

- 원고가 근로제공의 대가로 이 사건 주식을 취득한 것은 구 상증세법 제41조의3 제1항의 '유상으로 취득한 경우'에 해당하고, 같은 조 제2항 전단이 정한 정산기준일로서 이 사건 주식의 상장일부터 3월이 되는 날인 2010.9.30.을 기준으로 피고가 원고의 증여이익을 계산하면서 구 상증세법 제63조 제3항에 따른 할증률을 적용한 것은 적법함.(대법원2016두39726, 2016.10.27.)

⑤ 본인자금으로 재배정 받은 실권주 및 제3자 배정방식에 따라 취득한 주식이 이후 상장된 경우 구 상속세 및 증여세법 제2조, 제42조를 적용할 수 있는지 여부

- 원고가 취득하게 된 이 사건 주식은 ○○ 등 최대주주의 신주인수권 포기 후 원고가 배정받아 자신의 자금으로 인수하게 된 주식에 불과할 뿐이므로 그 주식에 관한 상장이익은 법 제41조의3 제1항 및 제6항에서 정하는 증여재산가액에 해당하지 아니하여 과세대상에서 제외되고, 나아가 법 제2조 제3항에 근거하여서도 과세할 수 없다고 할 것임.(대법원2017두35691, 2017.9.21.)

⑥ 법인 설립시 최대주주로 예정되어 있는 사람으로부터 증여받은 돈으로 발기인의 지위를 취득한 경우 상장이익의 증여세 과세대상 여부

- 구 상속증여세법 제41조의3 제1항은 그 규정에서 상세히 정한 법인의 주식 취득 등에 대해서만 적용되고, 그 밖에 법인 설립 전 발기인의 주식 인수 등 다른 유형의 주식 취득에 대해서는 이후 상장으로 이익을 얻더라도 증여세를 부과하지 않도록 한계를 정하였다고 봄이 타당함.(대법원2015두40941, 2018.12.13.)

⑦ 피합병법인의 주주가 최대주주 등으로부터 증여 또는 유상으로 취득한 합병구주의 대가로 교부받은 합병신주가 상장된 것을 두고 상장이익의 증여세 과세에 해당하는 것으로 볼 수 있는지 여부

- 조세법률주의 원칙상 피합병법인 주주가 흡수합병되어 교부받은 합병신주의 상장을 당해 주식의 상장으로 볼 수 없음.(대법원2022두69513, 2023.4.13.)

- 피합병법인의 주주가 합병구주의 대가로 합병 후 존속회사로부터 교부받은 합병신주가 상장된 것을 두고 그 합병 이전에 최대주주 등으로부터 증여 또는 유상으로 취득한 '당해 주식 등'이 상장되었다고 취급하는 것은 문언의 해석가능한 한계를 넘는 것이어서 받아들일 수 없음.

⑧ 당초 증여나 양도로 취득한 주식에 기초한 무상신주, 유상신주가 비상장주식 등의 취득요건에 해당하는지 여부

- 특수관계자로부터 증여받은 수증주식을 모태로 하여 코스닥 상장 이전에 유상증자시 주주배정방식으로 취득한 유상증자주식도 상장에 따른 이익의 과세범위에 포함됨. (대법원2012두25194, 2015.10.29.)

(2) 합병에 따른 상장 등 이익의 증여

1) 개요

최대주주 등으로부터 주식 취득 후 발행법인이 5년 내 특수관계 상장법인과 합병시, 증여세 과세대상에 해당 할 수 있다.

2) 취지

주식상장 등에 따른 이익 증여와 동일한 취지로 비상장법인이 상장법인과 합병하여 상장주식을 교부받음으로써 이익을 얻는 경우 상장차익을 과세하여 정상적인 합병을 가장한 재벌 2세 등의 변칙적인 부의 세습을 방지하고자 한다.

최대주주 등으로부터 특수관계자가 형식상으로 증여받은 재산은 비상장주식이나 합병을 통하여 상장 시 실질적 증여재산을 상장주식의 가치로 보아 상장차익에 대하여 증여세 추가과세 한다.

3) 과세 요건

① 최대주주 등의 특수관계인이 다음의 방법으로 주식을 취득하는 경우

- 최대주주 등으로부터 주식 등을 증여받거나 유상으로 취득할 것
- 증여받은 재산으로 최대주주 등이 아닌 자로부터 주식을 취득할 것

② 증여받은 재산으로 다른 법인의 주식등을 최대주주등이 아닌 자로부터 취득하여 최대주주등과 그의 특수관계인이 보유한 주식등을 합하여 그 다른 법인의 최대주주 등에 해당하게 되는 경우

③ 증여일 또는 취득일로부터 5년 이내에 그 주식 등을 발행한 법인이 특수관계에 있는 상장법인과 합병할 것
주식가격(실질가치증가 제외)이 증여·취득 당시의 증여세 과세가액·취득가액에 비해 30% 이상 또는 3억원 이상인 경우

4) 증여재산가액

> [(a) 정산기준일 1주당 평가가액 – (b) 증여·취득 당시 증여세 1주당 과세(취득)가액] ×
> 증여받거나 취득한 주식수 – [(c) 1주당 기업가치 실질증가분 × 증여·취득한 주식수]

(a) 정산기준일 1주당 평가가액: 정산기준일(상장 후 3월이 되는 날)의 전후 2월간의 최종시세가액의 평균액에 의하며, 이 경우 최대주주 등의 주식은 할증평가 적용 대상이다.

(b) 1주당 과세(취득)가액: 증여받은 주식은 증여일 현재 상증세법 제60조 내지 제66조의 규정에 의한 평가액을 말하며, 부담부증여의 경우에는 증여세 과세가액을 말한다. 유상으로 취득한 주식은 취득가액을 말하며, 특수관계자로부터 저가로 취득함으로써 취득시점에서 증여세가 과세된 경우에는 취득가액에 증여이익을 가산한 가액을 말한다.

(c) 1주당 기업가치 실질증가분: 비상장주식의 증여 또는 취득일이 속하는 사업연도 개시일로부터 상장일 등 전일까지의 1주당 순손익액의 합계액 / 증여 취득일의 사업연도 개시일부터 상장 등의 전일까지 월 수 X 증여 취득일부터 정산기준일까지의 월 수

5) 예규 판례

① 최대주주의 특수관계인이 제3자 직접 배정에 따라 신주를 취득한 후 해당 주식이 상장된 경우 '상장에 따른 이익의 증여 규정(구상증법 §41의3 및 §41의5)'에 따른 증여세 과세대상에 해당하는지 여부

- 제3자 배정 방식에 의한 유상증자 절차에서 최대주주와 관계없이 직접 신주인수 대금을 부담하여 이 사건 주식을 인수하였으므로 상속증여세법 제41조의5 제1항 및 제3항이 정한 적용요건을 충족하지 아니한다고 판단됨.(대법원2016두55926, 2017.3.30.)

② 합산배제 증여재산에 해당하는 합병에 따른 상장 등 이익의 증여 과세시 세대생략 할증과세 적용 여부

- 당초 조부로부터 증여받은 비상장주식은 증여자인 조부의 재산이 무상으로 이전된 사실이 명확하므로 세대생략 할증과세해야 함. 그러나, 합병에 따른 상장이익은 조부로부터 받은 주식을 원천으로 발생하였지만, 조부로부터 직접 받은 재산으로 보기 어렵고, 합산배제 취지와 같이 증여자 및 원천을 특정할 수 없다고 보아야 하므로 세대생략 할증과세를 적용하지 않는 것임.(기획재정부 재산세제과-16, 2016.1.6.)

③ 의제배당소득이 없는 것으로 계산되어 과세되지 않은 경우에는 이 사건 조항의 증여재산인 합병상장이익에 관하여 '소득세법에 의한 소득세가 수증자에게 부과되거나 비과세 또는 감면되는 때'에 해당한다고 볼 수 있는지 여부

- 의제배당소득이 없는 것으로 계산되어 과세되지 않은 경우에는 구 상속세 및 증여세법 제41조의5 제1항의 증여재산인 합병상장이익에 관하여 '소득세법에 의한 소득세가 수증자에게 부과되거나 비과세 또는 감면되는 때'에 해당한다고 볼 수 없고, 구 상속세 및 증여세법 제41조의5 제1항에 따라 증여세를 과세하더라도 구 상증세법 제2조 제2항이나 그 단서에 위반되지 않는 것임.(대법원2015두3096, 2017.9.26.)

④ 합병에 따른 상장 등 이익을 계산하는 경우 이미 일감몰아주기로 인하여 신고·납부한 증여세가 있다면 그에 따른 증여의제이익을 제외하여야 하는지 여부

- 상증법 제41조의5 제3항 및 같은 법 시행령 제31조의8 제3항의 '합병에 따른 상장 등 이익'의 계산식을 살펴보면 '정산기준일의 1주당 평가가액'에서 '취득일 현재의 취득가액' 및 '1주당 기업가치의 실질증가분'을 뺀 차액으로 계산하도록 되어 있는바, 일감몰아주기 증여의제이익을 합병에 따른 상장 등 이익의 계산시 제외하여야 한다는 청구주장을 받아들이기 어려움.(조심2018서1171, 2019.2.18.)

⑤ 합병에 따른 상장 등 이익을 당초의 증여재산가액에 합산하여 과세한 처분의 당부

- 합병시세차익 계산시 정산기준일 현재의 주식 등의 가액이 당초 증여세과세가액보다 적은 경우에는 그 차액에 상당하는 증여세를 환급받은 것으로 규정하고 있어 이를 이익정산시점의 증여세액으로 보기 어렵고 입법취지 등으로 보아 상장 등에 따른 이익은 그 평가를 유보하였다가 실제 상장된 후 일정한 시점인 정산기준일의 가격을 기준으로 평가하도록 한 것일 뿐 실제 증여시기는 당초 주식을 증여받거나 취득한 때로 보는 것이 타당함.(조심2011서0358, 2012.3.20.)

(3) 재산 취득 후 재산가치 증가에 따른 이익의 증여

1) 개요

재산가치 증가에 따른 이익의 증여 과세요건에 대해 검토하고 납세자와 과세관청이 다툼 시 쟁점이 됐던 ① '개발사업'의 의미, ② 재산 직접, 간접적 증가, ③ 증여시기 등에 대하여 살펴보고자 한다.

2) 취지

미성년자 등 자력으로 법률효과를 귀속시킬 수 없는 자가 재산을 취득 후 타인에 기여에 의해 재산가치가 증가한 경우 해당 이익을 증여로 보아 변칙적인 증여를 과세하고자 함이다.

3) 요건 검토

재산 취득 후 재산가치 증가에 따른 이익의 증여로 납세의무가 성립되기 위해서는 ①~③의 요건을 모두 갖춰야 한다.

① 주체요건

직업, 연령, 소득 및 재산상태로 보아 자력으로 해당 행위를 할 수 없다고 인정되는 자이어야 한다. '자신의 계산으로 해당 행위를 할 수 없다고 인정되는 자'라 함은 그 직업·연령·소득·재산상태로 보아 재산가치 증가사유에 해당하는 행위를 법률효과의

귀속주체로서 할 수 없다고 인정되는 자를 의미한다.(부산고등법원-2017-누-23841, 2018.4.6.)

② 재산취득요건

다음에 해당하는 사유로 재산을 취득해야 한다.

> ① 특수관계인으로부터 재산을 증여받은 경우
> ② 특수관계인으로부터 기업의 경영 등에 관하여 공표되지 아니한 내부 정보를 제공받아 그 정보와 관련된 재산을 유상으로 취득한 경우
> ③ 특수관계인으로부터 증여받거나 차입한 자금 또는 특수관계인의 재산을 담보로 차입한 자금으로 재산을 취득한 경우

③ 재산가치증가사유 요건

재산을 취득한 날부터 5년 이내에 다음의 사유가 발생하여야 한다.

> ① 개발사업의 시행, 형질변경, 공유물(共有物) 분할, 지하수개발·이용권 등의 인가·허가 및 그 밖에 사업의 인가·허가
> ② 비상장주식의 「자본시장과 금융투자업에 관한 법률」 제283조에 따라 설립된 한국금융투자협회에의 등록
> ③ 그 밖에 ① 및 ②의 사유와 유사한 것으로서 재산가치를 증가시키는 사유

4) 관련사례

① 재산가치 증가사유가 제한적으로 열거된 규정인지에 대한 여부

구 상증세법 제42조 제4항 및 그 위임에 따른 구 상증세법 시행령 제31조의9 제5항은 재산가치증가사유를 예시적으로 규정하고 있다고 봄이 타당하다.

1. 구 상증세법 제42조 제4항은 재산가치증가사유를 개발사업의 시행, 형질변경, 공유물 분할, 사업의 인·허가, 주식·출자지분의 상장 및 합병 등 대통령령으로 정하는 사유라고 규정하고 있으며, 이는 재산가치증가사유의 유형을 열거한 후 이와 유사한 것을 대통령령으로 정하도록 하는 취지로서 재산가치증가사유를 예

시적으로 보는 전제에서 규정된 것이다.

2. 구 상증세법 시행령 제31조의9 제5항은 2010.2.18. 및 2013.6.11. 각 개정되면서 기존 재산가치증가사유들을 개별적으로 열거하였으나, 제4호에서 지하수개발·이용권 등의 경우 그 인가·허가라고만 규정하고 있을 뿐 말미에 인가·허가 등이라고 명시하지 않았다. 이러한 개정 연혁에 비추어 볼 때, 동 조항이 지하수개발 등의 신고수리를 고려하여 인·허가 등이라고 규정한 것이 아니라, 재산가치증가사유를 예시적으로 규정하기 위한 취지로 "등"이 부가된 것으로 봄이 자연스럽다.

3. 위 법령 조항이 변칙증여에 대응하기 위하여 입법되었다는 점을 고려할 때도, 재산가치증가사유를 예시적으로 규정한 것으로 해석하는 것이 타당하다.(대법원 2019두31921, 2023.6.1.)

② '개발사업'의 의미

구 상증세법 제42조 제4항의 개발사업을 원심(2017누86721, 2018.12.12.)과 같이 구 개발이익환수법 제2조 제2호에서 정의하고 있는 개발사업과 완전히 동일한 의미라고 볼 수는 없다. 구 개발이익환수법은 토지에 대한 투기를 방지하고 토지의 효율적인 이용을 촉진하여 국민경제의 건전한 발전에 이바지하기 위하여 제정된 법률(구 개발이익환수법 제1조)로서 변칙증여에 대하여 증여세를 과세하려는 데 그 취지가 있는 구 상증세법 제42조 제4항과는 그 입법목적이나 취지를 달리하기 때문이다.

그러나 구 상증세법 제42조 제4항의 개발사업이 구 개발이익환수법의 개념을 차용한 것이 아니라고 하더라도 이는 적어도 행정청의 개발구역 지정·고시가 수반된 것으로서 그 대상 토지를 개발하여 그 토지가치를 증가시키는 사업을 의미한다고 볼 수 있다.

③ 재산가치의 증가에 직접적 대상이 되는 재산만 과세대상이 되는지 여부

재산가치증가사유와 주식가치 증가분 사이에 인과관계가 인정된다면 그 이익도 과세대상 이익에 해당한다고 보아야 하고, 취득한 재산과 재산가치증가사유의 직접적 대상이 되는 재산이 동일하지 않다는 이유만으로 과세대상에서 배제된다고 볼 것은 아니다.

이 사건 조항의 문언을 보면, 과세대상 이익인 '그 재산가치의 증가에 따른 이익'에서 '그 재산'이 반드시 '재산가치증가사유'의 직접적 대상이 되는 재산과 동일한 것이어야 한다고 보기는 어렵다. 즉, 이 사건 조항의 문언만으로는 수증자가 일정한 취득사유에 따라 취득한 재산의 가치가 '재산가치증가사유'로 인하여 증가할 것을 요건으로 할 뿐, 재산가치증가사유의 직접적 대상이 되는 재산만이 수증자의 취득재산이 되어야 하고 그 재산의 가치 증가분만을 과세대상으로 삼은 것이라는 해석이 도출되지 않는다.(대법원2018두41327, 2023.6.29.)

④ '오피스텔' 등 신축분양사업 준공을 재산가치증가사유 및 사유발생일로 볼 수 있는지

개발사업은 적어도 행정청의 개발구역 지정·고시가 수반된 것으로서 그 대상 토지를 개발하여 그 토지가치를 증가시키는 사업을 의미하므로, 개발사업이 이루어진 토지 위에 건물을 신축하여 분양하는 것은 개발사업의 내용과 일치한다고 볼 수 없고, 아직 개발사업의 시행이 완료되지 않았더라도 장차 개발사업이 이루어져 발생할 것으로 예상되는 기대이익이 현실화되는 시점을 재산가치증가 사유로 정한 취지에 비추어, 건축허가일 또는 분양신고일로 할 수 있을 뿐 준공일로 볼 수 없다.(서울고등법원-2022-누38665, 2024.2.7.)

5) 증여재산가액

① 증여재산가액

증여재산가액 = 해당 재산가액 - 해당 재산의 취득가액 - 통상적인 가치 상승분가치 상승기여분

a. 해당 재산가액: 재산가치증가사유가 발생한 날 현재의 가액(상속세법 재산의 평가규정에 따라 평가한 가액을 말한다. 다만, 해당 가액에 재산가치증가사유에 따른 증가분이 반영되지 아니한 것으로 인정되는 경우에는 개별공시지가·개별주택가격 또는 공동주택가격이 없는 경우로 보아 법 제50조 제1항 또는 제4항에 따라 평가한 가액을 말한다)

b. 해당재산의 취득가액

구분	해당재산의 취득가액
① 특수관계인으로부터 재산을 증여받은 경우	증여세 과세가액
② 특수관계인으로부터 공표되지 아니한 내부 정보를 제공받아 그 정보와 관련된 재산을 유상으로 취득한 경우	유상취득한 금액
③ 특수관계인으로부터 증여받거나 차입한 자금 또는 특수관계인의 재산을 담보로 차입한 자금으로 재산을 취득한 경우	유상취득한 금액

c. 통상적인 가치상승분: 기업가치의 실질적인 증가로 인한 이익과 연평균지가상승률 등을 고려하여 해당 재산의 보유기간 중 정상적인 가치 상승분에 상당하다고 인정되는 금액

d. 가치상승기여분: 개발사업의 시행, 형질변경, 사업의 인가·허가 등에 따른 자본적지출액 등 해당 재산가치를 증가시키키 위하여 지출한 금액

② **적용제외**

- 이익에 상당하는 금액이 MIN[(b + c + d)× 30%, 3억] 미만인 경우 적용을 제외한다.

③ **관련사례**

포괄적이익의 증여로 과세할 수 있는지 여부

a. 관련 법리

납세자의 예측가능성 등을 보장하기 위하여 개별 가액산정규정이 특정한 유형의

거래·행위를 규율하면서 그중 일정한 거래·행위만을 증여세 과세대상으로 한정하고 과세범위도 제한적으로 규정함으로써 증여세 과세의 범위와 한계를 설정한 것으로 볼 수 있는 경우에는, 개별 가액산정규정에서 규율하고 있는 거래·행위 중 증여세 과세대상이나 과세범위에서 제외된 거래·행위가 구 상속세 및 증여세법(2007.12.31. 법률 제8828호로 개정되기 전의 것) 제2조 제3항의 증여의 개념에 들어맞더라도 그에 대한 증여세를 과세할 수 없다.(대법원 2013두13266, 2015.10.15. 등 참조)

b. 판단

이 사건 조항이 일정한 주체요건, 재산취득요건, 재산가치증가사유요건 등을 모두 갖춘 경우에 한하여 그 증가한 재산가치에 대해 증여세를 과세하도록 규정하고 있는 것은, 타인의 기여에 의해 재산의 가치가 증가한 경우 중 위와 같이 특정한 유형의 거래·행위만을 증여세 과세대상으로 제한적으로 규정함으로써 증여세 과세의 범위와 한계를 설정하여 그 이외의 경우를 증여세 과세대상에서 제외하고자 하는 입법의도에 기한 것으로 보인다.

따라서 이 사건 조항의 과세대상에서 제외된 이 사건 주식 가치 증가액에 대하여는 구 상증세법 제2조 제3항에 근거하여 증여세를 과세할 수도 없다고 판단된다.(부산고등법원-2023-누21938, 2024.2.7.)

6) 증여시기

① 증여시기

a. 개발사업의 시행 시: 개발구역으로 지정되어 고시된 날
b. 형질변경: 해당 형질변경허가일
c. 공유물의 분할: 공유물 분할등기일
d. 사업의 인가·허가 또는 지하수개발·이용의 허가 등: 해당 인가·허가일

다만, 재산가치증가사유 발생일 전에 그 재산을 양도한 경우에는 그 양도한 날을 증여시기로 한다.

② 관련사례

신축된 각 아파트의 증여시기가 '준공일'인지 '개발구역으로 지정되어 고시된 날'인지 여부

피고는, 이 사건 사업의 기대이익이 이 사건 법인의 주식가치에 반영되어 객관적·합리적 방법으로 그 증가액의 계산이 가능해지는 이 사건 사업에 따라 신축된 각 아파트의 준공일이 재산가치증가사유 발생일이라고 주장한다.

그러나 개발사업 시행의 경우 개발구역으로 지정되어 고시된 날을 증여재산 취득시기로 규정한 것은, 비록 개발사업의 시행이 완료되지 않더라도 개발구역 지정·고시자체의 효과로 장래의 개발기대이익이 현실화되어 그 시점에서 재산가치가 증가하는 것이 일반적이기 때문이다. 그런 이유로 이 사건 조항에서 규정한 형질변경, 공유물 분할 등의 사유도 그 사유발생을 명확히 인식할 수 있는 날을 증여시기로 정하고 있다.

설령 피고 주장과 같이 이 사건 사업의 계획승인·고시일에는 시행이익이 발생하지 않는다고 하더라도, 이 사건 조항의 취지 자체가 장래의 개발기대이익이 현실화되는 시점에서 증가된 재산가치에 대한 과세를 목적으로 하는 것이고, 향후 이 사건 사업의 추진 결과에 따라 취득하게 되는 영업이익에 대한 과세를 목적으로 하는 것이 아니다. (부산고등법원-2023-누21938, 2024.2.7.)

7) 합산배제여부

재산 취득 후 재산가치 증가에 따른 이익의 증여의 경우 합산배제증여재산에 해당하므로 다른 증여재산과 합산하여 과세하지 아니한다.

8) 상속·증여의 활용 예시

가족법인을 통해 상가를 신축하거나 분양하는 것에 대한 문의를 많이주신다. 미성년자인 자녀가 법인주주에 있다면 부모의 기여에 의해 재산가치가 증가하여 증여세가 과세되는 문제를 검토해볼 필요가 있다. 앞에서 우리가 공부한 판례들을 통해 얻은 인사이트를 다음과 같이 요약해볼 수 있다.

첫째, 주체요건, 재산취득요건, 재산가치증가요건을 모두 성립해야 과세가 가능한 점

둘째, 이 조문이 장래의 개발기대이익이 현실화 되는 시점에서 증가된 재산가치에 대한 과세를 목적으로 하는 점

셋째, 대상재산의 직접적인 증가 뿐만 아니라 주식가치의 상승도 포함된다는 점

이러한 점을 고려해봤을 때 미성년자인 자녀가 주주로 포함됐을 때 주체요건, 재산취득요건, 재산가치 증가요건(건축의 인·허가)을 모두 충족하여 납세의무가 성립하나 형질변경이 없는 토지위에 건축 사업을 한다면 건축사업의 인·허가일 당시에 증가된 재산가치로 과세함이 타당한데(부산고등법원-2023-누21938, 2024.2.7.) 현실적으로 그 당시 증여받은 이익을 계산하기란 쉽지 않아 과세의 어려움이 있을 것으로 생각된다.

(4) 감자에 따른 이익의 증여

1) 개요

회사가 감자를 통해 일부 주주의 주식이 소각되거나 감소하면 잔존 주주들은 상대적으로 더 많은 지분을 보유하게 되고, 주당 가치가 상승할 수 있다. 이 과정에서 특정 주주가 감자로 인해 경제적 이익을 얻을 수 있다. 이를 과세하는 조항에 대해 살펴보고자 한다.

2) 취지

감자에 따른 이익의 증여 과세는 변칙적인 부의 이전 방지(조세 회피 방지)와 주주의 경제적 이익과 세 부담의 균형유지를 위한 조치이다. 일부 주주만 감자에 참여하면, 불참한 주주의 지분율이 상승하고 주식 가치가 증가하는 경제적 이익을 무상으로 취득하는 효과가 발생할 수 있다. 특히, 대주주나 특수관계인 간의 지분 변동을 통한 조세 회피 가능성을 차단하기 위해 과세가 필요하다. 또한, 감자로 인해 일부 주주는 현금을 받고, 잔존 주주는 세 부담 없이 주식 가치 상승의 혜택을 누릴 수 있어 형평성 문제가 발생할 수 있다. 따라서, 공정한 세 부담을 유지하고 조세 정의를 실현하기 위해 감자로 인한 경제적 이익을 증여세 과세 대상으로 포함하는 것이다.

3) 내용

① 요건

a. 법인이 자본금을 감소시키기 위하여 주식 등(주식 또는 출자지분)을 소각하는 경우이어야 한다.

b. 시가보다 높거나 낮은 대가로 소각할 것

c. 이익을 얻은 자와 손해를 본 자가 특수관계인에 해당할 것

　가. 주식 등을 시가보다 낮은 대가로 소각한 경우: 주식 등을 소각한 주주 등의 특수관계인에 해당하는 대주주 등이 얻은 이익

　나. 주식 등을 시가보다 높은 대가로 소각한 경우: 대주주 등의 특수관계인에 해당하는 주식 등을 소각한 주주 등이 얻은 이익

※ "대주주" 등이란?

해당 주주 등의 지분 및 그의 특수관계인의 지분을 포함하여 해당 법인의 발행주식총수 등의 100분의 1 이상을 소유하고 있거나 소유하고 있는 주식 등의 액면가액이 3억원 이상인 주주 등을 말한다.

d. 증여재산 가액이 기준금액 이상일 것

기준금액이란 ㉠ 감자한 주식 등의 1주당 평가액의 100분의 30에 상당하는 가액과 ㉡ 3억원 중 작은 금액을 말한다.

감자한 주식 등의 1주당 평가액과 주식 등을 소각할 때 지급한 1주당 금액의 차액이 기준금액 이상인 경우 규정을 적용한다.

② 증여재산가액

a. 주식 등을 시가보다 낮은 대가로 소각한 경우

(감자한 주식등의 1주당 평가액 − 주식등 소각시 지급한 1주당 금액)
× 총감자 주식등의 수 × 대주주등의 감자후 지분비율 ×
(대주주등과 특수관계인의 감자 주식등의 수 ÷ 총감자 주식등의 수)

b. 주식 등을 시가보다 높은 대가로 소각한 경우

(주식등의 소각시 지급한 1주당 금액 – 감자한 주식등의 1주당 평가액) ×
해당 주주등의 감자한 주식등의 수

③ 증여시기: 주주총회결의일

4) 예규 및 판례

① 균등증자 시 증여세 과세여부

법인이 자기주식을 제외한 각 주주의 지분비율대로 균등하게 증자를 실시함으로써 특정주주가 얻은 이익이 없는 경우에는 증자에 따른 증여이익규정이 적용되지 아니함. (서면-2015-상속증여-2216, 2015.11.23.)

② 주식을 시가로 소각하는 경우 감자에 따른 이익의 증여 해당여부

주식을 시가로 소각하는 경우 「상속세 및 증여세법」 제39조의2〔감자에 따른 이익의 증여〕의 증여세 과세대상에 해당하지 아니함.(서면-2023-자본거래-0627, 2024.12.24.)

③ 1년 이내 2개의 법인에 대해 감자를 한 경우 이익의 계산

1년 이내에 2개 법인의 감자를 통해 동일한 주주가 「상속세 및 증여세법」 제39조의2에 따른 이익을 얻은 경우 같은 법 제43조 제2항 및 같은 법 시행령 제32조의4에 따라 증여이익을 합산하여 과세 금액기준을 계산하는 것임.(사전-2018-법령해석재산-0581, 2019.7.18.)

④ 1주당 평가액을 초과하여 감자대가를 지급하는 경우 증여세 과세여부

1주당 평가액이 액면가액을 초과하는 경우로서 그 평가액을 초과하여 감자대가를 지급하고 주식을 소각하는 경우에도 감자에 따른 이익상당액은 증여세 과세대상이고, 다만, 주식의 소각에 따른 의제배당으로 소득세가 과세되는 금액은 차감함.(서면인터넷방문상담4팀-1310, 2008.5.29.)

⑤ 자기주식 소각으로 잔여주주의 지분율 증가시 의제배당 여부

비상장법인이 「상법」 제343조 제1항의 규정에 의한 자본감소 또는 이익소각의 방식으로 「증권거래법」 제21조의 규정에 의한 공개매수 방법에 준하여 소액주주들로부터 자기주식을 취득하여 소각함으로써 주식을 소각하지 아니한 잔여주주의 지분비율이 증가하는 경우 당해 잔여주주의 지분비율 증가는 소득세법 제17조의 규정에 의한 의제배당에 해당되지 아니하는 것이다.

「상속세 및 증여세법」 제39조의2(감자에 따른 이익의 증여) 및 제42조(기타이익의 증여 등) 제1항 제3호의 규정은 법인이 상법 제343조 제1항 단서의 규정에 의하여 주주에게 배당할 이익으로써 주식을 소각하는 경우에도 적용되는 것이다.

다만, 법인이 주식을 시가(「상속세 및 증여세법」 제60조 및 제63조 제1항 제1호 다목의 규정에 의하여 평가한 가액을 말한다)대로 매입하여 소각함으로써 특정주주가 얻은 이익이 없거나, 당해 주식을 매도한 주주와 특수관계에 있는 자 외의 자가 이익을 얻은 경우로서 거래의 관행상 정당한 사유가 있다고 인정되는 경우에는 같은법 제42조 제1항 제3호, 제3항의 규정에 의하여 증여세가 과세되지 않으며, 거래의 관행상 정당한 사유가 있다고 인정되는 경우에 해당하는지 여부는 소액주주들이 주식매수청구를 하게 된 경위와 매수가격의 결정과정 등 구체적인 사실관계를 확인하여 판단할 사항이다.

(5) 부동산 무상사용에 따른 이익의 증여

1) 부동산을 무상으로 사용함에 따라 이익을 얻은 경우

① 개요

타인의 부동산(그 부동산 소유자와 함께 거주하는 주택과 그에 딸린 토지는 제외)을 무상으로 사용함에 따라 이익을 얻는 경우에는 그 무상 사용을 개시한 날을 증여일로 하여 그 이익에 상당하는 금액을 부동산 무상사용자의 증여재산가액으로 한다.

② 과세요건

a. 무상사용 대상 부동산의 범위

ⓐ 토지 또는 건물만을 각각 무상으로 사용하는 경우도 포함

ⓑ 부동산 소유자와 함께 거주하는 주택과 부수 토지는 제외한다. 주택의 일부에 점포 등 다른목적의 건물이 설치되어 있거나 동일 지번에 다른 목적의 건물이 설치되어 있는 경우에는 주택의 면적이 주택외의 면적을 초과하는 경우에 한하여 당해 부동산 전부를 주택으로 본다.

b. 수인이 부동산을 무상으로 사용하는 경우

수인이 부동산을 무상사용하는 경우로서 각 부동산사용자의 실제 사용면적이 분명하지 않은 경우 해당 부동산사용자들이 각각 동일한 면적을 사용한 것으로 본다.

ⓐ 소유자와 친족관계에 있는 부동산 사용자가 2명 이상인 경우

부동산 사용자들에 대해서는 근친관계를 고려하여 "기획재정부령으로 정하는 대표사용자"를 무상사용자로 본다. 여기서 "기획재정부령으로 정하는 대표사용자"는 부동산 소유자와 최근친인 사람을 말하며, 최근친인 사람이 2명 이상인 경우에는 그 중 최연장자를 의미한다.

ⓑ 그 외의 경우

해당 부동산사용자들을 각각 무상사용자로 본다.

c. 원칙적으로 특수 관계 여부와 무관하게 증여세를 과세한다.

• 원칙적으로 특수 관계 여부와 무관하게 증여세를 과세하나, 특수관계인 아닌 자 간의 거래인 경우에는 거래의 관행상 정당한 사유가 없는 경우에 한하여 부동산 무상사용에 따른 이익의 증여규정을 적용한다.

※ 서울행정법원2022구합78838, 2023.11.2.

특수관계인간 부동산을 무상으로 사용하게 한 경우 부동산 소유자에게 소득세가 과세되는지 여부과 관계 없이 그 수증자는 증여세 과세대상이다.

d. 증여재산가액이 1억원 이상일 것

- 부동산 무상사용한 기준금액이 1억원 이상인 경우에 한하여 규정을 적용한다.

③ 증여재산가액

부동산 무상사용에 따른 이익은 다음의 계산식에 따라 계산한 각 연도의 부동산 무상사용이익을 기획재정부령으로 정하는 방법에 따라 환산한 가액으로 한다. 이 경우 해당 부동산에 대한 무상사용 기간은 5년으로 하고, 무상사용 기간이 5년을 초과하는 경우에는 그 무상사용을 개시한 날부터 5년이 되는 날의 다음날에 새로 해당 부동산 무상사용을 개시한 것으로 본다.

$$\text{각 연도의 부동산 무상사용 이익} = \text{부동산가액}^{*1)} \times \text{연 } 2\%^{*2)}$$

* 1) 상증세법 제60조~제66조(재산의 평가)에 따라 평가한 가액을 말한다.
* 2) 1년간 부동산 사용료를 고려하여 기획재정부령으로 정하는 이율

$$\text{증여재산가액} = \sum \frac{\text{각 연도의 부동산 무상사용이익}}{(1 + 0.1)^n}$$

n: 평가기준일부터의 경과연수

④ 증여시기

타인의 부동산을 무상으로 사용함에 따라 이익을 얻은 경우 그 무상사용을 개시한 날을 증여일로 한다.

「상속세 및 증여세법」 제37조·제41조의4·제42조에 따른 이익의 증여는 각 규정에서 정하는 기준금액 미만인 경우 과세 제외되는 것이며, 각 이익을 계산할 때 그 증여일로부터 소급하여 1년 이내에 동일한 거래 등이 있는 경우에는 각각의 거래 등에 따른 이익을 해당 이익별로 합산하여 계산하는 것임.(서면-2020-상속증여-5227, 2021.1.29.)

⑤ 부동산을 무상사용한 것으로 보지 않는 경우

a. 청구인 소유의 토지 위에 모(母)가 주상복합건물을 소유하고 있어 그 토지를 무
   상사용하게 하더라도 그 건물 중 일부인 주택에 청구인의 부모가 거주하는 경우
   에 있어서는 부모가 거주한 주택 부분이 차지하는 비율에 해당하는 토지에 대하
   여는 부당행위계산부인 대상에서 제외함이 타당함.(심사소득2010-0031, 2010.9.10.)

b. 특수관계자 소유의 토지를 사용하였더라도 임대차 계약에 따라 임대료를 지급한
   것으로 확인된 경우 토지무상사용권의 증여의제를 적용할 수 없음.(국심2004서
   4568, 2005.7.8.)

c. 부모의 토지 위에 건물을 신축하여 사업을 영위하고 있으나, 실제적으로 토지의
   사용에 대한 임대료를 지급한 사실을 확인할 수 있는 경우에는 토지의 무상사용
   권리의 증여의제를 적용할 수 없음.(국심2004서4567, 2005.7.8.)

2) 부동산을 무상으로 담보로 이용하여 이익을 얻은 경우

① 개요

타인의 부동산을 무상으로 담보로 이용하여 금전 등을 차입함에 따라 이익을 얻은
경우에는 그 부동산 담보 이용을 개시한 날을 증여일로 하여 그 이익에 상당하는 금액
을 부동산을 담보로 이용한 자의 증여재산가액으로 한다. 다만, 그 이익에 상당하는
금액이 대통령령으로 정하는 기준금액 미만인 경우는 제외한다.

② 과세요건

a. 타인의 부동산을 무상으로 담보로 이용하여 금전 등을 차입한 경우이어야 함.
   타인의 부동산을 무상으로 담보로 이용하여 금전 등을 차입한 경우이어야 함. 다
   만, 부동산 소유자와 함께 거주하는 주택과 부수토지는 제외함.

b. 원칙적으로 특수관계 여부와 무관하게 증여세를 과세함.
   원칙적으로 특수관계 여부와 무관하게 증여세를 과세하나, 특수관계인 아닌 자
   간의 거래인 경우에는 거래의 관행상 정당한 사유가 없는 경우에 한하여 부동산
   무상사용에 따른 이익의 증여규정을 적용함.

c. 증여재산가액이 1천만원 이상일 것

부동산을 담보로 이용한 자의 기준금액이 1천만원 이상인 경우에 한하여 규정을 적용함.

③ 증여재산가액

부동산을 무상으로 담보로 이용하여 금전 등을 차입함에 따라 얻은 이익은 차입금에 상증세법 시행령 제31조의4(금전 무상대출 등에 따른 이익의 계산방법 등) 제1항 본문에 따른 적정 이자율을 곱하여 계산한 금액에서 금전 등을 차입할 때 실제로 지급하였거나 지급할 이자를 뺀 금액으로 한다. 이 경우 차입기간이 정하여지지 아니한 경우에는 그 차입기간은 1년으로 하고, 차입기간이 1년을 초과하는 경우에는 그 부동산 담보 이용을 개시한 날부터 1년이 되는 날의 다음날에 새로 해당 부동산의 담보 이용을 개시한 것으로 본다.

> 증여재산가액 = [차입금x적정이자율*] − 실제 지급하였거나 지급할 이자
> * 적정이자율: 연4.6%

④ 증여시기

타인의 부동산을 무상으로 담보로 이용하여 금전 등을 차입함에 따라 이익을 얻은 경우에는 그 부동산 담보 이용을 개시한 날을 증여일로 한다.

⑤ 무상사용에 따른 이익의 수증자가 법인인 경우

상증세법 제37조의 규정을 적용함에 있어서 수증자가 영리법인인 경우에는 같은 법 제4조의 규정에 의하여 당해 영리법인이 납부할 증여세를 면제한다(재삼46014−2457, 1997.10.16.) 다만, 영리법인의 최대주주 등이 부동산 소유자와 특수관계에 해당하는

경우에는 상증세법 제45조의 5(특정법인과의 거래를 통한 이익의 증여의제)의 규정을 적용한다.

(6) 금전 무상대출 등에 따른 이익의 증여(상증세법 제41조의4)

1) 개요

타인으로부터 금전을 무상으로 또는 적정 이자율보다 낮은 이자율로 대출받은 경우에는 이자상당액을 대출받은 날에 대출받은 자의 증여재산가액으로 한다. 다만, 특수관계인이 아닌 자 간의 거래로서 정당한 사유가 있다고 인정되는 경우에는 금전무상대출에 따른 이익의 증여를 적용하지 아니한다.

2) 취지

직접 증여에 따른 증여세 부담을 회피하기 위하여 금전을 무상 대여하거나 낮은 이자율로 대여하는 경우 적정 이자율과의 차액에 대해 증여세를 과세하려는데 있다.

3) 과세 요건

① 금전을 무상 또는 적정이자율보다 낮은 이자율로 대출받은 경우일 것

② 증여재산가액이 기준금액(1천만원) 이상일 것

4) 증여재산가액

구분	증여의제이익 계산식
① 무상으로 대출받은 경우	대출금액 × 적정이자율*
② 낮은 이자율로 대출받은 경우	대출금액 × 적정이자율* – 실제 지급한 이자상당액

* [적정이자율]
위의 산식을 적용함에 있어서 적정 이자율이란 법인세법 시행규칙 제43조 제2항에 따른 이자율을 말한다. 다만, 법인으로부터 대출받은 경우에는 법인세법 시행령 제89조 제3항에 따른 이자율(4.6%)을 적정이자율로 본다.

- 상증세법 시행령 제31조의4【금전 무상대출 등에 따른 이익의 계산방법 등】

  ① 법 제41조의4 제1항 각 호 외의 부분 본문에서 "적정 이자율"이란 당좌대출이 자율을 고려하여 기획재정부령으로 정하는 이자율을 말한다. 다만, 법인으로부터 대출받은 경우에는 「법인세법 시행령」 제89조 제3항에 따른 이자율을 적정 이자율로 본다.

- 법인세법 제43조【가중평균차입이자율의 계산방법 등】

  ② 영 제89조 제3항 각 호 외의 부분 단서에서 "기획재정부령으로 정하는 당좌대출이자율"이란 연간 1,000분의 46을 말한다.

5) 증여시기

① 원칙

금전 무상대출 등에 따른 이익은 금전을 대출받은 날을 기준으로 계산한다.(금전을 여러 차례 나누어 대부받은 경우에는 각각의 대출받은 날을 기준으로 계산함)

② 대출기간이 1년 이상인 경우의 증여시기

"금전을 대출받은 날" 및 그 후 "1년마다 도래하는 그 대출받은 날"의 다음날이 각 증여시기가 되므로, 납세의무 성립시기도 각 증여시기를 기준으로 결정하여야 한다.

6) 납부시기

금전을 대출받은 날이 속하는 달의 말일부터 3개월 이내에 신고, 납부하여야 한다.

7) 증여세 과세특례의 적용

금전 무상대출 등에 따른 이익의 증여일부터 소급하여 1년 이내 동일한 거래가 있는 경우 해당 이익을 합산하여 계산한다.

- 상속세 및 증여세법 제43조【증여세 과세특례】

  ② 제31조 제1항 제2호, 제35조, 제37조부터 제39조까지, 제39조의2, 제39조의3, 제40조, 제41조의2, 제41조의4, 제42조 및 제45조의5에 따른 이익을 계산할 때 그 증여일부터 소급하여 1년 이내에 동일한 거래 등이 있는 경우에는 각각의 거래 등에 따른 이익(시가와 대가의 차액을 말한다)을 해당 이익별로 합산하여 계산한다.

- 상속세 및 증여세법 제32조의4【이익의 계산방법】

  법 제43조 제2항에 따라 다음 각 호의 어느 하나에 해당하는 이익을 계산할 때에는 해당 이익별로 합산하여 각각의 금액기준을 계산한다.

  1.~8. (중략)

  9. 법 제41조의4 제1항의 금전무상대출에 따른 이익

8) 예규 판례

① 상속개시일 전 5년 이내에 피상속인이 상속인이 아닌 자에게 증여한 재산가액에 해당하는지 여부는 법 제41조의4 제1항에서 규정한 각 증여시기와 최초로 무상 대부 중 어느 시점을 기준으로 판단하는지

- 금전 무상대부에 따른 증여시기는 대출기간이 1년 이상인 경우 1년이 되는 날의 다음 날에 매년 새로 대출을 받은 것으로 보는 것이며, 이 날이 상속개시 전 5년 이내에 범위라면 사전에 증여한 재산으로 보아 상속세 과세가액에 합산하는 것임. (대법원2011두10959, 2012.7.26.)

② 특수관계 없는 자 사이 거래 관행상 정당한 사유가 없는 경우에 대한 입증 책임

- 특수관계 없는 자 사이에는 거래 관행상 정당한 사유가 없는 경우에만 무상대부이익 증여세 과세를 할 수 있고, 이는 과세관청이 입증하여야 함.(서울행정법원2018구합75665, 2020.3.6.)

③ 금전 무상대출 등에 따른 이익의 증여에 대하여 증여세를 과세하면서 쟁점차입금 중 청구인이 현금으로 상환하였다고 주장하는 쟁점금액을 부인하여 쟁점금액의 이자 상당액을 증여재산가액에 가산한 처분의 당부

- 현금수령증은 객관적인 증빙으로 볼 수 없어 실제 상환여부를 확인하기 어렵고, 이 금액에 대하여는 '금전 무상대출에 따른 이익의 증여'가 있다고 판단됨. (청주지방법원2021구합52247, 2022.5.26.)

④ 청구인이 쟁점토지를 남편으로부터 임차하면서 미지급·지연지급한 임차료를 금전무상대출로 보아 증여세를 부과한 처분의 당부

- 특수관계자간 부동산의 임차보증금을 지불하지 아니한 것에 대하여 특수관계자간 금전무상대출에 따른 증여이익으로 보아, 당해 보증금에 대하여 상증세법 제41조의4 제1항을 적용하여 증여이익을 계산하는 것은 정당함.(조심2022서7790, 2023.12.6.)

⑤ 「상속세 및 증여세법」 제13조 제1항 제2호는 수증자가 자연인임을 전제로 한 조항이므로 피상속인이 특수관계법인에게 무상대여한 자금에 대하여 이자 상당액을 상속세 과세가액에 가산하여서는 아니된다는 청구주장의 당부

- 상증법 제13조 제1항 제2호는 '상속인이 아닌 자'의 범위를 한정하고 있지 아니하고 금전무상대여이익은 합산배제증여재산으로 규정하고 있지 않으며, 상속재산에 합산하더라도 청구인이 추가로 부담할 세액은 합산과세에 따른 누진세율 상당액에 불과한 점 등에 비추어 이 건 처분에 잘못이 없음.(조심2023서9363, 2023.11.23.)

7 양도소득세

(1) 양도소득세 의미

- 양도소득세란 개인이 토지, 건물 등 부동산이나 주식 등과 파생상품의 양도 또는 분양권과 같은 부동산에 관한 권리를 양도함으로 인하여 발생하는 이익(소득)을 과세대상으로 하여 부과하는 세금을 말한다.

- 양도소득세는 과세대상 부동산 등의 취득일부터 양도일까지 보유기간 동안 발생된 이익(소득)에 대하여 일시에 양도 시점에 과세하게 된다.

- 따라서 부동산 등의 양도로 인하여 소득이 발생하지 않았거나 오히려 손해를 본 경우에는 양도소득세가 과세되지 않는다.

(2) 양도소득세의 과세대상

1) 양도소득세가 과세되는 자산의 범위

부동산	토지, 건물(무허가, 미등기 건물도 과세대상 포함)
부동산에 관한 권리	부동산을 취득할 수 있는 권리, 지상권, 전세권, 등기된 부동산임차권
주식 등	대주주가 양도하거나 소액주주가 증권시장 밖에서 양도하는 상장주식 등 및 비상장 주식 등 * 주식 등: 주식 또는 출자지분, 신주인수권, 증권예탁증권
기타자산	사업용 고정자산과 함께 양도하는 영업권, 특정시설물 이용권·회원권, 특정주식, 부동산과다보유법인 주식등, 부동산과 함께 양도하는 이축권
파생상품	• 국내·외 주가지수를 기초자산으로 하는 파생상품 • 차액결제거래 파생상품(CFD) • 주식워런트증권(ELW) • 국외 장내 파생상품 • 경제적 실질이 주가지수를 기초자산으로 하는 장내파생상품과 동일한 장외파생상품
신탁 수익권	신탁의 이익을 받을 권리(「자본시장과 금융투자업에 관한 법률」 제110조에 따른 수익증권 및 같은 법 제189조에 따른 투자신탁의 수익권 등 대통령령으로 정하는 수익권은 제외)의 양도로 발생하는 소득

2) 주식 등 양도소득세

① 주권상장법인의 주식 등

「자본시장과 금융투자업에 관한 법률」에 따른 주권상장법인(코스피, 코스닥, 코넥스)의 대주주가 소유한 주식 등을 양도하는 경우에는 단 1주만 양도하여도 양도소득세 과세대상이다.

주권상장법인의 소액주주가 소유한 주식 등을 증권시장을 통해서 양도하는 경우에는 과세대상이 아니나, 증권시장 밖에서 양도하는 경우에는 과세대상이다.

② 비상장법인의 주식 등

비상장법인의 주식 등을 양도하는 경우에는 대주주·소액주주의 구분 없이 모두 양도소득세 과세대상이다.

비상장법인의 소액주주가 K-OTC(Korea Over-The-Counter)를 통해 양도하는 중소·중견기업의 주식 등은 과세대상에서 제외한다.(소득세법 §94①3, '18.1.1. 이후 양도 분부터)

③ 특정주식·부동산 과다보유법인 주식 등

소득세법 제94조 및 소득세법 시행령 제158조에 규정된 특정주식·부동산과다보유법인 주식 등을 양도하는 경우 세법상 주식 등이 아닌 기타자산의 양도로 양도소득세 과세대상이다.

④ 국외 주식 등

양도일까지 계속 5년 이상 국내에 주소 또는 거소를 둔 거주자가 양도한 국외주식 등은 양도소득세 과세대상이다.

⑤ 국외 전출 시 양도소득세 과세특례

a. 요건

이민 등 국외 전출하는 다음 요건을 모두 갖춘 거주자가 출국 당시 소유한 국내 주식 등에 대하여는 해당 주식 등을 출국일에 양도한 것으로 간주되어 양도소득세를 과세한다.

ⓐ 국외 전출일 전 10년 중 5년 이상 국내에 주소·거소가 있을 것

ⓑ 과세대상 자산을 일정 비율 또는 금액* 이상 소유할 것(대주주)

* 주식양도차익 과세대상자인 대주주 요건(소득세법 시행령 §167의8①) 등 준용('19.1.1. 이후 국외 전출하는 경우부터는 부동산 주식 포함)

b. 양도소득세 신고·납부기한

출국일이 속하는 달의 말일부터 3개월 이내에 납세지 관할세무서장에게 양도소득세를 신고·납부해야 한다.(단, 납세관리인 신고한 경우에는 양도소득 과세표준 확정신고 기간내에 신고*)

* 양도소득 확정신고 기간내에 신고는 '19.1.1. 이후 출국부터 적용

c. 납부유예 신청

납세관리인 신고 및 납세담보 제공시 출국일부터 실제로 양도할 때까지 납부 유예 신청이 가능

* 출국일부터 5년(국외유학의 경우 10년) 이내에 실제 양도하지 아니한 경우 5년(국외유학의 경우 10년) 이 되는 날이 속하는 달의 말일부터 3개월 이내에 납부, 다만, 유예기간 이자 부담해야 함.

d. 세금환급

• 출국 후 주식을 양도하지 않은 상태로 5년 내 입국해서 거주자가 된 경우
• 출국 후 5년 내 거주자에게 증여 또는 상속한 경우 기존의 납부세액을 환급

3) 특정주식

① 개념

부동산 보유비율이 높은 법인의 주식을 양도하는 경우 일정한 과세요건(부동산의 보유비율, 주주의 지분율, 법인의 업종 등)에 충족하는 특정주식은 소득세법상 누진세율(6%~45%)을 적용하므로 일반적인 주식의 양도와 다르게 취급하고 있다.

② 취지

소득세법은 특정주식을 일반주식과 구분하고, 특정주식 양도소득에 대해 부동산 양도소득과 같이 취급하여 누진세율을 적용하고 있다. 이는 특정주식의 양도가 부동산을 양도하는 것과 동일한 경제적 이익이 있다고 보아 조세부담의 형평을 실현하고자 하는 것이며, 법인을 도관으로 이용해 부동산 양도소득에 대한 조세를 회피하는 행위를 방지하려는 의미도 포함된다.(헌법재판소 2009헌가22)

③ 과세대상 요건

다음의 a, b, c를 충족하는 경우에는 특정주식으로 분류되어 과세대상이 된다.

a. 법인의 자산총액 중 부동산의 보유비율이 50% 이상에 해당할 것

　※ 부동산의 범위

　　ⓐ 토지·건물·부동산에 관한 권리

　　ⓑ 법인이 직접 보유한 타 법인(자법인)의 부동산 보유비율상당액

　　ⓒ 법인이 간접 보유한 타 법인(손자법인)의 부동산 보유비율상당액(법인이 30% 이상 출자한 자법인이 출자한 법인)

　※ 부동산가액에 포함하는 자산

　　특정주식 판정 시 부동산가액에는 부동산매매업자의 매매용 토지 및 건물, 주택신축판매업자의 주택건설용 토지 및 미판매된 완성주택의 가액과 토지 등을 취득할 수 있는 권리의 가액이 포함된다.(소득세법 집행기준 94-158-2)

b. 주주1인과 기타주주(이하 "과점주주")가 소유하고 있는 법인의 주식 등 합계액이 100분의 50을 초과할 것

　※ 과점주주 판단

　　「소득세법」 제94조 제1항 제4호 다목에 따른 과점주주는 주주 1인과 「소득세법 시행령」 제157조 제4항 제1호에 따른 기타주주가 소유하고 있는 주식등의 합계액이 해당 법인의 주식등의 합계액의 100분의 50을 초과하는 경우 그 주주 1인 및 기타주주를 말하는 것임.(서면-2022-자본거래-1454, 2022.5.17.)

c. 과점주주가 주식 등을 과점주주 외의 자에게 양도하는 주식 등이 해당 법인의 주식 등의 합계액의 100분의 50 이상일 것

　　다만, 여러 번에 걸쳐 양도하는 경우에는 과점주주 중 1인이 주식을 양도하는 날부터 소급하여 3년 내 양도한 주식을 합산하여 양도비율을 판정하며, 위 a, b, c 요건 판정 시 과점주주 중 1인이 주식 등을 양도하는 날부터 소급하여 그 합산하

는 기간 중 최초로 양도하는 날 현재의 해당 법인의 주식 등의 합계액 또는 자산 총액을 기준으로 한다.

※ 자산총액에 포함하는 자산

소득세법에 따른 기타자산에 해당하는 특정주식에 해당하는지 여부를 판정하는 경우 확정급여형 퇴직연금운용자산은 법인의 자산총액에 포함하여 특정주식 해당여부를 판정하는 것임.(기획재정부 재산세제과-285, 2017.4.18.)

④ 부동산과다보유법인의 주식

다음의 a, b를 충족하는 경우에는 부동산과다보유법인으로 분류되어 과세대상이 된다.

a. 과세대상 요건(ⓐ+ⓑ)

ⓐ 해당 법인의 자산총액 중 부동산 등의 비율이 80% 이상일 것

※ 부동산의 범위

토지·건물·부동산에 관한 권리(해당 법인이 직접·간접으로 보유한 타 부동산 과다보유법인의 주식의 가액)

ⓑ 골프장, 스키장, 휴양콘도미니엄, 전문휴양시설을 건설 또는 취득하여 직접경영하거나 분양 또는 임대하는 법인에 해당할 것(소칙 §76③)

b. 주식 등의 양도비율

부동산과다보유법인의 주식에 분류되는 경우 주식 등의 보유 및 양도비율 요건이 없으므로 단 1주라도 양도하게 되면 과세대상이 된다.

※ 자산총액 평가방법(소령 §158)

자산총액은 해당 법인의 장부가액에 따른 자산으로서 해당 자산의 기준시가가 장부가액보다 큰 경우에는 기준시가를 적용하여 평가한다. 이 경우 다음 금액은 자산총액에 포함하지 아니한다.

ⓐ 법인세법 시행령 제24조 제1항 제2호 바목 및 사목에 따른 무형자산의 금액

ⓑ 양도일부터 소급하여 1년이 되는 날부터 양도일까지의 기간 중에 차입금 또는 증자에 의하여 증가한 현금·대여금 및 기획재정부령으로 정하는 금융재산의 합계액

※ 조세심판원 심판례(자산총액에 포함하지 않는 경우)

「소득세법 시행령」 제158조 제4항 제2호는 양도일로부터 소급하여 1년이 되는 날부터 양도일까지의 기간 중에 증가한 대여금이 위 기간 중에 "차입 또는 증가한 자금에 의하여" 증가한 것인 경우에 한하여 적용되는 것인 점 등에 비추어, 처분청이 쟁점출자지분을 특정주식으로 보아 과세한 처분은 잘못이 있는 것으로 판단됨.(조심2021중3710, 2021.12.23.)

⑤ 특정주식과 부동산과다보유법인의 주식 비교

구분	특정주식	부동산 과다보유법인의 주식
업종	모든 업종	골프장 등 영위법인
부동산비율	50% 이상	80% 이상
소유비율	50% 초과	제한 없음
양도비율	50% 이상	1주만 양도하여도 대상

(3) 양도소득세의 신고납부

1) 부동산 예정신고의무

- 부동산을 양도한 경우에는 양도일이 속하는 달의 말일부터 2개월 이내에 주소지 관할세무서에 예정신고·납부를 해야 한다.
- 예를 들어, 2022.7.15. 잔금을 지급받았다면 양도소득세 예정신고·납부기한은 2022.9.30.까지이다.

  * 만약 신고·납부 기한이 토요일·일요일·공휴일·근로자의 날인 경우 그 날의 다음 날을 기한으로 함
  * 양도 시기는 원칙이 대금청산일임.(예외적으로 대금청산일 전 소유권이전등기를 한 경우에는 등기접수 일이 양도시기가 됨)

- 예정신고를 하지 않으면 납부할 세액의 20%인 무신고가산세와 1일 0.022%('19.2.11. 이전까지는 0.03%, '19.2.12 ~ '22.2.14. 이전까지 0.025%)의 납부지연가산세가 부과된다.

2) 주식 등 예정신고의무

① 주식

- 주식을 양도한 경우에는 양도일이 속하는 반기의 말일부터 2개월 이내에 예정신고·납부를 하여야 한다.(반기 중에 여러 건의 주식을 양도한 경우 반기별로 모아서 신고·납부)

② 파생상품

- 파생상품을 양도한 경우에는 해당연도 양도소득에 대하여 예정신고 없이 다음해 5월 확정 신고·납부(연 1회)만 이행하면 된다.

3) 확정 신고

- 당해 연도에 부동산 등을 여러 건 양도한 경우에는 그 다음해 5월 1일부터 5월 31일 사이에 주소지 관할세무서에 확정 신고를 하여야 한다.
- 다만, 1건의 양도소득만 있는 자가 예정신고를 마친 경우 확정 신고를 하지 않아도 된다.
- 주식 등의 경우 예정신고를 한 경우 확정 신고 의무는 없으나 다음의 경우는 확정 신고 의무가 있으며, 파생상품을 양도한 경우에는 해당연도 양도소득에 대하여 다음해 5월 확정 신고·납부를 이행(연 1회)하여야 한다.

① 누진세율 적용대상 주식 등에 대한 예정신고를 2회 이상 한 자가 이미 신고한 양도소득금액과 합산하여 예정신고를 하지 아니한 경우

② 주식 등을 2회 이상 양도한 경우로서 양도소득 기본공제의 적용순위로 인하여 당초 신고한 양도소득 산출세액이 달라지는 경우

③ 둘 이상의 자산(주식은 기타자산만 해당)을 양도하는 경우 양도소득세 비교과세 방식으로 예정신고하지 않은 경우('20.2.11. 이후 양도 분부터)

④ 감면소득이 있는 경우 기본공제(250만원) 적용순서*에 따라 당초 신고한 양도소득세 산출세액이 달라지는 경우

* 기본공제는 감면 외의 소득에서 먼저 공제하고, 감면 외의 소득금액 중 먼저 양도한 자산부터 공제

4) 가산세

- 예정신고나 확정 신고를 하지 않은 때는 정부에서 결정·고지하게 되며, 신고·납부를 하지 않은 경우 무신고가산세 20%(또는 40%), 납부지연가산세 1일 0.022%('19.2.11. 이전까지는 0.03%, '19.2.12. ~ '22.2.14. 이전까지 0.025%)를 추가 부담하게 된다.

5) 양도소득세 분할납부

구분	분할 납부할 수 있는 세액
납부할 세액이 2천만 원 이하일 경우	1천만 원을 초과하는 금액
납부할 세액이 2천만 원을 초과하는 경우	납부할 세액의 1/2 이하의 금액

(4) 양도소득세 법정 신고기한

소득종류	구분	법정신고기한
토지 또는 건물, 부동산에 관한 권리, 기타자산, 신탁 수익권	예정	양도일이 속하는 달의 말일부터 2개월
	확정	양도일이 속하는 연도의 다음연도 5.1.~5.31.까지
주식 또는 출자지분(신주인수권 포함)	예정	양도일이 속하는 반기의 말일부터 2개월 (국외주식, 파생상품은 예정신고 면제)
	확정	양도일이 속하는 연도의 다음연도 5.1.~5.31.까지(국외주식, 파생상품 포함)

※ 부담부증여시 예정신고 기한: 증여일이 속하는 달의 말일부터 3개월
※ 만약 신고·납부 기한이 토요일·일요일·공휴일·근로자의 날인 경우 그 날의 다음 날을 기한으로 함.

(5) 주식 등 양도소득세 세액계산 흐름도 표

구분	내 용
양도가액	
– 필요경비	취득가액 + 양도비용
= 양도차익 (=양도소득금액)	주식은 장기보유특별공제 미적용
– 기본공제	연간 250만 원
= 과세표준	
× 세율	1) 일반: 10%, 20%, 25%, 30% 2) 기타자산: 6~45% 3) 비사업용 토지 50% 이상 특정주식 및 부동산과다보유법인: 16~55%
– 공제, 감면세액	외국납부세액공제
= 결정세액	
+ 가산세	신고불성실 10~40%, 납부지연가산세 1일 22/100,000* * '22.2.15. 이후 신고·부과하는 분부터('22.2.14. 이전은 25/100,000)
총결정세액	
– 기납부, 고지세액	예정신고납부세액, 기결정·경정세액
= 차가감 납부할세액	2천만 원 이하: 1천만원 초과금액 분납가능(2개월) 2천만 원 초과: 그 세액의 50% 이하 분납가능(2개월)

* 국내·국외주식 손익통산 허용('20.1.1. 이후 양도분부터)

(6) 세법 개정내용

1) 국내·국외주식 양도소득 간의 손익통산 허용

- (개요) 국내·국외주식 투자로 순손실이 발생하여도 세부담이 발생하는 경우를 방지하기 위하여 손익통산 범위를 확대('20.1.1. 이후 양도분부터)하되, 기본공제는 합산 적용

- (손익통산) 국내·국외주식 손익통산 불가 → 국내·국외주식 손익통산 허용*

  * 주식 양도소득세 과세대상이 아닌 국내주식은 국외주식과의 손익통산 불가
  ** 특정주식 등 기타자산으로 보는 국외주식도 손익통산 불가

- (기본공제) 국내·국외주식 각각 연 250만원 → 국내·국외주식 합산 연 250만원

(ex) 손익통산 사례

거주자 갑은 국내 비상장주식 A를 양도하여 △400만원 손실, 국외주식 B를
양도하여 300만원 이익 실현, 국외주식 B에서 발생한 양도소득과 국내 비상장
주식 양도차손을 통산하여 △100만원으로 계산 → 소득세 없음

(7) 주식 양도소득세 세율 및 대주주 판정 기준

1) 주식 양도소득세율

☑ 국내 주식등(소법 §104①11)

구분			~ '15.12.31.	'16.1.1. ~ '17.12.31.	'18.1.1.~	'20.1.1.~
대주주	중소기업	상장·비상장	10%	20%	20%	과세표준 3억원 이하 20% 과세표준 3억원 초과 25% (누진공제 1천5백만원)
	중소기업 외	상장·비상장	20%		과세표준 3억원 이하 20% 과세표준 3억원 초과 25% (누진공제 1천5백만원)	
		1년 미만 보유	30%			
대주주외	중소기업	상장&장외거래 비상장	10%			
	중소기업 외	상장&장외거래 비상장	20%			

☑ 국외 주식등 (소법 §104①12)

구분	국외주식등		기타자산(특정주식 등)
	중소기업 주식등	그밖의 주식등	
세 율	10%	20%	누진세율(6~45%)

* 중소기업 내국법인이 국외에 상장한 주식 이외에 외국법인이 발행한 주식은 중소기업에 해당하지 않음.

☑ 파생상품 등(소법 §104①13, 소령 §167의9)

구분	'16.1.1.~'18.3.31. 양도분	'18.4.1. 이후 양도분
세 율	5%*	10%*

* 기본세율은 20%이나 한시적 탄력세율 적용

2) 주식등 양도 관련 대주주 요건

- 주식 등의 양도일이 속하는 사업연도의 직전사업연도 종료일 현재 본인 및 특수
  관계인의 지분을 포함한 지분율 또는 시가총액이 아래 요건을 충족한 경우

- 주식 등 소유의 비율이 직전사업연도 종료일 현재에는 그 기준에 미달하였으나
  해당 사업연도 중 주식 등을 취득함으로써 지분율이 대주주 요건에 해당하게 되는
  경우에는 그 취득일 이후부터 대주주에 해당

구분	지분율	시가총액
① 코스피	1%	50억원
② 코스닥	2%	50억원
③ 코넥스	4%	50억원
④ 비상장*	4%	10억원

* 20.4.1. 이후 기준임.
* K-OTC(협회 장외시장)에서 거래되는 벤처기업의 주식 등의 경우: 4% 이상 또는 40억원 이상
* 대주주는 직전사업연도말 주식 보유현황으로 판단, 주식보유현황은 결제일인 대금청산일 기준으로 판단함.

3) 증권거래세(코스피/코스닥)

구분	22년	23년	24년	25년
코스피	0.08%	0.05%	0.03%	0%
코스닥, K-OTC	0.23%	0.20%	0.18%	0.15%
코넥스	0.1%	0.1%	0.1%	0.1%
기타	0.43%	0.35%	0.35%	0.35%

* 코스피 농특세 0.15%
* 상장주식 장내거래분은 한국예탁결제원이 매월 분 증권거래세를 다음달 10일까지 신고납부함.
* 기타 주식은 양도일이 속하는 반기의 말일로부터 2개월 이내에 신고 납부해야 함.

4) 상장주식 양도소득 과세 대상 대주주 판정 시 가족 등 기타주주 합산과세 합리화

- '22.12.23.(금) 금융투자소득세 2년 유예 등 소득세법이 국회 본회의를 통과하여 현행 상장주식 양도소득세 대주주 과세가 유지됨에 따라 대주주 판정 시 가족 등 기타주주의 보유주식 합산 범위를 합리적 조정

- 그간 상장주식 양도소득세 대주주 판정 시 가족 등 기타주주를 합산하여 과세함에 따라 세부담이 과도하고, 예측가능성이 떨어진다는 지적이 제기

※ 현행 기타주주 합산과세 개요

▸ 본인이 보유한 주식뿐만 아니라 기타주주가 보유한 주식까지 합산하여 대주주 판정
▸ 기타주주 범위
 − (본인이 최대주주*인 경우) 친족(4촌 혈족, 3촌 인척, 배우자 등), 경영지배관계 있는 법인 보유주식 합산
 − (본인이 최대주주*가 아닌 경우) 직계존비속, 배우자, 경영지배관계 있는 법인 보유주식 합산
  * 본인, 친족 및 경영지배관계에 있는 법인 등 특수관계인 보유주식 합계가 최대인 자

① 본인 보유만으로는 종목당 50억원 미만이지만 직계존비속·배우자 등이 보유한 주식과 합산하여 종목당 50억원 이상 보유하면 대주주로 양도소득세가 과세되는 것이 불합리

② 친족의 주식보유 현황 파악이 어려워 세부담 예측가능성 저해

- 대주주를 판정할 때에 가족 등 기타주주 합산을 폐지하되, 최대주주*의 경우에는 공정거래법령의 친족범위 변경에 맞추어 합리적 조정**
  * 본인, 친족 및 경영지배관계에 있는 법인 등 특수관계인 보유주식 합계가 최대인 자
  ** 혈족범위 축소(6촌 → 4촌), 인척범위 축소(4촌 → 3촌), 혼외 출생자의 생부·생모 추가

 − 이는 친족의 범위에 대한 국민인식 변화를 세법에 반영하고 공정거래법령상 친족범위와의 정합성을 확보하기 위함

<합산대상 기타주주 범위>

	개정전 (~2022.12.31.)	현행 (2023.1.1. 이후)
본인이 최대주주	친족 -6촌혈족 -4촌인척 -배우자(사실혼 포함) -친생자로서 친양자 입양된 자 및 그 배우자와 직계비속 <추 가> -경영지배관계 있는 법인	친족 -4촌혈족 -3촌인척 -(좌동) -(좌동) 혼외출생자 생부·모 (좌 동)
본인이 非최대주주	직계존비속 배우자(사실혼 포함) 경영지배관계 있는 법인	<삭 제>

1. 최대주주가 아닌 경우 기타주주 합산과세를 폐지하는 이유

- 본인이 보유한 주식뿐만 아니라 친족, 배우자 등이 보유한 주식까지 합산하여 과세하는 것이 불합리하다는 지적을 반영한 것

① 본인이 소액주주이어도 직계존비속·배우자 등이 보유한 주식과 합산되어 대주주로 과세되어 현대판 '연좌제'라는 비판

    - 예를 들어, 출가한 자식과 부모를 합하여 50억 원 이상이면 본인이 소액(500만 원)을 보유하더라도 대주주로 과세

② 친족의 주식보유 현황 파악이 어려워 세부담 예측가능성 저해

※ 사례: 본인이 최대주주가 아닌 경우

	본인	배우자	부모	자녀	총계
보유금액	49억500만 원	500만 원	9억 원	9,000만 원	50억 원

⇨ 현재는 본인, 배우자, 부모, 자녀 모두 대주주로서 과세대상에 해당

2. 기업오너 등 최대주주의 경우 주식분산을 통해 조세회피 가능성이 커지는 것 아닌지?

- 최대주주의 경우 소유주식 분산을 통한 편법지배 및 과세회피 가능성을 고려하여 기타주주 합산과세가 유지됨.
- 다만, 그 범위를 국민인식 변화, 공정거래법령상 친족범위 조정에 맞게 합리적 조정

3. 사실상 대주주 과세기준이 100억 원*으로 확대되는 등 과세가 지나치게 완화하는 것 아닌지?

   * 예 본인 49.9억 원, 배우자 49.9억 원 보유 시: (종전) 과세 → (개정안) 비과세

- 부부가 보유한 재산은 민법상 부부별산제로 세법에서도 별개 소유로 보아야 함.
- 배우자 간 주식을 무상으로 이전하게 되면 증여세 과세 가능

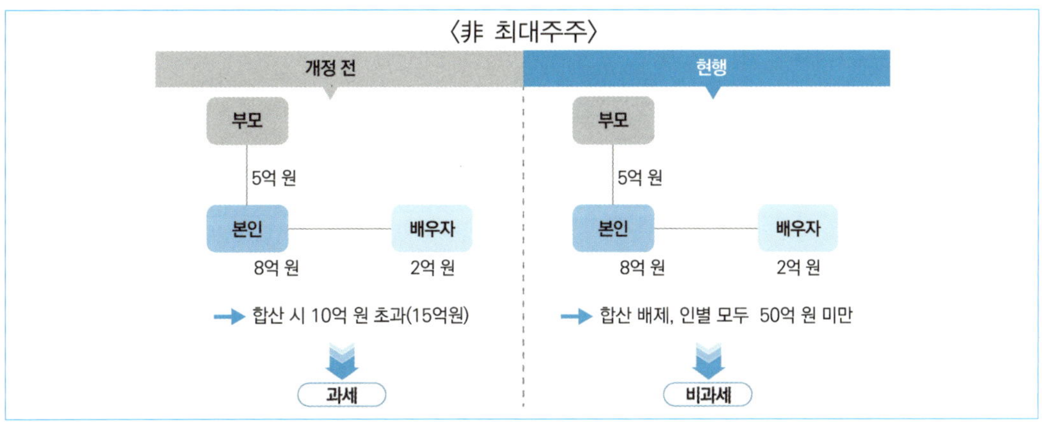

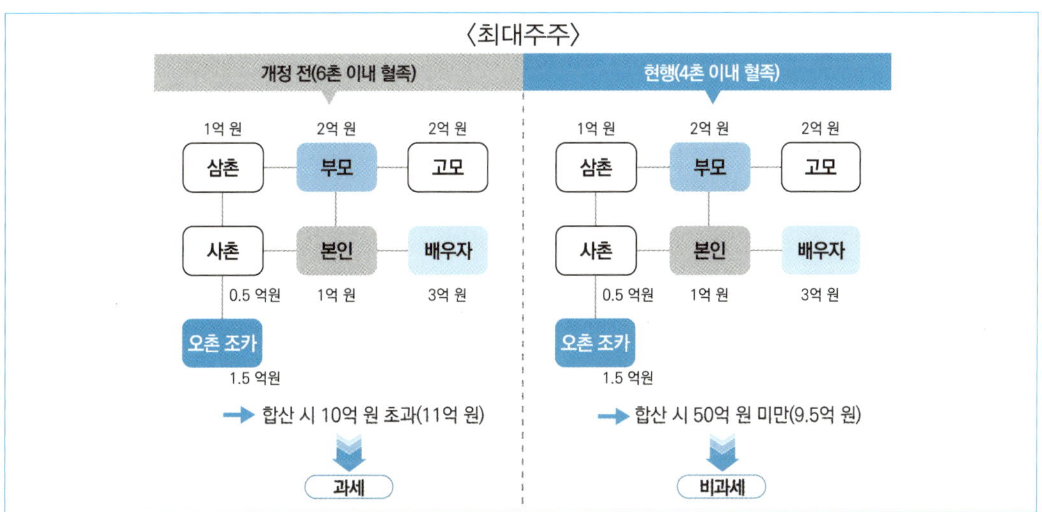

- 혈족: 혈연관계가 있는 친족으로 자연혈족, 법정혈족(양친, 양자)
- 직계혈족: 자기의 직계존속과 직계비속
- 방계혈족: 자기의 형제자매와 형제자매의 직계비속, 직계존속의 형제자매 및 그 형제자매의 직계비속
- 부계혈족: 친가의 혈족들(조부모, 아버지, 백숙부, 고모 등)
- 모계혈족: 외가의 혈족들(외조부모, 외숙부, 이모 등)
- 인척: 혼인으로 생기는 친족관계로 혈족의 배우자, 배우자의 혈족, 배우자의 혈족의 배우자

대주주 요건 검토서식

	검토 사항	해당 여부	
지분율 기준	• **[유가증권시장]** 양도일이 속하는 사업연도의 직전 사업연도 종료일(또는 연도 중 취득하여) 현재 소유주식 비율이 법인 총 발행주식에서 차지하는 비율의 **1% 이상**인지 여부	예	아니오
	• **[코스닥시장]** 양도일이 속하는 사업연도의 직전 사업연도 종료일(또는 연도 중 취득하여) 현재 소유주식 비율이 법인 총 발행주식에서 차지하는 비율의 **2% 이상**인지 여부	예	아니오
	• **[코넥스시장]** 양도일이 속하는 사업연도의 직전 사업연도 종료일(또는 연도 중 취득하여) 현재 소유주식 비율이 법인 총 발행주식에서 차지하는 비율의 **4% 이상**인지 여부	예	아니오
	• **[비상장주식]** 양도일이 속하는 사업연도의 직전 사업연도 종료일(또는 연도 중 취득하여) 현재 소유주식 비율이 법인 총 발행주식에서 차지하는 비율의 **4% 이상**인지 여부	예	아니오
시가총액 기준	• **[유가증권시장]** 양도일이 속하는 사업연도의 직전 사업연도 종료일 현재 소유하는 주식의 시가총액이 **50억원 이상**인지 여부 * '23.12.31. 이전 양도분의 경우는 10억원 이상	예	아니오
	• **[코스닥시장]** 양도일이 속하는 사업연도의 직전 사업연도 종료일 현재 소유하는 주식의 시가총액이 **50억원 이상**인지 여부 * '23.12.31. 이전 양도분의 경우는 10억원 이상	예	아니오
	• **[코넥스시장]** 양도일이 속하는 사업연도의 직전 사업연도 종료일 현재 소유하는 주식의 시가총액이 **50억원 이상**인지 여부 * '23.12.31. 이전 양도분의 경우는 10억원 이상	예	아니오
	• **[비상장주식]** 양도일이 속하는 사업연도의 직전 사업연도 종료일 현재 소유하는 주식의 시가총액이 **10억원 이상**인지 여부	예	아니오
유의 사항	i) 지분율 및 시가총액 계산시 주주 또는 출자자 1인과 특수관계인*의 소유주식 합산 　* (최대주주인 경우) 친족(4촌이내 혈족, 3촌이내 인척, 배우자, 친생자로서 입양된 자 및 그 배우자와 직계비속) 및 경영지배관계에 있는 자 　(최대주주가 아닌 경우 – 상장주식은 제외) 직계존비속 및 배우자 또는 경영지배관계에 있는 자(소득령 §157④) ii) 사모집합투자기구를 통한 간접소유 주식과 대차거래*를 통한 대여주식은 합산(소득령 §157⑩, ⑪) 　* 같은 종류·같은 양의 주식 등을 반환받는 조건으로 주식대여 iii) 대주주 요건 판정기준일의 예외 - **(합병)** 피합병법인의 주주가 교부받은 합병법인의 신주를 합병등기일이 속하는 사업연도에 양도하는 경우 해당 피합병법인의 합병등기일(소득령 §157⑧) - **(분할)** 분할신설법인의 교부 신주를 설립등기일이 속하는 사업연도에 양도하거나, 분할법인의 주식을 분할등기일이 속하는 사업연도의 분할등기일 이후 양도하는 경우 해당 분할전 법인의 분할등기일(소득령 §157⑨)	검토결과 ***1건 이상 '예' → 대주주**	

서식2 # 중소기업 요건 검토 서식

*「중소기업기본법 제2조(중소기업자의 범위)」의 중소기업에 해당할 것

검토 사항		적합 여부
업종별 규모기준	매출액 요건이 업종별 규모기준에 적합한지 여부 주된 업종 〔　　〕 매 출 액 〔　　　　백만 원〕 * 중소기업기본법 시행령 [별표 1]의 규모기준 * 중소기업기본법 시행령 [별표 1]의 개정으로, 새로이 　① 중소기업 해당 → 사유발생 사업연도부터 중소기업 　② 중소기업 미해당 → 사유발생 사업연도와 그 다음 3개 사업연도까지 중소기업으로 봄.	예　아니요
졸업기준	자산총액 기준에 적합한지 여부 자산총액(5,000억 원 미만) 〔　　　　백만 원〕	예　아니요
독립성기준	「독점규제 및 공정거래에 관한 법률」에 따른 공시대상기업집단에 해당하지 않는지 여부('20. 6. 10. 이전 양도분은 상호출자제한기업집단에 해당하는 경우 중소기업으로 보지 않음) * 공정거래위원회 누리집(www.ftc.go.kr)에서 참조 　☞〔공정거래위원회-공정위뉴스-공정위소식-보도〕⇒ "변동" 또는 "지정"으로 검색	예　아니요
	자산총액 5천억 원 이상인 법인(외국법인 포함)이 지분의 30% 이상을 직접적 또는 간접적으로 소유하면서 최다출자자에 해당하지 않는지 여부	예　아니요
	★ 관계기업 충족 여부 다른 법인과 출자 관계에 있는 경우, 관계기업 간 합산한 전체 매출액이 위 규모기준의 매출액 이내인지 여부	예　아니요

☞ 중소기업 주식 판정시점

구 분	판정시점
'20. 2. 10. 이전 양도분	양도일 현재 「중소기업기본법」 제2조에 따른 중소기업
'20. 2. 11. 이후 양도분	양도일이 속하는 사업연도의 직전 사업연도 종료일 현재 「중소기업기본법」상 중소기업 요건을 갖춘 기업(소득세법 시행령 제157조의2) 다만, 신설법인은 주식 양도일 현재를 기준으로 판정

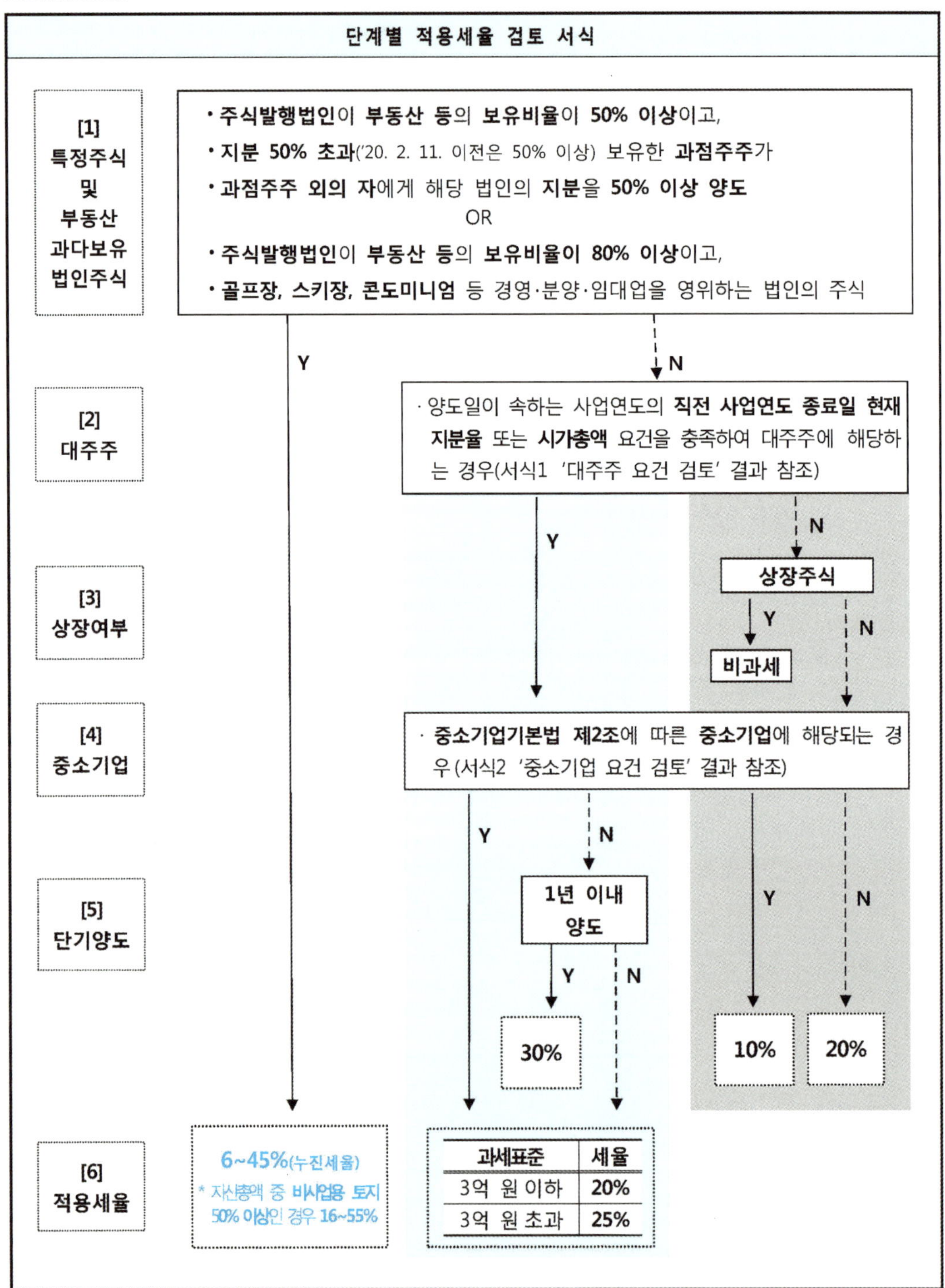
단계별 적용세율 검토 서식

[1]
특정주식
및
부동산
과다보유
법인주식

· 주식발행법인이 부동산 등의 보유비율이 50% 이상이고,
· 지분 50% 초과('20. 2. 11. 이전은 50% 이상) 보유한 과점주주가
· 과점주주 외의 자에게 해당 법인의 지분을 50% 이상 양도
OR
· 주식발행법인이 부동산 등의 보유비율이 80% 이상이고,
· 골프장, 스키장, 콘도미니엄 등 경영·분양·임대업을 영위하는 법인의 주식

Y
N

[2]
대주주

· 양도일이 속하는 사업연도의 직전 사업연도 종료일 현재 지분율 또는 시가총액 요건을 충족하여 대주주에 해당하는 경우(서식1 '대주주 요건 검토' 결과 참조)

Y
N

[3]
상장여부

상장주식
Y
N
비과세

[4]
중소기업

· 중소기업기본법 제2조에 따른 중소기업에 해당되는 경우(서식2 '중소기업 요건 검토' 결과 참조)

Y
N

[5]
단기양도

1년 이내
양도
Y
N

Y
N

30%

10%
20%

[6]
적용세율

6~45%(누진세율)
* 자산총액 중 비사업용 토지 50% 이상인 경우 16~55%

과세표준 세율
3억 원 이하 20%
3억 원 초과 25%

기   업
가업승계와
상속증여세
절   세

Part 02

가업승계의
의미와 절차

가업승계의 의미와 절차

1 가업승계의 개념과 유형

(1) 가업승계의 개념

가업승계란 중소기업이 동일성을 유지하면서 상속이나 증여, 매매 등을 통하여 그 기업의 소유권 또는 경영권을 다음 세대에게 이전하는 것을 말한다. 중소기업의 경우 대체로 소유권 승계와 경영권 승계라는 두 가지 측면을 포괄하는 개념으로 사용된다.

진정한 의미의 가업승계 개념은 창업자의 기업가정신, 리더십, 기업경영 노하우, 영업 네트워킹 등 무형자산까지 후계자에게 이전하는 것을 말한다. 가업승계의 가장 큰 목적은 후세대에도 지속가능한 경영을 할 수 있게 기업으로 승계해주는 것이다. 창업 1세대가 시장을 만들었다면 2세대, 3세대는 급변하는 시대흐름과 산업흐름에 맞게 이를 승계·발전시켜야만 생존할 수 있다.

이를 위해서는 효율적인 소유권 승계에 대한 계획뿐만 아니라, 기업의 업(業)에 대한 본질을 통찰하고 변화하는 시대 속에서 우리 기업이 앞으로도 지속가능 경영을 위한 생존 전략을 고민해야만 한다.

(2) 가업승계의 유형

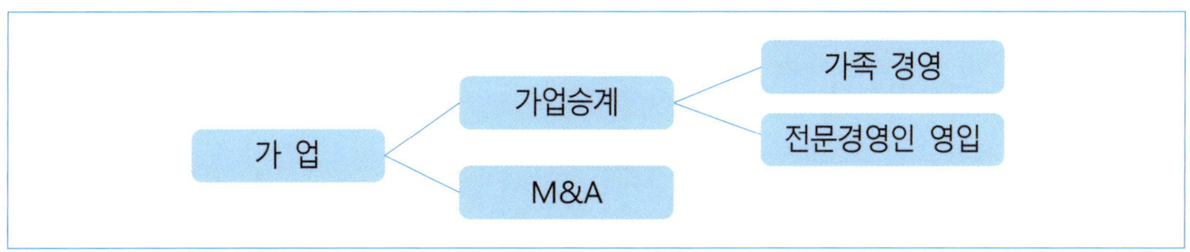

가업승계는 기업의 지속 가능성과 발전을 위해 매우 중요한 과정이며, 여러 가지 유형으로 나눌 수 있다. 각 유형은 기업의 규모, 경영 환경, 그리고 후계자의 능력에 따라 다르게 적용될 수 있다.

1) 가족 경영 승계

이 유형은 친인척, 즉 가족 구성원을 통해 기업의 경영권을 승계하는 방식이다. 가족 경영은 기업의 전통과 가치를 유지하는 데 유리하며, 후계자가 기업의 역사와 문화를 잘 이해하고 있는 경우가 많다. 그러나 가족 간의 갈등이나 세대 간의 가치관 차이가 문제로 작용할 수 있다.

2) 전문경영인 체제

창업자가 지분을 유지한 채로 전문경영인을 영입하여 기업을 운영하는 방식이다. 이 경우, 창업자는 2선에서 물러나고, 전문경영인이 기업의 경영을 맡게 된다. 이는 기업이 성장하고 복잡해짐에 따라 전문적인 경영 능력이 필요할 때 유용하다. 그러나 전문경영인의 영입은 상대적으로 큰 규모의 기업에서 더 흔하게 이루어지며, 작은 기업에서는 여건이나 여력이 부족할 수 있다.

3) 전문가 영입

중소기업이 동종업계 대기업이나 중견기업의 임원을 영입하여 CEO나 주요 임원으로서의 역할을 부여하는 경우이다. 이는 기업이 시장의 변화에 빠르게 대응해야 할 때 유용하며, 외부의 전문 지식을 통해 기업의 경쟁력을 강화할 수 있다. 이러한 방식은 특히 변화가 빠른 산업에서 효과적이다.

4) 혼합형 승계

가족 경영과 전문경영인 체제를 혼합하여 운영하는 방식이다. 예를 들어, 가족 구성원이 경영에 참여하면서도 외부의 전문경영인을 영입하여 경영을 보조하는 형태이다. 이는 가족의 전통을 유지하면서도 전문성을 확보할 수 있는 장점이 있다.

5) M&A를 통한 매각

가업을 승계하는 대신, 기업을 매각하는 방법이다. 이는 창업자가 더 이상 기업 운영에 관심이 없거나, 후계자가 없을 경우 선택할 수 있는 옵션이다. M&A를 통해 기업의 가치를 극대화하고, 새로운 주인에게 기업을 넘기는 방식으로, 이는 기업의 지속가능성을 확보하는 데 도움이 될 수 있다.

이러한 다양한 가업승계 유형은 기업의 상황에 따라 적절하게 선택되어야 하며, 각 유형의 장단점을 고려하여 최선의 경영 전략을 수립하는 것이 중요하다. 가업승계는 단순한 소유권 이전이 아니라, 기업의 미래를 결정짓는 중요한 과정이므로 신중한 접근이 필요하다.

2 가업승계 계획의 필요성

사전에 체계적인 가업승계 계획을 수립함으로써 가업승계에 따른 충격을 최소화하고, 기업의 영속성을 확보하기 위해서 안정적인 가업승계 준비는 반드시 필요하다.

(1) 후계자 선정

사전증여나 유언을 통하여 후계자에 대한 주식이전이 계획되지 않았다면, 경영권 확보에 필요한 주식이 뿔뿔이 흩어져 현 경영자가 염두에 두었던 후계자가 회사를 승계받지 못할 수 있다.

미리 후계자가 정해져야만 지분이동에 대해서 사전계획을 세울 수 있다. 공동으로 가업상속공제가 가능하기 때문에 2인 이상의 자녀가 공동으로 후계자가 될 수도 있고, 회사를 분할하여 후계자에게 나누어 승계할 수도 있다.

(2) 유연한 승계

사전에 충분한 후계자 교육을 통하여 승계를 준비하지 않는 경우, 후계자와 기존의 임직원들 사이에 심각한 갈등이 나타날 수 있다.

집안 내부적으로 가업승계에 대한 교통정리가 되지 않은 경우도 있겠지만, 그것보다는 기존 오래된 임직원들의 텃세나 알력으로 인해 가업승계 후계자들이 고충을 겪는다는 하소연을 많이 듣게 된다.

(3) 절세

가업승계 시에는 막대한 세금이 부과되기 때문에, 미리미리 절세방안을 세워놓지 않으면, 세금을 내기 위해 회사의 주요 재산을 헐값에 내놓아야 하는 일이 발생할 수 있다. 창업자의 사망 시 발생되는 막대한 상속세를 내기 위해서 회사의 주요재산과 주식을 처분하게 되면, 기업의 계속적인 운영에 큰 영향을 끼칠 수 있다.

이에 국세청에서는 가업상속공제나 가업승계주식 증여특례 제도를 활용하여 가업승계를 이어갈 것을 장려하고 있기 때문에, 우리 회사가 해당 제도를 활용할 수 있는지를 검토하고 제도의 활용이 어렵다고 판단된다면 하루빨리 예상되는 상속세에 대한 준비를 하여야 할 것이다.

3 가업승계의 절차

(1) 현황파악

① 경영자원

가업을 유지하고 발전시킬 수 있는 인적·물적 자원에 대한 준비가 충분한지를 검토할 필요가 있다. 특히 경영자원에는 1세대 창업자와 함께 동고동락한 임직원 말고도 2세대 후계자를 적극적으로 도울 수 있는 파트너가 반드시 필요하다. 만약 없다면 후계자를 도울 수 있는 역량 있는 파트너를 새롭게 찾을 필요가 있다.

② 영업 리스크

중소기업에서 가장 중요한 부분 중에 하나가 영업부문의 관계리스크이다. B2C 영업을 하는 경우는 크게 지장이 없겠지만, 많은 수의 B2B 위주의 사업을 영위하는 중소기업의 경우에는 수십 년간 창업자와 대면하면서 알게 모르게 영업이 되어 왔던 부분이 있는데, 창업자가 유고한 이후에는 영업 관계가 단절될 수 있기 때문에 이러한 리스크가 있는 중소기업은 특히 영업관계리스크에 대비해야 한다.

③ 경영자의 개인 재산

대표자 유고 시 개인사업자는 소득이 모두 개인에게 귀속되어 그대로 자녀 등에게 상속이 된다. 하지만 법인사업자의 경우 개인 자산이 크게 없다면 법인의 주식을 상속받게 된다. 법인사업자를 운영하면서 꾸준히 법인 자산의 개인화를 하였다면 대표자 유고로 인한 상속세 부담에 어느 정도 대비가 되어 있겠지만, 법인 자산의 개인화를 하지 않고 대표자의 개인 자산이 없다면 상속세를 납부하기 위해서 법인의 자산을 급히 매각하고 많은 법인세와 소득세도 납부하는 일이 발생할 수 있다. 자산 처분도 여의치 않은 경우에는 국세청에 법인의 부동산이나 주식을 물납하는 경우가 생길 수도 있기 때문에, 이에 대한 대비를 하여야 한다.

④ 후계자 후보의 상황

후계자들은 국내에 있거나 국외에 있을 수 있다. 그리고 가업승계에 전혀 관심이 없을 수도 있고, 고민 중일 수도 있다. 후계자 본인의 전공이나 관심분야와 전혀 다른 대표자의 가업을 승계받는 일은 매우 신중을 기해야 한다. 하고 싶지 않은 일을 의무감에 억지로 하는 것만큼 비효율적이고 고통스러운 일은 없을 것이기 때문이다. 이로 인해 부자관계가 악화될 수도 있으니 유의해야 한다.

(2) 승계유형 결정

가업승계는 기업의 지속 가능성과 발전을 위해 중요한 과정으로, 여러 유형이 있다. 첫째, 가족 경영 승계는 가족 구성원을 통해 경영권을 이전하는 방식으로, 전통과 가치를 유지하는 데 유리하지만 가족간 창업자와 후계자 간의 의견차이로 마찰과 갈등이 발생할 수 있다. 둘째, 전문경영인 체제는 창업자가 지분을 유지하며 전문경영인을 영입하여 운영하는 방식으로, 전문성이 필요할 때 유용하다. 세 번째는 전문가를 영입하여 회사의 주요 임원으로 활용하여 기업의 부족한 부분들을 채워 갈 수 있다. 네번째, 혼합형 승계는 가족 경영과 전문경영인을 결합하여 운영하는 방식으로, 전통과 전문성을 동시에 확보할 수 있다. 마지막으로, M&A를 통한 매각은 후계자가 없거나 운영에 관심이 없을 때 선택할 수 있는 옵션이다. 가족간 승계, 전문경영인을 통한 승계가 어려운 경우이고 실제 기업의 매각 가능성이 있다면 아쉽지만 창업자보다 회사를 더 잘 운영할 수 있는 곳을 찾아 M&A시장에서 매각을 하는 것도 하나의 방법이다.

(3) 관련자들 간 의사소통

기업승계 후계자 후보를 선정하는 과정에서, 기업의 경영에 영향을 미치는 다양한 이해관계자들의 의견을 충분히 청취하는 것이 매우 중요하다. 여기에는 친족, 회사의 임직원, 거래처 등 여러 당사자들이 포함된다. 이들과의 원활한 의사소통을 통해 그들의 우려와 기대를 이해하고, 경영자의 결단에 대한 설명을 충분히 제공해야 한다. 만약 이 과정에서 반대 의견이나 부정적인 피드백이 제기된다면, 그 원인을 면밀히 분석하고, 이를 해결하기 위한 구체적인 방안을 마련하는 것이 필요하다. 이러한 소통 과정은 후계자 후보가 경영자로서의 역할을 수행하는 데 있어 신뢰를 구축하고, 조직 내에서의 지지를 확보하는 데 큰 도움이 될 것이다.

(4) 후계자 교육

후계자의 교육은 단순히 이론적인 지식 전달에 그쳐서는 안 된다. 대학원, 대학원 최고위, 전문컨설팅 회사의 활용과 사내 및 사외의 다양한 교육 프로그램을 적극 활용하여 실무 능력을 배양하는 것이 필수적이다. 또한, 현 경영자가 자신의 경영 이념과 노하우(Know-How)를 후계자에게 전수하는 과정도 매우 중요하다. 그러나 경영자가 수십 년 동안 쌓아온 경험과 이념이 코로나19 이후의 새로운 정상(new normal)과 디지털 시대의 변화에 적합하지 않을 수 있다는 점을 인식해야 한다. 따라서 후계자는 변화하는 환경에 적응할 수 있는 경영 능력을 갖추어야 하며, 이를 위해 지속적인 학습과 자기 개발이 필요하다. 이러한 교육 과정은 후계자가 미래의 경영 환경에서 성공

적으로 기업을 이끌어 나갈 수 있는 기반이 될 것이다.

(5) 경영권 및 소유권 이전

경영권과 소유권의 이전은 기업의 지속 가능성을 위해 매우 중요한 과정이다. 경영적인 측면에서는 관련 법과 제도에 맞추어 철저히 준비함으로써 예상치 못한 문제를 사전에 차단하는 데 주력해야 한다. 이를 위해 법률 자문을 구하고, 필요한 절차를 미리 점검하는 것이 필요하다. 재무적인 측면에서도 주식과 경영권의 온전한 승계를 위한 전략이 필수적이다. 이는 기업의 가치를 유지하고, 후계자가 안정적으로 경영을 이어갈 수 있도록 하는 데 중요한 역할을 한다. 따라서 경영권과 소유권 이전 과정에서의 철저한 계획과 실행은 기업의 미래를 보장하는 데 있어 핵심적인 요소가 될 것이다.

4 대표자 유고 시 RISK

(1) 상속세 부담

대표자가 유고 상태에 처하게 되면, 상속세와 관련된 여러 가지 문제가 발생할 수 있다. 상장사의 경우 상속개시일 현재 평소보다 또는 앞으로 회사 전망보다 고평가가 되어 있을 수도 있고 저평가 되어 있을 수도 있다. 이러한 경우에 대해서 회사의 주가에 대해서도 신경써야할 필요가 있다. 현재의 상속세 및 증여세법에 따르면, 비상장 주식의 가치는 순손익가치와 순자산가치의 가중 평균한 평가 방법에 따라 산정되며, 이 과정에서 회사의 실제 매각가치와 비교했을 때 과다하게 평가되는 경향이 있다. 특히 비상장 주식의 가치 평가 시, 순손익에 대해 영구성장 할인율 10%가 적용되기 때문에, 이는 회사의 순이익이 앞으로도 지속적으로 발생할 것이라는 가정 하에 이루어진다. 이러한 평가 방식은 실제 시장에서의 가치와는 차이가 클 수 있으며, 결과적으로 상속세 부담이 증가하게 된다. 따라서 기업의 경영자는 이러한 세법 환경을 미리 인지하고, 슬기롭게 과다한 상속세를 줄일 수 있는 방법을 유비무환의 자세로 준비해야 할 필요가 있다. 예를 들어, 사전 증여나 신탁 설정 등을 통해 상속세 부담을 최소화하는 전략을 고려할 수 있다.

(2) 미수금 관리

대표자의 유고로 인해 매출 거래처와의 관계가 단절될 경우, 매출채권 회수에 어려움이 발생할 수 있다. 특히 자녀가 회사에 근무하고 있더라도, 거래처의 대표와의 관계가 형성되어 있지 않다면, 대표자 유고 이후 미수금에 대한 회수 작업이 소극적으로 진행될 가능성이 높다. 이는 기업의 현금 흐름에 부정적인 영향을 미칠 수 있으며, 결국 기업의 재무 건전성에 심각한 위협이 될 수 있다.

따라서 가업 승계 기업이라면, 가능한 한 빠른 시일 내에 매출 거래처 및 매입 거래처와의 대면을 통해 원만한 관계를 구축하는 것이 중요하다. 이러한 관계 형성은 향후 미수금 회수에 있어 긍정적인 영향을 미칠 것이며, 기업의 안정성을 높이는 데 기여할 수 있다.

(3) 매입채무 상환

대표자가 유고 상태에 처하게 되면, 경영에 대한 불안감으로 인해 매입채무의 조기 상환을 요구할 가능성이 높아진다. 수십 년간 회사를 이끌어온 대표가 갑작스럽게 사망하게 되면, 매입 거래처 입장에서는 많은 우려가 생길 수 있다.

특히 상속세 문제와 함께 정리해야 할 채권과 채무가 많아지기 때문에, 매입 거래처는 채무 상환에 대한 압박을 가할 수 있다. 이러한 상황은 기업의 유동성에 부담을 주고, 경영의 안정성을 해칠 수 있다. 따라서 기업은 이러한 리스크를 사전에 인지하고, 매입 거래처와의 신뢰 관계를 유지하는 것이 중요하다. 이를 통해 매입채무 상환에 대한 압박을 최소화할 수 있을 것이다.

(4) 대출금 상환

대표자의 유고로 인해 연대보증이 단절되면, 금융기관은 대출금의 연장 거절이나 금리 인상을 요구할 수 있다. 대표자가 사망하게 되면, 은행은 회사의 경영 능력에 대한 불확실성을 느끼게 되고, 이는 대출금 상환에 대한 압박으로 이어질 수 있다.

이러한 상황은 기업의 재무적 부담을 가중시키고, 경영의 지속 가능성에 부정적인 영향을 미칠 수 있다. 따라서 기업은 대출금 상환에 대한 계획을 미리 세우고, 금융기관과의 관계를 원활히 유지하는 것이 중요하다. 이를 통해 대출금 상환에 대한 압박을 최소화하고, 기업의 재무 건전성을 유지할 수 있을 것이다.

(5) 경영 RISK

대표자의 유고는 경영 능력의 부재로 이어질 수 있으며, 이는 기업 운영에 심각한 어려움을 초래할 수 있다. 중소기업을 운영하기 위해서는 최소 10가지 이상의 세부적인 부분에서 마이크로 컨트롤이 필요하다. 그러나 자녀가 후계자로서 경영을 맡게 될 경우, 이러한 10가지 중 일부만을 습득했을 가능성이 높다. 이로 인해 경영의 누수가 발생할 수 있으며, 이는 회사의 운영에 치명적인 리스크로 작용할 수 있다.

따라서 후계자는 경영에 필요한 다양한 기술과 지식을 습득하고, 이를 바탕으로 경영 능력을 강화해야 한다. 또한, 경영의 연속성을 확보하기 위해 체계적인 교육과 멘토링 프로그램을 마련하는 것이 필요하다. 이러한 준비가 이루어질 때, 기업은 대표자 유고라는 위기 상황에서도 안정적으로 운영될 수 있을 것이다.

5 실패한 가업승계 사례

(1) 쓰리세븐

세계 1위 손톱깎이 기업 쓰리세븐은 세계인구의 절반이 쓰리세븐을 사용할 정도로 손톱깎이 하나로 세계를 제패했다. 하지만 2009년 1월 창업주 사망으로 막대한 상속세 부담을 걱정하여 사전에 임직원 등에게 370억 원 상당의 주식을 증여하였으나, 증여 후 2년 만에 사망함으로써 사전증여재산에 대한 상속재산 합산으로 상속인이 구경도 못한 재산에 대해서 막대한 세금을 물어야 했고, 결국 세금을 납부하지 못해 회사를 중외 홀딩스에 매각하게 되었다.

이는 상속세 규정에 상속인에게 사전 증여한 재산은 사망일로부터 소급 10년간의 증여한 재산에 대해서 상속세 계산 시 합산이 되고, 상속인 외의 자에게 사전 증여한 재산은 사망일로부터 소급 5년간의 증여한 재산에 대해서 상속세 계산 시 합산이 된다는 사전증여재산 합산으로 인한 세금 부과였다.

이는 부친의 갑작스런 유고로 인한 세금 부과이었으나, 세법상 이러한 제도가 있다는 것을 알았다면 다른 형태로의 증여를 고려했어야 했다.

(2) 대한전선

한때 업계에서 잘 나갔던 2004년, 부친 설원량 회장의 62세에 갑작스런 사망으로 회사에 대한 주식 상속 등으로 상속재산 3,340억 원에 대해서 상속세 1,355억 원을 납부하여야 했고, 24세 자녀가 가업을 물려받았으나 9년 후 가업을 포기해야 했던 사례이다.

삼성그룹의 상속을 위해서 이병철 회장 유족이 낸 상속세 176억 원, 현대그룹의 상속을 위해서 정주영 회장 유족이 낸 상속세 300억 원과 비교하면 중소기업으로서 상대적으로 막대한 세금을 냈다고 볼 수 있다.

이는 부친의 급작스런 사망으로, 세금만 떠안고 가업을 포기한 경우이다. 중소기업의 경우 가급적 이른 시기에 50대부터 가업승계에 대한 고민을 하고, 갑작스런 유고에 준비하는 것이 유비무환의 자세가 될 것이다.

(3) 농우바이오

국내시장 점유율 1위 종자회사인 ㈜농우바이오는 2013년 8월 갑작스러운 창업주 고희선 회장의 유고 발생으로 상속세의 막대한 부담을 감당하지 못하고 가업을 농협에 지분 매각하였다.

유가족들이 상속받은 지분은 전체 주식의 45.5%인 총 650만주이며, 이중 매각 대상은 장남 고준호 씨 지분을 제외한 550만주(38.5%)로, 당시 상속법에 따라 최대주주의 주식이 50%를 초과하여 대기업 30% 할증이 적용돼 상속세는 1천 1백억원대의 상속세가 부과되었다.

사전에 대비되지 않은 갑작스러운 상속으로 인한 오너의 부재와 1천1백억원대의 상속세 부담은 ㈜농우바이오 지분 매각을 불가피하게 했다.

6 성공한 가업승계 사례

(1) 쿠쿠전자

쿠쿠전자는 1978년 설립시부터 1998년 쿠쿠전자 브랜드 출시까지 LG전자 밥솥을 OEM 방식으로 제조 납품하던 제조회사였다. 하지만 장남 구본학 대표가 회사의 경영에 참여하면서 부친은 제품개발에 매진하고 장남은 유통 및 판매를 하는 쿠쿠홈시스를 설립하였고, "쿠쿠" 브랜드가 국내 밥솥 업계 1위가 되면서 쿠쿠홈시스의 실적은 성장했다.

"쿠쿠" 자체 브랜드로 매출이 급성장하였고, 내부거래 비중은 90%에 육박했다. 쿠쿠홈시스는 쿠쿠전자의 지분을 33%까지 지속적으로 사들였고, 이후 2012년 12월 쿠쿠홈시스는 쿠쿠전자에 흡수합병 되었다.

이로써 장남 구본학 대표의 지분은 33.10%, 차남 구본진씨의 지분율은 29.36%가 되었고, 쿠쿠홈시스가 보유하던 쿠쿠전자 지분 16.84%는 자사주가 되었고 구회장 지분율은 9.32%로 떨어져서 자연스럽게 가업승계가 이루어졌다.

결국 부친은 제품개발에 매진하고, 장남은 유통, 마케팅, 고객관리, 브랜딩으로 자녀가 대주주로 있는 자회사의 가치를 높이고, 모기업의 기업 가치는 낮춰서 흡수합병을 통해서 가업승계를 상속세 없이 마무리했다.

하지만 현재, 이와 같은 방법은 세법상 일감몰아주기 증여세로 과세되는 것으로 세법이 개정되었다.

(2) 삼진어묵

중소기업은 크게 대기업의 하청을 받는 B2B 중심의 종속기업과 독립적으로 직접 소비자들에게 판매를 하거나 다양한 중소기업을 상대하는 독립기업으로 구분할 수 있다. 종속기업은 소수의 거래처에 안정적으로 매출실적을 올릴 수 있는 장점이 있고, 단점은 공급처인 대기업이나 산업의 흐름이 변하게 되면 기존의 수십 년간 유지되어 온 공급체인이 제대로 작동하지 않아서 중소기업 생존에 심각한 타격을 줄 수 있다.

또한 요즘과 같이 급변하는 경제생태계 환경 속에서는 어떠한 변수에 대해서도 신속한 대응을 할 수 있는 애자일(agile) 경영이 필요하고, 소규모 애자일(agile) 팀 주도로 조직문화를 변화시킬 필요가 있다. 민첩하고 유연한 조직만이 살아남는 시대로 진입하였기 때문에 회사의 경영에 반드시 반영해야 할 것이다.

"육류 대체 수산 단백질 회사, 전 세계 인류의 구원자가 될 것이다." 삼진어묵 박용준 대표의 당찬 포부이다. 기업은 미션이 있어야 하고 미션에 대한 aiming은 대의가 있고 공공성을 가지고 있어야 한다. 그래야만이 어떤 풍파에도 기업의 본질, 기업의 identity가 흔들리지 않고 목표를 향해 달릴 수 있기 때문이다.

이런 점에서 삼진어묵은 중소기업 가업승계의 표본이 될 가능성이 매우 높다.

삼진어묵은 1953년부터 3대째 어묵으로 가업승계를 한 기업이다. 기존 어묵의 밑반찬이나 떡볶이 재료로만 생각했던 인식을 2013년 어묵 고로케를 만들어서 베이커리 사업으로 대박을 쳤다. 2013년 매출은 82억 원이었지만 불과 6년 후인 2019년 912억 원으로 성장했고, 직원도 25명에서 550명으로 증가했다. 6년간 1,200% 성장한 셈이다.

하지만 2019년 박용준 대표는 커진 회사 규모에 맞는 시스템을 갖춰야 할 때가 왔다고 판단해서 동원F&B 출신 임원인 황종현 대표에게 제조법인 삼진식품(주)과 판매법인 삼진어묵(주) 국내사업 총괄 대표직을 물려주고, 본인은 해외사업 법인인 삼진인터내셔널(주)만 그대로 유지하면서 해외사업을 하기로 결정했다.

　3대를 이어 온 오너 경영자이지만 본인이 가장 좋아하고 잘하는 기획, 마케팅, 해외 사업을 하고 나머지는 대기업 수준의 시스템을 작동시킬 전문경영인에게 맡기기로 한 것이다.

　박용준 대표의 경우 쿠쿠전자 구본학 대표에 비해서 비교적 어린 나이에 대표가 되어 회사가 급성장하고 전문 경영에 대한 제반 인프라가 부족했기 때문에 중대한 의사결정을 내린 것으로 볼 수 있다.

7　가족헌장 만들기

(1) 의미

　30년 이상 가업을 영위한 부친의 가업에 대한 가치관 그리고 가족관에 대해서 정리를 하면서 온고지신의 마음으로 자녀에게 아름다운 바통터치를 할 수 있도록 그간의 인생철학, 사업철학에 대해서 정리하는 과정을 말한다.

(2) 참여자

- 사업장과 집의 이해관계자들이 모두 포함된다.
- 사업장의 주요 임직원, 거래처 대표 등이 포함되고, 집에서는 배우자와 자녀들이 포함된다.

(3) 효과

- 사업자와 가족간의 응집력이 강화된다.
- 행동에 대한 사업장과 가족에 대한 가치와 기대를 설명한다.
- 누가 사업활동으로 이득을 받게 될 것인지, 향후 재산배분에 대한 내용도 정리된다.

- 특히 기업 승계과정에서 많은 경우 가치관 차이로 마찰이 발생하게 되는데 이러한 경우 서로의 의견차이를 확인하고 토론과 의견 수렴을 통해서 통일된 방향을 설정할 수 있다.

(4) 절차

- 현황파악(기업내부 상황, 가족구성원 상황)
- 각 구성원의 이해관계 청취
- 가족헌장 만들기
- 가족헌장 공식선언

8 주주총회, 이사회 결의사항

100억 원 이상의 매출과 준수한 영업이익을 달성하는 기업이라면, 간혹 상장사로부터 회사 주식의 인수제의를 받기도 한다. 하지만 경영 안정성 등을 이유로 회사의 주식을 51%만 인수하고자 제안이 들어온다. 이는 주식 지분율이 51% 이상인 경우 기업의 이사를 선임할 수 있고, 이사회를 구성하는 이사의 선임을 통해 이사회를 장악하고 회사의 주요 의사결정을 할 수 있기 때문이므로 이 점에 유의해야 한다. 회사 운영에 있어서 중요한 의사 결정은 주주총회나 이사회를 거쳐야 한다.

다음에서는 주주총회·이사회 결의요건과 결의사항에 대해서 알아보자.

(1) 보통결의

① 결의요건

주주총회의 결의는 이 법 또는 정관에 다른 정함이 있는 경우를 제외하고는 출석한 주주의 의결권의 과반수와 발행주식총수의 4분의 1 이상의 수로써 하여야 한다.

주주는 대리인으로 하여금 그 의결권을 행사하게 할 수 있다. 이 경우에는 그 대리인은 대리권을 증명하는 서면을 총회에 제출하여야 한다.

② 결의사항

- 이사, 감사, 청산인의 선임, 보수 결정
- 주주총회 의장의 선임
- 자기주식의 취득 결의, 지배주주의 매도청구권
- 결손보전을 위한 자본금의 감소, 법정준비금의 감소
- 재무제표의 승인, 이익의 배당, 주식배당
- 검사인의 선임, 청산인의 해임, 청산 종료의 승인

(2) 특별결의

① 결의요건

결의는 출석한 주주의 의결권의 3분의 2 이상의 수와 발행주식총수의 3분의 1 이상의 수로써 하여야 한다.

② 결의사항

- 정관의 변경
- 영업의 전부 또는 중요한 일부의 양도, 영업 전부의 임대 또는 경영 위임
- 회사의 영업에 중대한 영향을 미치는 다른 회사와의 영업 전부 또는 일부의 양수
- 주식매수선택권의 부여
- 이사 또는 감사의 해임
- 자본금의 감소, 합병 및 분할, 사후설립, 임의 해산
- 주주 외의 자에 대한 전환사채 및 신주인수권부 사채의 발행
- 주식의 포괄적 교환, 주식의 포괄적 이전, 주식분할, 주식의 할인발행

(3) 특수결의

① 결의요건

- 총 주주의 출석과 동의

② 결의사항

- 이사·감사 책임면제
- 조직변경

(4) 이사회결의

이사회는 이사 3인 이상인 경우 구성된다. 자본금 10억 원 미만의 회사는 이사를 1인 또는 2인으로 할 수 있다.

① 결의요건

- 이사 과반수의 출석과 출석이사 과반수

② 결의사항

- 사채의 발행, 주식양도의 승인, 주식매수선택권의 취소
- 자기주식의 처분, 자기주식의 소각
- 회사의 중요한 자산의 처분 및 양도, 대규모 재산의 차입
- 지배인의 선임 및 해임, 지점의 설치, 이전, 폐지
- 이사의 직무 집행 감독
- 주주총회 소집권, 이사회 소집권자의 특정
- 이사와 회사 간의 거래 승인, 이사의 경업 거래 승인
- 재무제표의 승인, 영업보고서의 승인
- 중간배당
- 간이 합병, 소규모 합병의 합병계약서 승인
- 간이 주식 교환, 소규모 주식 교환

③ 정관으로 주주총회 결의 사항으로 할 수 있는 사항

- 대표이사의 선임, 공동대표의 선임
- 신주의 발행, 준비금의 자본전입
- 전환사채의 발행, 신주인수권부사채의 발행

9　M&A 개념과 절차

(1) 개념과 유형

- 인수(Acquisitions)와 합병(Mergers)은 기업들이 서로 결합하는 방식으로, 비슷해 보이지만 몇 가지 중요한 차이점이 존재한다. 인수는 주식이나 자산을 구매하여 경영권을 확보하는 과정이며, 피인수 기업은 독립성을 유지할 수 있고, 합병은 두 기업이 법적으로 하나로 결합되는 과정이며, 기존 기업들은 사라지거나 새로운 법인이 설립된다.

개념	인수(Acquisitions)	다른 기업의 주식이나 자산을 취득해서 경영권 획득
	합병(Mergers)	두 기업을 법률적으로 하나로 합치는 행위
방식	인수(Acquisitions)	주식인수, 영업양수도, 자산양수도
	합병(Mergers)	흡수합병, 신설합병, 역합병

1) 인수(Acquisitions)

인수란 한 기업이 다른 기업의 주식이나 자산을 구매하여 경영권을 확보하는 과정을 의미한다. 인수의 방식은 다음과 같다.

① 주식 인수: 인수하는 기업이 피인수 기업의 주식을 매입하여 경영권을 획득하는 방법이다. 이 경우 피인수 기업은 여전히 독립적으로 존재하지만, 경영은 인수하는 기업이 담당하게 된다.

② 영업 양수도: 특정 사업이나 영업권을 인수하는 방식이다. 이 경우 인수하는 기업이

피인수 기업의 특정 사업을 운영하게 된다.

③ 자산 양수도: 피인수 기업의 자산(예: 건물, 기계, 재고 등)을 구매하는 방법이다. 이 경우 피인수 기업은 자산을 잃지만, 법적으로는 여전히 존재한다.

2) 합병(Mergers)

합병은 두 개 이상의 기업이 법적으로 하나로 결합되는 과정을 의미한다. 합병의 방식은 다음과 같다.

① 흡수 합병: 한 기업이 다른 기업을 흡수하여, 피합병 기업이 없어지고 흡수 기업만 남는 방식이다. 이 경우 피합병 기업의 자산과 부채는 흡수 기업으로 이전된다.

② 신설 합병: 두 개 이상의 기업이 합쳐져 새로운 기업을 설립하는 방식이다. 이 경우 기존의 모든 기업은 사라지고 새로운 법인이 탄생한다.

③ 역 합병: 작은 기업이 큰 기업을 인수하여, 작은 기업이 상장 기업으로 변모하는 방식이다. 이 경우 작은 기업이 큰 기업의 법적 지위를 차지하게 된다.

인수	주식인수	대상기업의 구주 또는 신주 취득 가장 통상적인 방법
	영업양수도	영업의 전부 또는 중요한 일부 양수도
	자산양수도	자산양수도 효과가 영업을 폐지, 중단할 정도 중요성 있다면 특별결의 필요
합병	흡수합병	인수기업이 대상기업을 흡수
	신설합병	양 기업이 합병하여 신규법인 설립, 조인트벤처
	역합병	실질적인 인수기업이 소멸, 피인수기업이 존속

(2) M&A(합병 및 인수) 절차

M&A(합병 및 인수) 절차는 여러 단계로 나뉘며, 각 단계에서 매수자와 매도자가 협력하고 전략적으로 결정해야 한다.

1) 전략 수립

M&A의 첫 번째 단계는 매수자와 매도자가 각각의 M&A 전략을 세우고 검토하는

것이다. 매수자는 기존 사업과 시너지를 낼 수 있는 사업 분야를 찾아야 하며, 이를 위해 M&A 시장의 동향을 분석하고 인수대금과 그 조달 방식을 잘 검토해야 한다. 매수자는 어떤 기업을 인수하면 자사의 성장에 도움이 될지를 고려하여 전략을 수립해야 한다.

반면, 매도자는 높은 가격에 최적의 매각이 가능한 시기를 조율해야 한다. 이를 위해 매도자는 내부 TFT(태스크 포스 팀)를 구성하고 외부 자문사를 선임하는 절차를 진행해야 한다. 이러한 준비 과정은 매각의 성공 가능성을 높이는 데 중요한 역할을 한다.

2) 잠재적 매수/매도자 탐색 및 접촉

이 단계에서 매수자는 M&A의 목적과 전략에 맞춰 잠재적 인수 대상 회사 리스트를 작성하고 해당 기업에 접촉한다. 매수자는 어떤 기업이 인수 대상이 될 수 있는지를 분석하고, 그 기업들과의 초기 접촉을 통해 관심을 표명한다.

매도자는 매각 대상 회사의 재무 정보와 기본 현황에 대한 기초적인 정보를 담은 Teaser를 작성하여 잠재적 매수자에게 제공한다. Teaser는 매각 대상 회사의 실명을 드러내지 않으며, 매수자가 관심을 가질 수 있도록 매력적인 정보를 제공하는 역할을 한다. Teaser를 검토한 후, 투자 의향이 있는 잠재적 매수자들은 비밀 유지 협약(NDA: Non-Disclosure Agreement)에 서명하고 인수 의향서(LOI: Letter of Intent)를 제출한다. 이 과정을 통해 매수자는 대상 회사의 실명을 포함한 더 많은 정보가 담긴 IM(Information Memorandum)을 제공받게 된다.

3) 실사 및 기업 가치 평가

매수자는 매도자와 양해각서(MOU: Memorandum of Understanding)를 체결한 후, 매수 기업에 대한 실사를 진행한다. 실사 과정에서는 매도자의 재무 상태, 운영 현황, 법적 이슈 등을 면밀히 검토하여 향후 문제가 될 수 있는 세무, 회계, 법률 이슈를 파악한다. 이 단계는 매수자가 인수 대상 기업의 실제 가치를 이해하고 잠재적인 리스크를 사전에 식별하는 데 매우 중요하다.

4) 협상 및 계약 체결

실사와 기업 가치 평가 결과를 바탕으로 기업 가치가 결정되면, 매수자와 매도자는 주식 매매 계약서(SPA: Share Purchase Agreement)를 체결한다. 이 계약서는 인수 조건, 가격, 지급 방식 등을 명시하며, 양 당사자가 합의한 내용을 법적으로 구속력 있는 형태로 문서화한다. 협상 과정에서는 가격뿐만 아니라 인수 후의 운영 방식에 대한 논의도 포함될 수 있다.

5) 거래 종결

본 계약 체결 이후, 거래 종결을 위한 선행 조건을 검토한다. 이러한 선행 조건에는 주주총회 승인, 정부 인허가 등이 포함된다. 선행 조건들이 이행 완료되면, 최종적인 대금 정산을 위해 SPA 상의 가격 조정 방식에 따라 정산 실사가 진행된다. 이후 최종적으로 매매 대금이 지급 완료되면 거래가 종결된다. 이 단계는 거래의 법적 효력을 발생시키는 중요한 과정이다.

6) 사후 통합 과정

거래 종결 이후, 매도자와 매수자 간의 효과적인 시너지를 창출하기 위해 사후 통합 과정(PMI: Post Merger Integration)을 진행한다. 이 과정에서는 조직 구조, 기업 문화, 시스템 등을 통합하여 두 기업 간의 협력과 시너지를 극대화하는 방안을 모색한다. 사후 통합 과정은 M&A의 성공 여부를 결정짓는 중요한 요소로, 통합이 잘 이루어질 경우 두 기업 모두에게 긍정적인 결과를 가져올 수 있다.

이와 같은 M&A 절차는 복잡하고 다양한 이해관계가 얽혀 있기 때문에, 각 단계에서의 철저한 준비와 실행이 필요하다.

(3) 기업가치평가

1) 기업가치평가 방법

구분	세부 모델	주요 개념
이익 기준 접근법	기업현금흐름할인법(FCFF) 주주현금흐름할인법(FCFE) 배당할인법(DDM) 초과이익모형(RIM)	현금창출능력, 초과이익에 할인율 적용하여 산출
시장 기준 접근법	EV / EBITDA EV / Revenue PER(주가/주당순이익) PSR(주가/주당매출액)	과거 거래 사례 배수 유사 업종의 시가 배수(상장사)
자산 기준 접근법	조정순자산법 대체 원가법 청산가치접근법	자산의 재생산, 재 구축 비용 산정

① 이익 기준 접근법

기업 가치 평가의 첫 번째 방법은 이익 기준 접근법이다. 이 방법에는 여러 가지가 있으며, 그 중 가장 대표적인 것은 기업 현금 흐름 할인법(DCF)이다. DCF는 미래에 예상되는 현금 흐름을 현재 가치로 할인하여 기업 가치를 평가하는 방법으로, 기업의 미래 수익성을 반영하므로 성장 가능성이 높은 기업에 적합하다. 그러나 이 방법은 미래 예측에 대한 가정이 많아 신뢰성 문제가 발생할 수 있다.

또한, 주주 현금 흐름 할인법은 주주에게 돌아가는 현금 흐름을 할인하여 기업 가치를 평가하는 방법이다. 이 방법은 주주가 받을 수 있는 배당금이나 자본 이득을 고려하여 평가한다. 배당 할인법(DDM)은 기업이 지급할 배당금을 현재 가치로 할인하여 기업 가치를 평가하는 방법으로, 안정적인 배당금을 지급하는 기업에 적합하다. 이 방법은 배당금의 성장률을 예측해야 하는 점이 특징이다. 마지막으로, 초과 이익 모형은 기업의 초과 이익, 즉 자본비용을 초과하는 이익을 기반으로 기업 가치를 평가하는 방법이다. 이익이 자본비용을 초과하는 정도에 따라 기업의 가치를 평가한다.

② 시장 기준 접근법

두 번째 방법은 시장 기준 접근법이다. 이 방법의 대표적인 지표로는 EV/EBITDA 가 있다. EV/EBITDA는 기업 가치(EV)를 세전 이익(EBITDA)으로 나눈 비율로, 기업의 운영 성과를 평가하는 데 사용된다. 이 비율이 낮을수록 저평가된 것으로 간주된다. 또한, EV/Revenue는 기업 가치(EV)를 매출로 나눈 비율로, 매출 기반의 평가를 제공한다. 주로 성장 기업에 사용되며, 수익성이 낮은 기업의 평가에 유용하다.

PER(주가/주당 순이익)은 주가를 주당 순이익으로 나눈 비율로, 주식의 상대적인 가치를 평가하는 데 사용된다. PER이 낮을수록 저평가된 것으로 해석된다. 마지막으로, PSR(주가/주당 매출액)은 주가를 주당 매출액으로 나눈 비율로, 매출 기반의 평가를 제공한다. 주로 수익성이 낮거나 적자가 나는 기업에 유용하다.

③ 자산 기준 접근법

세 번째 방법은 자산 기준 접근법이다. 이 방법에는 조정 순자산법이 포함된다. 조정 순자산법은 기업의 자산에서 부채를 빼고 남은 순자산을 기준으로 기업 가치를 평가하는 방법이다. 이 방법은 자산의 시장 가치를 반영하여 평가한다.

대체 원가법은 기업의 자산을 대체하는 데 필요한 비용을 기준으로 기업 가치를 평가하는 방법으로, 자산의 재구성 비용을 고려하여 평가한다. 마지막으로, 청산 가치 접근법은 기업이 청산될 경우 자산을 팔아서 얻을 수 있는 가치를 기준으로 기업 가치를 평가하는 방법이다. 이 방법은 주로 재무 상태가 좋지 않은 기업에 사용된다.

각 방법은 기업의 특성과 상황에 따라 적합성이 다르므로, 여러 방법을 종합적으로 고려하여 평가하는 것이 중요하다.

2) 기업가치평가 방법별 장단점

구분	장점	단점	비고
이익 기준 접근법	미래 현금흐름 창출 능력 반영, 이론적으로 우수	미래CF 추정에 많은 가정이 사용되어 신뢰성 문제	안정적으로 성장하는 기업에 대한 평가 시 적용

구분	장점	단점	비고
시장 기준 접근법	평가방법이 단순, 시장상황 변동을 반영할 수 있음.	적용 배수를 조회할 수 없는 경우 평가 불가	증권업계에서 많이 사용
자산 기준 접근법	장부 금액 기준으로 산출 가장 객관적	미래CF능력 반영 불가	가장 보수적인 평가

① 이익 기준 접근법

미래의 현금 흐름을 기반으로 기업의 가치를 평가하는 방법으로, 미래에 얼마나 수익을 창출할 수 있는지를 잘 반영할 수 있는 장점이 있다. 그러나 이 방법은 미래 현금 흐름을 예측하기 위해 여러 가지 가정을 필요로 하므로, 신뢰성에 문제가 발생할 수 있다. 따라서 안정적으로 성장하는 기업을 평가할 때는 유용하지만, 불확실성이 큰 기업에는 적합하지 않을 수 있다.

② 시장 기준 접근법

유사한 기업의 시장 가치를 비교하여 평가하는 방법으로, 평가 과정이 간단하고 이해하기 쉬운 장점이 있다. 그러나 비슷한 기업의 배수를 찾기 어려운 경우에는 평가가 힘들다는 단점이 있다. 이 방법은 주로 증권업계에서 많이 사용되며, 시장 상황을 잘 반영할 수 있는 특징이 있다.

③ 자산 기준 접근법

기업의 자산 가치를 기준으로 평가하는 방법으로, 가장 보수적인 평가 방식으로 알려져 있다. 이 방법은 객관적인 평가로 여겨지지만, 기업이 미래에 얼마나 수익을 창출할 수 있는지를 반영하지 못하는 단점이 있다.

각 방법은 기업의 특성과 상황에 따라 장단점이 다르므로, 평가할 때 여러 방법을 함께 고려하는 것이 중요하다.

기 업
가업승계와
상속증여세
절   세

Part 03

가업승계 지원제도

가업승계 지원제도

1 가업승계 관련 실태조사

(1) 조사 배경

중소기업중앙회에서 중소기업의 2023년 중소기업 승계 제도 개선에 대한 의견을 파악하고 효율적인 지원방안을 마련하고자 함.

(2) 조사 개요

조사 대상	중소기업
조사 규모	625개사
조사 방법	전화, 이메일 및 팩스 조사
표본 오차	95% 신뢰수준에서 ± 3.92%p
조사 기간	4월 10일부터 17일까지(8일 간)
조사 기관	주식회사 리서치림

(3) 조사 내용

1) 기업 승계 인식과 애로사항

- 기업승계 중요성
- 기업승계 과정의 어려움

2) 기업승계제도 개선 관련 의견

- 개선된 기업승계 세제지원 제도

- 기업승계 주식에 대한 증여세 과세특례 연부연납 기간
- 기업 승계 주식에 대한 증여세 과세특례 세율
- 업종변경을 제한하는 현행 요건
- 사업무관자산 분류 및 기업자산 제외의 개선 필요성
- 기업상속공제 활용을 제한하는 현행 제도
- 기업을 승계하려는 개인사업자에게도 증여세 과세특례 제도 필요한가
- 청년 기업승계인에게 소득세 감면, 내일채움공제 필요한가
- 현행 과세 제도에 대한 의견

3) 기타

- 기업승계제도 개선에 대한 기타 의견

(4) 가업승계 실태조사 결과

1) 기업승계의 중요성

- 최근 중소기업 기업승계의 중요성에 대해 조사한 결과, '중요함'(매우 중요하다: 17.1% + 중요하다: 50.1%) 응답이 67.2%로 '중요하지 않음'(전혀 중요하지 않다: 1.6% + 중요하지 않다: 20.5%)에 비해 높게 나타남.
- 중소기업 기업승계 중요성의 평균 점수는 65.2점으로 업력과 종업원 수가 늘어날수록 평균 점수가 증가하는 경향을 보였고, 경영세대 '2, 3세대'(74.7점), 대표자 연령 '70대 이상'과 매출액 '50억 이상~100억 미만'(각 70.1점)에서도 높은 응답을 보임.
- 기업승계 중요성에 대한 답변 중 '중요하지 않음'(22.1%)의 응답은 종업원 수가 낮아질수록 상대적으로 증가하는 경향을 보임.

〈그림 1〉 기업승계의 중요성

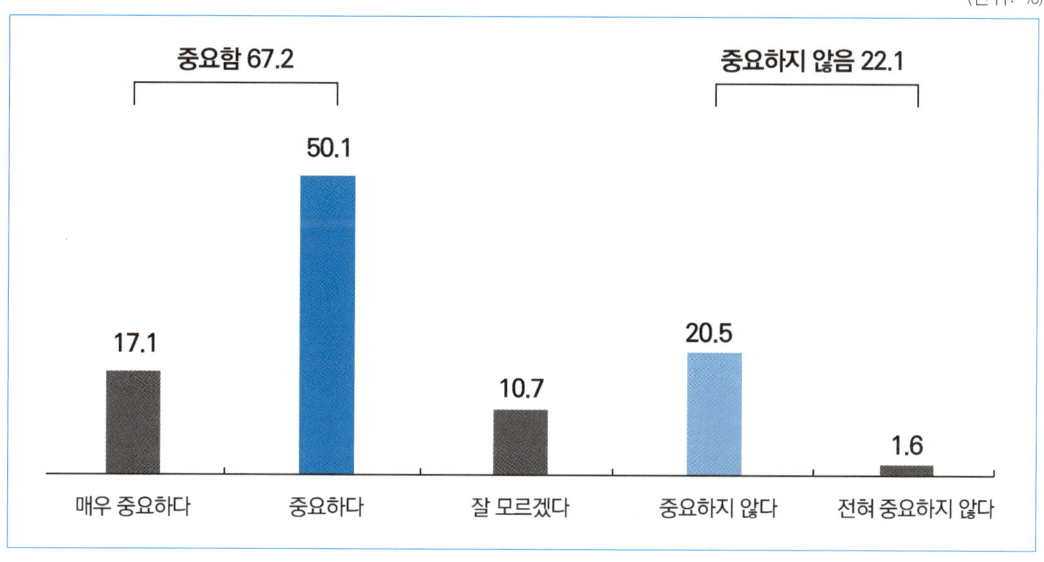

2) 기업승계 과정의 어려움

- 기업승계 과정의 어려움에 대한 조사결과는 '높은 세금부담'이 65.3%로 가장 높게 나타남.

- 다음으로 '승계지원제도의 까다로운 요건과 신청절차'(16.8%), '후계자에 대한 적절한 경영교육 부재'(8.3%), '기업 현실과 동떨어진 지원제도'(4.8%) 등의 순으로 응답이 나타남.
  - '높은 세금부담' 응답(65.3%)은 대표자 연령 '30대'(87.5%), 경영세대 '2, 3세대'(72.0%), 매출액 '100억 이상~150억 미만'(70.8%)에서 높게 나타남. 단, 대표자 연령 '30대'는 표본의 수가 부족하여 해석 시 유의가 필요함.
  - '승계지원제도의 까다로운 요건과 신청절차' 응답(16.8%)은 종업원 수 '100인 이상'(28.1%), 대표자 연령 '70대 이상'(21.2%), 매출액 '150억 이상'(19.5%)에서 상대적으로 높게 나타남.

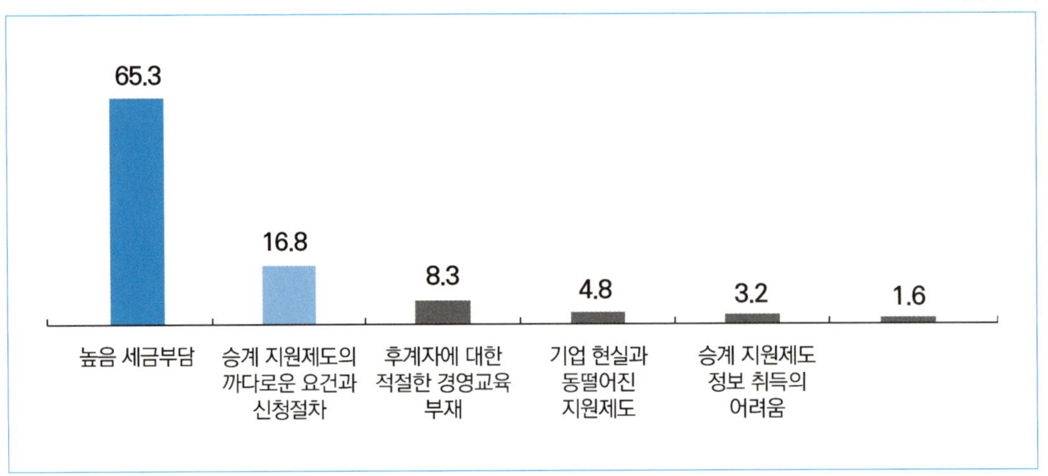

3) 기업승계 주식 증여세 과세특례 세율 및 개선 사항

- 기업승계 주식에 대한 증여세 과세특례 세율에 대해 조사 결과, '개선되어야 한다'가 72.6%로 '현행을 유지해야 한다'(27.4%)에 비해 높게 나타남.

- 현행 제도가 개선되어야 한다는 응답자(n=454)를 대상으로 어떻게 변경되어야 하는지에 대해 조사한 결과, '10% 단일세율 적용'이 46.0%로 가장 높았고, 다음으로 '기업상속공제처럼 공제방식 적용'(28.9%), '15% 단일세율 적용'(15.6%), '20% 단일세율 적용'(9.5%) 등의 순으로 조사됨.
  - '개선되어야 한다'(72.6%)는 대표자 연령 '30대'(87.5%), 종업원 수 '50인 이상~100인 미만'(86.4%)에서 높게 조사됨.
  - 제도가 어떻게 변경되어야 하는지의 응답 중 '10% 단일세율 적용'(46.0%)은 회사형태 '개인'(62.1%), 대표자 연령 '40대'(62.0%)에서 높게 나타났으며, 매출액이 낮을수록 응답이 증가하는 경향을 보임.

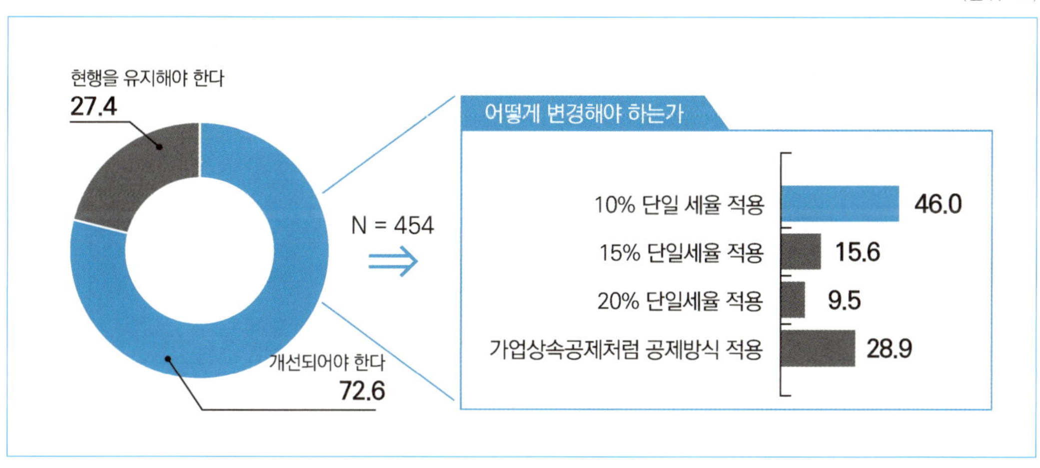

4) 업종변경을 제한하는 현행 요건 및 개선 사항

- 업종변경을 제한하는 현행 요건에 대한 조사 결과, '개선되어야 한다'가 60.8%로 '현행을 유지해야 한다'(39.2%)에 비해 높게 나타남.

- 현행 제도가 개선되어야 한다는 응답자(n=380)를 대상으로 어떻게 변경해야 하는지 조사한 결과, '업종변경 전체 제한 요건 폐지'가 81.8%로 가장 높았고, '사후(事後) 요건만 폐지'(12.1%), '사전(事前)요건만 폐지'(6.1%) 등의 순으로 나타남.
  - '개선되어야 한다'(60.8%)는 대표자 연령과 종업원 수가 많아질수록 응답이 증가하는 경향을 보임. 단, 대표자 연령 '20대'(100%)는 표본 수가 적어 해석에 유의하여야 함.
  - 제도가 어떻게 변경되어야 하는지의 응답 중 '업종변경 전체 제한 요건 폐지'(81.8%)는 대표자 연령이 늘어날수록 증가하는 경향을 보였고, 매출액 '100억 이상~150억 미만'(90.0%)에서 가장 높게 나타남.

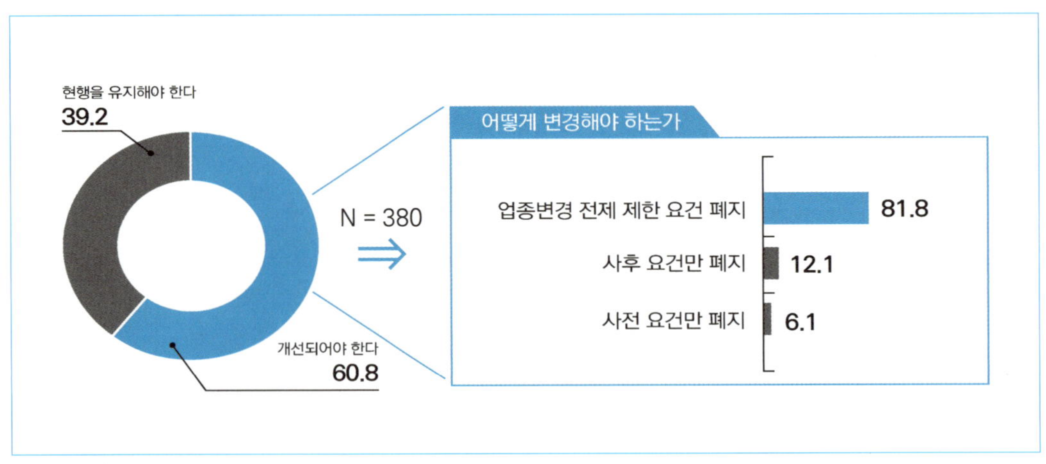

5-1) 사업무관자산 분류 및 기업자산 제외의 개선 필요성

- 사업무관자산 분류 및 기업자산 제외의 개선 필요성에 대한 조사 결과, '현행 유지'가 47.7%로 가장 높게 나타남.

- 다음으로, '잘 모르겠다'(21.8%), '완화'(15.5%), '폐지'(10.6%), 강화'(4.5%)의 순으로 나타남.

- 현행 제도가 '폐지', '완화'되어야 한다는 응답자(n=163)를 대상으로 사업무관자산 분류가 개선되어야 하는 이유에 대해 조사한 결과, '경영현실을 반영하지 못하는 획일적인 규제'가 65.0%로 가장 높았고, '지나치게 엄격한 과세관청의 해석과 적용 우려'(18.4%), '쉽게 판단하기 어려운 모호한 기준'(16.0%) 등의 순으로 나타남.
  - '현행 유지'(47.7%) 응답은 대표자 연령 '40대'(56.9%)에서 가장 높은 응답을 보였으며, '40대' 이상부터는 연령이 올라갈수록 감소하는 경향을 보임.
  - 개선의 이유에 대한 물음에 '기타'(0.6%) 응답으로는 '사업과 무관한 자산은 적용해선 안됨'이라는 의견이 있었음.

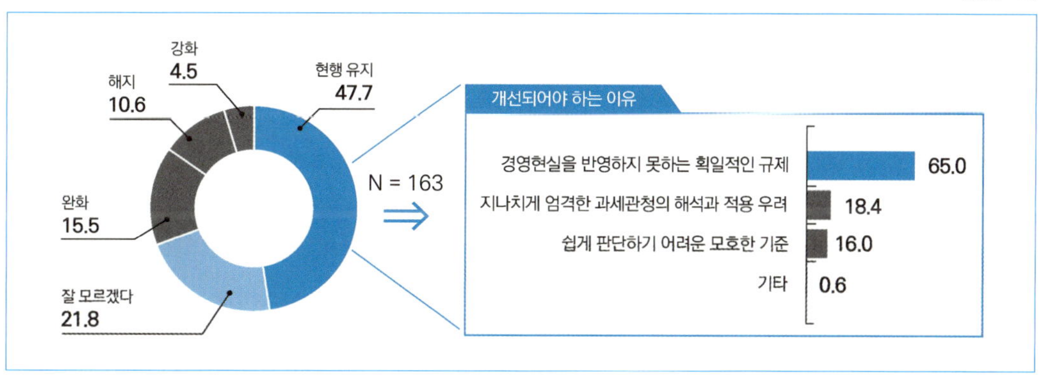

<그림 5> 사업무관자산 분류 및 기업자산 제외의 개선 필요성

5-2) 사업무관자산 제조 중 개선이 필요한 분야

- 사업무관자산의 현행 제도가 '폐지' 및 '완화'되어야 한다는 응답자(n=163)를 대상으로 사업무관자산 제도 중 개선이 필요한 분야에 대해 조사한 결과, '비사업용 토지'가 41.1%로 가장 높았고, 다음으로 '임대 부동산 등'(35.6%), '주식, 채권 등 금융 상품'(16.0%) 등의 순으로 높은 응답을 보임.
  - 특성별로 보면, '비사업용 토지'(41.1%)는 업종별로는 '제조업'(41.9%), 업력별로는 '20년 이상'(44.4%), 종업원 수별로는 '100인 이상'(64.7%), 매출액별로는 '150억 이상'(55.3%)에서 비교적 높게 나타남.

<그림 6> 사업무관자산 제도 중 개선이 필요한 분야

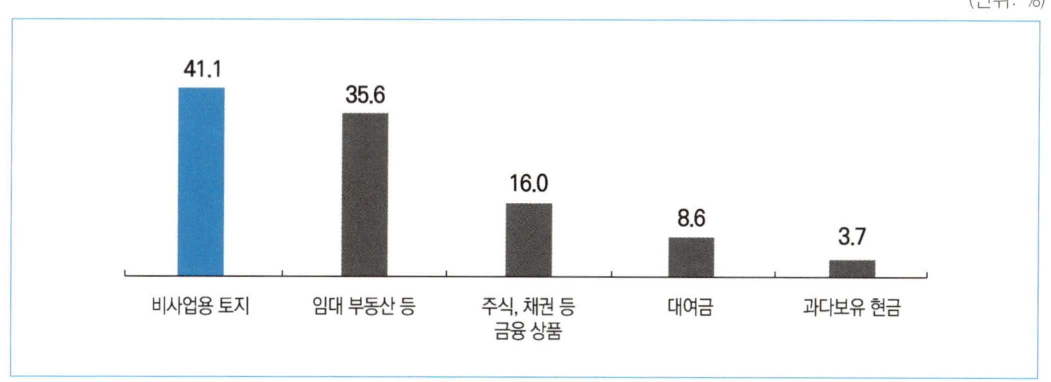

5-3) 보유자산 중 사업무관자산 분류 자산

- 사업무관자산으로 분류될 가능성이 높은 자산에 대해 조사한 결과, '예금'(6.1%), '대여금'(4.9%), '적금'(3.1%), '주식', '임대부동산'(각각 2.5%), '비사업용 토지', '부동산', '현금', '토지'(각각 1.8%) 등의 의견이 수집됨.

〈표 1〉 귀사의 자산 중 사업무관자산으로 분류될 가능성이 높은 자산

(단위: %)

내용	비율 (%)
예금	6.1
대여금	4.9
적금	3.1
주식	2.5
임대부동산	2.5
비사업용 토지	1.8
부동산	1.8
현금	1.8
토지	1.8
임차권리금	1.2
건물	1.2
정기예금	0.6
차량운반구	0.6

5-4) 사업무관자산 관련 불합리한 해석 사례

- 사업무관자산 관련 불합리한 해석 사례에 대해서 조사한 결과, '비상장 법인에 대한 주식평가제도(불합리한 주식평가방법)', '지가 상승해서 상속받을 경우 세금이 높아져서 회사 운영이 어려워진다'(각각 0.6%) 등의 의견이 수집됨.

〈표 2〉 사업무관자산 관련하여 불합리한 해석 사례

(단위: %)

내용	비율 (%)
비상장 법인에 대한 주식평가제도(불합리한 주식평가방법)	0.6
지가가 상승해서 상속받을 경우 세금이 높아져서 회사 운영이 어려워진다	0.6

※ 없음 98.2%, 거절 0.6%

6) 기업상속공제 활용을 제한하는 현행 제도 및 개선사항

- 기업상속공제 활용을 제한하는 현행 제도에 대해 조사한 결과, '개선되어야 한다'가 77.9%로 '현행을 유지해야 한다'(22.1%)에 비해 높게 나타남.

- 현행제도가 개선되어야 한다는 응답자(n=487)를 대상으로 개선되어야 하는 주된 이유에 대해 조사한 결과, '원활한 승계를 방해하는 규제'가 61.4%로 가장 높게 나타났고, 다음으로 '공동 사업자, 가족 간 분쟁 유발'(22.4%), '기업의 분할 등 부작용 초래'(16.0%) 등의 순으로 나타남.

- 기타 응답으로는 '세금부담'(0.2%) 의견이 나타남.
  - 현행 제도에 대한 의견을 특성별로 살펴보면, '개선되어야 한다'(77.9%)는 대표자 연령 '30대'와 종업원 수 '100인 이상'(각 87.5%), 경영세대 '2, 3세대'(86.7%)에서 높게 나타남.
  - 제도가 개선되어야 하는 주된 이유 중 '원활한 승계를 방해하는 규제'(61.4%) 응답은 대표자 연령이 늘어날수록 증가하는 경향을 보였고, 회사형태 '개인'(71.6%), 종업원 수 '50인 이상~100인 미만'(69.6%)에서 높게 나타남.

<그림 7> 기업상속공제 활용을 제한하는 현행 제도 및 개선사항

(단위: %)

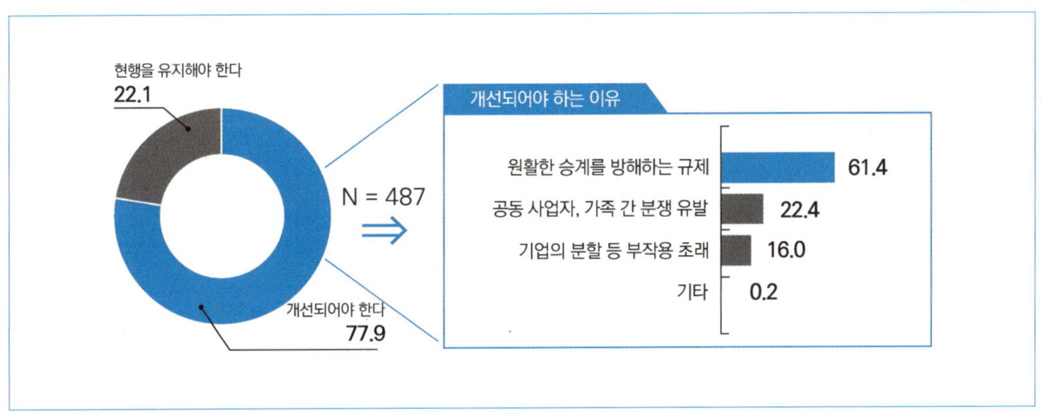

7) 기업승계 개인사업자 대상 증여세 과세특례제도 필요 여부 및 이유

- 기업을 승계하려는 개인사업자에게도 증여세 과세특례 제도가 필요한지에 대해 조사한 결과, '필요하다'가 78.9%로 '필요하지 않다'(21.1%)에 비해 높게 나타남.

- 과세특례 제도의 개선이 필요하다는 응답자(n=493)를 대상으로 개선이 필요한 이유에 대해 조사한 결과, '법인, 개인사업자 간 형평 제고'가 61.5%로 가장 높게 나타났고, 다음으로 '개인사업자의 사업성장 지원 필요'(19.7%), '개인사업자의 계획적인 승계 지원'(18.9%) 등의 순으로 나타남.
  - 현행제도의 필요 여부를 특성별로 살펴보면, '필요하다'(78.9%)는 업력이 늘어날수록 응답이 증가하는 경향을 보였고, 종업원 수 '100인 이상'(90.6%), 대표자 연령 '30대'(87.5%), 회사형태 '개인'(86.9%) 순으로 높게 나타남.
  - 현행 제도가 개선이 필요한 이유 중 '법인, 개인사업자 간 형평 제고'(61.5%)는 업력이 낮아질수록 증가하는 경향을 보였고, 대표자 연령 '30대'(85.7%), 매출액 '50억 이상~100억 미만'(68.9%), 회사형태 '법인'(65.5%)에서 높게 나타남.

〈그림 8〉 기업승계 개인사업자 대상 증여세 과세특례 제도 필요 여부 및 이유

(단위: %)

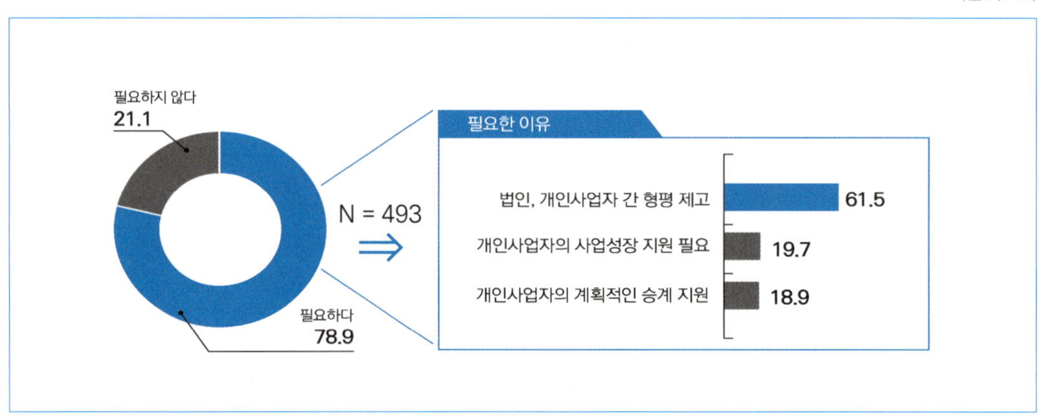

8) 현행 과세 제도 의견 및 개선 필요 이유

- 현행 과세 제도에 대한 의견에 대해 조사한 결과, '개선이 필요하다'가 89.1%로 '현행을 유지해야 한다'(10.9%)에 비해 높게 나타남.

- 현행 과세 제도가 개선이 필요하다는 응답자(n=557)를 대상으로 개선이 필요한 이유를 조사한 결과, '과도한 세부담이 우려됨'의 응답이 40.0%로 가장 높게 나타났고, 다음으로 '원활한 승계지원을 가로막는 불필요한 규제'(30.2%), '일반적인 상속·증여세 제도와의 형평제고'(29.8%) 등의 순으로 나타남.
  - '개선이 필요하다'(89.1%)는 대표자 연령 '40대'(94.4%), 회사형태 '개인'(93.8%)에서 가장 높게 나타남.
  - 개선이 필요한 이유 중 '과도한 세부담이 우려됨'(40.0%)은 매출액 '100억 이상~150억 미만'(54.8%), 종업원 수 '100인 이상'(51.9%), 경영세대 '2, 3세대'(50.0%)에서 상대적으로 높은 응답률을 보임.

〈그림 9〉 현행 과세 제도 의견 및 개선 필요 이유

(단위: %)

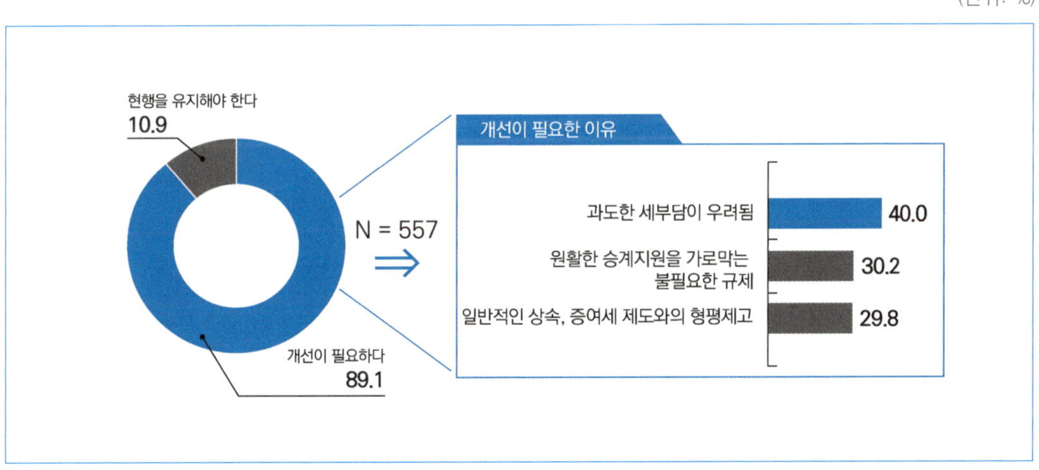

2 가업상속공제

(1) 가업상속공제 개요

거주자인 피상속인이 생전에 10년 이상 영위한 중소기업 등을 상속인에게 정상적으로 승계한 경우에 최대 600억원까지 상속공제를 하여 가업승계에 따른 상속세 부담을 크게 경감시켜 주는 제도를 말한다.(상증법 §18②)

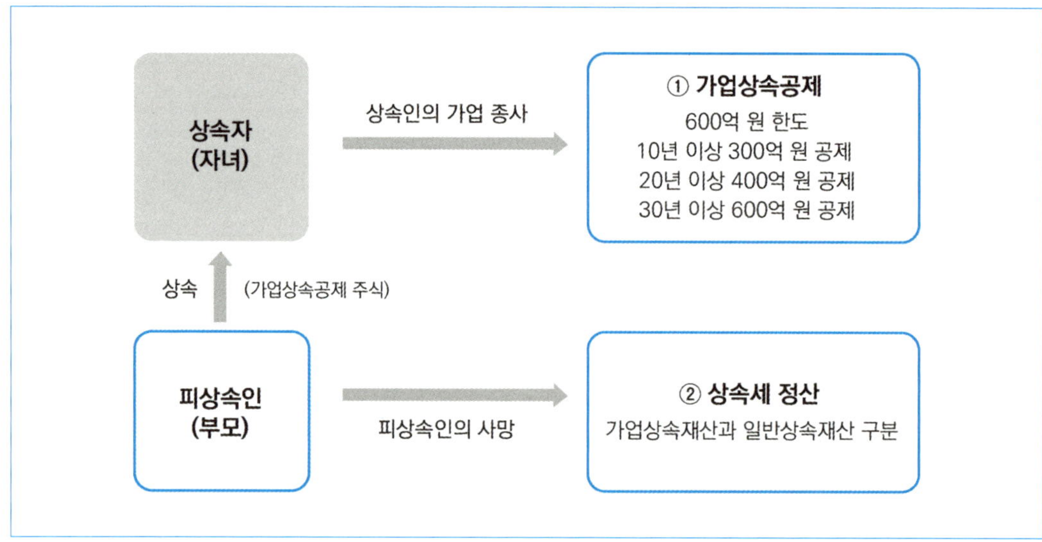

가업상속공제는 개인사업자, 법인사업자 모두 가능은 하지만 그 적용범위에서 일부 차이를 보이고 있다. 우선 기본적으로 가업상속공제는 피상속인이 10년 이상 계속하여 경영한 중소기업 등을 상속인(상속인의 배우자 포함) 1인이 승계하면, 가업상속재산가액의 100%(최대 600억원)를 상속 공제함으로써 중소기업 등의 원활한 가업승계를 지원하는 제도이다. 다만, 사후관리 차원에서 5년 동안 승계받은 가업을 실제 경영했는지 매년 점검해 위반사항을 발견하는 경우 상속세를 추징한다.

구분	2023							
	가업상속				영농상속			
	과세		과세미달		과세		과세미달	
	건수	공제금액	건수	공제금액	건수	공제금액	건수	공제금액
2023년	162	798,338	26	39,429	451	250,706	240	150,997
납세지별	162	798,338	26	39,429	451	250,706	240	150,997
서울	50	424,857	5	3,504	4	4,391	0	0
인천	6	62,520	3	2,586	26	14,059	7	5,193
경기	41	123,709	6	14,264	192	114,034	74	48,708
강원	1	11,642	0	0	13	3,405	14	8,679
대전	2	1,642	0	5,800	6	4,183	2	324
충북	4	3,822	1	898	16	4,886	18	10,207
충남	4	2,058	0	0	42	22,276	37	16,715
세종	2	1,280	0	0	10	8,367	6	7,478
광주	4	11,018	0	0	6	3,379	5	4,302
전북	2	2,231	2	1,689	10	7,072	1	1,204
전남	3	2,390	0	0	9	6,774	3	1,096
대구	8	24,312	3	4,369	3	570	7	5,658
경북	4	3,980	2	3,515	24	7,015	27	12,577
부산	23	110,819	3	2,205	2	213	3	2,802
울산	3	2,620	0	0	13	5,492	3	1,383
경남	4	7,280	1	598	33	20,337	16	11,403
제주	1	2,159	0	0	42	24,254	17	13,271

(2) 가업상속공제액 계산

1) 가업상속공제액은 가업상속재산가액 전액(300~600억원 한도)으로, 피상속인의 가업영위기간에 따라 상속공제 한도액이 다르다.

- 10년 이상: 300억원, 20년 이상: 400억원, 30년 이상: 600억원

2) '가업상속재산'이란, 아래의 가업상속재산가액에 상당하는 금액을 말한다.

- 개인가업: 상속재산 중 가업에 직접 사용되는 토지, 건축물, 기계장치 등 사업용 자산의 가액에서 해당 자산에 담보된 채무액을 뺀 가액

- 법인가업: 상속재산 중 가업에 해당하는 법인의 주식·출자지분(사업무관 자산비율 제외)
- 가업상속재산(법인가업)
  = 상증법상 주식평가액×[1−(사업무관 자산가액/총자산가액)]
- 사업무관자산(상속개시일 현재)
  ① 법인세법 제55조의2(비사업용 토지 등)에 해당하는 자산
  ② 법인세법 시행령 제49조(업무무관자산) 및 타인에게 임대하고 있는 부동산
  ③ 법인세법 시행령 제61조 제1항 제2호(대여금)에 해당하는 자산
  ④ 과다보유 현금(상속개시일 직전 5개 사업연도 말 평균 현금 보유액의 200% 초과)
  ⑤ 법인의 영업활동과 직접 관련이 없이 보유하고 있는 주식, 채권 및 금융상품 (과다보유현금 제외)

(3) 가업상속공제 한도액

상속개시일	가업상속 공제액	피상속인의 가업 계속영위기간	공제한도액
2023년 1월 1일 이후	가업상속재산가액	10년 미만	가업상속공제 미적용
		10년 이상~20년 미만	300억원
		20년 이상~30년 미만	400억원
		30년 이상	600억원

※ 2018.1.1.~2022.12.31.까지는 10년 이상 200억원, 20년 이상 300억원, 30년 이상 500억원 이상

1) 가업상속 재산가액이란 아래의 가업상속 재산가액에 상당하는 금액을 말한다.

① 개인사업자

- 상속재산 중 가업에 직접 사용되는 토지, 건축물, 기계장치 등 사업용 자산의 가액에서 해당 자산에 담보된 채무액을 뺀 가액

② 법인사업자

- 상속재산 중 가업에 해당하는 법인의 주식·출자지분의 가액에 그 법인의 총자산가액

중 상속개시일 현재 사업무관자산을 제외한 자산가액이 그 법인의 총자산가액에서 차지하는 비율을 곱하여 계산한 금액에 해당하는 것

2) 가업상속공제, 영농상속공제를 적용받은 후 상속개시일로부터 5년(영농상속은 5년) 이내에 정당한 사유 없이 공제받은 재산을 처분하거나 가업 또는 영농에 종사하지 않는 경우에는 당초 공제받은 금액을 상속개시당시의 과세가액에 산입하여 상속세가 부과된다.

3) 피상속인이 비거주자인 경우에는 가업상속공제 및 영농상속공제를 적용받을 수 없다.

(4) 가업상속공제 요건

요건	기준	상세내역
가업	계속 경영 기업	피상속인이 10년 이상 계속하여 경영한 기업
	중소기업	• 상속개시일이 속하는 과세기간 또는 사업연도의 직전 과세기간 또는 사업연도 말 현재 아래 요건을 모두 갖춘 기업 – 상증령 별표에 따른 업종을 주된 사업으로 영위 – 조특령 §2①1,3호 요건 　(중소기업기본법상 매출액×1, 독립성 기준×2)을 충족 – 자산총액 5천억원 미만
	중견기업	• 상속개시일이 속하는 소득세 과세기간 또는 법인세 사업연도의 직전 소득세 과세기간 또는 법인세 사업연도 말 현재 아래 요건을 모두 갖춘 기업 – 상증령 별표에 따른 업종을 주된 사업으로 영위 – 조특령 §9④1,3호 요건(중견기업 성장촉진 및 경쟁력 강화에 관한 특별법 시행령 §2② / 독립성 기준)을 충족 – 상속개시일의 직전 3개 소득세 과세기간 또는 법인세 사업연도의 매출액 　* 평균금액이 5천억원 미만 　* 기업회계기준에 따라 작성한 손익계산서상의 매출액
피 상속인	주식보유 기준	• 피상속인을 포함한 최대주주 등 지분 40%(상장법인은 20%) 이상을 10년 이상 계속하여 보유
	대표이사 재직요건 (3가지 중 1가지 충족)	• 가업 영위기간의 50% 이상 재직 • 10년 이상의 기간 　* 상속인이 피상속인의 대표이사등의 직(職)을 승계하여 승계한 날부터 상속개시일까지 계속 재직한 경우 • 상속개시일부터 소급하여 10년 중 5년 이상의 기간

요건	기준	상세내역
상속인	연령	• 18세 이상

	가업종사	• 상속개시일 전 2년 이상 가업에 종사
		【예외규정】
		– 피상속인이 65세 이전에 사망
		– 피상속인이 천재지변, 인재 등으로 사망
		   * 상속개시일 2년 전부터 가업에 종사한 경우로서 병역·질병 등의 사유로 가업에 종사
		    하지 못한 기간은 가업에 종사한 기간으로 봄

	취임기준	• 신고기한까지 임원 취임 및 신고기한부터 2년 이내 대표이사 취임
	납부능력	• 가업이 중견기업에 해당하는 경우, 가업상속재산 외에 상속재산의 가액이 해당 상속인이 가업상속공제를 받지 않는 경우 상속세로 납부할 금액의 2배를 초과하지 않을 것 ※ 비가업재산이 가업상속인이 부담하는 상속세의 2배 이하일 것
	배우자	• 배우자가 요건 충족시 상속인 요건 충족으로 봄

*1. 중소기업기본법상 매출액

주된 업종별 평균매출액등의 중소기업 규모 기준(제3조 제1항 제1호 가목 관련)

해당 기업의 주된 업종	분류기호	규모 기준
1. 의복, 의복액세서리 및 모피제품 제조업	C14	평균매출액등 1,500억원 이하
2. 가죽, 가방 및 신발 제조업	C15	
3. 펄프, 종이 및 종이제품 제조업	C17	
4. 1차 금속 제조업	C24	
5. 전기장비 제조업	C28	
6. 가구 제조업	C32	
7. 농업, 임업 및 어업	A	평균매출액등 1,000억원 이하
8. 광업	B	
9. 식료품 제조업	C10	
10. 담배 제조업	C12	
11. 섬유제품 제조업(의복 제조업은 제외한다)	C13	
12. 목재 및 나무제품 제조업(가구 제조업은 제외한다)	C16	
13. 코크스, 연탄 및 석유정제품 제조업	C19	
14. 화학물질 및 화학제품 제조업(의약품 제조업은 제외한다)	C20	
15. 고무제품 및 플라스틱제품 제조업	C22	
16. 금속가공제품 제조업(기계 및 가구 제조업은 제외한다)	C25	
17. 전자부품, 컴퓨터, 영상, 음향 및 통신장비 제조업	C26	
18. 그 밖의 기계 및 장비 제조업	C29	

해당 기업의 주된 업종	분류기호	규모 기준
19. 자동차 및 트레일러 제조업	C30	
20. 그 밖의 운송장비 제조업	C31	
21. 전기, 가스, 증기 및 공기조절 공급업	D	
22. 수도업	E36	
23. 건설업	F	
24. 도매 및 소매업	G	
25. 음료 제조업	C11	평균매출액등 800억원 이하
26. 인쇄 및 기록매체 복제업	C18	
27. 의료용 물질 및 의약품 제조업	C21	
28. 비금속 광물제품 제조업	C23	
29. 의료, 정밀, 광학기기 및 시계 제조업	C27	
30. 그 밖의 제품 제조업	C33	
31. 수도, 하수 및 폐기물 처리, 원료재생업(수도업은 제외한다)	E(E36 제외)	
32. 운수 및 창고업	H	
33. 정보통신업	J	
34. 산업용 기계 및 장비 수리업	C34	
35. 전문, 과학 및 기술 서비스업	M	
36. 사업시설관리, 사업지원 및 임대 서비스업(임대업은 제외한다)	N(N76 제외)	평균매출액등 600억원 이하
37. 보건업 및 사회복지 서비스업	Q	
38. 예술, 스포츠 및 여가 관련 서비스업	R	
39. 수리(修理) 및 기타 개인 서비스업	S	
40. 숙박 및 음식점업	I	
41. 금융 및 보험업	K	
42. 부동산업	L	평균매출액등 400억원 이하
43. 임대업	N76	
44. 교육 서비스업	P	

(비고)

1. 해당 기업의 주된 업종의 분류 및 분류기호는「통계법」제22조에 따라 통계청장이 고시한 한국표준산업분류에 따른다.

2. 위 표 제19호 및 제20호에도 불구하고 자동차용 신품 의자 제조업(C30393), 철도 차량 부품 및 관련 장치물 제조업(C31202) 중 철도 차량용 의자 제조업, 항공기용 부품 제조업(C31322) 중 항공기용 의자 제조업의 규모 기준은 평균매출액등 1,500억원 이하로 한다.

* 평균매출액은 직전 3개년 매출의 평균임.

*2. 독립성기준

- 「독점규제 및 공정거래에 관한 법률」 제31조 제1항에 따른 공시대상기업집단에 속하는 회사

※ 가업상속재산 유무에 따른 납부세액 비교(2024년 기준)

▶30년 이상 경영한 중소기업으로 가업상속재산만 700억원이며
▶상속인은 자녀 1명이고 가업상속공제와 일괄공제만 있는 경우

가업상속공제 적용대상이 아닌 경우	구분	가업상속공제 적용대상인 경우
700억원	상속 재산가액	700억원
없음	가업상속공제	(600억원)
(5억원)	일괄공제	(5억원)
695억원	상속세 과세표준	95억원
50%(누진공제 4.6억원)	세율(누진공제 포함)	50%(누진공제 4.6억원)
342억 9,000만원	산출세액	42억 9,000만원
(10억 2,870만원)	신고세액 공제	(1억 2,870만원)
332억 6,130만원	자진납부 세액	41억 6,130만원

* 가업상속공제 적용시 291억원의 상속세를 적게 부담

1) 가업의 규모 요건

가업상속공제를 적용받기 위해서는 상속개시일 직전 과세연도 말 현재 다음에 해당하는 중소기업 또는 중견기업이어야 한다.

① 100% 지분을 보유하는 해외법인의 매출액을 포함하면 5천억원을 초과하지만 포함하지 않으면 5천억원 미만인 경우 가업상속공제를 받을 수 있는지 여부

- 중견기업이 100% 지분을 보유하는 종속기업의 매출액을 포함하여 기업회계기준에 따라 연결재무제표를 작성하여야 하는 경우에도 상증법에 따른 중견기업 매출액 기준 판단 시에는 종속기업의 매출액은 포함하지 않는다.(서면-2017-법령해석재산-0299, 2017.4.12.)

② 당사는 상장법인으로 여러 관계기업이 있는데, 가업상속공제가 가능한 중견기업

의 매출액기준 5천억원 계산 시 관계기업 매출을 합산해야하는지 여부

- 상속이 개시되는 법인세 사업연도의 직전 3개연도의 매출액 평균금액은 개별기업의 매출액을 기준으로 산정한다.(서면-2016-상속증여-3565, 2019.5.28.)

③ 주식회사에서 유한책임회사로 전환하려고 하는데 유한책임회사의 출자지분도 가업상속공제를 받을 수 있는지 여부

- 가업상속공제 대상인 '주식 등'에는 유한책임회사의 출자지분이 포함되며, 유한책임회사의 업무집행자를 대표이사로 보아 가업상속공제 규정 적용이 가능하다.(서면-2019-법규재산-2914, 2022.5.31.)

2) 가업경영기간 요건 계산 방법

피상속인은 10년 이상 가업을 경영해야 하는 것으로 여기서 경영이란 단순히 지분을 소유하는 것을 넘어 실제 가업운영에 참여한 경우를 의미한다.

① 법인가업의 가업영위기간의 판정

- 피상속인이 특수관계인의 주식수와 합하여 40%* 초과하는 최대주주인 상태를 유지하면서 실제 가업의 경영에 참가한 때부터 기산한다.(법규재산2013-432, 2014.1.22.)
  * 종전에는 50%(상장법인 30%)였으나, '23.1.1. 상속이 개시되는 분부터 지분율 40%(상장법인 20%)로 개정

② 개인사업을 영위하던 중 공장으로 사용하던 건물을 제외하고 법인사업으로 전환하면 가업영위기간 계산방법

- 개인사업자로서 일부 사업용 자산을 제외하고 법인전환을 하였다 하더라도, 법인전환 후에 동일한 업종을 영위하는 등 가업의 영속성이 유지되는 경우에는 피상속인이 개인사업자로서 가업을 영위한 기간을 포함하여 계산한다.(기획재정부 재산세제과-725, 2019.10.28.)
  ※ 종전에는 사업용 자산의 일부를 제외하고 법인전환한 경우에는 개인사업자로서 가업 영위한 기간은 포함되지 않는 것으로 해석하였으나, 기재부 예규 변경 됨.

③ 의류 제조업에서 식품 제조업으로 업종 변경하는 경우 의류 제조업 영위 기간도 가업기간으로 인정 받을 수 있는지 여부

- 「통계법」 제22조에 따라 통계청장이 작성·고시하는 표준분류표상 동일한 대분류(제조업) 내의 업종으로 주된 사업을 변경하는 경우에도 가업을 유지한 것으로 인정하므로 의류 제조업의 영위기간을 합산하는 것이다.(상증령 §15③(1)나목)

예시: (제조업)음료 → (제조업)자동차 부품: 대분류 내 업종변경으로 영위기간 합산
　　　(도매업)의류 → (제조업)의류: 대분류 간 업종변경으로 영위기간 합산 불가

④ 제조업은 10년 이상 영위하였지만 부업종으로 도매업을 추가한 후 5년이 경과한 경우 가업상속공제 가능한지 여부

- 둘 이상의 서로 다른 사업을 영위하는 경우 업종 전부를 10년 이상 경영하여야 하는 것이 아니라, 가업상속 대상기업의 주된 사업(제조업)을 기준으로 판단하므로 가업상속공제 가능하다.(기획재정부 재산세제과-70, 2021.1.21.)

⑤ 가업상속공제 대상 가업의 영위 기간은 통계청장이 작성·고시하는 한국표준산업분류상 동일한 대분류 내의 다른 업종으로 주된 사업으로 변경하여 영위한 기간을 합산하여 계산한다.(서면-2022-상속증여-2534, 2022.11.9.)

⑥ 쟁점호텔 리모델링 공사는 가업의 확대·승계 발전을 위한 것으로 '영업준비'의 일환으로서 영업활동의 일부에 해당한다고 보이는 점 등에 비추어 가업의 확대·승계 발전을 위한 가업자산의 리모델링 공사 기간 중 매출실적이 없게 된 것을 상증세법상 '가업을 1년 이상 휴업하는 경우'에 해당한다고 보아 청구인들에게 상속세를 부과한 처분은 잘못이 있다고 판단된다.(조심2018서0804, 2018.7.24.)

⑦ 합병·분할 등 구조조정과 관련해 가업영위 기간의 계산 방법을 정리하면 다음과 같다.

구분	가업영위 기간 판단
업종 변경	동일한 사업장에서 둘 이상의 서로 다른 업종을 영위하면 사업별 사업수입금액이 큰 사업을 주된 사업으로 봄.(서면-2019-상속증여-4227, 2021.3.30.)
겸영 업종	겸영 업종 중 수입금액이 큰 사업을 10년 이상 계속하여 경영하면 가업상속공제 적용 가능함.(재산-770, 2010.10.19.)
부업종 추가	둘 이상의 서로 다른 사업을 영위하는 경우 업종 전부를 10년 이상 경영해야 하는 것은 아니며, 가업상속 대상기업의 주된 사업을 기준으로 판단함.(기획재정부 재산세제과-70, 2021.1.21.)

3) 피상속인 요건과 해석

① 피상속인이 상속개시일 현재 거주자일 것

② 법인 가업은 최대주주등인 경우로서 지분을 40%(상장법인은 20%) 이상 10년 이상 계속하여 보유할 것

> ※ "최대주주 등"이란?
>
> 주주 1인 및 그와 특수관계에 있는 주주가 보유하고 있는 의결권이 있는 주식 등을 합하여 그 보유주식 등의 합계가 가장 많은 경우의 해당 주주 등과 그의 특수관계인 모두를 말함.
>
> ☞ 피상속인과 그 특수관계인의 보유주식 등을 합해 최대주주 등에 해당하는 경우에는 피상속인 및 그와 특수관계에 있는 자 모두를 최대주주 등으로 보는 것이기 때문에 피상속인의 지분이 가장 크지 않은 경우에도 다른 요건을 모두 충족한 경우에는 가업상속공제가 적용되는 것임.

③ 피상속인이 가업의 영위기간 중 아래의 기간 어느 하나에 해당하는 기간을 대표이사(개인사업자인 경우 대표자를 말함)로 재직하여야 함.

　㉠ 100분의 50 이상의 기간

　㉡ 10년 이상의 기간(상속인이 피상속인의 대표이사 등의 직을 승계하여 승계한 날부터 상속개시일까지 계속 재직한 경우로 한정함)

　㉢ 상속개시일부터 소급하여 10년 중 5년 이상의 기간

④ 피상속인은 최대주주 1명으로 제한된다.

☞ 가업의 최대주주 1명(A)이 사망하여 가업상속이 이루어진 후에, 가업상속 당시 최대주주 등에 해당하는 다른 주주 B(가업상속을 받은 상속인 a는 제외)의 사망으로 상속이 개시되는 경우는 가업상속공제 불가(상증령 §15③단서)

⑤ 피상속인이 전문경영인과 각자 공동대표이사로 되어있던 기간도 대표이사 재직 기간에 포함되는지 여부

- "대표이사 재직기간"에는 공동대표이사 또는 각자대표이사로 재직한 기간을 포함하는 것으로(상속증여세과-206, 2014.6.19.), "대표이사 등으로 재직한 경우"란 피상속인이 대표이사로 선임되어 법인등기부에 등재되고 대표이사직을 수행하는 경우를 의미하는 것이다.(재산세과-172, 2011.4.1.)

⑥ 가업상속공제를 적용받기 위해서 사망 시까지 회사를 경영해야 하는지 여부

- 피상속인이 "상속개시일 현재" 가업에 종사하지 아니하였더라도 가업상속공제를 적용할 수 있는 것으로 해석을 변경하였다.(기획재정부 조세법령운용과-571, 2022.5.30.)

  ※ 종전에는 경영에서 물러난 이후 사망으로 상속이 개시되는 경우 가업상속공제를 적용받지 못하는 것으로 해석하였으나, 기재부 예규 변경

⑦ 비상장기업이 상장된 경우에도 지분율을 계속 40% 이상 유지해야 하는지 여부

- 상장 전에는 피상속인과 그의 특수관계인의 주식 등을 합하여 해당 기업의 발행주식 총수 등의 100분의 40, 한국거래소에 상장된 이후에는 100분의 20 이상을 10년 이상 계속하여 보유*하는 경우에 가업상속공제 가능하다.(법령해석과-137, 2015.2.6.)

  * 종전에는 50%(상장법인 30%)였으나, '23.1.1. 상속이 개시되는 분부터 지분율 40%(상장법인 20%)로 개정

4) 상속인 요건 충족과 해석

① 상속인이 상속개시일 현재 18세 이상이어야 함.

※ 거주자 요건 없음.(가업승계 증여세 특례는 수증자가 거주자여야 함)

② 상속개시일 전에 2년 이상 직접 가업에 종사해야 함.

- 다만 65세 이전 사망하거나, 천재지변 등 부득이한 사유로 피상속인이 사망한 경우에는 2년이 안 되어도 가능
- 또한, 상속인이 상속개시일 2년전부터 가업에 종사한 경우로서 상속개시일부터 소급하여 2년에 해당하는 날부터 상속개시일까지의 기간 중 상속인이 법률의 규정에 의한 병역의무의 이행, 질병의 요양, 취학상 형편 등의 사유로 가업에 직접 종사하지 못한 기간이 있는 경우에는 그 기간은 가업에 종사한 기간으로 봄.

③ 상속세과세표준 신고기한까지 임원으로 취임하고, 상속세 과세표준 신고기한부터 2년 이내에 대표이사 등으로 취임해야 함.

④ 가업이 중견기업에 해당하는 경우, 가업상속재산 외에 상속재산의 가액이 해당 상속인이 상속세로 납부할 금액에 2배를 초과하지 않아야 함.

⑤ 피상속인 또는 상속인이 가업의 경영과 관련하여 조세포탈 또는 회계부정행위로 징역형 또는 벌금형을 선고받고 그 형이 확정된 경우에는 가업상속공제 적용이 배제됨.(사후관리기간에 확정되는 경우 추징)

※ 상속인의 배우자가 ①, ②, ③의 요건을 모두 갖춘 경우에는 상속인이 그 요건을 갖춘 것으로 봄.

⑥ 상속인이 다른 사업체를 운영하면서 가업에 종사하는 경우 가업상속공제 가능한지 여부

- 다른 사업체 대표이사로 재직하면서 해당 가업에 상속개시일 2년 전부터 계속하여 직접 종사한 경우 가업상속공제 가능하며(재산세과-649, 2010.8.27.), '상속인의 가업 종사여부'는 전적으로 가업에만 종사한 경우 뿐 아니라 겸업의 경우에도 그 가업의 경영과 의사결정에 있어서 중요한 역할을 담당하였다면 '상속인이 가업에 직접 종사한 경우'에 포함된다고 해석하고 있음.(서울행정법원-2014-구합-59832, 2015.4.16.)

⑦ 가업을 3명의 자식에게 공동상속 가능한지 여부

- 1개 가업을 공동상속하는 경우 각각의 자녀가 대표자로 취임하는 등 가업승계 요건을 충족한 자의 승계지분에 대해 가업상속공제를 적용하는 것임.(2017-상속증여-2203, 2018.2.21.)

  ※ 종전에는 상속인 1명이 해당 가업의 전부를 상속받은 경우에만 가업상속공제 적용하였으나, '16.2.5. 이후 상속개시되는 분부터 상속인 1명이 가업의 전부를 상속받아야 하는 요건이 폐지됨으로써 공동상속이 허용됨.

⑧ 2개 이상의 가업을 자녀 2명에게 각각 상속하는 경우 가업상속공제 가능한지 여부

- 각각의 자녀가 상속인 요건을 모두 갖춘 경우에 공제금액 한도 내에서 가업 모두에 대해 가업상속공제를 적용받을 수 있음.(서면-2016-상속증여-3616, 2016.5.17.)

  ※ 1개 가업을 부모가 공동경영하고 가업 요건을 모두 갖추었다고 가정

[가업상속 개정연혁]

구분	2011.1.1. 이전	2011~2016.2.4	2016.2.5. 이후
피상속인	부모 모두 가능	부모 중 1명만 가능	
상속인	1명만 가능		2명 이상 가능

[가업승계 증여 개정연혁]

구분	2010.12.31. 이전	2011~2019년	2020.1.1. 이후
증여자	부모 모두 가능	부모 중 1명만 가능	
수증자	2명 이상 가능	1명만 가능	2명 이상 가능

5) 보유 주식의 판정

① 10년 미만 보유한 주식

- 최근 법원에서는 피상속인이 최대주주 등으로서 10년 이상 계속 보유한 주식과 10년 미만 보유한 주식이 함께 있으면 10년 미만 보유한 주식도 공제대상에 해당하는 것으로 판시하였다.(서울행정법원2021구합53771, 2021.10.15., 기획재정부 조세법령 운용과-10, 2022.1.5.) 즉, 가업상속공제 요건을 충족하는 법인이면 해당

법인 주식 중 피상속인이 직접 10년 이상 보유하지 않은 주식에 대해서도 가업상속공
제가 적용되어 모두 가업상속공제가 가능하다.

② 우선주

지분율 요건을 판단할 때 「상법」에 따른 의결권 없는 우선주는 발행주식총수 및 피
상속인과 그의 특수관계인이 보유하는 주식 수에서 제외하며, 가업상속재산에도 해당
하지 않는다.(법규과-1088, 2014.10.14.)

③ 명의신탁주식

2016.2.5. 1인 가업상속공제 규정이 삭제되어 전부 상속되지 아니한 것에 대하여도
가업상속공제가 적용되므로 상속인들이 상속세 신고시 상속재산에 합산하여 신고한
명의신탁주식에 대해서는 가업상속공제가 가능하지만, 상속인들이 상속세 신고시 상
속재산에 합산하여 신고하지 않은 명의신탁주식에 대해서는 가업상속공제가 불가능하
다.(조심2020구0841, 2020.10.28.)

6) 가업종사기간 판정

① 재입사기간

- 상속세 및 증여세법 시행령 제15조 제3항 제2호에 따른 상속인이 직접 가업에
  종사한 기간의 판정시 상속인이 가업에 종사하다가 중도에 퇴사한 후 다시 입사한
  경우 재입사전 가업에 종사한 기간은 포함하여 계산한다.(상속세 및 증여세법 기본통
  칙 18-15.1 [가업상속 판정기준])
- 상속개시일 전 상속인이 가업에 종사하다가 중도에 퇴사한 후 다시 입사한 경우에는
  재입사전 가업에 종사한 기간을 포함하여 상속인의 가업종사 기간을 계산한다.
  (서면-상속증여-0196, 2020.6.29.)

② 겸직가능여부

가업승계에 대한 증여세 과세특례는 수증자가 증여세 과세특례 신고기한까지 가업
에 종사하고, 증여받은 날로부터 5년 이내 대표이사에 취임하는 때(다른회사 겸직가

능) 적용받는다.(서면-2020-상속증여-3200, 2020.9.29.)

③ 비거주자

피상속인이 거주자인 경우, 상속세 및 증여세법상 가업상속공제 요건을 갖춘 비거주자인 상속인은 가업상속공제를 적용받을 수 있다.(서면-법규국조-4229, 2022.4.14.)

(5) 업무무관자산의 판단

1) 업무무관자산의 판단

업무무관자산이란 업무와 관련 없는 자산으로서 기업이 현재 영위하는 사업과 직접적인 관련이 없는 자산을 말한다. 업무무관자산에 해당하는지는 '법인 업무와의 관련성'과 '직접 사용 여부'의 두 가지 기준을 사용해 판단한다.

① 법인의 업무

법인업무에 직접 사용하는 부동산은 업무무관 부동산으로 보지 않는데, "법인의 업무"의 해당 여부는 「법인세법 시행규칙」 제26조 제2항에 따라 판단한다. 법령에 규정된 업무 또는 법인등기부상 목적사업으로 정해진 업무와 관련해 보유하고 있으면 법인업무에 직접 사용하는 부동산으로 본다. [1]

[법인 업무의 범위(법인세법 시행규칙 제26조 제2항)]

1. 법령에서 업무를 정한 경우에는 그 법령에 규정된 업무
2. 각 사업연도 종료일 현재의 법인등기부상의 목적사업(행정관청의 인가·허가 등을 요하는 사업의 경우에는 그 인가·허가 등을 받은 경우에 한함)으로 정하여진 업무

고유 업무 규정은 업무무관 부동산(유예기간 경과 부동산 및 유예기간 내 양도부동산)의 판정에 관해 적용하며 업무무관 동산을 판정할 때는 적용하지 않는다.(서면2팀-1604, 2004.7.29.)

---

1) 법인등기부상 목적사업 기재 및 변경은 허가가 아닌 신고사항이므로 사업자는 일정한 서류를 갖춰 신고하면 목적사업을 변경하거나 추가할 수 있다.

도·소매업을 영위하고 있는 법인이 보유하고 있는 주택과 그 부수토지를 법인의 업무에 직접 사용하면 업무와 관련 없는 부동산으로 보지 않는다.(법인-32, 2010.1.12.)

스마트폰 부품을 제조하는 A법인은 취득한 토지 위에 법인등기부상 목적사업이 아닌 골프연습장을 설치·운영하고 있다.

골프연습장의 설치·운영은 법인등기부상 목적사업으로 정하여진 업무가 아니므로 해당 토지는 비업무용에 해당하므로 업무무관자산으로 본다. 이러한 제재의 취지는 타인자본 의존도를 줄이고 자기자본에 의한 경영을 유도함으로써 재무구조 개선 및 기업자금 투기자금에서 생산자금으로 유도하기 위해서이다. 업무무관자산을 판단할 때 취득 원인이나 보유하게 된 원인관계를 고려하지 않는다.

② 직접 사용

「법인세법 시행규칙」에서는 직접 사용과 관련해 몇 가지 의제 규정을 두고 있다. 예를 들어, 건축물이 없는 토지를 임대하면 당해 토지는 업무에 직접 사용하지 않는 부동산으로 본다.

이는 법인이 투기 목적으로 나대지를 취득해 임대하는 방식으로 지가상승이익을 추구하는 행위를 억제하기 위해 각종 제재를 가하기 위해 업무무관자산으로 규정하고 있다.

[업무무관 부동산으로 보지 않는 경우(법인세법 시행규칙 제26조 제4항)]

- 공장·건축물의 부속 토지 등 법인의 업무에 직접 사용하던 토지를 임대하는 경우
- 토지를 임대하던 중 법인이 건설에 착공하거나 그 임차인이 법인의 동의를 얻어 건설에 착공한 토지: 착공일(착공일이 불분명한 경우에는 착공신고서 제출일)부터 업무에 직접 사용하는 부동산으로 봄.

'사용'이란 법인의 업무에 직접 사용함은 법인의 목적사업을 전제로 그 적법한 수행을 의미하므로 행정 법규상 절차의 지연 등이 있으나 시정이 가능한 경우 등 본래 목적에 사용하기 위한 준비작업 중 임시로 다른 업무용으로 사용하는 경우를 포함한다. 토지 용도에 관한 법적 규제를 위반하거나 건축허가 신청 없이 무단으로 건축하여 언제든지 철거 또는 시정명령의 대상이 되는 임시적·불법적 사용은 '직접사용'에 포함하지 않는다.(대법원97누7936, 1997.11.14.)

[예: 토지 용도에 관한 법적 규제를 위반해 사용 중인 자산]

B법인은 동물사료를 제조하여 판매하는 업체이다. 자재 창고를 건축할 목적으로 토지거래허가를 받고 토지를 매수하였는데, 준공검사를 받지 않고 창고용 건물에 제조설비를 설치하였다.

해당 토지는 도시계획상 자연녹지지역인데, B법인은 공장시설을 갖추고 사실상 공장으로 사용중이다.

도시계획상 자연녹지지역인 토지이므로 공장용으로 사용할 수 없으므로 토지 용도에 관한 법적규제를 위반한 사례이다. 이러한 불법 전용하여 사용 중인 건물은 시정명령의 대상이므로 법인의 목적사업에 '직접 사용'한 것으로 보지 않으므로 업무무관자산으로 본다.

2) 업무무관 부동산

① 업무무관 부동산의 범위

[업무무관 부동산의 범위(법인세법 시행령 제49조 제1항 제1호)]

1. 다음 각목의 1에 해당하는 부동산. 다만, 법령에 의하여 사용이 금지되거나 제한된 부동산, 「자산유동화에 관한 법률」에 의한 유동화전문회사가 동법 제3조의 규정에 의하여 등록한 자산유동화계획에 따라 양도하는 부동산 등 기획재정부령이 정하는 부득이한 사유가 있는 부동산을 제외한다.

가. 법인의 업무에 직접 사용하지 아니하는 부동산. 다만, 기획재정부령이 정하는 기간(이하 "유예기간"이라 한다)이 경과하기 전까지의 기간 중에 있는 부동산을 제외한다.

나. 유예기간 중에 당해 법인의 업무에 직접 사용하지 아니하고 양도하는 부동산. 다만, 기획재정부령이 정하는 부동산매매업을 주업으로 영위하는 법인의 경우를 제외한다.

② 유예기간

• 유예기간의 기산일

유예기간의 기산일은 원칙적으로 '취득일'이지만, 취득 후에도 업무에 사용하기 사실상 어려울 수 있다. 이러한 상황에서는 '사실상 사용할 수 있는 날'을 유예기간의 기산일로 보는데, 이때는 아래에 정리한 「소득세법 시행령」 제162조에 따라 판단한다.

• 부동산의 취득일(소득령 제162조)

구분	취득일
자기가 건설한 건축물	• 「건축법」 제22조 제2항에 따른 사용승인서 교부일 • 사용승인서 교부일 전에 사실상 사용하거나 임시사용승일을 받은 경우: 사실상의 사용일 또는 임시사용승인을 받은 날 중 빠른 날 • 건축허가를 받지 않은 건축물: 사실상의 사용일

③ 타인에게 임대한 부동산

타인에게 임대한 부동산은 법인의 사업목적과 무관하게 사업무관자산으로 분류한다. 다만, 사택 운영방침에 따라 직원에게 임대하는 사택의 경우는 임대한 부동산으로 보지 않는다.

비록 가업상속 대상 주식회사가 무상(관리비 보전 수준의 보증금 포함) 임대차계약을 통해 직원에게 쟁점사택을 제공하고 있지만 이는 사택 운영방법상의 임대차계약일 뿐이므로 이를 적극적 임대로 보기 어려운 점 등에 비추어 쟁점사택을 법인의 업무에 직접 사용하지 아니하거나 타인에게 임대하고 있는 사업무관자산으로 보기는 어렵다할 것이다.(조심2021서6935, 2022.8.2.)

3) 특정시설물이용권

① 의의

특정시설물 이용권이란 특정시설물의 이용권, 회원권 그 밖의 명칭 여하를 불문하고 해당 시설물을 배타적으로 이용하거나 일반이용자에 비해 유리한 조건으로 이용할 수 있도록 약정한 단체의 일원이 된 자에 부여하는 시설물이용권을 말한다. 골프회원권, 콘도미니엄회원권, 헬스클럽회원권 등을 예로 들 수 있다.

② 가업상속공제 대상 여부

본인이 본인 명의의 골프회원권을 영업상 고객 접대 및 직원복지 등의 목적으로 업무와 관련해 직접 사용하는 것을 입증하면 「법인세법 시행령」 제49조 제1항 제2항 다목의 업무무관자산에 해당하지 않는다고 판단하고 있다.(법인, 제도46012-10624, 2001.4.17.) 과세관청은 골프회원권을 업무관련자산으로 보지 않는 것을 원칙으로 하나 입증책임은 기업에 있으며, 이용 실태 등을 파악해 사실 판단할 사항이라는 의견을 제시하고 있다. 따라서 골프회원권을 개인사용 목적이 아닌 고객을 접대하기 위한 목적으로 사용했다는 골프회원권 사용자 기록을 작성할 필요가 있다.

골프회원권은 사용용도에 따라 세무처리가 달라지는데 취득 시 매입세액 공제 여부와 관련비용(골프장 사용비)의 손금 인정 여부로 해당 회원권이 가업상속공제에서 사업무관자산에 해당하는지를 판단할 수 있다.

골프회원권의 용도별 세무처리

구분	복리후생 목적	접대 목적	비업무용
취득 시 매입세액	공제	불공제	불공제
관련 비용	복리후생비 (전액 손금 인정)	접대비 (한도 내 손금 인정)	업무무관비용 (전액 손금불산입)
사업무관자산 여부	사업 관련	사업 관련	사업 관련 무관

법인이 종업원이 사기진작 및 복지후생측면에서 노사 합의에 따라 콘도미니엄회원권을 취득한 후 종업원의 복지후생목적으로 사용하면 당해 법인의 업무에 직접 사용하지 않는 자산으로 보지 않는다.(법인46012-3030, 1997.11.26., 서면2팀-1259, 2005.8.3.) 복리후생성경비로 인정받기 위해서는 모든 임직원이 차별 없이 이용할 수 있어야 하므로, 회원권 사용 및 예약 현황 등으로 이러한 내용을 입증할 수 있어야 한다.

③ 사례분석

- 사업 폐업으로 인한 미사용 부동산의 업무무관부동산 적용시기
  - 제조업을 영위하는 중소(주)는 2021년 1월 1일 사업 일부를 폐업해 사업에 사용하지 않은 토지가 발생하였다.
  - 2023년 초 중소(주)의 상속인인 정이세 사장은 2021년에 폐업으로 사업에 사용하지 않는 토지에 대해 가업상속공제가 가능한지를 검토하고자 한다.
  - 법인이 사업 일부를 폐업함에 따라 업무에 직접 사용하지 않게 된 부동산은 그 폐업일로부터 5년이 경과한 날부터 업무무관자산으로 본다.(법인칙 제26조 제5항 제17호) 중소(주)가 2021년 1월 1일부터 5년 이내 가업승계를 개시하면 가업상속공제를 받을 수 있다.

[법인세법 시행규칙 제26조 제5항 제17호]

법인이 사업의 일부 또는 전부를 휴업·폐업 또는 이전함에 따라 업무에 직접 사용하지 아니하게 된 부동산으로 그 휴업·폐업 또는 이전일부터 5년이 경과하지 아니한 부동산

4) 과다보유현금

- 「상속세 및 증여세법 시행령」 제15조 제5항 제2호 라목에 따라 상속개시일 현재 과다보유현금은 가업상속 재산가액에서 제외하는 사업무관자산으로 취급하고 있다. 여기서 말하는 현금은 보통예금, 당좌예금 등의 요구불예금과 취득일부터 만기일까지가 3개월 이내인 금융상품을 포함한다.

- 기업회계에서 즉시 인출이 가능한 보통예금과 당좌예금 등의 요구불예금은 '현금'으로 분류하며, 취득일부터 만기일까지 3개월 이내인 금융상품은 '현금성자산'으로 분류한다. 유의해야 할 사항은 [그림]에서 보듯이 재무제표일이 아닌 취득일로부터 만기가 3개월 이내에 도래할 때 현금성자산에 해당한다는 점이다. 단기금융상품과 장기금융상품은 각각 유동자산과 비유동자산으로 분류한다.

① 금융상품의 기업회계상 분류

상속개시일 현재 가업에 해당하는 법인기업이 보유하는 현금이 상속개시일 직전 5개 사업연도 말 평균 보유 현금액의 150%*를 초과하면 그 현금을 "과다보유현금"으로 분류하여 업무무관자산에 포함한다. 법인이 보유하고 있는 만기가 3개월 이내인 금융상품은 현금에 포함하여 과다 보유현금 해당 여부를 판단한다.(상증, 서면-2018-상속증여-2569, 2018.10.31.)

* 종전에는 150%였으나 25.2.28. 200%로 개정됨. 개정규정은 25.2.28. 이후 상속이 개시되는 경우 적용

② 금융상품의 분류

다음은 2023년 말 현재 중소(주)가 보유 중인 금융상품이며, 동일자로 상속을 개시할 예정이다.

구분	취득일(가입일)	만 기
정기예금A	2023년 11월 초	2024년 1월 말
정기예금B	2023년 12월 초	2024년 3월 말
정기예금C	2023년 12월 초	2024년 11월 말
정기적금	2023년 12월 초	2024년 12월 말

상기 금융상품을 기업회계에서 어떻게 분류하는지와 「상속세 및 증여세법 시행령」 제15조 제5항 제2호 라목에 따라 상속개시일 현재 과다보유현금을 판단할 때 포함되는지를 판단하시오.

정기예금 A는 현금성자산이므로 과다보유현금에 해당하는 부분만 사업무관자산으로 판단한다. 정기예금 B 및 C, 정기적금은 현금성자산에 해당하지 않으므로 「상속세

및 증여세법 시행령」 제15조 제5항 제2호 마목에서 규정하고 있는 사업무관자산으로
본다.

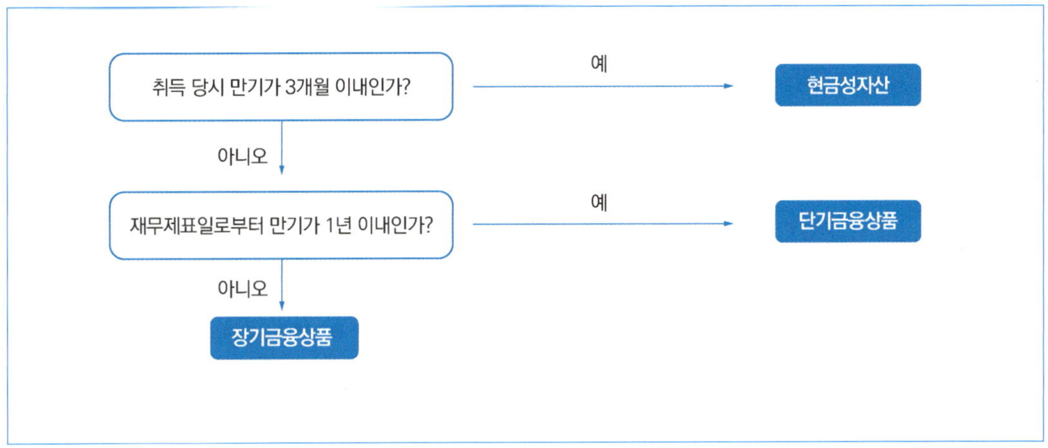

③ 기업회계 상 분류 및 과다 보유현금 해당 여부

구분	내용	기업회계 상 분류	과다보유현금 판단
정기예금 A	취득일로부터 3개월 이내	현금성자산	포함
정기예금 B	재무제표일로부터 3개월 이내	단기금융상품 (유동자산)	불포함 (사업무관자산)
정기예금 C	재무제표일로부터 1년 이내	단기금융상품 (유동자산)	불포함 (사업무관자산)
정기적금	재무제표일로부터 1년 초과	장기금융상품 (비유동자산)	불포함 (사업무관자산)

가업승계 세제 지원제도 중 대표자의 사망 이후 활용하는 가업상속공제에서 평가기
준일은 상속개시일을 의미한다. 살아생전 활용이 가능한 증여세 과세특례를 할 때의
평가기준일은 지분증여일(증여계약일)이다. 과다 보유현금은 다음 식을 이용해 산출한다.

④ 과다 보유현금의 산출(25.2.28. 상속분부터 200%로 변경)

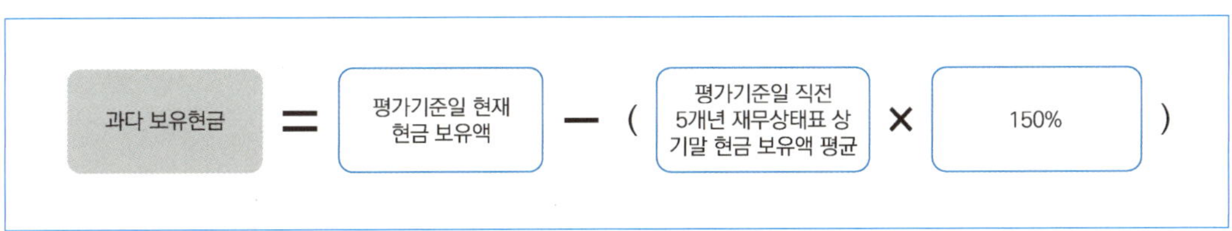

5) 비영업활동 관련 주식, 채권 및 금융상품

① 자회사 주식

가업승계에 대한 증여세 과세특례 또는 가업상속공제 규정을 적용할 때 법인이 소유한 자회사 주식을 무조건 사업무관자산으로 보지 않는다. 모회사와 자회사 간의 거래구조 등을 종합해 영업활동과 직접적으로 관련이 있는지에 따라 판단한다. 즉, 앞서 살펴본 기업회계에서 관련 주식과 채권을 어떤 계정과목으로 분류했는지에 따라 판단하지 않는다.

대법원(2018두39713, 2018.7.13.)의 판결이 있기 전까지 기획재정부와 국세청은 모회사와 완전자회사는 별개 법인이므로 같은 업종을 영위하는지 상관없이 모회사가 보유한 자회사의 주식을 사업무관자산으로 해석하였다.

대법원은 가업상속공제 적용대상 주식을 판단할 때 영업활동과 관련이 없이 보유하고 있는 주식은 그 문언 그대로 영업활동과 직접 관련이 있는지 만으로 판단해야 한다고 판시하였다. 영업활동의 의미를 지나치게 축소 해석하면 가업상속공제 본래 취지와 다르게 종속기업과 관계기업 및 공동지배기업을 통해 영업활동을 하는 중소기업은 가업상속공제를 받을 수 없는 부당한 결과가 초래될 수 있기 때문이다.(대법원2018두39713, 2018.7.13.) 이러한 대법원의 판시 이후 국세청과 조세심판원에서도 같은 의견을 제시하고 있다.

판례 이전	대법원 판례(2018두39713)	판례 이후
별개 법인으로 판단해 업종을 영위해도 사업무관자산으로 해석	① 해외 현지법인은 본사 수익구조의 핵심 요소 ② 회사 경쟁력 제고를 위해 해외로 생산시설 이전이 불가피함 ③ 현지법인의 주요 의사결정, 실질적인 운영정책 및 방향을 본사에서 결정	영업활동과 직접 관련성이 있으면 사업관련자산으로 해석

② 주식 및 채권의 사업무관 자산 해당 여부

구분	보유목적		사업무관자산 해당 여부
관계회사 주식 등	영업활동	부품 등 안정적 공급	아니오
	투자·재무활동	배당, 시세차익 획득	예
국채, 공채, 회사채	투자목적	이자, 시세차익 획득	예
	강제 취득	차량 등 매입 시	

- 지원받는 경영자금은 이 사건 법인의 영업활동에 필요한 자금이고, 이는 실제로 이 사건 법인의 매입대금 결제에 사용된 점, 이 사건 프로그램에 따른 지원을 받기 위하여 협력회사는 제1금융권인 은행으로부터 발급받은 지급보증서를 GGGG에 제출하여야 하고, 원고와 GGGG 사이에 체결된 '경영자금 지원 협정서'에서는 지원금의 100%에 해당하는 금액을 지급보증보험 금액으로 하도록 정하고 있는 점, 자신의 사업용 계좌에 보유하던 금원을 주된 재원으로 하여 이 사건 제7예금에 가입하고 같은 날 FF은행으로부터 지급보증서를 발급받아 GGGG에 제출하였는바, 결국 지원을 받기 위해 필수적으로 가입한 금융상품에 해당한다고 봄이 상당한 점 등을 종합하여 보면, 이 사건 제7예금은 예외적으로 상증세법 시행령 제15조 제5항 제2호 마목에 따른 사업무관자산에 해당하지 아니한다고 봄이 타당하다. (서울행정법원2022구합54863, 2023.5.18.)

③ 자회사 형식으로 설립한 해외 현지법인으로 영업활동을 수행한 경우

자회사 형식으로 설립한 해외 현지법인과 관련해 보유한 주식을 사업 관련 자산으로 인정하지 않으면 해외에 진출해 성장을 도모하려는 중소기업을 차별하는 불합리한 결과를 초래할 수 있다. 가업승계에서 해당 법인이 소유하고 있는 자회사 주식이 모회사와 자회사 간 거래구조 등을 종합해 해당 법인의 업무와 직접 관련이 있는지에 따라 판단해야 한다.(서울행정법원 선고 2016구힙80595 판결, 2017.8.25., 서울고등법원 선고 2017누71125 판결, 2018.3.13., 대법원 선고 2018두39713 판결 참조 2018.7.13.)

“업무와 직접 관련성 여부”는 해당 법인의 목적사업이나 영업내용을 기준으로 객관적으로 판단해야 한다. 사업 관련 자산으로 인정받은 사례를 살펴보면 해당 법인과의 업무와 직접관련성을 판단할 때 고려해야 할 요소를 확인할 수 있다.

- 대부분의 판매 제품은 해외 현지법인 생산 공장을 통해 생산한 제품으로 구성해 동 공장은 본사 수익구조의 핵심 요소임.
- 인건비 절감 등 회사 경쟁력 제고를 목적으로 국내 공장을 폐쇄하고 해외로 생산 공장을 이전함.
- 현지법인의 주요한 의사결정, 실질적인 운영정책 및 방향을 본사에서 결정함.

※ 서울행정법원-2020-구합-87845, 2022.8.19.

- 이 사건 주식 중 합작법인을 제외한 나머지 해외현지법인 발행 주식은 영업활동과 직접 관련하여 보유한 경우에 해당한다 할 것임.
- 저임금을 활용하고 물류비용을 절약하기 위하여 이 사건 해외현지법인 중 FF 유한회사, 필리핀 법인, 브라질 법인, 파라과이 법인의 주식을 보유하고 있다고 봄이 상당하므로, 위 주식은 TTT 및 JJJ의 영업활동과의 직접적인 관련성을 가졌다고 할 것이다.
1) 브라질 및 파라과이 법인에 대한 사업계획서를 보면, ‘EE자동차의 브라질 공장 설립에 따른 동반진출 내지 대응 목적’으로 투자가 필요하고, ‘신규시장 개척에 따른 기업 경쟁력 향상’에 기여할 것으로 기대한다는 취지로 기재되어 있다.
2) 현지에서 제품을 생산하여 원활하게 공급할 수 있도록 ‘법인 설립, 공장 건축, 공정설계·개발, 작업자 교육 등’에 관련한 서비스를 제공하였고, 원부재료공급 업무 및 신제품개발 등 제반 업무에 대한 업무협력 계약을 체결하였는바 법인에 대한 영향력을 추단할 수 있는 근거가 된다.
3) 거래규모를 주된 기준으로 삼는다면 기업들이 해외 진출과 사업다각화 등으로 성장을 도모하고자 할수록 가업상속공제제도의 혜택을 받지 못하는 부당한 결론이 도출될 수 있다.

④ 관계회사에 대한 지배권 또는 경영권을 보유할 목적으로 보유하는 주식

단순히 관계회사에 대한 지배권 또는 경영권을 확보할 목적으로 보유하는 주식은 법인의 영업활동과 직접 관련해 보유하는 주식에 포함하지 않고 있다. 즉 법인이 보유 중인 자회사 지분이 장기적인 투자수익이나 다른 기업을 지배하기 위한 목적 등의 부수적인 기업활동의 결과로 보유하는 투자자산에 해당하면 과세당국은 사업무관자산으

로 판단한다.

법원은 "법인의 영업활동과 직접 관련하여 보유하고 있는 주식이란 법인이 제품의 생산활동, 상품 용역의 구매활동 및 판매활동 등과 직접 관련하여 보유하는 주식을 의미하고, 투자활동이나 재무활동과 관련하여 보유하는 주식은 제외되는 것으로 볼 수 있다"라며 법인의 영업활동과 직접 관련하여 보유하고 있는 주식을 정의하였다. 왜냐하면 가업의 상속 또는 승계에 대한 과세특례 제도가 가업의 상속 또는 승계를 지원하는 것을 넘어 관계회사에 대한 지배권 또는 경영권의 이전까지 지원하는 제도로 볼 수는 없다고 보았기 때문이다.(서울고등법원 2021.8.19. 선고 2019누46345 판결, 대법원 2021.12.30. 선고 2021두52389 판결 참조).

투자활동이나 재무활동과 관련하여 보유하는 주식, 법인이 단순히 관계회사에 대한 지배권, 경영권을 보유할 목적으로 보유하고 있는 주식은 사업무관자산에 해당한다.(대법원2021두52389, 2021.12.30.) 이는 법인이 단기매매차익이나 배당을 목적으로 보유하고 있는 단기매매증권이나 매도가능증권을 가업상속공제 대상에서 제외하겠다는 의도이다.

⑤ 명의신탁 주식

피상속인이 보유한 차명주식을 상속세 과세표준을 신고할 때 상속재산에 포함하지 않고 신고함으로써 상속인 1명이 과세표준 신고기한까지 해당 가업의 전부를 상속받지 못하면 가업상속공제를 적용하지 않는다.(법규과-909, 2014.8.22.)

피상속인이 경영하는 기업이 가업상속공제 요건을 모두 충족한 경우로서 그 기업의 주식 일부를 상속개시일 현재 피상속인이 명의신탁하고 있다면 그 명의신탁한 주식도 상속재산에 포함되며 가업상속공제를 적용받을 수 있다. 이 경우 당초 명의신탁한 시점이 명의신탁재산의 증여의제 규정에서 정한 증여세의 부과제척기간이 지났다면 증여세 부담 없이 상속인 명의로 환원할 수 있게 된다. 만일 조세회피목적으로 명의신탁하고 부과제척기간이 지나지 않았다면 당초 명의신탁에 대한 증여세를 과세하고, 이러한 증여세는 상속세를 계산할 때 공과금으로 공제받을 수 있다.(서면4팀-1474,

2004.9.20.; 조심2011부5168, 2012.11.29.).

⑥ 자기주식

증여일 또는 상속개시일 현재 해당 법인이 일시적으로 보유한 후 처분할 자기주식을 소유하면 법인의 영업활동과 직접 관련이 없이 보유하는 주식에 해당하므로 사업무관자산으로 본다.(서면2015-법령해석재산-1711, 2015.11.13.)

⑦ 보험상품

가. 사업 관련 자산으로 인정한 사례
- 법인이 보험을 중도 인출 또는 약관대출을 하거나 받아 노임 지급 등 운영자금에 사용했다면 해당 보험을 사업관련 자산으로 인정했다.(조심2019광3069, 2020.1.30.) 즉 거래 당시의 여러 상황 및 실질 내용을 고려해 영업활동과의 관련성을 판단했다.
- 실제 상속개시일 이후 2019년말까지 52억원의 쟁점유가증권이 매각되었고, 45억원 상당이 당초 계획한 투자내역에 사용되었으며, 2020년말까지 35억원의 쟁점유가증권이 매각되었고, 20억원 상당이 동일 투자내역에 사용되었는바, 투자자금의 원천이 쟁점유가증권의 매각대금으로 보이는 점 등에 비추어 쟁점법인은 연구소 및 공장 건설 등을 위하여 차입한 금액을 자금운영의 목적으로 쟁점유가 증권을 취득하였고, 상속개시일 이후 쟁점유가증권을 매각하여 실제 투자에 사용한 것으로 보이므로 쟁점유가증권 중 최소한 상속개시일 이후 실제 투자된 금액 상당액은 영업활동과 무관한 자산으로 보기는 어렵다고 판단된다.(조심2020서1584, 2021.12.6.)

나. 사업무관자산으로 판단한 사례
- 가업법인이 보험가입일부터 상속개시일까지 보험을 영업에 사용한 사실 등을 확인할 수 없으면 해당 보험의 장부가액을 사업무관자산으로 판단했다.(조심2021중868, 2021.7.28.)

⑧ 대여금

특수관계여부를 불문하고 법인의 모든 대여금은 사업무관자산으로 본다.

이 경우 법인이 대표이사 등 특수관계인에 대한 가지급금 채권과 퇴직금 지급채무가 동시에 있는 경우에도 사업무관자산을 판단하는 가지급금 금액은 퇴직금 채무를 상계하지 않고 판단한다.

특수관계인에게 해당 법인의 업무와 관련 없이 지급한 임직원 대여금(가지급금)은 상승세법 시행령 제15조 제5항 제2호에 따른 사업무관자산에 해당하는 것이다.(서면-법령해석재산-2768, 2010.10.15.)

사업무관자산에 해당하는 가지급금 등을 계산할 때 미지급 퇴직금을 상계한다는 별도의 규정이 없는 점 등에 비추어 처분청이 가업상속공제와 관련하여 사업무관자산의 계산을 잘못하였다는 청구주장을 받아들이기 어려운 것으로 판단된다.(조심2018서4160, 2019.1.31.)

6) 업무무관자산의 비율을 사전에 대비하는 전략

① 일반 나대지(토지)를 보유하고 있는 경우

나대지를 보유하고 있는 경우 비사업용 토지로 분류되므로 비교전 건축비가 적게 소요되는 창고 등을 건축하여 창고업을 사업목적으로 활용하는 방안이 있다.

다만, 이 경우 창고 등을 건축하여 창고업으로 활용하는 것이 아닌 일반적인 부동산 임대업을 하는 경우에는 사업무관자산이 되므로 주의하여 대비하는 것이 필요하다,

② 대여금이 있는 경우

대여금의 경우에는 특수관계여부와 관계없이 전부 사업무관자산으로 분류되므로 상속개시일(또는 증여일) 전에 대여금을 회수한 후에 다시 대여해주는 것을 검토해야 한다.

회계결산(매년 12월 31일)이 마감되기 전에 대여금을 회수하여 보통예금으로 전환하는 경우 현금 보유액이 증가하여 과다보유현금의 평균치를 증가시킬 수 있는 점도 유리하게 사용할 수 있다.

③ 자회사 주식을 보유하고 있는 경우

자회사 주식의 경우 제품을 생산하거나, 판매 및 유통과 관련한 영업활동의 일환으로 취득한 경우에만 사업과 관련한 자산으로 인정받을 수 있다. 따라서 매출, 매입거래 발생등을 통해 영업활동의 관련성을 명확하게 입증해야 할 필요가 있다.

그러나 영업활동의 입증이 어렵거나, 가업영위기간 등이 짧은 경우 합병을 통하여 해당 문제를 해결할 수 있을 것이다.

④ 단기금융상품, 장기금융상품을 보유하고 있는 경우

각종 금융상품들은 특별한 경우를 제외하고는 대부분이 사업무관자산으로 분류가 된다. 그러나 정기보험을 가입하게 되면 저축성 금융상품 성격임에도 불구하고 사업무관자산으로 분류되지 않는다는 특성이 있다. 또한, 불입하는 기간 동안 비용처리도 되고 추후에 환급금을 받을 수 있는 장점이 있다.

(6) 가업상속공제 후 사후관리 의무

1) 사후관리 의무

① **가업종사**: 해당 상속인이 가업에 종사

② **지분유지**: 해당 상속인의 지분이 감소하지 않아야 함.

③ **가업유지**: 상속 후 5년간 가업용 자산의 40% 이상 처분금지, 1년 이상 해당 가업을 휴업하거나 폐업하지 않고 주된 업종을 변경*하지 않아야 함.

  * 단, 대분류 내에서 업종을 변경하는 경우와 평가심의위원회 심의를 거쳐 대분류 외 변경 허용

④ **고용확대**: 상속 후 5년간 정규직 근로자 평균이 상속 전 근로자 수의 90% 이상 또는 상속 후 5년간 총 급여액의 전체평균이 기준 총급여액 90% 이상(5년 후)

  • 각 사업연도말 정규직 근로자 평균인원 기준연도의 80% 이상 또는 각 사업연도말 총급여액이 기준총급여액의 80% 이상(매년 판단)

  ※ 2023년 1월 1일 이후 삭제규정

  ※ 2023년부터 사후관리 기간이 7년에서 5년으로 단축되었으며, 이는 2023.1.1. 가업승계 후 상속이 개시되는 경우뿐만 아니라, 가업상속 후 사후관리 중인 경우에도 단축기간 5년이 적용되는 것임.

- 가업상속공제를 적용받았다 하더라도 가업상속인이 상속개시 이후에 정당한 사유 없이 아래의 세법에서 정한 사후의무요건을 이행하지 아니한 경우에는 상속세가 부과된다.(상증법 §18⑥)
- 사후관리기간: 5년(19년도 이전 10년, 22년도 이전 7년)
- 추징 사유 발생 시 사유발생일이 속하는 달의 말일부터 6개월 이내에 「가업상속공제 사후 관리추징사유신고 및 자진납부 계산서」를 납세지 관할 세무서장에게 제출하고 상속세와 이자상당액을 납부하여야 한다.

※ 이자상당액

$$\text{사후관리 위반에 따른 상속세액} \times \frac{\text{당초 상속받은 가업상속재산에 대한 상속세 과세표준}}{\text{신고기한의 다음날부터 해당사유 발생일까지의 일수}} \times \frac{3.5\%^*}{365}$$

* 상속세 부과당시 국세환급가산금 이자율[25.3.21. 3.1%로 수정]

---

2) 사후의무 이행을 위반하였더라도 추징되지 않는 정당한 사유

- 사후의무 이행을 위반하더라도 다음과 같은 정당한 사유가 있는 경우에는 상속세가 추징되지 않을 수 있다.(상증령 §15⑧)

■ 가업용 자산을 처분한 정당한 사유

① 법률에 따라 수용 또는 협의 매수되거나 국가 또는 지방자치단체에 양도되거나 시설의 개체, 사업장 이전 등으로 처분되는 경우로 처분자산과 같은 종류의 자산을 대체 취득하여 가업에 계속 사용하는 경우

② 가업상속 재산을 국가 또는 지방자치단체에 증여하는 경우

③ 가업상속받은 상속인이 사망한 경우

④ 합병·분할, 통합, 개인사업의 법인전환 등 조직변경으로 인하여 자산의 소유권이 이전되는 경우. 다만, 조직변경 이전의 업종과 같은 업종을 영위하는 경우로서 이전된 가업용 자산을 그 사업에 계속 사용하는 경우에 한함.

⑤ 내용연수가 지난 가업용 자산을 처분하는 경우

⑥ 업종변경 등에 따른 자산 처분 후 변경업종 자산을 대체취득한 경우

⑦ 자산처분금액을 연구인력개발비로 사용하는 경우

■ 가업에 종사하지 아니한 정당한 사유

① 가업상속 재산을 국가 또는 지방자치단체에 증여하는 경우

② 가업상속받은 상속인이 사망한 경우

③ 상속인이 법률에 따른 병역의무의 이행, 질병의 요양, 취학상 형편 등 부득이한 사유에 해당하는 경우. 다만, 부득이한 사유가 종료된 후 가업에 종사하지 아니한 경우는 제외

■ 상속인의 지분이 감소한 정당한 사유

① 합병·분할 등 조직변경에 따라 주식 등을 처분하는 경우. 다만, 처분 후에도 상속인이 합병법인 또는 분할신설법인 등 조직변경에 따른 법인의 최대주주 등에 해당하는 경우에 한함.

② 해당 법인의 사업 확장 등에 따라 유상증자할 때 상속인의 특수관계인 외의 자에게 주식 등을 배정함에 따라 상속인의 지분율이 낮아지는 경우. 다만, 상속인이 최대주주 등에 해당하는 경우에 한함.

③ 상속인이 사망한 경우. 다만, 사망한 자의 상속인이 원래 상속인의 지위를 승계하여 가업에 종사하는 경우에 한함.

④ 주식 등을 국가 또는 지방자치단체에 증여하는 경우

⑤ 상속받은 주식 등을 상증법 제73조에 따라 물납하여 그 지분이 감소한 경우로서 물납 후에도 상속인이 최대주주 등에 해당하는 경우

⑥ 자본시장과 금융투자업에 관한 법률 제390조 제1항에 따른 상장규정의 상장요건을 갖추기 위하여 지분을 감소시킨 경우

⑦ 주주 또는 출자자의 주식 및 출자지분의 비율에 따라서 무상으로 균등하게 감자하는 경우

⑧ 회생계획인가 결정에 따라 무상으로 감자하거나 채무를 출자전환하는 경우

3) 사후관리 의무 해석

① 가업상속공제를 받은 토지를 수용당한 경우 처분으로 보는지 여부

- 처분 즉시 처분자산 양도가액 이상의 금액에 상당하는 같은 종류의 자산을 취득(대체취득)하여 가업에 계속 사용하는 경우에는 자산 처분으로 보지 않음.(2019-상속증여-3357, 2020.4.21.)

② 기존 지분 18%와 가업상속받은 지분 76%를 합한 94% 보유하던 중 사후관리 기간 중 기존주식(5%) 처분으로 상속인 지분율이 감소한 경우 지분유지 요건 위반에 해당하는지 여부

- 상속인이 상속개시일 전 보유한 기존주식을 처분하는 경우로서 처분 후에도 최대주주 등에 해당하는 경우에는 가업상속공제 사후관리 위배에 해당하지 않음.(사전-2020-법령해석재산-0930, 2020.11.30.)

③ 가업승계 주식을 증여받고 사후관리 기간이 경과한 후 가업상속공제를 적용받은 경우 사후관리기간 계산방법

- 가업승계 과세특례 규정을 적용받은 자가 가업상속공제를 적용받는 경우 상속개시일부터 5년 이내*에 정당한 사유 없이 가업상속공제 사후관리 요건 위반에 해당하는 경우 상속세와 이자상당액이 부과되는 것임.(서면-2021-상속증여-2055, 2021.4.29.)
  * 종전 7년에서 '23.1.1. 이후 상속이 개시되는 분(현재 사후관리 중인 경우 포함)은 5년으로 개정

④ 월별 근로자 수가 다른데 정규직 근로자 수 계산방법

- 정규직 근로자 수는 매월 말일 현재의 정규직 근로자 수를 합하여 해당 사업연도의 월수로 나누어 산정하며, "정규직 근로자 수의 평균" 및 "정규직 근로자 수의 전체 평균" 산정시 소수점 이하 부분은 절사나 반올림 없이 모든 비율을 반영하는 것임.(기준-2016-법령해석재산-0249, 2016.10.26.)

⑤ 상속인이 피상속인의 가업 사업장에 정규직 근로자로 근무하던 중 가업을 상속받은 경우 기준고용인원과 기준총급여액 계산 시 상속인도 포함되는지 여부

- 상속개시 전부터 가업기업에서 정규직 근로자로 근무한 가업상속인은 기준고용
  인원을 계산할 때 정규직 근로자 수에 포함되나 기준총급여액 계산시에는 제외되며,
  정규직근로자수의 평균을 계산시에는 가업기업의 대표자가 된 날이 속하는 월부터
  정규직근로자수에 포함되지 않는 것임.(서면-2022-법규재산-0547, 2023.3.15.)

(7) 가업상속재산에 대한 양도소득세 이월과세 적용

- 상속인이 가업상속공제를 적용받은 재산 중 양도소득세 과세대상 재산에 대해서는
  상속인이 양도할 때 피상속인의 보유기간 동안 발생한 재산가치 상승분에 대해서는
  양도소득세로 납부하도록 이월과세를 도입하였음.(소득법 §97의2)

1) 가업상속공제가 적용된 양도자산의 취득가액 = ① + ②

* 취득시기는 피상속인의 취득시기를 적용함.

① 피상속인의 취득가액 × 가업상속공제적용률

  * 가업상속공제 적용률: [가업상속공제금액 ÷ 가업상속재산가액]

② 상속개시일 현재 해당 자산가액 × (1-가업상속공제적용률)

※ **(참고) 이월과세 적용 시 양도차익 계산방법(가업상속공제적용률 100%인 경우를 가정)**

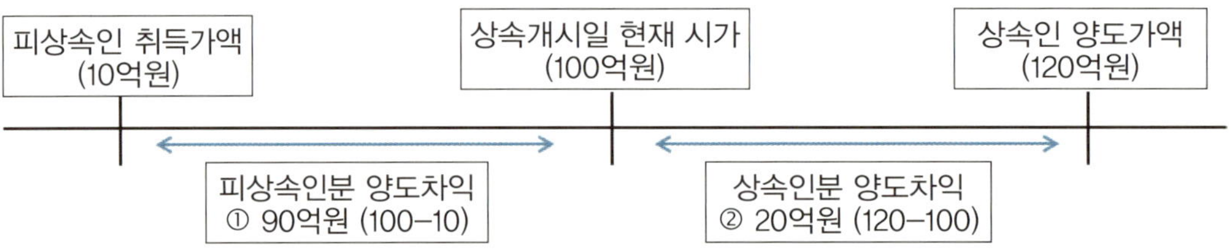

– 이월과세 적용 시 양도차익: 110억원(① + ②)

2) 가업상속공제 사후관리요건 위반 시 상속세 추징세액 조정

- 가업상속공제를 적용받은 가업상속재산에 대하여 사후관리 위반으로 상속세를 부과
  할 때 양도소득세 이월과세가 적용되어 납부했거나 납부할 양도소득세가 있는 경우
  에는 그 양도소득세 상당액을 상속세 산출세액에서 공제하여 상속세 추징세액을
  조정함.

(8) 가업상속의 연부연납 특례

- 가업상속재산에 대한 상속세는 거치기간 포함 최장 20년으로 일반상속재산의 연부
  연납기간보다 더 장기적으로 운영하여 가업승계를 지원하고 있다.(상증법 §71)

[연부연납 기간]

세 목		연부연납기간
상속세	가업상속재산	20년간 분할납부(10년 거치 가능) *가업상속공제 비율 관계없이 적용
	일반상속재산	10년간 분할납부(거치기간 없음)
증여세	가업승계 증여특례	15년간 분할납부(거치기간 없음)
	일반 증여	5년간 분할납부(거치기간 없음)

(9) 최근 개정현황*

* 23년, 24년 개정현황

① 가업상속공제 실효성 제고(상증법 §18의2)

종전	개정
□ 적용대상 확대 • 중소기업 • 중견기업 : 매출액 4천억 미만	□ 적용대상 조정 • 중소기업 및 매출액 5천억 원 미만 중견기업
□ 공제한도	□ 공제한도 상향

가업영위기간	공제한도
10년 이상~20년 미만	200억 원
20년 이상~30년 미만	300억 원
30년 이상	500억 원

가업영위기간	공제한도
10년 이상~20년 미만	300억 원
20년 이상~30년 미만	400억 원
30년 이상	600억 원

종전	개정
□ 피상속인 지분요건 　최대주주*& 지분 50% 이상(상장법인 30%) 　10년 이상 계속 보유	□ 피상속인 지분요건 완화 　최대주주 & 지분 40% 이상(상장법인 20%) 　10년 이상 계속 보유

🔵 (적용시기) '23.1.1. 이후 상속이 개시되는 분부터 적용

🔵 (수정이유) 국회 심의결과 반영

② 사후관리 기간 단축 및 요건 완화(상증법 §18, 상증령 §15)

종전	개정
□ 사후관리 기간 　• 7년	□ 사후관리 기간 단축 　• 7년 → 5년
□ 사후관리 요건 　• 업종 유지 　　− 표준산업분류상 중분류 내 업종변경 허용	□ 사후관리 요건 완화 　• 업종 변경 범위 확대 　　− 중분류 → 대분류
• 고용 유지: ① & ② 유지 　　① (매년) 정규직 근로자 수 80% 이상 또는 총급여액 80% 이상 　　② (7년 통산) 정규직 근로자 수 100% 이상 또는 총급여액 100% 이상	• 고용 유지 완화 　　　　〈삭 제〉 　　② (5년 통산) 100% → 90%
• 자산 유지 　　− 가업용 자산의 20%(5년 이내 10%) 이상 처분 제한	• 자산 유지 완화 　　− 20%(5년 이내 10%) → 40%
• 지분 유지 　　− 주식 등을 상속받은 상속인의 지분 유지	• (좌 동)

🔵 (개정이유) 가업상속공제 제도의 활용도 제고

🔵 (적용시기) '23.1.1. 이후 상속이 개시되는 분부터 적용

🔵 (특례규정) '23.1.1. 현재 사후관리 중인 경우에도 개정규정 적용

③ 최대주주 주식할증평가 합리화(상증법 §63, 상증령 §53)

종전	개정
□ 최대주주 주식할증평가 　• (원칙) 최대주주 주식*은 상속·증여세법에 따라 평가한 가액에 20% 가산 　　* 최대주주 또는 최대출자자 및 특수관계인의 주식 등	□ 할증평가 제외 대상 확대 　• (좌 동)

종전	개정
• (예외) ①~⑥은 할증평가 제외 ① 중소기업이 발행한 주식 ② 직전 3년 이내의 사업연도부터 계속하여 법인세법상 결손금이 있는 경우 ③ 평가기준일 전후 6개월 이내의 기간 중 최대주주 등이 보유하는 주식 등이 전부 매각된 경우 ④ 사업개시 3년 미만 법인으로서 각 사업연도의 영업이익이 모두 결손인 경우 ⑤ 상속·증여세 신고기한 내에 법인의 청산이 확정된 경우 ⑥ 최대주주 보유 주식을 최대주주 외의 자가 상속·증여받는 경우로서, 상속·증여로 인해 최대주주에 해당하지 않는 경우 등	① 중소기업 및 대통령령으로 정하는 중견기업이 발행한 주식 ②~⑥ (좌 동)

💬 (개정이유) 최대주주 주식할증평가 제도 합리화

💬 (적용시기) '23.1.1. 이후 상속이 개시되는 분부터 적용

④ 가업승계 시 상속세 납부유예제도 신설(상증법 §71의2, 상증령 §67의2·§68의2 신설)

가. 적용대상 및 납부유예 방식

종전	개정

〈신 설〉	▫ **적용 대상 및 납부유예 기간**
	
	• (적용 대상) 가업상속공제 요건을 충족하는 중소기업으로 가업상속공제를 받지 않은 기업
	  * 상속인이 가업상속공제 방식과 납부유예 방식 중 선택 가능
	
	• (납부유예 기간) 상속인이 상속받은 가업상속재산을 양도·상속·증여하는 시점까지 상속세* 납부유예
	
	  * 납부유예 가능 세액 = 상속세 납부세액 × $\dfrac{\text{가업상속재산가액}}{\text{총 상속재산가액}}$
	
	▫ **상속세 납부사유**
	
	• ①~⑥ 해당 시, 사유발생일이 속하는 달의 말일부터 6개월 이내에 상속세 및 이자상당액* 납부
	  * 상속세 납부액 × 당초 신고기한의 다음날부터 납부일까지의 일수 × [국세환급가산금 이자율 ÷ 365]

종전	개정
	※ ①~④는 납부유예 받은 상속세 전액 납부, ⑤~⑥은 납부유예 받은 상속세 중 양도 등 해당 분만 납부 ① 정당한 사유 없이 사후관리요건 위반하는 경우 ② 1년 이상 휴업하거나 폐업하는 경우 ③ 상속인이 최대주주 등에 해당하지 않게 되는 경우 ④ 상속인이 사망하여 상속이 개시되는 경우 ⑤ 상속인이 상속받은 가업상속재산(주식등 제외)을 양도·증여하는 경우 (단, 40% 미만 양도·증여시 제외) ⑥ 정당한 사유 없이 주식 등을 상속받은 상속인의 지분이 감소한 경우 ※ ④~⑥의 경우, 상속인이 다음 상속인·수증자에게 재차 가업승계 시 계속 납부유예 적용 가능(이자상당액 50% 면제)

🔵 〈개정이유〉 중소기업의 원활한 가업상속 지원

🔵 〈적용시기〉 '23.1.1. 이후 상속이 개시되는 분부터 적용

나. 납부유예 사후관리 기간 및 요건

종전	개정
〈신 설〉	□ 사후관리 기간: 5년 □ 사후관리 요건 • (가업 종사) 상속인이 가업에 종사할 것 　* 가업에 종사하지 않는 것으로 보는 사유 　　① 상속인이 대표이사로 종사하지 않는 경우 　　② 해당 사업을 1년 이상 휴업하거나 폐업하는 경우 • (고용 유지) 5년 통산 정규직 근로자 수 70% 이상 또는 총급여액 70% 이상 유지 • (지분 유지) 상속받은 지분 유지 　※ 업종 유지 요건 없음

🔵 〈개정이유〉 중소기업의 원활한 가업상속 지원

🔵 〈적용시기〉 '23.1.1. 이후 상속이 개시되는 분부터 적용

다. 납부유예 신청 및 허가 절차

종전	개정

〈신 설〉	□ **납부유예 신청 절차**
	• 납세의무자는 상속세 과세표준 신고 시 납부유예신청서를 납세지 관할세무서장에게 제출하여야 하며, 납세담보를 제공해야 함
	※ 구체적인 신청 절차 및 납세담보 관련 사항은 시행령에 규정
	
	□ **납부유예 허가 절차**
	• 납세지 관할세무서장은 대통령령으로 정하는 기간 이내에 신청인에게 허가 여부를 결정·통지해야 함
	※ 구체적인 허가 절차는 시행령에 규정
	
	□ **상속세 징수사유**
	• 납세지 관할세무서장은 납부유예를 받은 자가 ①~③ 해당 시, 유예된 세액의 전액 또는 일부를 징수할 수 있음
	① 담보의 변경 또는 담보 보전에 필요한 관할 세무서장의 명령을 따르지 않은 경우
	② 「국세징수법(§9①)」상 납부기한 전 징수 사유*에 해당하는 경우
	  * 국세 등 체납으로 강제징수 또는 체납처분이 시작된 경우, 파산선고를 받은 경우, 법인이 해산한 경우 등
	③ 상속세 납부사유*에 해당하는 경우로서 납부 기한까지 상속세 및 이자 상당액을 미납한 경우
	  * 사후관리요건 위반, 1년 이상 휴업 또는 폐업 등

🔵 〈개정이유〉 중소기업의 원활한 가업상속 지원

🔵 〈적용시기〉 '23.1.1. 이후 상속이 개시되는 분부터 적용

⑤ 가업승계 시 증여세 납부유예제도 신설(조특법 §30의7, 조특령 §27의7 신설)

가. 적용대상 및 납부유예 방식

종전	개정
〈신 설〉	□ 적용대상 및 납부유예 기간 • (적용대상) 가업승계 증여세 과세특례 요건을 충족하는 중소기업으로 과세특례를 적용받지 않은 주식 및 출자지분 　* 수증자가 저율과세 방식과 납부유예 방식 중 선택 가능 • (납부유예 기간) 수증자가 증여받은 가업주식을 양도·상속·증여하는 시점까지 증여세* 납부유예 　* 납부유예 가능 세액 = 증여세 납부세액 × $\dfrac{가업주식상당액}{총\ 증여재산가액}$ □ 증여세 납부사유 • ①~⑤ 해당 시, 사유발생일이 속하는 달의 말일부터 3개월 이내에 증여세 및 이자상당액* 납부 　* 증여세 납부액 × 당초 신고기한의 다음 날부터 납부일까지의 일수 × [국세환급가산금 이자율 ÷ 365] 　※ ①~④는 납부유예 받은 증여세 전액 납부, ⑤는 납부유예 받은 증여세 중 양도 등 해당분만 납부 ① 정당한 사유 없이 사후관리요건 위반하는 경우 ② 1년 이상 휴업하거나 폐업하는 경우 ③ 수증자가 최대주주 등에 해당하지 않게 되는 경우 ④ 수증자가 사망하여 상속이 개시되는 경우 ⑤ 정당한 사유 없이 주식 등을 증여받은 수증자의 지분이 감소한 경우 　※ ④~⑤의 경우, 수증자가 다음 상속인·수증자에게 재차 가업승계 시 계속 납부유예 적용 가능 　　(이자상당액 50% 면제)

🔵 〈개정이유〉 중소기업의 원활한 가업승계 지원

🔵 〈적용시기〉 '23.1.1. 이후 증여받는 분부터 적용

나. 납부유예 사후관리 기간 및 요건

종전	개정
〈신 설〉	□ **사후관리 기간: 5년** □ **사후관리 요건** • (가업 종사) 수증자가 가업에 종사할 것 　* 가업에 종사하지 않는 것으로 보는 사유 　　① 수증자가 대표이사로 종사하지 않는 경우 　　② 해당 사업을 1년 이상 휴업하거나 폐업하는 경우 • (고용 유지) 5년 통산 정규직 근로자 수 70% 이상 또는 총급여액 70% 이상 유지 • (지분 유지) 증여받은 지분 유지 ※ 업종 유지 요건 없음

💬 〈개정이유〉 중소기업의 원활한 가업승계 지원

💬 〈적용시기〉 '23.1.1. 이후 증여받는 분부터 적용

다. 납부유예 신청 및 허가 절차

종전	개정
〈신 설〉	□ **납부유예 신청 절차** • 납세의무자는 증여세 과세표준 신고 시 납부유예신청서를 납세지 관할 세무서장에게 제출하여야 하며, 납세담보를 제공해야 함. 　※ 구체적인 신청 절차 및 납세담보 관련 사항은 시행령에 규정 □ **납부유예 허가 절차** • 납세지 관할 세무서장은 대통령령으로 정하는 기간 이내에 신청인에게 허가 여부를 결정·통지해야 함. 　※ 구체적인 허가 절차는 시행령에 규정 □ **증여세 징수사유** • 납세지 관할 세무서장은 납부유예를 받은 자가 ①~③ 해당 시, 유예된 세액의 전액 또는 일부를 징수할 수 있음. 　① 담보의 변경 또는 담보 보전에 필요한 관할 세무서장의 명령을 따르지 않은 경우 　② 「국세징수법(§9①)」상 납부기한 전 징수 사유*에 해당하는 경우 　　* 국세 등 체납으로 강제징수 또는 체납처분이 시작된 경우, 파산선고를 받은 경우, 법인이 해산한 경우 등 　③ 증여세 납부사유*에 해당하는 경우로서 납부 기한까지 증여세 및 이자 상당액을 미납한 경우 　　* 사후관리요건 위반, 1년 이상 휴업 또는 폐업 등

● 〈개정이유〉 중소기업의 원활한 가업승계 지원

● 〈적용시기〉 '23.1.1. 이후 증여받는 분부터 적용

⑥ 가업상속 연부연납 확대(상증법 §71, 상증령 §68)

종전	개정
□ 가업상속 연부연납 적용대상 • ① 또는 ②의 요건을 갖춘 중소·중견기업 　① 가업상속공제를 받은 경우 　② 가업상속 연부연납 요건을 충족하는 경우	(좌 동)
□ 가업상속 연부연납 요건 • (대상) 중소·중견기업	□ 피상속인 지분요건 완화 (좌 동)
• (피상속인) 지분 및 가업종사 요건 　– (지분) 최대주주 & 지분 50% 이상(상장법인 30%) 5년 이상 계속 보유 　– (가업종사) 5년 이상 경영+대표이사 등 재직	– 50% 이상(상장법인 30%) 　→ 40% 이상(상장법인 20%) – (좌 동)
• (상속인) 18세 이상+상속세 신고기한까지 임원 취임 및 신고기한부터 2년 이내 대표이사 취임	(좌 동)
□ 가업상속 연부연납 기간 • 가업상속재산 비율* 50% 미만: 10년 또는 3년 거치 후 7년 　* 상속재산 중 가업상속재산이 차지하는 비율	□ 연부연납 기간 확대 • 20년 또는 10년 거치 후 10년 ※ 가업상속재산 비율에 관계없이 적용
• 가업상속재산 비율 50% 이상: 20년 또는 5년 거치 후 15년	

● 〈개정이유〉 상속세 납부 부담 완화

● 〈적용시기〉 '23.1.1. 이후 상속이 개시되는 분부터 적용

⑦ 가업상속공제 정규직 근로자 고용유지의무 기준 변경(상증법 §18)

종전	개정
□ 가업상속공제 후 고용유지의무 판단시 '정규직 근로자' 기준 • 통계청 '경제활동인구조사'의 '정규직 근로자'※ ※ 비정규직 근로자(한시적, 시간제, 비전형근로자)를 제외한 임금근로자	□ '정규직 근로자' 판단 기준 변경 • 조특법(고용증대세제)에 따른 '상시 근로자' 준용 * 근로기준법에 따른 근로계약 체결 근로자 중 이하 제외 　－근로소득세 원천징수 미확인자 　－계약기간 1년 미만 근로자 　－단시간 근로자

조특법상 제외대상	제외대상
임원	×
근로소득금액 7천만 원 이상자	×
최대주주(최대출자자) 및 그와 친족관계에 있는 자	×
근로소득세 원천징수 미확인자	○
계약기간 1년 미만 근로자	○
단시간 근로자	○

* 가업상속공제 제도 취지에 불부합하는 규정은 수정하여 반영

● 〈개정이유〉 세법상 기준에 따라 정규직 근로자 여부를 판단함으로써 납세협력 및 집행의 부담을 경감

● 〈적용시기〉 '20.1.1. 이후 개시하는 과세기간(사업연도) 분부터 적용

⑧ 가업상속공제 후 고용유지의무 관련 총급여 범위(상증령 §15⑭)

<table>
<tr><td colspan="2" align="center">법 개정내용(§18⑥)</td></tr>
<tr><td colspan="2">□ 가업상속공제 후 고용유지 의무 관련 근로자 인원 기준 외에 총급여액 기준을 선택적으로 적용할 수 있도록 함.
　• 총급여액의 범위를 시행령에 위임</td></tr>
<tr><td align="center">종전</td><td align="center">개정</td></tr>
<tr><td align="center">〈신 설〉</td><td>□ 총급여액의 범위

• 정규직 근로자에 지급한 임금의 합계액(최대주주 및 친족* 등에게 지급한 임금은 제외)
　* 「국세기본법 시행령」 제1조의2 제1항에 따른 친족관계</td></tr>
</table>

🔵 〈개정이유〉 고용유지의무의 이행기준이 되는 총급여액의 범위를 정규직 근로자 임금을 기준으로 규정

🔵 〈적용시기〉 '20.1.1. 이후 상속이 개시되어 공제받는 분부터 적용(개정 전 공제분도 '20.1.1. 이후 개정규정 적용)

⑨ 법인의 가업상속공제 및 가업승계 증여세 특례의 사업무관자산 범위 조정(상증령 §15⑤)

<table>
<tr><td align="center">종전</td><td align="center">개정</td></tr>
<tr><td>□ 사업무관자산*의 범위
　* 사업무관 자산은 가업의 직접적인 경영·영업활동과 관련이 없어 가업상속·승계 재산에서 제외

• 비사업용 토지 등</td><td>□ 범위 조정

• (좌 동)</td></tr>
<tr><td>• 업무무관 자산 및 임대부동산
　　　　〈단서 신설〉</td><td>• (좌 동)
　− 임직원* 사택** 제외
　　* ① 소액주주가 아닌 주주등 및
　　　② 최대주주의 친족등인 임직원은 제외
　　** ① 국민주택규모(85㎡) 이하 또는 기준시가 6억원 이하 주택, ②상속개시일·증여일 현재까지 5년 이상 계속하여 무상으로 제공하고 있는 주택</td></tr>
<tr><td>• 대여금
　　　　〈단서 신설〉</td><td>• (좌 동)
　− 임직원 학자금*·주택자금** 제외
　　* 자녀의 학자금을 포함
　　** 기준시가 6억원 이하 주택의 전세자금</td></tr>
<tr><td>• 과다보유 현금
　− 직전 5년 평균의 150% 초과분</td><td>• 기준 조정
　− 150% → 200%</td></tr>
</table>

🔵 〈개정이유〉 기업 승계 지원

🔵 〈적용시기〉 영 시행일 이후 상속이 개시되거나 증여받는 분부터 적용

⑩ 개인사업자의 가업상속공제 대상 자산 범위 조정(상증령 §15⑤)

종전	개정
□ 가업에 직접 사용되는 가업용 자산의 범위	□ 범위 조정
• 토지	• (좌 동)
〈단서 신설〉	비사업용 토지 제외
• 건축물, 기계장치 등	• (좌 동)

● 〈개정이유〉 가업상속공제 대상 자산 합리화

● 〈적용시기〉 영 시행일 이후 상속이 개시되는 분부터 적용

⑪ 중소기업 등 범위 합리화(조특령 §2①)

종전	개정
□ 조특법상 중소기업 범위	□ 제외업종 및 범위제한 추가
• (규모) 매출액 및 자산총액이 기준금액* 미만일 것 * (매출액) 업종별 400~1,500억원, (자산총액) 5,000억원	
• (독립성) ①~③ 모두 충족 ① 공시대상기업집단이 아닐 것 ② 자산 5,000억원 이상 법인이 발행 주식의 30% 이상을 직·간접적으로 소유하면서 최대 주주인 기업이 아닐 것 ③ 관계기업과의 합산 매출액이 업종별로 400~1,500억원 이내일 것	• (좌 동)
• (제외대상) – 소비성서비스업	

〈추 가〉	– 부동산 임대업
	– 성실신고확인대상 소규모 법인*
	  * ①~③ 요건을 모두 갖춘 법인
	  ① 지배주주 등 지분율 50% 초과
	  ② 부동산임대업이 주된 사업이거나 부동산임대·이자·배당소득이 매출액의 50% 이상
	  ③ 상시근로자 수가 5인 미만

● 〈개정이유〉 개인·법인간 과세형평 제고 및 제도 합리화

● 〈적용시기〉 영 시행일 이후 개시하는 과세연도 분부터 적용

⑫ 중견기업 범위 조정(조특령 §6의4, §9)

종전	개정
▫ 조특법상 중견기업 범위	▫ 제외업종 추가, 규모기준 조정
• (제외업종) 　– 소비성서비스업 　– 금융업, 보험 및 연금업, 금융 및 보험 관련 서비스업 〈추 가〉	• 업종 추가 　• (좌 동) 　– 부동산임대업
• (규모) 직전 3년 평균 매출액이 3,000억원(R&D세액공제의 경우 5,000억원) 미만일 것	• (좌 동)
• (독립성) 아래 ①, ② 모두 충족 ① 상호출자제한기업집단에 속하지 아니할 것 ② 자산총액 10조원 이상 법인이 발행주식의 30% 이상을 직·간접적으로 소유하면서 최대 주주인 기업이 아닐 것	• (좌 동)

● 〈개정이유〉 업종간 과세형평 제고 및 제도 합리화

● 〈적용시기〉 영 시행일 이후 개시하는 과세연도 분부터 적용

⑬ 중견기업 범위 합리화(조특령 §6의4·§9④)

종전	개정
▫ 조특법상 중견기업 제외대상 • 소비성서비스업 • 금융업 • 보험 및 연금업 • 금융 및 보험 관련 서비스업 〈추 가〉	▫ 제외업종 등 추가 • (좌 동) • 부동산임대업 • 성실신고확인대상 소규모 법인* 　* ①~③ 요건을 모두 갖춘 법인 　① 지배주주 등 지분율 50% 초과 　② 부동산임대업이 주된 사업이거나 부동산임대·이자·배당소득이 매출액의 50% 이상 　③ 상시근로자 수가 5인 미만

🗨 〈개정이유〉 기업규모별 조세특례 적용대상 합리화

🗨 〈적용시기〉 영 시행일 이후 개시하는 과세연도부터 적용

⑭ 중소기업 유예기간 확대

• 중소기업 기준 초과시 중소기업 졸업유예기간 연장(조특령 §2②)

종전	개정
▫ 중소기업 졸업 유예 • (졸업요건) 규모기준 초과 　① 매출액이 기준금액* 초과 　　* 업종별 400~1,500억원 　② 자산총액 5,000억원 이상 　③ 관계기업과의 매출 합산액이 기준금액* 초과 　　* 업종별 400~1,500억원 • (유예기간) 졸업 후 3년	▫ 졸업 유예기간 확대 • (좌 동) • 3년 → 5년(코스피·코스닥 상장 기업은 7년)

🗨 〈개정이유〉 중소기업의 성장사다리 강화

🗨 〈적용시기〉 영 시행일이 속하는 과세연도에 최초로 중소기업 졸업요건에 해당하는 분부터 적용

(10) 기타 예규 및 판례

1) 가업상속공제를 적용받은 기업이 사후관리기간 중에 다른 법인을 흡수·합병하여 피합병 법인의 근로자를 승계하는 경우, 피합병법인의 근로자 중 가업법인의 사업장에서 근로를 제공하는 정규직 근로자는 「상속세 및 증여세법(2015.12.15. 법률 제13557호로 개정되기 전의 것)」 제18조 제5항 제1호 라목 및 마목에서 규정하는 정규직 근로자 수에 포함되는 것임.(서면-2015-법령해석재산-1858, 2016.9.28.)

2) 가업법인이 가업상속공제 후 인적분할하여 동종 업종의 분할신설법인을 설립한 경우 고용유지 사후관리 규정의 매 연도 정규직 근로자 수는 분할존속법인과 분할신설법인을 합하여 계산하는 것임.(서면-2016-법령해석재산5183, 2017.8.30.)

3) 세대를 뛰어넘는 증여에 해당하여 30%를 할증하여 증여세 납부 후, 할아버지보다 부모님께서 먼저 사망으로 상속이 개시된 상황에서, 대습상속인 손자의 사전증여재산에 대하여 상속개시 전 5년 이내를 합산하는 것인지? 아니면 10년 이내를 합산하는지?

➜ 상증법에서 민법 제1001조에 따른 대습상속인도 상속인에 해당한다고 규정하고 있기에 상속개시일로부터 10년간의 증여재산을 합산해야 함.

4) 가업상속공제의 고용유지 조건 변경 내용?

➜ 19.12.31 정규직 근로자수 유지 뿐 아니라 총급여액 유지 기준을 신설하여 둘 중 가업승계기업이 선택하여 적용하도록 하였으며, 이 개정규정을 2019년 12월 31일 법 개정 이전에 공제를 받은 후 사후관리 중인 경우에도 적용 가능

5) 해외 현지법인 설립 고려하고 있는데 해외진출 형태는 개인이 출자하는 것이 아니라 회사가 출자하는 방식으로 할 경우 가업상속이 어떠한 영향을 주는지?

➜ 최근에는 해외자회사의 직접적인 사업관련성을 부인하기 어렵다면 동 지분은 쟁점법인의 영업활동과 직접 관련되어 있는 보유하는 주식 등에 해당한다는 취지의 판례가 계속해서 생산되고 있는 추세이며 사실판단 사항으로 판단됨.

6) 미국과 합작법인으로 미국자본 50%, 아버지 및 특수 관계자의 지분 50%로 구성된 법인이 가업상속공제가 되는지?

→ 가업상속공제 요건을 모두 충족이 합작법인도 가능함.

7) 사업체가 여러 개일 경우 가업상속공제 한도 계산 시 여러 사업체의 주식가치를 합산으로 하는지 아니면 각 회사별로 계산하는 것인지?

→ 전체 법인 주식가액의 합계액을 기준으로 계산(재산세과-1118, 2009.12.24.)

8) 부친의 보유지분이 자녀의 지분보다 적은 경우에도 가업상속공제가 가능한지?

→ 가업상속공제의 요건인 최대주주를 판단할 때 부친과 그 특수 관계인인 자녀의 보유주식을 합하여 최대주주를 판단, 그러므로 부친의 지분이 가장 크지 않은 경우에도 다른 요건을 모두 충족시 가능함.

9) 가업상속공제의 요건인 최대주주를 판단할 경우, 특수 관계인에 법인도 해당하는지? 피상속인과 상속인이 꼭 거주자이여야 가업상속공제 가능한지?

→ 상증령 제2조의2 제1항 각호의 어느 하나에 해당한다면 법인도 가능하며, 피상속인의 경우 상증법 제18조의2에서 거주자임으로 명확히 하고 있기에 피상속인의 경우 거주자여야 하며 상속인의 경우 거주자가 아니어도 가능할 것으로 보임.

10) 증여세 과세특례의 사후관리 기간이 종료된 후 상속 개시 시점에 업종이 변경되는 경우에도 증여받은 주식 및 남은 지분에 대해서도 가업상속공제가 가능한지?

→ 가업의 승계에 대한 증여세 과세특례를 적용받은 후 사후관리기간인 5년이 지난 후 주된 업종을 변경 후(산업분류에 따른 대분류 외에서 변경) 10년 이상 계속하여 동일업종을 유지한 후 상속이 개시된다면 가능.

11) 부친 60%, 모친 40%의 지분을 소유하고 있는 상황에서 아들이 주식 60%를 상속받아 가업상속 공제를 적용받아 상속세 신고를 완료 후 모친이 사망하여 주식 40%를 상속 시 가업상속공제 가능한지?

→ 부친 60%, 모친 40%의 지분을 소유하고 있는 상황에서 최대주주 등에 해당하는 자는 부친 및 모친이며, 부친의 사망으로 아들이 주식 60%를 상속받아 가업상속

공제를 적용받아 상속세 신고를 완료하였다면, 그 후 모친이 사망하여 주식 40%를 상속받았다고 하더라고 가업상속공제는 적용받을 수 없음.

12) 2018년 부친의 보유 지분 전부를 증여세 과세특례를 적용받아 이전·증여한 부모가 사망 시 가업상속공제를 받기 위해서, 증여자(부친)가 가진 주식을 일부라도 보유해야 하는지?

→ 20년 2월 11일 이후 부친의 사망으로 인하여 상속이 개시되는 경우, 개시 전 부친이 보유하고 있던 주식을 증여세 과세특례를 적용받아 전부 증여한 경우로서 개시일 현재 보유하는 주식이 없더라도 가업상속공제가 가능.

13) 가업상속공제 요건중 상속인이 신고기한으로부터 2년 이내에 대표이사에 취임해야 하는 요건이 상속인 본인이 아닌 현재 대표이사로 재직하고 있는 배우자가 계속하여 대표이사를 유지할 경우 가업상속공제가 가능한지?

→ 2014년 2월 21일 이후 상속 개시분부터 상속인의 요건을 상속인의 배우자가 모두 충족하는 경우에도 인정. 다만, 법인사업자에게만 가능, 개인 사업체의 경우 불가.

14) 사후관리 요건 가운데 고용유지요건에서 총급여액이란?

→ '최대주주 등 및 그와 친족관계에 있는 사람은 제외, 하지만 최대주주등인 근로자만 있을 경우에는 포함.'에 따른 자의 소득세법 제20조 제1항 제1호 및 제2호에 따른 소득의 합계액을 말함.[급여, 상여(잉여금 처분 상여포함)]

15) 매출액이 170억원 정도인 회사에서 매년 수익창출의 누적된 결과 100억원이 넘는 정기예금(1년)을 보유 시 가업승계상속에 미치는 영향?

→ 상속개시일 직전 5개 사업연도말 평균 현금 보유액의 100분의 150을 초과하는 경우 과다보유현금으로 '사업무관자산'으로 보아, 가업상속재산에서 제외하고 있음.

16) 가업승계 이후 공장을 지방으로 이전할 경우 주의해야 할 점

→ 사후관리 요건 중 5년 이내에 가업용 자산의 40%, 5년 내 40% 이상을 처분하지 않아야 하는 가업용자산 유지요건을 위반하지 않을 경우 가능.

다만, "처분자산과 같은 종류의 자산을 대체 취득하여 가업에 계속 사용하는 경우"에 해당할 경우 가능. 현재 세무당국에서는 이를 처분자산 양도가액 이상의 금액에 상당하는 같은 종류의 자산을 취득하여 가업에 계속 사용하는 경우를 말하는 것으로 해석하고 있기에, 지방의 공장의 경우 수도권 공장의 지가보다 상대적으로 저렴하기에 대체 취득하여 사용하는 경우에는 해당되지 않을 것으로 판단됨.

17) 비상장기업이 상장된 경우에도 지분율을 계속 40% 이상 유지해야 할까요?

→ 상장 전에는 피상속인과 그의 특수관계인의 주식 등을 합하여 해당 기업의 발행주식 총수 등의 100분의 40, 한국거래소에 상장된 이후에는 100분의 20 이상을 10년 이상 계속하여 보유*하는 경우에 가업상속공제 가능(법령해석과-137, 2015.2.6.)

* 종전에는 50%(상장법인 30%)였으나, '23.1.1. 상속이 개시되는 분부터 지분율 40%(상장법인 20%)로 개정됨.

(11) 가업상속공제 체크리스트

체크 항목	해당 여부	
	Y	N
(1) 상증법상 가업의 해당 여부 확인(①, ②, ③을 모두 충족)		
① 피상속인이 10년 이상 계속하여 경영한 기업에 해당하는가?		
② 상속개시일이 속하는 과세연도의 직전 과세연도 말 현재 상증법상 중소기업에 해당하는가?		
③ 피상속인 및 상증법상 특수관계인이 최대주주로서 지분의 40%(상장법인은 20%) 이상을 10년 이상 계속하여 보유하고 있는가?		
(2) 피상속인의 요건 확인(①과 ②를 모두 충족)		
① 상속개시일 현재 피상속인은 세법상 거주자에 해당하는가?		

② 피상속인이 가업의 영위 기간에 다음의 어느 하나에 해당하는 기간에 대표이사로서 재직했는가?
   • 가업 영위기간 중 50% 이상을 재직
   • 10년 이상(상속인이 대표이사직 승계 후 계속 재직한 경우)
   • 상속개시일로부터 소급해 10년 중 5년 이상		

(3) 상속인의 요건의 확인(①, ②, ③ 모두 충족해야 함)		
① 상속개시일 현재 상속인이 18세 이상인가?		
② 상속개시일 전에 상속인이 2년 이상 직접 가업에 종사하였는가?		

체크 항목	해당 여부	
	Y	N
③ 상속세 과세표준 신고기한까지 상속인은 임원으로 취업하고 신고기한으로부터 2년 내에 대표이사로 취임할 예정인가?		
(4) 가업상속공제 금액의 계산		
① 법인기업의 가업상속재산가액을 계산할 때 총자산가액에서 아래에 열거한 사업무관자산가액을 적절하게 구분했는가? • 비사업용 토지 • 업무무관 부동산 및 타인에게 임대 중인 부동산 • 금전소비대차계약 등에 의하여 타인에게 대여한 금액 • 과다보유현금 • 영업활동과 직접 관련 없이 보유하는 주식 및 채권 등 금융상품		
② '①'의 총자산가액과 사업무관자산가액을 상증법에서 규정한 평가액으로 적절하게 계산했는가?		
(5) 가업영위기간의 계산		
① 사업장을 이전해 동일 업종의 사업을 계속하여 영위했을 때 종전 사업장의 사업영위기간을 가업영위기간에 포함했는가?		
② 개인기업을 동일 업종의 법인으로 전환해 피상속인이 계속해 최대 주주 등에 해당하며 개인사업으로 영위한 기간을 가업영위기간에 포함했는가?		
③ 피상속인이 영위하는 둘 이상의 법인을 합병 또는 분할했을 때 합병 분할 전 가업상속공제 요건을 충족한 부분을 적절하게 가업영위기간에 포함했는가?		
④ 겸영 사업을 영위하는 법인의 주된 사업(사업수입금액이 큰 사업을)을 적절히 판단해 가업영위기간을 계산했는가?		
(6) 사후관리의무(다음 중 하나라도 위반시 가업상속공제 부인)		
① 상속개시일부터 5년 이내 정당하지 않은 사유로 가업용 자산의 40% 이상을 처분(예정)한 사실이 있는가?		
② 상속개시일부터 5년이 지나기 전 상속인이 정당한 사유없이 가업에 종사하지 않은 사유(상속인이 대표이사로 미종사, 1년 이상 휴업, 주된 업종의 변경)가 있는가?		
③ 상속인의 지분이 정당하지 않은 사유(상속받은 주식 등의 처분, 유상증자 시 상속인 실권으로 지분율 감소, 주식처분으로 최대주주 미해당, 감자로 상속인 보유주식 감속)로 감소한 사실이 있는가?		
④ 상속개시일 이후 5년간 고용인원 및 총급여액이 요건(90% 미달)에 미달하거나 미달할 것으로 예상하는가?		
(7) 가업승계 증여세 과세특례 적용 주식		
① 증여 후 경과 기간과 관계없이 과세특례 적용을 받은 주식을 상속세 과세가액에 가산하였는가?		
② 증여세 특례를 적용받은 주식을 가업상속공제 적용대상 자산에 포함하였는가?		
③ 상속공제의 종합한도를 계산할 때 가산하는 증여재산에 증여세 과세특례 적용자산을 포함하지 않고 적절하게 계산했는가?		

❸ 가업승계에 따른 증여세 과세특례

(1) 제도 개요

중소·중견기업 경영자의 고령화에 따라 생전에 자녀에게 가업을 계획적으로 사전 상속할 수 있도록 지원하기 위하여 가업주식을 증여하는 경우 600억원을 한도로 10억원을 공제 후 10%, 과세표준 120억원 초과시 20%의 저율로 증여세를 과세하고 가업주식을 증여받은 후 증여자가 사망한 경우에는 증여시기에 관계없이 상속세 과세가액에 가산하나, 상속개시일 현재 가업상속 요건을 모두 갖춘 경우에는 가업상속공제 제도를 적용받을 수 있다.(조세특례제한법 §30의6)

가업의 승계에 따른 증여세 과세특례는 가업승계를 목적으로 증여한 법인의 주식이 적용대상이며 개인사업자의 토지, 건축물, 기계장치 등의 사업용 자산은 적용대상이 아님.

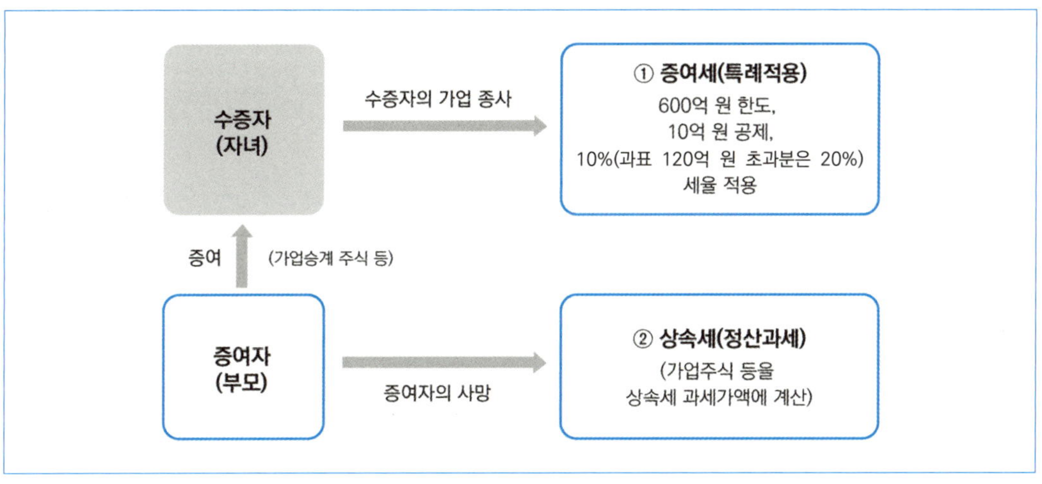

(2) 과세특례 적용요건

요건	기준	상세내역
가업	계속 경영 기업	증여자가 10년 이상 계속하여 경영한 기업
	중소기업	증여일이 속하는 소득세 과세기간 또는 법인세 사업연도의 직전 과세기간 또는 사업연도 말 현재 아래에 따른 요건을 모두 갖춘 기업 • 상증령 별표에 따른 가업상속공제 적용 업종을 주된 사업으로 영위 • 조특령 §2①1,3호 요건(중소기업기본법상 매출액, 독립성 기준)을 충족 • 자산총액 5천억원 미만
	중견기업	증여일이 속하는 소득세 과세기간 또는 법인세 사업연도의 직전 과세기간 또는 사업연도 말 현재 비고에 따른 요건을 모두 갖춘 기업 • 상증령 별표에 따른 가업상속공제 적용 업종을 주된 사업으로 영위 • 조특령 §9④1,3호 요건(중견기업 성장촉진 및 경쟁력 강화에 관한 특별법 시행령§2②1호, 독립성 기준)을 충족 • 증여일의 직전 3개 소득세 과세기간 또는 법인세 사업연도의 매출액*의 평균금액이 5천억원 미만 *기업회계기준에 따라 작성한 손익계산서상의 매출액
수증자	연령	18세 이상 거주자인 자녀
	가업종사	신고기한까지 가업 종사, 증여일로부터 3년 이내 대표이사 취임
증여자	연령	60세 이상인 수증자의 부모
	주식 보유기준	증여자 포함한 최대주주 등 지분 40%(상장법인은 20%) 이상을 10년 이상 계속하여 보유
	대표이사 요건	가업의 영위 기간 중 다음의 어느 하나에 해당하는 기간을 대표이사로 재직할 것 • 100분의 50 이상의 기간 • 증여일부터 소급하여 10년 중 5년 이상의 기간
증여물건	주식	가업법인의 주식 또는 출자지분 증여

※ 일반적 증여와 가업승계주식 특례적용 증여에 따른 납부세액 비교

▶30년 이상 경영한 중소기업(甲) 주식 80%를 보유한 부친이 성인자녀에게 주식을 증여
▶중소기업(甲)은 총자산가액 중 사업관련 자산가액 비율이 100%임

① 주식증여가액이 70억원인 경우

일반적 증여인 경우	구분	특례적용 대상인 경우
70억원	증여세 과세가액	70억원
(0.5억원)	증여공제	(10억원)
69.5억원	증여세 과세표준	60억원

일반적 증여인 경우	구분	특례적용 대상인 경우
50%(누진공제 4.6억원)	세율(누진공제 포함)	10%(120억원 초과분은 20%)
30억 1,500만원	산출세액	6억원
(9,045만원)	신고세액 공제	–
29억 2,455원	자진납부 세액	6억원

* 가업승계주식 특례 적용 시 23억 2,455만원의 증여세를 적게 부담

② 주식승여가액이 600억원인 경우

일반적 증여인 경우	구분	특례적용 대상인 경우
600억원	증여세 과세가액	600억원
(0.5억원)	증여공제	(10억원)
599.5억원	증여세 과세표준	590억원
50%(누진공제 4.6억원)	세율(누진공제 포함)	10%(120억원 초과분은 20%)
295억 1,500만원	산출세액	106억원
(8억 8,545만원)	신고세액 공제	–
286억 2,955만원	자진납부 세액	106억원

– 증여세 산출세액(106억원) = [(600억원 − 130억원) × 20%] + [(130억원 − 10억원) × 10%]

* 가업승계주식 특례 적용 시 180억 2,955만원의 증여세를 적게 부담

1) 수증자 요건

- 증여일 현재 18세 이상이고 거주자인 자녀
- 가업 주식을 증여받은 수증자 또는 그 배우자가 증여세 신고기한(증여일의 말일부터 3개월)까지 가업에 종사하고, 증여일로부터 3년 이내에 대표이사에 취임해야 함.

2) 증여자 요건

- 가업주식의 증여일 현재 중소기업 등인 가업을 10년 이상 계속하여 경영한 60세 이상인 수증자의 부모(증여 당시 부모가 사망한 경우에는 그 사망한 부모의 부모를 포함)이어야 함.
- 증여자는 최대주주로서 그와 특수관계인의 주식을 합하여 해당 법인의 발행주식총수 또는 출자총액의 100분의 40(상장법인은 100분의 20) 이상의 주식 등을 10년 이상 계속하여 보유하여야 함.

- 가업의 영위기간 중 100분의 50 이상의 기간 또는 증여일부터 소급하여 10년 중 5년 이상의 기간동안 대표이사로 재직해야 함.

3) 증여세 과세특례 신청 요건

- 증여세 신고기한까지 과세표준 신고서와 함께 「가업승계 주식 등 과세특례신청서」를 납세지 관할세무서장에게 제출
- 신고기한까지 신청하지 아니하면 과세특례를 적용받을 수 없음.

(3) 일반증여와 차이점

① 가업 주식 등의 가액 중 가업자산상당액에 대한 증여세의 과세가액(600억원한도)에서 10억원을 공제한 후 10%(과세표준이 120억원을 초과하는 경우 그 초과금액에 대해서는 20%) 세율을 적용하여 증여세를 계산함.

- 이 경우 해당 증여 전에 이미 부모로부터 동일한 가업 주식을 증여받은 가액은 합산해야 하며, 합산한 결과 600억원을 초과한 가액은 과세특례가 적용되지 않으므로 누진세율(10% ~ 50%)을 적용하여 증여세를 계산함.

  * 가업자산상당액: 증여한 주식가액 × (1 − 업무무관 자산가액) / 총 자산총액

② 증여세 신고세액공제는 받을 수 없음.

③ 일반증여재산(증여세 과세특례가 적용된 주식 등 외의 재산)과 합산하지 않음.

  * 가업승계 주식은 가업승계주식과, 일반증여재산은 일반증여재산과 각각 합산

④ 상속세 종합한도액 계산 시 세액계산 특례

- 일반재산은 10년 이내 증여분만 상속세과세가액에 합산하지만, 증여세 과세특례가 적용된 주식 등의 가액은 기간에 관계없이 증여 당시 평가액이 상속세 과세가액에 산입하여 상속세로 다시 정산함.
- 다만, 상속공제 종합한도액을 계산하는 경우 증여세 과세특례가 적용된 주식 등의 가액은 가산하는 증여재산가액으로 보지 아니하고 공제한도액을 계산하게 되므로 공제한도액이 커지게 됨.

  * 가업의 승계에 대한 증여세액은 상속세 산출세액에서 공제하며 이 경우 공제할 증여세액이 상속세 산출세액보다 많은 경우 그 차액에 상당하는 증여세액은 환급하지 아니함.

※ 참고 [일반증여와 가업승계에 대한 증여세 과세특례 비교]

구분	일반적인 증여	가업승계 증여세 과세특례
증여공제	5천만원	10억원
세율	10~50%	10~20%(600억원 한도)
증여세신고 세액공제	가능	불가능
상속재산 가산	10년 내 증여받은 경우 상속재산에 가산	기간에 관계없이 무조건 상속재산에 가산

(4) 가업승계 주식증여특례 요건 해석

① 부모로부터 각각 주식을 증여받는 경우 모두 가업승계 증여세 과세특례를 적용받을 수 있는지 여부

- 가업을 승계한 후 가업의 승계 당시 「상속세 및 증여세법」 제22조 제2항에 따른 최대주주 또는 최대출자자에 해당하는 자로부터 증여받는 경우에는 적용되지 않는 것임.(서면-2020-상속증여-0694, 2020.6.3.)

② 자녀가 증여일 전 대표이사로 취임한 이후 주식을 증여해도 증여세 과세특례 규정 적용되는지 여부

- 다른 요건을 모두 충족하였다면 수증자가 가업의 승계를 목적으로 주식 등을 증여받기 전에 해당 기업의 대표이사로 취임한 경우에도 적용되는 것임.(재산세과-326, 2010.5.25.)

③ 부친이 가업 주식 전부를 증여한 후 사망으로 상속이 개시되는 경우 피상속인 주식 보유요건을 제외한 가업상속 요건을 갖춘 경우 가업상속공제 가능한지 여부

- 피상속인이 보유한 가업의 주식 등 전부를 증여해서 주식보유요건을 충족하지 못하는 경우에도 상속인이 증여받은 주식 등을 상속개시일 현재까지 피상속인이 보유한 것으로 보아 가업상속공제 가능.(조특령 §27의6⑨1단서조항)
  ※ '20.2.11. 이후 증여자(피상속인)가 모든 주식 증여 후에도 가업상속공제 적용 가능

(5) 사후관리 의무와 추징

1) 사후관리 의무

- 가업승계 증여세 과세특례를 적용받았다 하더라도 수증자가 증여일 이후에 정당한 사유 없이 아래의 세법에서 정한 사후의무요건을 이행하지 아니한 경우에는 증여세가 부과된다.
- 사후관리기간: 5년

① 가업종사: 증여세 과세표준 신고기한까지 가업에 종사하고 증여일부터 3년 이내에 대표이사로 취임하고 5년까지 대표이사를 유지하여야 함.

② 가업유지: 1년 이상 해당 가업을 휴업하거나 폐업하지 않고 주된 업종을 변경*하지 않아야 함.

   * 단, 대분류 내에서 업종을 변경하는 경우와 평가심의위원회 심의를 거쳐 중분류 외 변경 허용

③ 지분유지: 해당 수증자의 지분이 감소하지 않아야 함.

2) 가업승계 불이행시 추징

- 가업 주식의 증여일부터 5년까지 정당한 사유 없이 가업승계 의무를 이행하지 아니한 경우에는 해당 가업 주식의 가액을 일반 증여재산으로 보아 이자상당액과 함께 기본세율(10%~50%)로 증여세를 다시 부과함.
- 이 경우 사유발생일이 속하는 달의 말일부터 3개월 이내에 「가업승계 증여세 과세특례 추징사유 신고 및 자진납부 계산서」를 관할 세무서에 신고 납부하여야 함.

※ 이자상당액

결정한 증여세액 × 당초 증여받은 주식 등에 대한 증여세과표 신고기한의 다음날부터 추징사유 발생일까지 일수 $\times \dfrac{2.2^*}{10,000}$

* '22.2.14. 이전 기간은 2.5/10,000

3) 사후 의무이행 위반으로 증여세가 추징되는 경우

① 가업을 승계하지 아니한 경우

- 수증자가 증여세 신고기한까지 가업에 종사하지 아니하거나 증여일로부터 3년 이내에 대표이사에 취임하지 아니한 경우

② 주식 등을 증여받은 날로부터 5년 이내에 정당한 사유 없이 다음에 해당하게 된 경우

a. 가업에 종사하지 아니하거나 가업을 휴업하거나 폐업하는 경우

ⓐ 수증자(배우자 포함)가 주식 등을 증여받은 날부터 5년까지 대표이사직을 유지하지 아니하는 경우

ⓑ 가업의 주된 업종을 변경하는 경우(한국표준산업분류에 따른 대분류 내에서 업종을 변경하는 경우와 평가심의위원회 승인을 거쳐 대분류 외 변경하는 경우는 제외)

ⓒ 가업을 1년 이상 휴업(실적이 없는 경우 포함)하거나 폐업하는 경우

b. 주식 등을 증여받은 수증자의 지분이 감소하는 경우

ⓐ 수증자가 증여받은 주식을 처분하는 경우

- 합병·분할 등 조직변경에 따른 처분으로서 수증자가 최대주주 등에 해당하는 경우는 제외
- 「자본시장과 금융투자업에 관한 법률」 제390조 제1항에 따른 상장규정의 상장요건을 갖추기 위하여 지분을 감소시킨 경우는 제외(2015.2.3.이 속하는 사업연도분부터 적용)

ⓑ 증여받은 주식을 발행한 법인이 유상증자 등을 하는 과정에서 실권 등으로 수증자의 지분율이 낮아지는 경우

- 해당 법인의 시설투자·사업규모의 확장 등에 따른 유상증자를 하면서 수증자의 특수관계인 외의 자에게 신주를 배정하기 위하여 실권하는 경우로서 수증자가 최대주주등에 해당하는 경우는 제외
- 해당 법인의 채무가 출자전환됨에 따라 수증자의 지분율이 낮아지는 경우로서 수증자가 최대주주 등에 해당하는 경우는 제외

ⓒ 수증자와 특수관계에 있는 자의 주식처분 또는 유상증자시 실권 등으로 지분율이 낮아져 수증자가 최대주주 등에 해당되지 않는 경우

4) 증여세가 추징되지 않는 정당한 사유

- 사후의무 이행을 위반하더라도 다음과 같은 정당한 사유가 있는 경우에는 증여세가 추징되지 않을 수 있음.
  ① 수증자가 사망한 경우로서 수증자의 상속인이 상속세 과세표준 신고기한까지 당초 수증자의 지위를 승계하여 가업에 종사하는 경우
  ② 수증자가 증여받은 주식 등을 국가 또는 지방자치단체에 증여하는 경우
  ③ 수증자가 법률에 따른 병역의무의 이행, 질병의 요양, 취학상 형편 등으로 가업에 직접 종사할 수 없는 부득이한 경우
- 다만, 증여받은 주식 또는 출자지분을 처분하거나 그 부득이한 사유가 종료된 후 가업에 종사하지 아니하는 경우는 제외

(6) 최근 개정사항

① 가업승계 증여세 과세특례 한도 확대 등(2023.1.1. 개정)
  (조특법 §30의6, 조특령 §27의6)

종전	개정
□ 가업승계 증여세 과세특례	□ 과세특례 한도 확대 등

• (요건) 자녀가 부모로부터 가업의 주식등을 증여받아 가업을 승계
– (대상) ①중소기업 및 ②중견기업(매출액 4천억원 미만)
– (증여자 지분 요건) 최대주주* 등으로 지분 50%(상장법인 30%) 이상 10년 이상 계속 보유
    * 주주 등 1인과 특수관계인의 보유주식 등을 합하여 최대주주 또는 최대출자자
	• 적용대상 확대 및 지분요건 완화
	
	– ①중소기업 및 ②중견기업(매출액 5천억원 미만)
	– 50%(상장법인 30%) 이상
	   → 40%(상장법인 20%) 이상

• (특례) 증여세 과세가액 100억원 한도로 5억원 공제 후 10~20% 증여세율 적용	• 가업영위기간에 따라 최대 600억원* 한도로 10억원 공제 후 10~20% 증여세율 적용 * 가업영위기간 10년 이상: 300억원, 20년 이상: 400억원, 30년 이상: 600억원

– 30억원 이하: 10%,
  30억원 초과: 20%
	– 120억원 이하: 10%,
	  120억원 초과: 20%(2024년 개정)

• (사후관리) 사후관리 위반시 증여세 및 이 자상당액 부과	• 사후관리 완화
– (사후관리 기간) 7년	– 7년 → 5년

– (가업 유지) 5년 이내 대표이사 취임 & 7
  년간 유지
	– 대표이사 취임: 5년 → 3년
	  대표이사직 유지: 7년 → 5년

– (업종 유지) 표준산업분류상 중분류 내 업 종변경 허용	– (좌 동)
– (지분 유지) 증여받은 주식 지분 유지	– (좌 동)

🔵 〈개정이유〉 중소·중견기업의 원활한 가업승계 지원

🔵 〈적용시기〉 '23.1.1. 이후 증여받는 분부터 적용

🔵 〈특례규정〉 (사후관리 완화) '23.1.1. 현재 사후관리 중인 경우에도 개정규정 적용(단, 대표이사 취임 기한은 종전 규정 적용)

---

1. 경과규정 적용 여부: 개정 이후 사후관리 5년
   제35조(가업의 승계에 대한 증여세 과세특례에 관한 경과조치 등)

① 이 법 시행 전에 증여를 받은 경우의 가업의 승계에 대한 증여세 과세특례에 관하여는 제30조의6 제1항의 개정규정에도 불구하고 종전의 규정에 따른다.
② 제30조의6 제3항의 개정규정은 다음 각 호의 요건을 모두 충족하는 자 및 이 법 시행 전에 증여를 받은 경우로서 이 법 시행 이후 증여세 과세표준을 신고하는 자에 대해서도 적용한다.
  1. 이 법 시행 전에 제30조의6 제1항에 따른 과세특례를 적용받았을 것
  2. 이 법 시행 당시 주식등을 증여받은 날부터 7년이 경과하지 아니하였을 것
  3. 이 법 시행 전에 종전의 제30조의6 제3항에 따른 증여세 및 이자상당액이 부과되지 아니하였을 것

---

2. 대표이사 5년 기산일: 증여일부터 3년 내 대표이사 취임, 증여받은 날부터 5년까지 유지

조특법 제30조의6(가업의 승계에 대한 증여세 과세특례)	
증여특례 요건	① 가업을 대통령령으로 정하는 바에 따라 가업을 승계한 경우

사후관리
요건
	③ 제1항에 따라 주식 등을 증여받은 자가 대통령령으로 정하는 바에 따라 가업을 승계하지 아니하거나 가업을 승계한 후 주식 등을 증여받은 날부터 5년 이내에 대통령령으로 정하는 정당한 사유 없이 다음 각 호의 어느 하나에 해당하게 된 경우
	  1. 가업에 종사하지 아니하거나 가업을 휴업하거나 폐업하는 경우
	  2. 증여받은 주식 등의 지분이 줄어드는 경우

조특법 시행령 제27조의6(가업의 승계에 대한 증여세 과세특례)	
증여특례 요건	① 법 제30조의6 제1항 각호 외의 부분 본문에서 "대통령령으로 정하는 바에 따라 가업을 승계한 경우"란 해당 가업의 주식 또는 출자지분을 증여받은 자 또는 그 배우자가 증여세 과세표준 신고기한까지 가업에 종사하고 증여일부터 3년 이내에 대표이사에 취임하는 경우를 말한다.
사후관리 요건	③ 법 제30조의6 제3항에서 가업을 승계하지 아니한 경우란 제1항에 따라 가업을 승계하지 않는 경우를 말한다. 　1. 수증자(제1항에 따른 수증자의 배우자를 포함한다)가 주식등을 증여받은 날부터 5년까지 대표이사직을 유지하지 아니하는 경우 　2. 「상속세 및 증여세법시행령」 제15조 제11항 제2호 또는 제3호에 해당하는 경우

② 가업승계 증여세 과세특례 요건 합리화(조특령 §27의6)

종전	개정
□ 가업승계 증여세 특례제도*가 적용되는 요건 　* 18세 이상 거주자가 60세 이상 부모로부터 10년 이상 계속하여 경영한 가업의 주식등을 증여받고 가업을 승계한 경우 증여세 저율과세(120억원 이하 10%, 120억원 초과 20%) ① (대상) 가업상속공제 적용대상 업종을 영위한 중소기업 및 매출액 5천억원 미만 중견기업 ② (증여자) 최대주주등으로서 발행주식총수의 40%* 이상 10년 이상 계속 보유 　* 상장기업은 20% 이상 〈추 가〉	□ 증여자의 대표이사 재직요건 추가 • (좌 동) − 다음 어느 하나의 기간 중 대표이사로 재직(「상속세 및 증여세법 시행령」 별표에 따른 업종으로서 한국표준산업분류상 동일한 대분류 내의 다른 업종으로 주된 사업을 변경하여 영위한 기간 합산) • 가업영위기간의 50% 이상 • 증여일부터 소급하여 10년 중 5년 이상

🔵 〈개정이유〉 가업승계 증여세 특례제도 합리화

🔵 〈적용시기〉 영 시행일 이후 증여받는 분부터 적용

■ 2023년도 가업승계증여특례와 창업자금증여특례 신청현황

[단위 : 백만원]

구분	2023							
	창업자금				가업의 승계			
	과세		과세미달		과세		과세미달	
	건수	증여재산가액	건수	증여재산가액	건수	증여재산가액	건수	증여재산가액
2023년	23	22,073	108	15,570	177	362,638	137	59,080
납세지별	23	22,073	108	15,570	177	362,638	137	59,080
서울	7	4,306	29	3,837	50	107,606	43	18,889
인천	1	600	10	763	11	27,257	7	4,130
경기	4	8,667	34	5,496	48	83,970	38	15,548
강원	0	0	1	150	2	4,851	0	0
대전	0	0	2	400	2	11,739	6	1,503
충북	0	0	1	100	2	1,625	1	400
충남	3	151	6	523	4	2,826	0	0
세종	1	400	0	0	0	0	1	5
광주	0	0	3	469	4	10,211	2	802
전북	0	0	0	0	2	1,727	1	13
전남	0	0	3	515	1	169	2	1,461
대구	1	2,000	4	705	14	26,908	2	927
경북	2	650	4	600	3	4,390	5	1,788
부산	3	3,300	3	575	24	56,668	18	9,033
울산	0	0	1	100	0	0	2	571
경남	0	0	7	1,338	7	15,310	8	3,653
제주	1	2,000	0	0	3	7,384	1	358

[가업승계 계산사례]

(조특)30의6-27의6-3 증여세 과세특례 적용 후 가업상속 계산사례

Q. 설립 후 30년 이상 제조업을 영위한 A가 가업승계하는 경우

※ A가 회사 지분 100%를 보유중이며(1주당 평가액 1,000,000원 주식수 100,000주로 사업무관 자산 비율은 40%로 계속 유지 가정) 15년 후 기업가치의 상승으로 평가액은 주당 2,000,000원 으로 예상

① 2025.4.1. 전체 지분율 100%를 자녀에게 가업승계시 세부담

증여방법	가업승계 증여세 과세특례 적용	
구분	과세특례 적용	일반(사업무관자산분)
주식수	100,000주	
주식가액	1,000,000원	
증여재대상 기업 가치	1,000억원	
증여재산가액	600억원	400억원
증여공제	(10억원)	(0.5억원)
과세표준	590억원	399.5억원
세율	10%(120억원 초과분은 20%)	50%(누진공제 4.6억원)
산출세액	106억원	195.1억원
신고세액 공제(3%)		5.8억원
납부세액	106억원	189.3억원
총 세액	295.3억원	

② 가업승계 15년 후 상속이 개시된 경우 세액비교[*]

구분	가업승계 증여세 과세특례 적용 후		가업상속만 적용
	① 가업상속공제 적용	② 가업상속공제 미적용	
증여특례재산	600억원	600억원	–
사전증여재산	–	–	–
총 상속재산	600억원	600억원	2,000억원
일괄공제	(5억원)	(5억원)	(5억원)
가업상속공제	(595억원)		(600억원)
과세표준		595억원	1,395억원
세율	50% (누진공제 4.6억원)	50% (누진공제 4.6억원)	50% (누진공제 4.6억원)
산출세액		292.9억원	692.9억원
증여세액공제	(106억원)	(106억원)	–
신고세액공제		(5.4억원)	(20.8억원)
납부세액	–	181.5억원	672.1억원
총 부담세액 (상속세 + 증여세)	① 295.3억원	② 476.8억원	③ 672.1억원

※ 위 계산사례와 같이 상속세 계산시 상속재산가액은 증여 당시의 시가로 합산되기 때문에 증여 이후 큰 폭의 기업가치 상승이 예상되는 기업은 가업승계증여세 과세특례 활용이 유리하다.

다만, 기업여건에 따라 가업승계 증여 과세특례가 유리한지 가업상속공제 적용이 유리한지는 달라질 수 있으므로 충분히 검토해야 한다.

(7) 기타 예규 및 판례

1) 가업승계에 대한 증여세 과세특례는 수증자가 증여세 과세표준 신고기한까지 가업에 종사하고 증여일부터 5년 이내에 공동대표이사에 취임하는 경우에도 적용됨.(재산-2081, 2008.8.1.)

2) 가업승계에 대한 증여세 과세특례 적용 시 증여자의 대표이사 요건은 필요치 않으나, 증여일 전 10년 이상 계속하여 해당 가업을 영위한 것으로 확인되어야 하는 것이며, 다른 요건을 모두 충족했다면 수증자가 가업의 승계를 목적으로 주식 등을 증여받기 전에 해당 기업의 대표이사로 취임한 경우에도 적용되는 것임.(재산-328, 2010. 5.25.)

3) 가업을 10년 이상 계속하여 영위하였는지를 판단할 때, 증여자가 개인사업자로서 영위하던 가업을 동일한 업종의 법인으로 전환된 경우로서 증여자가 법인설립일 이후 계속하여 당해 법인의 최대주주 등에 해당하는 경우에는 개인사업자로서 가업을 영위한 기간을 포함하여 계산하는 것임.(재산-625, 2009.3.25., 서면4팀-998, 2008. 4.22.).

4) 개인사업체의 경우에는 가업의 승계에 대한 증여세 과세특례 규정이 적용되지 아니함.(재산-1556, 2009.7.27.)

5) 증여자의 가업영위 기간 중 대표이사 재직요건을 요하지는 않으나 증여일 전 10년 이상 계속하여 해당 가업을 실제 영위한 것으로 확인되어야 하는 것임.(재산-779, 2009.11.19.)

6) 가업승계에 대한 증여세 과세특례는 증여자인 60세 이상의 부 또는 모가 각각 10년 이상 계속하여 가업을 경영한 경우에 적용되는 것임.(기재부 재산-825, 2011. 9.30.)

7) 해당 기업이 2 이상의 서로 다른 사업을 영위하는 경우(동일 법인이 제조업과 부동산임대업을 영위하는 경우) 주된 사업을 기준으로 중소기업 해당 여부를 판정함에 있어서 당해법인 또는 거주자가 영위하는 사업 전체의 종업원수·자본금 또는 매출액을 기준으로 하여 판정하는 것이며, 1주당 증여세 과세가액 산정은 「상속세 및 증여세법 시행령」 제15조 제5항 제2호의 산식을 준용하여 계산함.(서면법규과-634, 2013. 5.31.)

8) 증여세 과세특례 적용하여 증여받은 후 상속재산가액에 가산한다는 의미?

증여세 과세특례로 증여받은 후 상속이 개시되면 가업상속공제의 사후관리를 받지 않아도 되는지?
→ 증여세 과세특례를 적용받은 주식은 증여세 납부세액의 면제제도가 아니라 사전 증여시 저율로 과세하고, 상속 시 정산하는 상속세의 선납적 성격을 지니고 있는 제도로써, 일반적인 증여재산의 합산기간(10년)에도 불구하고 증여기간에 관계없이 상속세 과세가액에 가산.
증여세 과세특례를 적용받은 후 가업상속공제 후에도 가업상속공제 사후관리 적용.

9) 부친(50%), 부친의 지인 을(50%)인 법인에서 을이 부친의 상의 없이 그 자녀에게 지분을 가업의 승계에 대한 증여세 과세특례 통하여 증여, 수증자가 사후관리 요건을 위배하여 증여세가 추징됨. 이 경우 부친이 자녀에게 증여 시 증여세 과세특례를 다시 적용받을 수 있는지?
→ 적용받을 수 없음. 다만, 을의 자녀가 주식을 추가로 증여받는 경우에는 과세특례 한도 내에서 적용받을 수 있음.

10) 과세특례를 적용받고자 하는 법인이 분할신설법인인 경우 분할 전 분할법인의 사업기간을 인정받을 수 있는지?
→ 분할신설법인의 사업영위기간은 분할 전 분할법인의 사업개시일부터 계산하여 적용됨.

11) 회사의 지분비율이 66%로써 증여세 과세특례제도를 활용하여 자녀에게 지분을
증여할 예정, 증여후 IPO가 증여에 미치는 영향이 있는지?

→ 최대주주 등의 특수관계인이 바상장주식을 증여받거나 취득한 날부터 5년 이내
에 증권시장(코넥스는 제외)에 상장됨에 따라 이익을 얻은 경우 이 이익이 기준
금액 이상이라면 그 이익에 상당하는 금액을 증여재산액으로 하고 있음.(상증법
제41조의3)

다만, 증여세 과세특례 적용대상 주식의 경우, 증여세 과세특례 대상 주식의 과
세가액과 증여이익을 합하여 100억원까지 납세자의 선택에 따라 증여세 과세특
례 적용 가능. 7년 이내 주식의 지분이 줄어들 경우 추징하는 사후관리의 경우
"상장규정의 상장요건을 갖추기 위하여 지분을 감소시킨 경우"에 해당하는 경우
추징배제사유에 해당하는 것으로 규정.

12) 사업체가 2개인 경우 각각 장남, 차남에게 주식을 증여 시 증여세 과세특례가
적용되는지?

→ 2020.1.1.부터 가업을 승계한 거주자가 2인 이상인 경우에도 각 거주자가 증여
받은 주식 등을 1인이 모두 증여받은 것으로 보아 과세특례를 적용하도록 법이
개정.

두 개의 회사를 각각 장남 및 차남에게 증여하는 경우에도 적용 가능.

계산방법: 두 명의 수증자가 동시에 증여받은 경우에는 한 사람이 받은 것으로
계산 후 각 증여재산가액 비율로 안분 계산, 만약 순차적으로 받은 경우, 증여재
산가액을 합하여 한 사람이 받은 것으로 계산 후 종전에 계산한 증여세액을 기납
부세액으로 공제.

13) 증여세 과세특례를 적용받은 경우에도 연부연납이 가능한지?

→ 2014.12.31. 과세특례 한도액이 30억원에서 100억원으로 확대되어 납부할 세
액도 최대 3억원에서 16억원으로 증가하게 되면서 연부연납도 가능하게 됨.

14) 가업승계를 위한 증여세 과세특례와 가업상속공제의 사후관리 요건의 차이?

자산유지조건과 고용유지조건은 가업상속공제와 다르게 승계에 대한 증여세 과세특
례에는 적용되지 않음.

15) 자녀가 최대주주인 상태에서도 아버지의 지분에 대해서도 증여세 과세특례 적용가능한지와 공동대표인 배우자 지분도 과세특례가 적용가능한지 여부

→ 증여자와 그의 특수관계인의 보유주식등을 합하여 최대주주 등에 해당하는 경우에는 증여자 및 그의 특수관계인 모두를 최대주주 등으로 보며, 다른 요건 모두 충족한 경우 아버지의 지분에 대해서도 적용가능, 아버지의 지분에 더하여 공동대표이사로 재직 중인 배우자 을의 지분을 증여하는 경우 과세당국에서는 '증여자인 60세 이상의 부 또는 모가 각각 10년 이상 계속하여 가업을 경영한 경우에 한정하여 부모로부터 증여받는 주식 모두에 적용되는 것으로(상속증여세과-32, 2013.4.9.)이라고 해석하고 있음.

16) 가업승계 증여세 과세특례 후 10년 이내에 유상증자 등을 하는 과정에서 수증자의 모친이 주식을 취득함으로써 수증자의 지분이 감소한 경우에는 증여세를 부과하는 것이며, 이 때 이자상당액을 증여세액에 가산하여 부과함.(상속증여세과-281, 2014.7.31.)

17) 가업승계 증여세 과세특례 후 7년 이내에 정당한 사유없이 유상증자 등을 하는 과정에서 실권 등으로 수증자의 지분이 감소하는 경우 증여세를 부과하며, 이 경우 가업승계를 적용받은 주식등의 가액 전부에 대하여 증여세를 부과하는 것임.(상속증여세과-160, 2021.3.16.)

18) 당초 보유하던 주식뿐만 아니라 증여받은 주식 모두를 처분하지 않고 그대로 보유하고 있고, 지분율이 일시적으로 감소하였다가 다시 회복되었으므로 실질적인 주식의 감소로 보아 증여세를 과세하는 것은 무리가 있음.(적부-국세청-2021-0107, 2021.10.21.)
법조문 상 정당한 사유에 해당하지 않아 증여세를 과세하나 사실관계에 따라 과세하지 않은 케이스

19) 상증세법 제18조 제5항 제1호 다목은 '상속인의 지분이 감소한 경우'를 추징대상으로 규정하고 있는 바, 우선 '지분'이란 사전적 의미로 볼 때 공유자 각자의 지분

비율을 의미하므로 균등유상감자와 같이 유상감자하였더라도 청구인의 지분율이 유지되었다면 '지분이 감소한 경우'에 해당한다고 볼 수 없음.(조심-2017-부-5161, 2018.3.26.)

20) 피상속인이 10년 미만 보유한 주식도 증여세 과세특례를 적용받을 수 있는지?

➜ 증여자가 해당 주식을 10년 이상 보유할 것은 구 조세특례제한법 제30조의6 제1항에서 정한 가업의 승계에 대한 증여세 과세특례를 적용하기 위한 요건이라 할 수 없음.(대법원2019두44095, 2020.5.28.)

➜ 증여자가 10년 이상 보유하지 않는 주식이더라도 조특법 §30의6 및 조특령 §27의6 다른 요건을 충족한 경우 증여세 과세특례 적용 가능.(사전-2024-법규재산-0248, 2024.9.20.)

21) 10년 이상 경영한 기업(A)과 10년 미만 경영한 기업(B)이 합병 후, 그 합병존속법인(A)의 주식을 증여받는 경우 가업승계 증여세특례(조특법 §30의6)가 적용되는 것이며, 증여세 과세특례가 적용되는 주식등은 합병전에 A법인이 발행한 주식에 한정함.(재산세제과-1459, 2024.12.23.)

22) 가업에 해당하는 기업이 가업에 해당하지 않는 자회사를 흡수합병한 경우 가업상속 재산가액은 가업에 해당하는 법인의 주식가액에 총자산가액 중 사업무관자산을 제외한 자산가액이 총자산가액에서 차지하는 비율을 곱하여 계산하는 것임.(기획재정부 재산세제과-222, 2016.3.18.)

23) 가업상속공제대상 가업의 영위기간은 통계청장이 작성·고시하는 한국표준산업분류 상 동일한 대분류 내의 다른 업종으로 주된 사업을 변경하여 영위한 기간을 합산하는 것이며 가업상속재산가액은 증여받은 주식의 가액에 상속개시일 현재 업무용비율을 곱한 금액으로 계산한 가액임.(서면-2024-상속증여-2330, 2024.10.18.)

24) 조특법 §30의6에 따라 가업승계 증여세 특례주식을 증여받은 후 상속이 개시되는 경우, 중견기업은 「조세특례제한법」 제30조의6에 따른 증여세 과세특례를 받은 해당 주식 등에 한하여 상증령 §15⑥의 가업상속 재산가액에 포함됨.(사전-2023-법규

재산-0865, 2024.4.4.)

→ 중견기업은 가업상속재산 외의 상속재산이 가업상속인이 가업상속공제를 받지 않은 경우의 그 가업상속인이 납부할 의무가 있는 상속세액의 2배를 초과하는 경우 가업상속공제를 적용하지 않음. 이때, 이전 증여 당시 한도초과로 과세특례를 받지 못한 주식은 가업상속재산가액에 포함하지 않으며 과세특례를 받은 해당 주식만 상속공제 할 때 가업상속 재산가액에 포함할 수 있음.

25) 공동경영자가 특수관계에 해당되어 동일한 최대주주 등인 경우로서 공동경영자 일방의 자녀가 가업을 승계받은 후 다른 공동경영자의 자녀가 가업을 승계받는 것에 대해서는 증여세 과세특례가 적용되지 아니함.(서면-2016-상속증여-4650, 2016.9.27.)

26) 가업승계에 대한 과세특례는 가업상속요건을 충족하는 '중소기업 주식'을 증여받아 수증자가 법인 중소기업의 경영에 참여하는 경우에 한하여 적용하므로 개인공동사업자의 지분을 증여받은 경우에는 가업승계에 대한 증여세 과세특례에 해당되지 아니함.(조심-2011-중-3102, 2012.2.6.)

4 창업자금에 대한 증여세 과세특례

(1) 제도 개요

- 창업 활성화를 통하여 투자와 고용을 창출하고 경제 활력을 도모하기 위해 중소기업 창업자금에 대해서는 50억원(10명 이상 신규 고용하는 경우 100억원)을 한도로 5억원을 공제하고 10%의 저율로 증여세를 과세하고 증여자가 사망한 경우에는 증여시기에 관계없이 상속세 과세가액에 가산하여 상속세로 정산하는 제도다.(조특법 §30의5)

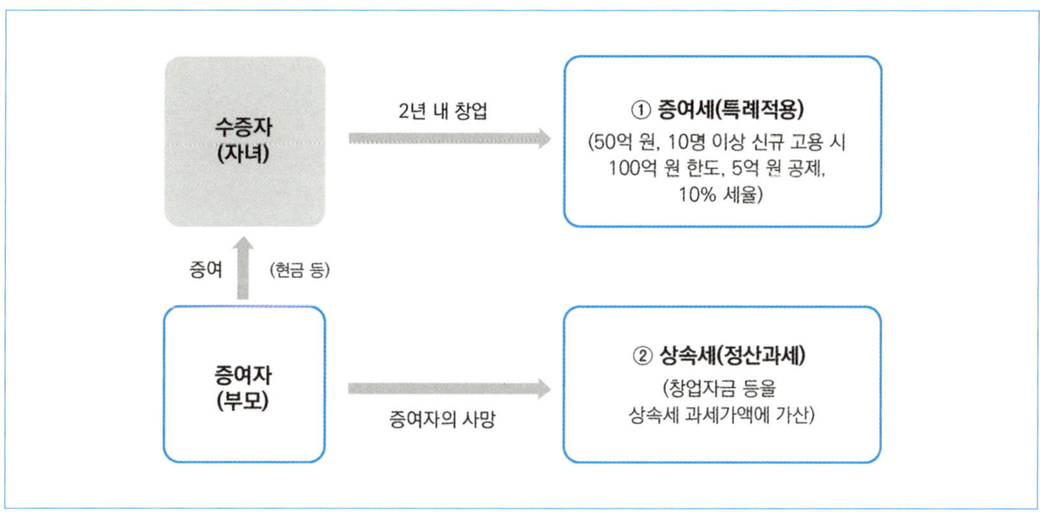

(2) 적용요건

요건	상세내역
수증자	18세 이상 거주자인 자녀
증여자	60세 이상인 수증자의 부모
증여물건	양도소득세 과세대상이 아닌 재산(현금과 예금, 소액주주 상장주식, 국공채나 회사채와 같은 채권 등) * 양도소득세 과세대상(소득세법 제94조 제1항) 토지 또는 건물, 부동산에 관한 권리(부동산을 취득할 수 있는 권리, 지상권, 전세권과 등기된 부동산 임차권), 주식 또는 출자지분(주권상장법인 소액주주 제외), 기타자산(사업용 고정자산과 함께 양도하는 영업권, 시설물 이용권 등)
중소기업 창업	2년 이내에 조특법 §6③에 따른 중소기업을 창업 * 창업 중소기업 등에 해당하는 업종(조특법 제6조 제3항) 광업, 제조업, 수도, 하수 및 폐기물 처리, 원료 재생업, 건설업, 통신판매업, 물류산업, 음식점업, 정보통신업 등

1) 수증자 요건

- 창업자금의 증여일 현재 수증자는 18세 이상인 거주자이어야 함.

  ※ 창업자금 증여세 과세특례는 수증자 수에 관계없이 특례적용이 가능.
  (부모가 장남과 장녀에게 50억원씩 창업자금을 증여하는 경우 각각 과세특례 적용 가능)

2) 증여자 요건

- 60세 이상의 부모(증여 당시 부모가 사망한 경우에는 그 사망한 부모의 부모를 포함)로부터 증여받아야 함.

3) 증여 물건

- 소득세법 제94조 제1항에서 규정한 양도소득세 과세대상이 아닌 재산이어야 하므로 창업자금 증여 목적물은 현금과 예금, 소액주주 상장주식, 국공채나 회사채와 같은 채권 등이어야 한다.

4) 과세특례 신청 요건

- 증여세 신고기한까지 증여세 과세표준신고서와 함께 「창업자금 특례신청 및 사용내역서」를 납세지 관할 세무서장에게 제출하여야 함.
- 10명 이상 신규 고용한 경우 「신규 고용명세서」를 제출하여야 함.
- 신고기한까지 신청하지 아니하면 과세특례를 적용받을 수 없음.

5) 창업의 기간

- 창업자금을 증여받은 자는 증여받은 날부터 2년 이내에 창업을 해야 함.

6) 창업자금의 사용기한

- 창업자금을 증여받은 자는 증여받은 날부터 4년이 되는 날까지 창업자금을 모두 해당 목적에 사용해야 함.

(3) 창업

1) 창업의 범위

'창업'이란 세법 규정에 따라 납세지 관할 세무서장에게 사업자등록 하는 것을 말하며, 사업용 자산을 취득하거나 확장한 사업장의 임차보증금 및 임차료를 지급하는 것을 포함함.

2) 창업으로 보지 않는 경우

① 합병, 분할, 현물출자 또는 사업의 양수를 통하여 종전의 사업을 승계

② 종진의 사업에 사용되던 자산을 인수 또는 매입하여 같은 종류의 사업을 하는 경우로서 인수 또는 매입한 자산가액의 합계액이 사업개시일이 속하는 과세연도의 종료일 또는 그 다음 과세연도의 종료일 현재 사업용자산의 총 가액에서 차지하는 비율이 100분의 30을 초과하는 경우

③ 거주자가 영위하던 사업을 법인으로 전환하여 새로운 법인을 설립하는 경우

④ 폐업 후 사업을 다시 개시하여 폐업 전의 사업과 같은 종류의 사업을 하는 경우

⑤ 다른 업종을 추가하는 등 새로운 사업을 최초로 개시하는 것으로 보기 곤란한 경우, 그 밖에 이와 유사한 것으로서 창업자금을 증여받기 이전부터 영위한 사업의 운용자금과 대체설비자금 등으로 사용하는 경우

(4) 과세특례의 세부내용

① 증여세 과세 시 증여세 과세가액(50억원 한도, 10명 이상 신규 고용하는 경우 100억원 한도)에서 5억원을 공제한 후, 10% 세율을 적용하여 증여세를 계산함.

- 창업자금을 2회 이상 증여받거나 부모로부터 각각 증여받는 경우에는 각각의 증여세 과세가액을 합산하여 적용함.
- 한도 초과분에 대하여는 과세특례가 적용되지 않으므로 누진세율(10%~50%)을 적용하여 증여세를 계산함.

② 창업자금 과세특례를 적용받은 경우에는 증여세 신고세액공제를 받을 수 없음.

③ 창업자금에 대한 증여세 과세특례가 적용되는 증여물건을 증여받은 경우 증여세 연부연납이 가능함.

④ 상속세 종합한도액 계산 시 세액계산 특례

- 일반재산은 10년 이내 증여분만 상속세과세가액에 합산하지만, 증여세 과세특례가 적용된 창업자금은 기간에 관계없이 증여 당시 평가액이 상속세 과세가액에 산입하여 상속세로 다시 정산함.
- 다만, 상속공제 종합한도액을 계산하는 경우 증여세 과세특례가 적용된 창업자금은

가산하는 증여재산가액으로 보지 아니하고 공제한도액을 계산하게 되므로 공제한도액이 커지게 됨.

 * 창업자금에 대한 증여세액은 상속세 산출세액에서 공제하며 이 경우 공제할 증여세액이 상속세 산출세액보다 많은 경우 그 차액에 상당하는 증여세액은 환급하지 아니함.

⑤ 증여세 과세특례가 적용된 창업자금과 일반증여재산(증여세 과세 특례가 적용된 창업자금 이외의 재산)은 합산하지 아니함.

 * 창업자금은 창업자금대로 합산하며, 10년 이내 일반증여재산은 일반증여재산대로 합산

⑥ 창업자금 과세특례는 가업승계 과세특례와 중복 적용받을 수 없고 한 가지만 선택하여 적용받을 수 있음.

(5) 창업자금 과세특례 후 사후의무요건

1) 창업자금 사용명세서 제출

창업자금을 증여받은 자가 창업하는 경우에는 대통령령으로 정하는 날*에 창업자금 사용명세**를 제출하여야 한다.

 * 창업일이 속하는 달의 다음달 말일, 창업일이 속하는 과세연도부터 4년 이내의 과세연도(창업자금을 모두 사용한 경우에는 그 날이 속하는 과세연도)까지 매 과세연도의 과세표준 신고기한
** 창업자금사용내역에는 증여받은 창업자금의 내역, 증여받은 창업자금의 사용내역 및 이를 확인할 수 있는 사항이 포함되어야 하고, 증여받은 창업자금이 50억원을 초과하는 경우에는 고용명세를 포함함.

2) 가산세 부과

- 창업자금 사용명세를 제출하지 않거나 제출된 창업자금 사용명세가 분명하지 않은 경우에는 미제출분 또는 불분명한 금액 × 3/1,000을 사용명세서 미제출 가산세로 부과함.
  - 사용명세서 미제출 가산세는 국세기본법 제49조(가산세 한도)에 따라 해당 의무를 고의적으로 위반한 경우가 아니라면 5천만원(중소기업이 아닌 경우 1억원) 한도로 함.

3) 창업자금 사용명세에는 다음의 내용이 포함되어야 함.

① 증여받은 창업자금의 내역
② 증여받은 창업자금의 사용내역 및 이를 확인할 수 있는 사항

③ 증여받은 창업자금이 50억원을 초과하는 경우에는 고용내역을 확인할 수 있는 사항(조세특례제한법 시행규칙[별지 제11호의6 서식 및 부표] 작성)

4) 사후 의무이행 위반 시 증여세 추징

- 창업자금을 증여받고 다음에 해당하는 경우에는 증여세와 상속세를 각각 부과하며, 1일 2.2/10,000으로 계산한 이자상당액을 증여세에 가산하여 부과함.

① 2년 이내에 창업하지 아니한 경우

→ 창업자금 전체 과세

② 창업자금으로 창업중소기업 등(조특법 제6조 제3항)에 해당하는 업종 외의 업종을 경영하는 경우

→ 해당 업종 외의 사용된 창업자금은 과세

③ 창업자금을 증여받아 2년 이내에 창업을 한 자가 새로 창업자금을 증여받아 당초 창업한 사업과 관련하여 사용하지 아니한 경우

→ 해당 목적에 사용되지 아니한 창업자금을 과세

④ 창업자금을 증여받은 날부터 4년이 되는 날까지 모두 해당 목적에 사용하지 아니한 경우

→ 해당 목적에 사용되지 아니한 창업자금은 과세

⑤ 증여받은 후 10년 이내에 창업자금(창업으로 인한 가치증가분 포함)을 해당 사업용도 외의 용도로 사용한 경우

→ 해당 사업용도 외의 용도로 사용된 창업자금은 과세

⑥ 창업 후 10년 이내에 해당 사업을 폐업하거나 휴업(실질적 휴업 포함)한 경우 또는 수증자가 사망한 경우

→ 창업자금(창업으로 인한 가치증가분 포함)은 과세

⑦ 증여받은 창업자금이 50억원을 초과하는 경우로서 창업한 날이 속하는 과세연도의 종료일부터 5년 이내에 각 과세연도의 근로자 수가 다음 계산식에 따라 계산한 수보다 적은 경우

→ 50억원을 초과하는 창업자금은 과세

창업한 날의 근로자수 − (창업을 통하여 신규고용한 인원 수 − 10명)

5) 증여세가 추징되지 않는 경우

- 아래 사유를 충족하고 해당 사업을 폐업하거나 휴업(실질적 휴업을 포함)한 경우로 보지 아니함.
① 부채가 자산을 초과하여 폐업하는 경우
② 최초 창업 이후 영업상 필요 또는 사업전환을 위하여 1회에 한하여 2년(폐업의 경우에는 폐업 후 다시 개업할 때까지 2년) 이내의 기간 동안 휴업하거나 폐업하는 경우(휴업 또는 폐업 중 어느 하나에 한함)

- 수증자가 사망한 경우로 보지 아니하는 경우
① 수증자가 창업자금을 증여받고 창업하기 전에 사망한 경우로서 수증자의 상속인이 당초 수증자의 지위를 승계하여 창업하는 경우
② 수증자가 창업자금을 증여받고 창업한 후 창업목적에 사용하기 전에 사망한 경우로서 수증자의 상속인이 당초 수증자의 지위를 승계하여 창업하는 경우
③ 수증자가 창업자금을 증여받고 창업을 완료한 후 사망한 경우로서 수증자의 상속인이 당초 수증자의 지위를 승계하여 창업하는 경우

6) 증여세 추징 시 이자상당액 가산

- 창업자금의 과세특례 적용을 부인하는 경우 일반 증여재산으로 보아 증여당시의 가액에 누진세율을 적용하여 계산한 세액에 이자상당액을 가산하여 추징함.

- 이자상당액

  = 결정한 증여세액 × 증여과세표준 신고기한의 다음날부터 추징사유 발생일까지 일수 × 2.2*/10,000

    * '22.2.14. 이전 기간은 2.5/10,000

(6) 개정사항

① 증여세 과세가액 한도 상향

종전	개정
□ 창업자금 증여세 과세특례	□ 적용한도 및 대상 확대
• (대상) 자녀가 부모로부터 증여받은 창업자금	• (좌 동)

• (특례) 증여세 과세가액 30억 원* 한도로 5억 원 공제 후 10% 증여세율 적용
  * 10명 이상 신규 고용 시 50억 원
	• 30억 원 → 50억 원*
	  * 50억 원 → 100억 원

• 창업 제외 대상
  − 합병·분할·현물출자·사업 양수를 통해 종전의 사업승계
  − 종전의 사업에 사용되던 자산을 인수·매입하여 동종사업 영위
	• 제외 대상 축소
	  − (좌 동)
	
	  − 종전의 사업에 사용되던 자산을 인수·매입하여 동종사업을 영위하는 경우로서 자산가액에서 인수·매입한 사업용 자산이 30%를 초과하는 경우

💬 〈개정이유〉 창업 활성화 지원

💬 〈적용시기〉 '23.1.1. 이후 증여받는 분부터 적용

(7) 기타 예규 및 판례

1) 창업자금을 공동사업 또는 당해 거주자가 발기인이 되어 설립한 법인에 출자한 경우에는 창업자금에 대한 증여세 과세특례를 적용받을 수 있는 것이나, 증여받은 자금을 법인에 출자한 사실만으로 창업목적에 사용한 것으로 보지는 아니함.(서면4팀 -1393, 2007.4.30.)

2) 수증자가 2인 이상인 경우 수증자별로 각각 창업자금 증여세 과세특례를 적용받을 수 있으며, 공동으로 창업한 경우에도 수증자별로 적용받을 수 있음.(재산-4457, 2008.12.30.)

3) 창업자금을 2회 이상 증여받거나 부모로부터 각각 증여받는 경우에는 각각의 증여세 과세가액을 합산하여 적용하는 것이며, 창업자금을 증여받아 창업을 한 자가 새로이 창업자금을 증여받아 1년 이내에 당초 창업한 사업과 관련하여 사용하는 경우에는 동 특례규정이 적용되는 것임.(재산-4455, 2008.12.30.)

4) 창업자금에 대한 증여세 과세특례를 적용받기 위해서는 「조세특례제한법」 제6조 제3항 각호에 따른 업종을 영위하는 중소기업을 창업하여야 하는 것임.(상속증여세과 -360, 2014.9.22.)

5) 창업자금을 증여받아 부모가 영위하던 사업과 동종의 사업을 개시하여도 창업에 해당되어 증여세 과세특례가 적용됨.(서면4팀-3162, 2006.9.14.)

6) 개인사업을 영위하는 거주자가 다른 장소에서 동종의 사업을 개시하거나 다른 업종을 추가하는 등 새로운 사업을 최초로 개시한 것으로 보기 곤란한 경우에는 창업으로 보지 아니 하므로 과세특례가 적용되지 않음.(서면4팀-3160, 2006.9.14.)

7) 창업자금에 대한 증여세 과세특례를 적용받은 후 그 증여일로부터 10년 이내에 당해 사업용도 외의 용도로 사용한 창업자금 등(창업한 사업에서 발생한 이익 및 창업에 사용된 재산의 가치 증가분 포함)은 증여세를 부과함.(서면4팀-2895, 2007.10.9.)

8) 부동산임대업으로 사업자등록을 하고 증여받은 창업자금으로 당해 부동산 취득 자금으로 사용하는 경우 증여세 과세특례를 적용하지 아니함.(서면4팀3430, 2007. 11.28.)

9) 창업자금에 대한 증여세 과세특례를 적용할 때 사업의 양수를 통하여 종전의 사업을 승계하거나 종전의 사업에 사용되던 자산을 인수 또는 매입하여 동종의 사업을 영위하는 경우에는 과세특례가 적용되지 않음.(재산-4457, 2008.12.30.)

10) 창업자금을 증여받은 자가 창업자금에 대한 증여세를 창업자금으로 납부하는 경우 증여세 납부 세액 상당액은 "해당 사업용도 외의 용도로 사용된 창업자금"에 해당하는 것임.(재산-361, 2011.7.28.)

11) 조세특례제한법 제30조의5에 따른 창업자금에 대한 증여세 과세특례를 적용받은 후 증여자가 사망하여 창업자금에 대하여 상속세를 신고한 경우에도 창업자금 사후관리 적용됨.(기재부 재산-678, 2011.8.22.)

12) 창업자금을 증여받아 창업을 한 자가 새로 창업자금을 증여받아 2년 이내에 당초 창업한 사업과 관련하여 사용하는 경우에도 모두 합하여 30억원(창업을 통하여 10명 이상을 신규 고용한 경우에는 50억원)까지는 해당 특례규정이 적용되는 것이나, 창업 후 대출금 상환목적으로 증여받은 자금은 이에 해당하지 않음.(상속증여세과-191, 2020.3.30.)

13) 창업자금을 증여받아 1년 이내에 창업을 한 자가 새로 창업자금을 증여받아 그 자금으로 증자를 하여 당초 창업자금중소기업의 사업과 관련하여 사용하는 경우에도 「조세특례제한법」 제30조의5의 규정을 적용받을 수 있음.(재산세과-247, 2012.7.4.)

14) 2개의 공동사업을 창업한 후 공동사업의 지분을 정리하여 단독사업으로 한 뒤 그 사업을 폐업하는 것은 2회 이상 폐업에 해당하므로 증여세 추징사유에 해당함.(서면법규과-528, 2013.5.9.)

15) 창업자금에 대한 증여세 과세특례를 적용받은 자가 가업승계에 대한 증여세 과

세특례 적용여부

- 창업자금에 대한 증여세 과세특례를 관할세무서장으로부터 적용받은 거주자는 일반세율을 적용하여 증여세를 수정신고할 경우에도 같은 법 제30조의6에 따른 가업의 승계에 대한 증여세 과세특례를 적용받을 수 없는 것임.(상속증여세과-395, 2013.7.22.)

16) 창업자금을 증여받아 법인과 개인사업을 각각 창업하여 증여세 과세특례를 적용받은 거주자가 창업 후 10년 이내에 개인사업을 폐업하고 법인에 사업을 양도하는 경우는 증여세가 부과되는 것임.(재산세과-167, 2009.9.9.)

5 창업중소기업 등에 대한 세액감면

(1) 제도 개요

중소기업 창업기반 조성을 위해서 획기적인 조세감면제도가 도입되었다.

(2) 감면대상과 감면금액

1) 창업중소기업

최초로 소득이 발생한 과세연도와 그 다음 과세연도의 개시일부터 4년 이내에 끝나는 과세연도까지 해당 사업에서 발생한 소득에 대한 소득세 또는 법인세에 다음 비율을 곱한 금액 감면한다.

창업일		2025년 12월 31일 이전		2026년 1월 1일 이후	
구분		청년창업 중소기업	창업 중소기업	청년창업 중소기업	창업 중소기업
수도권 과밀억제권역 외	수도권 외 또는 수도권 인구감소지역	100%	50%	100%	50%
	수도권			75%	25%
수도권 과밀억제권역		50%	–	50%	–

* 창업중소기업 중 수입금액이 8천만원 이하인 경우 청년창업 중소기업 감면율 반영한다.

2) 창업보육센터 사업자

 최초로 소득이 발생한 과세연도와 그 다음 과세연도의 개시일부터 4년 이내에 끝나는 과세연도까지 해당 사업에서 발생한 소득에 대한 소득세 또는 법인세의 50%를 감면한다.

3) 창업 후 3년 이내 벤처기업으로 확인받은 기업

 확인받은 날 이후 최초로 소득이 발생한 과세연도와 그 다음 과세연도의 개시일부터 4년 이내에 끝나는 과세연도까지 해당 사업에서 발생한 소득세 또는 법인세의 50%를 감면한다.

4) 창업일이 속하는 과세연도와 그 다음 3개 과세연도가 지나지 아니한 에너지신기술중소기업

 해당하는 날 이후 최초로 해당 사업에서 소득이 발생한 과세연도와 그 다음 과세연도의 개시일부터 4년 이내에 끝나는 과세연도까지 해당 사업에서 발생한 소득에 대한 소득세 또는 법인세의 50%를 감면한다.

5) 수도권 과밀억제권역 외 창업중소기업, 벤처기업, 에너지신기술중소기업이 신성장서비스업을 영위하는 경우 3년간 75%, 그 이후 2년간 25%를 감면한다.

6) 위 중소기업 등에 해당하면서 업종별최소고용인원 이상을 고용하는 기업의 상시근로자 수가 직전 과세연도보다 증가하는 경우 해당 사업에서 발생한 소득에 대한 소득세 또는 는 법인세에 직전과세연도 대비 증가한 상시근로자 비율을 더하여 감면한다. 이 때 100분의 1 미만 부분은 없는 것으로 보고 기존 감면세율과 더하여 100%를 한도로 한다.

 * 증가한 상시근로자 비율: $\dfrac{\text{해당과세연도의 상시근로자 수} - \text{직전과세연도의 상시근로자 수}}{\text{직전과세연도의 상시근로자수}}$

 * 업종별최소고용인원: 5명(광업·제조업·건설업 및 물류산업의 경우 10명)

7) 감면배제

- 감면을 적용받은 기업이 중소기업이 아닌 기업과 합병하는 등 「조세특례제한법 시행령」 제2조 제2항 각호에 의한 중소기업 유예기간 적용 배제 사유가 발생하는 경우 해당사유 발생일이 속하는 과세연도부터 감면을 배제한다.
- 내국법인이 감면대상 업종으로 창업하지 않은 경우에는 「조세특례제한법」 제6조 제2항에 따른 창업벤처중소기업에 대한 법인세 감면을 적용할 수 없는 것이고, 창업당시 업종에 다른 업종을 추가하는 경우는 창업으로 보지 않는 것임. (서면-2022-법인-1043, 2022.3.16.)
- 창업중소기업에 해당하는지 여부의 판단은 실지 영위하는 사업의 내용에 의하는 것임. 청구법인의 등기사항전부증명서에 의하면 목적사업에 건설업과 창업중소기업 제외 업종인 부동산임대업이 등재되어 있으나, 창업 이후 창업중소기업 대상업종인 건설업 외의 타업종을 영위한 사실이 나타나지 아니하므로 청구법인은 조세특례 제한법 상 창업중소기업에 해당하는 것으로 보는 것이 타당함.(조심 2014지1160, 2014.10.20.)
- 청년과 청년이 아닌 자가 각각 50%를 출자하여 법인을 설립하고, 청년과 청년이 아닌 자가 공동대표로 취임하여 사업을 운영하는 경우에는 「조세특례제한법」 제6조 제1항 제1호에 따른 청년창업중소기업에 대한 세액감면을 적용할 수 없는 것임.(서면-2021-법인-7074, 2021.12.9.)

(3) 과밀억제권역 범위

- 수도권정비계획법 시행령 [별표 1] 〈개정 2017.6.20.〉

과밀억제권역, 성장관리권역 및 자연보전권역의 범위(제9조 관련)

과밀억제권역	성장관리권역	자연보전권역
1. 서울특별시 2. 인천광역시[강화군, 옹진군, 서구 대곡동·불로동·마전동·금곡동·오류동·왕길동·당하동·원당동, 인천경제자유구역(경제자유구역에서 해제된 지역을 포함한다) 및 남동 국	1. 인천광역시[강화군, 옹진군, 서구 대곡동·불로동·마전동·금곡동·오류동·왕길동·당하동·원당동, 인천경제자유구역(경제자유구역에서 해제된 지역을 포함한다) 및 남동 국가산업단지만 해당한다]	1. 이천시 2. 남양주시(화도읍, 수동면 및 조안면만 해당한다) 3. 용인시(김량장동, 남동, 역북동, 삼가동, 유방동, 고림동, 마평동, 운학동, 호동, 해곡동, 포곡읍, 모현면, 백암

과밀억제권역	성장관리권역	자연보전권역
가산업단지는 제외한다] 3. 의정부시 4. 구리시 5. 남양주시(호평동, 평내동, 금곡동, 일패동, 이패동, 삼패동, 가운동, 수석동, 지금동 및 도농동만 해당한다) 6. 하남시 7. 고양시 8. 수원시 9. 성남시 10. 안양시 11. 부천시 12. 광명시 13. 과천시 14. 의왕시 15. 군포시 16. 시흥시[반월특수지역(반월특수지역에서 해제된 지역을 포함한다)은 제외한다]	2. 동두천시 3. 안산시 4. 오산시 5. 평택시 6. 파주시 7. 남양주시(별내동, 와부읍, 진전읍, 별내면, 퇴계원면, 진건읍 및 오남읍만 해당한다) 8. 용인시(신갈동, 하갈동, 영덕동, 구갈동, 상갈동, 보라동, 지곡동, 공세동, 고매동, 농서동, 서천동, 언남동, 청덕동, 마북동, 동백동, 중동, 상하동, 보정동, 풍덕천동, 신봉동, 죽전동, 동천동, 고기동, 상현동, 성복동, 남사면, 이동면 및 원삼면 목신리·죽릉리·학일리·독성리·고당리·문촌리만 해당한다) 9. 연천군 10. 포천시 11. 양주시 12. 김포시 13. 화성시 14. 안성시(가사동, 가현동, 명륜동, 숭인동, 봉남동, 구포동, 동본동, 영동, 봉산동, 성남동, 창전동, 낙원동, 옥천동, 현수동, 발화동, 옥산동, 석정동, 서인동, 인지동, 아양동, 신흥동, 도기동, 계동, 중리동, 사곡동, 금석동, 당왕동, 신모산동, 신소현동, 신건지동, 금산동, 연지동, 대천동, 대덕면, 미양면, 공도읍, 원곡면, 보개면, 금광면, 서운면, 양성면, 고삼면, 죽산면 두교리·당목리·칠장리 및 삼죽면 마전리·미장리·진촌리·기솔리·내강리만 해당한다) 15. 시흥시 중 반월특수지역(반월특수지역에서 해제된 지역을 포함한다)	면, 양지면 및 원삼면 가재월리·사암리·미평리·좌항리·맹리·두창리만 해당한다) 4. 가평군 5. 양평군 6. 여주시 7. 광주시 8. 안성시(일죽면, 죽산면 죽산리·용설리·장계리·매산리·장릉리·장원리·두현리 및 삼죽면 용월리·덕산리·율곡리·내장리·배태리만 해당한다)

(4) 창업중소기업 등

1) 창업중소기업과 창업벤처중소기업의 범위는 다음의 업종을 경영하는 중소기업으로 한다.

1. 광업
2. 제조업
3. 수도, 하수 및 폐기물 처리, 원료 재생업
4. 건설업
5. 통신판매업
6. 물류산업(비디오물 감상실 제외)
7. 음식점업
8. 정보통신업(비디오물 감상실 운영업, 뉴스제공업, 블록체인 기반 암호화자산 매매 및 중개업 제외)
9. 금융 및 보험업 중 정보통신을 활용하여 금융서비스를 제공하는 업종
10. 전문, 과학 및 기술 서비스업(엔지니어링사업 포함, 변호사업 등 일부 업종 제외)
11. 사업시설 관리 및 조경 서비스업, 사업 지원 서비스업 해당하는 업종
12. 사회복지 서비스업
13. 예술, 스포츠 및 여가관련 서비스업(자영예술가, 오락장 운영업 등 일부 업종 제외)
14. 개인 및 소비용품 수리업, 이용 및 미용업
15. 직업기술분야 학원 및 훈련시설
16. 관광숙박업·국제회의업·유원시설업 및 관광객이용시설업
17. 노인복지시설 운영업
18. 전시산업

2) 청년창업중소기업

청년창업중소기업은 대표자가 다음 요건을 충족해야 한다. 이 때 공동사업장의 경우에는 손익분배비율이 가장 큰 사업자를 대표자로 하며 손익분배비율이 가장 큰 사업자가 둘 이상인 경우 그 모두를 대표자로 한다.

① 개인사업자로 창업하는 경우

창업 당시 15세 이상 34세 이하인 사람. 병역을 이행한 경우에는 그 기간(6년 한도)을 창업 당시 연령에서 빼고 계산한 연령이 34세 이하인 사람을 포함

② 법인사업자로 창업하는 경우

연령 요건을 충족하면서 지배주주 등으로서 해당 법인의 최대주주 또는 최대출자자일 것

(5) 창업의 범위

1) 창업의 정의

「조세특례제한법」에서 창업에 대한 명문상 정의가 없으나 「중소기업창업 지원법」 제2조 및 「조세특례제한법 집행기준」에 의하면 "창업"이란 중소기업을 새로 설립하는 깃으로 정의하고 있다. 또한, 법인의 경우 창업일은 법인설립등기일, 개인사업자의 경우 「소득세법」 또는 「부가가치세법」에 따른 사업자등록을 한 날로 정의하고 있다.

2) 창업으로 보지 않는 경우

① 합병·분할·현물출자 또는 사업의 양수를 통하여 종전의 사업을 승계하거나 종전의 사업에 사용되던 자산을 인수 또는 매입하여 같은 종류의 사업을 영위하는 경우

다만, 종전의 사업에 사용되던 자산을 인수하거나 매입하여 같은 종류의 사업을 영위하는 경우 그 자산가액의 합계가 사업개시 당시 토지·건물 및 기계장치 등 사업용자산의 총가액에서 차지하는 비율이 100분의 30 이하인 경우를 제외

② 거주자가 하던 사업을 법인으로 전환하여 새로운 법인을 설립하는 경우

③ 폐업 후 사업을 다시 개시하여 폐업 전의 사업과 같은 종류의 사업을 하는 경우

④ 사업을 확장하거나 다른 업종을 추가하는 경우 등 새로운 사업을 최초로 개시하는 것으로 보기 곤란한 경우

3) 같은 종류의 사업 여부

- 같은 종류의 사업이란 「통계법」 제22조 규정에 의하여 통계청장이 작성·고시하는 한국 표준산업분류상의 세분류(네자리)를 기준으로 한다.

$$※ \text{창업으로 인정되는 자산 인수비율} = \frac{\text{인수 또는 매입한 자산가액}}{\text{창업 당시 (토지 + 감가상각자산)의 가액}} \leq 30\%$$

- 인수·매입자산과 사업개시 당시 보유자산의 범위는 양자 모두 토지와 「법인세법 시행령」 제24조에 따른 감가상각자산을 말하며 감가상각자산이 아닌 건설중인자산과 비업무용 자산은 제외
- 타인의 사업을 승계하더라도 종전사업자가 생산하는 제품과 완전히 다른 제품을 생산하는 등 이종의 사업을 영위하는 경우에는 창업으로 봄.(서면2팀-742, 2005.5.30.)
- 법인이 폐업한 사업장의 건물을 그 소유주로부터 임차하고 기계장치 등 사업용 자산을 새로이 취득(인수 자산 등이 30% 미만인 경우 포함)하여 폐업자가 영위하던 사업과 동종의 사업을 개시하는 경우 창업중소기업세액감면을 적용받을 수 있는 것임.

6 가업상속재산에 대한 연부연납 제도

가업상속재산에 대한 상속세는 최장 20년으로, 일반상속재산의 연부연납기간보다 더 장기적으로 운영하여 가업승계를 지원하고 있다.

(1) 연부연납 제도

상속재산 또는 증여재산이 대부분 부동산이나 주식 등으로 구성되어 있는 경우 세금납부를 위해 현금화하는데 상당한 시일이 소요되고, 부득이 사업용 재산 등을 급히 매각하게 된다면 사업유지의 곤란, 저가매각으로 인한 손실 등으로 경영에 큰 부담이 될 수 있다.

이와 같이 거액의 세금을 일시에 금전으로 납부하기 어려운 경우에 납세자의 세금납부에 따른 자금 부담을 덜어주기 위하여 세금을 여러 차례에 걸쳐 분할하여 납부할 수 있도록 세금납부의 기간편의를 제공하는 제도를 '연부연납 제도'라고 한다.

※ 참고 [연부연납 기간]

세목			연부연납 기간	
			'08.1.1.~'22.12.21. 상속 증여분	'23.1.1. 이후 상속 증여분
상속세	가업 상속 재산	50% 미만	10년간 분할납부 (3년 거치 가능)	20년간 분할납부 (10년 거치 가능) ※ 가업상속재산비율 관계없이 적용
		50% 이상	20년간 분할납부 (5년 거치 가능)	
	일반 상속재산		10년간* 분할납부(거치기간 없음) * '22.1.1. 이후상속분부터	
증여세			가업승계 증여특례	15년간 분할납부(거치기간 없음)
			일반증여	5년간 분할납부(거치기간 없음)

(2) 연부연납 신청 요건

다음의 요건을 충족하는 경우에는 납세자의 신청을 받아 연부연납을 허가할 수 있다.

① 상속세 또는 증여세 납부세액이 2천만원을 초과해야 함.

② 과세표준 신고기한(기한 후 신고 포함)이나 납부고지서상의 납부기한까지 연부연납 신청서를 제출해야 함.

③ 납세담보를 제공해야 함.

(3) 연부연납 신청과 허가

① 신청

상속·증여세 신고 시 납부해야 할 세액에 대하여 연부연납을 신청하고자 하는 경우에는 상속세 또는 증여세 과세표준 신고기한까지 과세표준 신고와 함께 연부연납 신청서를 납세지 관할 세무서장에게 제출해야 한다.

② 허가

신청서를 받은 세무서장은 상속세·증여세 과세표준 신고기한이 경과한 날부터 법정결정기한 이내에 허가 여부를 서면으로 통지해야 한다.

※ 법정결정기한: 상속세의 경우 신고기한부터 9개월, 증여세의 경우 신고기한부터 6개월

(4) 기한 후 신고 시 납부할 세액의 연부연납

① 신청

상속·증여세 기한 후 신고 시 납부해야 할 세액에 대하여 연부연납을 신청하고자 하는 경우에는 그 기한 후 신고와 함께 연부연납 신청서를 납세지 관할 세무서장에게 제출하여야 한다.

※ 2011.1.1. 이후 최초로 연부연납을 신청하는 분부터 적용

② 허가

신청서를 받은 세무서장은 기한 후 신고일이 속하는 달의 말일부터 9개월(증여세는 6개월) 이내에 허가 여부를 서면으로 통지해야 한다.

(5) 납세고지 세액에 대한 연부연납

① 신청

상속·증여세를 무신고하거나 당초 신고내용에 탈루나 오류가 있어 납세고지서를 받은 경우에는 납세고지서상 납부기한까지 연부연납 신청서를 관할 세무서장에게 제출하여야 한다.

② 허가

신청서를 받은 세무서장은 납세고지서의 납부기한이 경과한 날부터 14일 이내에 허가 여부를 서면으로 통지해야 한다.

※ 연부연납 신청자에 대하여 허가통지 기한까지 그 허가 여부에 대한 서면을 발송하지 아니한 경우에는 허가를 한 것으로 본다.

(6) 최근 개정사항

① 가업상속 연부연납 특례 대상 확대·요건 완화(상증령 §68)

법 개정내용(§71)
□ 최대 20년의 연부연납 특례를 기존 가업상속공제 요건보다 <u>완화된 요건</u>으로 적용받을 수 있도록 완화 　⇒ 특례적용대상이 되는 상속의 구체적 요건을 시행령에 위임

종전	개정
□ 연부연납 특례(최대 20년) 적용대상	
◆ 가업상속공제 요건과 동일 ① (대상) 중소기업 및 매출액 3천억 원 이하 중견기업 　• 가업상속공제대상 업종 영위	◆ 대상 확대 및 요건 완화 ① (대상) 중소기업 및 중견기업 　(중견기업 매출액 기준 삭제) 　• 소비성서비스업 외 모든 업종
② (피상속인) 지분보유 및 대표 　• (지분) 10년 이상 최대주주·지분(상장 30%, 비상장 50%) 보유 　• (대표) 다음 중 어느 하나의 기간 동안	② (피상속인) 　• (지분) 10년 이상 → 5년 이상 최대주주·지분(상장 20%, 비상장 40%) 보유 　• (대표) (좌 동)

대표이사 등 재직 ·가업영위기간 중 50% 이상 ·10년 이상* 　　* 상속인이 피상속인의 대표이사등을 승계하여 상속시까지 　　　계속 재직시 ·상속개시일부터 소급하여 10년 중 5년 　이상의 기간	·가업영위기간 중 50% → 30% 이상 ·10년 → 5년 ·10년 중 5년 → 5년 중 3년
③ (상속인) • 상속 전 2년 이상 가업종사 • 상속세 신고기한 내 임원 취임, 2년 내 　대표이사 취임	③ (상속인) 〈삭 제〉 • (좌 동)

🔵 (개정이유) 연부연납 특례 활용을 통한 원활한 기업승계 지원

🔵 (적용시기) '20.1.1. 이후 상속이 개시되는 분부터 적용

7 물납제도

(1) 물납의 개념

상속세는 현금으로 납부하는 것을 원칙으로 하나, 현금으로 납부하기 곤란한 경우에는 일정요건을 모두 갖추어 피상속인의 주소지를 관할하는 세무서장의 승인을 받으면 상속받은 재산으로 납부(물납)할 수 있다.

(2) 물납의 요건

① 사전증여재산을 포함한 상속재산 중 부동산과 유가증권의 가액(비상장주식 등 제외)이 2분의 1 초과

② 상속세 납부세액이 2천만원 초과

③ 상속세 납부세액이 상속재산가액 중 금융재산 가액 초과

④ 상속세 물납 신청기한 내* 물납신청서 제출

　　* (신고 시) 법정신고기한까지
　　　(고지 시) 고지서의 납부기한까지

(3) 물납 신청의 한도

물납을 신청할 수 있는 납부세액은 다음의 금액 중 적은 금액을 초과할 수 없다.

① 물납에 충당할 수 있는 부동산 및 유가증권의 가액에 대한 상속세 납부세액

② 상속세 납부세액에서 금융재산(금융재무 차감)과 거래소에 상장된 유가증권(법령에 따라 처분 제한된 것은 제외)의 가액을 차감한 금액

③ 거래소에 상장되어 있지 아니한 법인의 주식등(비상장주식등)으로 물납할 수 있는 납부세액은 상속세 납부세액에서 상속세 과세가액(비상장주식등과 상속개시일 현재 상속인이 거주하는 주택 및 그 부수토지의 가액을 차감)을 차감한 금액을 초과할 수 없다.

연부연납 분납세액에 대해서도 첫 회분 분납세액(중소기업자는 5회분 분납세액)에 한해서만 물납을 할 수 있다.

(4) 개정사항

① 물납 불허 요건의 재산별 규정 및 불허 요건 추가(상증령 §71)

종전	개정
<u>물납재산의 불허 요건</u>	<u>물납재산별 불허 요건 정비</u> 및 <u>유가증권에 대한 불허 요건 추가</u>

◆ 재산권*이 설정된 경우
  * 지상권·지역권·전세권·저당권
 	
• 토지와 건물 소유자가 상이
• 토지의 일부에 묘지가 있는 경우
• 이와 유사한 경우로서 시행규칙이 정하는 경우*
  * ①무허가건축물 및 부수토지, ②공유로 되어 있는 재산, ③상장폐지주식, ④이와 유사한 것으로 국세청장이 정하는 것
 	
〈추 가〉
	◆ <u>부동산</u>
	• 재산권이 설정된 경우
	• 토지와 건물 소유자가 상이
	• 토지의 일부에 묘지가 있는 경우
	• 이와 유사한 경우로서 시행규칙이 정하는 경우
	
	◆ <u>유가증권</u>
	• 주식발행 법인이 ①폐업, ②해산사유 발생, ③회생절차 중인 경우
	• <u>최근 2년 이내 법인세법상 결손금</u>이 발생한 경우*
	  * 다만, 세무서장이 캠코와 공동으로 조사한 결과 물납을 허용할 필요가 있는 경우에는 제외
	
	• <u>최근 2년 이내 외부감사 대상 기업임에도 감사의견 미표명</u>
	• <u>이와 유사한 경우로서 시행규칙이 정하는 경우</u>

💬 (개정이유) 매각이 곤란하여 국고손실 가능성이 높은 주식은 물납이 허가되지 않도록 불허 요건 보완

② 물납주식의 수납가액 재평가 규정 보완(상증령 §75)

종전	개정
□ 물납주식의 재평가 사유 • 주식 발행법인의 주요재산을 처분하는 등 상속인의 부실경영	□ 재평가 사유 구체화 • ①주식 발행법인의 분할·합병, ②주식 발행법인의 주요재산 처분, ③물납신청 전 사업연도 대비 배당액 증가 등* * 다만, 정당한 사유가 있는 경우 제외
□ 물납주식의 재평가 가격기준 • 상속 당시의 가액에 비하여 50% 이상 하락	□ 재평가 가격기준 조정 • 상속 당시의 가액에 비하여 30% 이상 하락

③ 물납 신청 철회 및 재평가신청 의무(상증령 §70)

종전	개정
〈신 설〉	□ 물납 신청 후 물납 불허 요건에 해당하는 경우 납세자에게 물납 신청 철회 의무 부여 • 해당 사유 발생시 납세지 관할 세무서장에게 물납 신청 철회서를 제출 □ 물납 신청 후 수납가액 재평가 사유에 해당하는 경우 납세자에게 재평가 신청의무 부여 • 해당 사유 발생시 납세지 관할 세무서장에게 재평가 신청서를 제출

💬 (개정이유) 철회 의무 등을 부여하여 납세자의 성실신고를 유도하고 자기시정의 기회를 부여

8 영농상속공제

(1) 제도 개요

영농의 계속을 전제로 추가공제의 혜택을 부여함으로써 농어민의 경제활동을 지원하는 한편 영농의 물적 기반이 되는 농지를 보존하고자 거주자의 사망으로 상속이 개시되는 경우로서 대통령령으로 정하는 영농에 해당하는 경우에는 30억원을 한도로 영농상속 재산가액에 상당하는 금액을 상속세 과세가액에서 공제한다.(상증법 §18의3)

(2) 과세특례 적용요건

요건	기준	상세내역
영농	업종	• 한국표준산업분류에 따른 농업, 임업 및 어업을 주된 업종으로 영위할 것
피상속인	종사 요건	• 상속개시일 8년 전부터 계속하여 직접 영농에 종사할 것
	거주 요건 (소득세법)	• 농지 및 어장 등이 소재하거나 연접한 시·군·구, 또는 해당 농지 등으로부터 직선거리 30킬로미터 이내에 거주
	주식 보유 요건 (법인세법)	• 법인의 최대주주등으로서 본인과 그 특수관계인의 주식 등을 합하여 해당 법인의 발행주식총수 등의 100분의 50 이상을 계속하여 보유할 것
상속인	연령	• 18세 이상
	영농 종사	• 상속개시일 전 2년 이상 영농에 종사 **【예외규정】** • 피상속인이 65세 이전에 사망 • 피상속인이 천재지변, 인재 등으로 사망 * 상속개시일 2년 전부터 가업에 종사한 경우로서 병역·질병 등의 사유로 가업에 종사하지 못한 기간은 가업에 종사한 기간으로 봄.
	거주 요건 (소득세법)	• 농지 및 어장 등이 소재하거나 연접한 시·군·구, 또는 해당 농지 등으로부터 직선거리 30킬로미터 이내에 거주
	취임기준 (법인세법)	• 신고기한까지 임원 취임 및 신고기한부터 2년 이내 대표이사 취임

- 각각 피상속인 또는 상속인이 소유 농지 등 자산을 이용하여 그 업종에 상시 종사하거나 2분의 1 이상을 자기의 노동력으로 수행하는 경우를 말한다.
- 해당 피상속인 또는 상속인의 사업소득금액과 총급여액의 합계액이 3,700만원 이상인 과세기간이 있는 경우 해당 과세기간에는 피상속인 또는 상속인이 영농에 종사하지 아니한 것으로 본다.
- 농업·임업 및 어업에서 발생하는 소득, 부동산임대업에서 발생하는 소득과 농가부업소득은 사업소득금액에서 제외하며, 그 사업소득금액이 음수인 경우에는 0으로 본다.

(3) 사후의무요건

영농상속공제를 받은 상속인이 상속개시일부터 5년 이내에 대통령령으로 정하는 정당한 사유 없이 다음의 어느 하나에 해당하면 제1항에 따라 공제받은 금액에 해당일까지의 기간을 고려하여 대통령령으로 정하는 율을 곱하여 계산한 금액을 상속개시 당시의 상속세 과세가액에 산입하여 상속세를 부과한다. 이 경우 대통령령으로 정하는 바에 따라 계산한 이자상당액을 그 부과하는 상속세에 가산한다.

1. 영농상속공제 대상인 상속재산(이하 "영농상속재산"이라 한다)을 처분한 경우
2. 해당 상속인이 영농에 종사하지 아니하게 된 경우

(1) 영농상속을 받은 상속인이 사망한 경우
(2) 영농상속을 받은 상속인이 「해외이주법」에 따라 해외로 이주하는 경우
(3) 영농상속받은 재산이 「공익사업을 위한 토지 등의 취득 및 보상에 관한 법률」 그 밖의 법률에 따라 수용되거나 협의 매수된 경우
(4) 영농상속받은 재산을 국가 또는 지방자치단체에 양도하거나 증여하는 경우
(5) 영농상 필요에 따라 농지를 교환·분합 또는 대토하는 경우
(6) 주식등을 처분한 경우 중 다음의 어느 하나에 해당하는 경우. 다만, 주식등의 처분 후에도 상속인이 최대주주등에 해당하는 경우로 한정한다.
  가. 상속인이 상속받은 주식등을 법 제73조에 따라 물납(物納)한 경우
  나. 제15조 제8항 제3호 각 목의 어느 하나에 해당하게 된 경우
    a. 합병·분할 등 조직변경에 따라 주식등을 처분하는 경우
    b. 해당 법인의 사업확장 등에 따라 유상증자할 때 상속인의 특수관계인 외의 자에게 주식등을 배정함에 따라 상속인의 지분율이 낮아지는 경우

c. 상속인이 사망한 경우. 다만, 사망한 자의 상속인이 원래 상속인의 지위를 승계하여 가업에 종사하는 경우에 한한다.
d. 주식등을 국가 또는 지방자치단체에 증여하는 경우
e. 「자본시장과 금융투자업에 관한 법률」 제390조 제1항에 따른 상장규정의 상장요건을 갖추기 위하여 지분을 감소시킨 경우
f. 주주 또는 출자자의 주식 및 출자지분의 비율에 따라서 무상으로 균등하게 감자하는 경우
g. 「채무자 회생 및 파산에 관한 법률」에 따른 법원의 결정에 따라 무상으로 감자하거나 채무를 출자전환하는 경우

(4) 신청 서류

영농상속공제를 받으려는 사람은 영농상속재산명세서 및 영농상속 사실을 입증할 수 있는 다음의 서류를 상속세과세표준신고와 함께 납세지 관할세무서장에게 제출하여야 한다.

1) 최대주주 등에 해당하는 자임을 입증하는 서류

2) 농업소득세 과세사실증명서 또는 영농사실 증명서류

3) 어선의 선적증서 사본

4) 어업권 면허증서 사본

5) 영농상속인의 농업 또는 수산계열 학교의 재학증명서 또는 졸업증명서

6) 「임업 및 산촌진흥촉진에 관한 법률」에 의한 임업후계자임을 증명하는 서류

(5) 예규 및 판례

• 배우자가 영농상속공제 요건을 충족하는 재산을 상속받은 경우 영농상속공제와 함께 배우자상속공제도 적용할 수 있는 것임.(사전-2018-법령해석재산-0171, 2018.5.29.)

• 배우자가 영농상속공제 요건을 충족하는 재산을 상속받은 경우 영농상속공제와 함께 배우자상속공제도 적용할 수 있는 것이므로 배우자상속공제 한도액 계산 시 영농상속재산가액을 차감하지 아니함.(법령해석과-1471, 2018.5.30.)

- 영농상속공제 제도 취지에 비추어 영농상속재산인 농지 전부를 영농상속인이 상속받는 경우에 한하여 공제할 수 있으므로 공동상속인들 중 일부만이 영농상속인에 해당하는 이 건은 영농상속공제 전부는 물론 영농상속인의 상속지분 비율에 따른 일부 공제도 인정되지 않는다고 해석하는 것이 타당.(심사-상속-2015-0001, 2015.3.10., 대법원2001도779, 2002.10.11.)

- 상증법 제18조 제2항 제2호에 따른 영농상속공제를 받은 상속인이 상속일로부터 2년 이내에 사망하여 당해 사망한 상속인의 자녀가 영농상속공제를 받은 재산가액을 다시 상속받는 경우 같은 규정에 따른 영농상속공제를 적용하지 않음.(서면법규과-504, 2014.5.21.)

- 영농에 사용되는 상속재산 전부를 영농에 종사하는 상속인이 상속받는 경우 영농상속공제를 적용하며 상속인이 2인 이상인 경우 협의분할하여 상속받은 경우도 포함됨.(서면인터넷방문상담4팀-1900, 2005.10.18.)

- 「소득세법」을 적용받는 영농(이하 "개인영농")을 「법인세법」을 적용받는 영농으로 법인전환하여 피상속인이 법인 설립일 이후 계속하여 그 법인의 최대주주 등에 해당하는 경우에는 개인영농으로서 영농을 영위한 기간을 포함하여 계산하는 것임.(법규과-3502, 2022.12.6.)

9 영농 자녀 등이 증여받는 농지 등에 대한 증여세의 감면

(1) 제도 개요

농지 등의 소재지에 거주하면서 농지 등을 자경농민 등이 영농자녀 등에게 2025년 12월 31일까지 증여하는 경우에는 해당 농지 등의 가액에 대한 증여세의 100%를 5년간 합하여 1억원을 한도로 감면한다.(조특법 §71)

(2) 적용 요건

요건	기준	상세내역
영농	업종	• 요건을 모두 충족하는 농지·초지·산림지·어선·어업권·어업용 토지 등·염전 또는 축사용지(해당 농지 등을 영농조합법인 또는 영어조합 법인에 현물출자하여 취득한 출자지분을 포함)
증여자	종사 요건	• 증여일부터 소급하여 3년 이상 계속하여 직접 영농에 종사
	거주 요건	• 농지 등이 소재하거나 연접한 시·군·구 또는 해당 농지 등으로부터 직선거리 30킬로미터 이내에 거주
수증자	연령	• 18세 이상 직계비속
	영농 종사	• 증여세 과세표준 신고기한까지 증여받은 농지등에서 직접 영농에 종사
	거주 요건 (소득세법)	• 농지 등이 소재하거나 연접한 시·군·구 또는 해당 농지 등으로부터 직선거리 30킬로미터 이내에 거주

※ 요건을 충족하는 농지 등은 다음과 같다.

1) 농지: 「농지법」 제2조 제1호 가목에 따른 토지로서 4만제곱미터 이내의 것
2) 초지: 「초지법」 제5조에 따른 초지조성허가를 받은 초지로서 14만8천500제곱미터 이내의 것
3) 산림지: 「산지관리법」 제4조 제1항 제1호에 따른 보전산지 중 「산림자원의 조성 및 관리에 관한 법률」에 따라 산림경영계획을 인가받거나 특수산림사업지구로 지정받아 새로 조림 (造林)한 기간이 5년 이상인 산림지(채종림, 「산림보호법」 제7조에 따른 산림보호구역을 포함한다)로서 29만7천제곱미터 이내의 것. 다만, 조림 기간이 20년 이상인 산림지의 경 우에는 조림 기간이 5년 이상인 29만7천제곱미터 이내의 산림지를 포함하여 99만제곱미 터 이내의 것으로 한다.
4) 축사용지: 축사 및 축사에 딸린 토지로서 해당 축사의 실제 건축면적을 「건축법」 제55조에 따른 건폐율로 나눈 면적의 범위 이내의 것
5) 어선: 「어선법」 제13조의2에 따른 총톤수 20톤 미만의 어선
6) 어업권: 다음의 어느 하나에 해당하는 어업권 또는 양식업권으로서 10만제곱미터 이내의 것
   ① 「수산업법」 제2조 제7호의 어업권
   ② 「내수면어업법」 제7조의 어업권
   ③ 「양식산업발전법」 제2조 제8호의 양식업권
7) 어업용 토지등: 4만제곱미터 이내의 것
8) 염전: 「소금산업 진흥법」 제2조 제3호에 따른 염전으로서 6만제곱미터 이내의 것
9) 「국토의 계획 및 이용에 관한 법률」 제36조에 따른 주거지역·상업지역 및 공업지역 외에 소재하는 농지 등
10) 「택지개발촉진법」에 따른 택지개발지구나 그 밖에 대통령령으로 정하는 개발사업지구로 지정된 지역 외에 소재하는 농지 등

(3) 제출서류

증여세 감면을 위해서는 기획재정부령이 정하는 세액감면신청서에 다음 서류를 첨부하여 납세지 관할세무서장에게 제출하여야 한다.

1) 자경농민 및 영농자녀의 농업소득세 납세증명서 또는 영농사실을 확인할 수 있는 서류

2) 해당 농지등 취득시의 매매계약서 사본

3) 해당 농지등에 대한 증여계약서 사본

4) 증여받은 농지등의 명세서

5) 해당 농지등을 영농조합법인 또는 영어조합법인에 현물출자한 경우에는 영농조합법인 또는 영어조합법인에 출자한 증서

6) 자경농민등의 가족관계기록사항에 관한 증명서

7) 기타 기획재정부령이 정하는 서류

(4) 사후의무요건

증여세를 감면받은 농지 등을 영농자녀 등의 사망 등 대통령령으로 정하는 정당한 사유 없이 증여받은 날부터 5년 이내에 양도하거나 질병·취학 등 대통령령으로 정하는 정당한 사유 없이 해당 농지 등에서 직접 영농에 종사하지 아니하게 된 경우에는 즉시 그 농지 등에 대한 증여세의 감면세액에 상당하는 금액에 대통령령으로 정하는 바에 따라 계산한 이자상당액을 가산하여 징수한다.

※ "영농자녀등의 사망 등 대통령령으로 정하는 정당한 사유"란 다음의 어느 하나에 해당하는 경우를 말한다.
- 「공익사업을 위한 토지등의 취득 및 보상에 관한 법률」에 따른 협의매수·수용 및 그 밖의 법률에 따라 수용되는 경우
- 국가·지방자치단체에 양도하는 경우
- 「농어촌정비법」 그 밖의 법률에 따른 환지처분에 따라 해당 농지등이 농지등으로

사용될 수 없는 다른 지목으로 변경되는 경우
- 영농자녀등이 「해외이주법」에 따른 해외이주를 하는 경우
- 「소득세법」 제89조 제1항 제2호 및 법 제70조에 따라 농지를 교환·분합 또는 대토한 경우로서 종전 농지등의 자경기간과 교환·분합 또는 대토 후의 농지등의 자경기간을 합하여 8년 이상이 되는 경우
- 그 밖에 기획재정부령이 정하는 부득이한 사유가 있는 경우

※ "질병·취학 등 대통령령으로 정하는 정당한 사유"란 다음의 어느 하나에 해당하는 경우를 말한다.
- 영농자녀등이 1년 이상의 치료나 요양을 필요로 하는 질병으로 인하여 치료나 요양을 하는 경우
- 영농자녀등이 「고등교육법」에 따른 학교 중 농업계열(영어의 경우는 제외한다) 또는 수산계열(영어의 경우에 한정한다)의 학교에 진학하여 일시적으로 영농에 종사하지 못하는 경우
- 「병역법」에 따라 징집되는 경우
- 「공직선거법」에 따른 선거에 의하여 공직에 취임하는 경우
- 그 밖에 기획재정부령이 정하는 부득이한 사유가 있는 경우

(5) 감면 특례

① 필요경비 특례
- 증여세를 감면받은 농지 등을 양도하여 양도소득세를 부과하는 경우 「소득세법」에도 불구하고 취득시기는 자경농민 등이 그 농지 등을 취득한 날로 하고, 필요경비는 자경농민 등의 취득 당시 필요경비로 한다.

업종별	영농 업종		일반 업종(가업)	
구분	자경농지 증여	영농상속공제	증여세 과세특례	가업상속공제
한도액	1억원(5년 이내)	30억원	600억원	600억원
이월과세 여부	여	부	부	여

② 증여재산 합산배제

- 증여세를 감면받은 농지 등은 「상속세 및 증여세법」상 상속재산에 가산하는 증여재산으로 보지 아니하며, 상속세 과세가액에 가산하는 증여재산가액에 포함시키지 아니한다.
- 증여세를 감면받은 농지등은 해당 증여일 전 10년 이내에 자경농민 등(자경농민 등의 배우자를 포함한다)으로부터 증여받아 합산하는 증여재산가액에 포함시키지 아니한다.

(6) 관련 예규 및 판례

- 영농자녀가 증여받은 농지 등에 대한 증여세의 감면을 적용할 때 영농자녀가 증여일 현재 농지를 보유하지 않은 경우에도 다른 증여세 감면요건을 모두 갖춘 경우에는 증여세를 감면받을 수 있음.(상속증여세과-542, 2013.9.2.)
- 영농자녀에 대한 증여세 감면시 '직접 영농에 종사'하는 경우란 그 소유농지에서 농작물의 경작 또는 다년생식물의 재배에 상시 종사하거나 농작업의 2분의 1 이상을 자기의 노동력으로 수행하는 경우를 말함.(상속증여세과-607, 2019.7.15.)
- 자경농민등이 영농자녀등에게 증여한 농지가 아닌 다른 소유 농지에서 직접 영농에 종사한 경우, 증여농지에 증여세 감면을 적용할 수 없는 것임.(사전-2022-법규재산-1175, 2024.4.30.)
- 영농자녀 소득요건 판단 시 소득세법상 사업소득금액 중 농업에서 발생하는 사업소득금액을 제외하고 있으므로 농업회사법인으로 받은 급여는 소득세법상 근로소득에 해당하여 사업소득금액에 해당한다고 볼 수 없음.(상속증여세과-1020, 2022.5.3.)
- 증여자의 영농농지에 노동력을 제공하고 근로소득(총급여 3,700만원 이상)을 지급받는 경우, 「상속세 및 증여세법 시행령」 제16조 제4항 단서조항에 따라 직접 영농에 종사한 것으로 볼 수 없음.(법규과-3704, 2022.12.27.)
- 자경농민이 농지의 일부를 공유 지분 형태로 영농자녀에게 증여하고 증여받은 농지의 지분 면적 이상을 증여일부터 5년간 직접 경작한 경우 증여세 감면을 적용받을 수 있음.(법령해석과-450, 2017.2.17.)

기   업
가업승계와
상속증여세
절   세

Part 04

상속증여와
신탁

상속증여와 신탁

1 신탁의 현황

최근 들어 각종 부동산 규제 대책과 유언대용신탁재산에 유류분 수원지방법원 판례 등으로 신탁에 대한 관심이 커지고 있다. 미국 등 선진국에서는 상속을 위해서 필수적으로 신탁제도를 활용하고 있다.

앞으로 보유 자산의 수와 자산관리 방식의 접근이 다양해지면서 신탁에 대한 이해와 활용이 필수적인 시대로 변할 것으로 예상된다.

금융 당국이 2017년 신탁 시장을 활성화하기 위해 3년 만에 다시 제도 개편에 나섰다. 국민의 노후 대비, 생활 안정을 위한 종합 자산 관리 제도로 육성한다는 방침이다.

우리나라는 2007년 자본시장법이 신탁법으로 통합되었고, 2011년에는 신탁법이 전면 개정되어 그 활용도가 더 커졌다. 또한 2014년 공익신탁법이 제정되어 2015년부터 시행 중이다.

한국은 세계에서 가장 빠른 속도로 고령화가 진행 중에 있다. 급속한 노령화로 부모가 가지고 있던 재산 승계의 도구로 유언대용신탁, 치매신탁 등 신탁상품에 대한 활용도 등이 더욱 활성화될 것으로 예상된다.

금융감독원 발표에 의하면 2019년 말 금융회사에 맡겨진 신탁재산 수탁고는 968조 6,000억 원으로 전년 말보다 10.9% 증가했다. 이중에서 은행에 대한 수탁고가 480조 4,000억 원으로 49.6%에 달한다.

주식이나 부동산의 상승 추세, 흐름이 있듯이 사업의 기회, 절세도 정보의 초기, 제도의 초기에 초과수익, 초과절세를 달성할 수 있다는 점을 생각해 볼 필요가 있다. 그런 점에서 신탁이라는 낯선 주제에 대해서 선제적으로 알아보고 실행한다면, 안정적인 가업승계와 절세의 기회가 열릴 수 있다.

2 신탁의 이해

(1) 신탁의 정의

신탁이란 신탁을 설정하는 자(이하 "위탁자"라 한다)와 신탁을 인수하는 자(이하 "수탁자"라 한다) 간의 신임관계에 기하여 위탁자가 수탁자에게 특정의 재산(영업이나 저작재산권의 일부를 포함한다)을 이전하거나 담보권의 설정 또는 그 밖의 처분을 하고, 수탁자로 하여금 일정한 자(이하 "수익자"라 한다)의 이익 또는 특정의 목적을 위하여 그 재산의 관리, 처분, 운용, 개발, 그 밖에 신탁 목적의 달성을 위하여 필요한 행위를 하게 하는 법률관계를 말한다.

쉽게 말하면, 어떤 사람이나 법인을 믿고 무언가를 맡기는 법률관계이다. 어린 자녀가 친척에게 용돈을 받고 분실, 과소비 등 위험의 방지, 저축 등을 위해서 부모님께 맡기는 것과 동일한 개념이다.

(2) 신탁의 기본구조

신탁은 특수한 경우로 위탁자의 단독행위인 유언이나 신탁선언에 의해서도 설정될 수 있지만, 대부분의 신탁은 위탁자와 수탁자 간의 신탁계약에 의해 설정되는 것이 일반적이다.

민법에 의한 계약들은 계약 당사자만을 구속하지만, 신탁계약은 계약 당사자인 위탁자와 수탁자뿐만 아니라, 신탁계약에 의해 수익자로 지정된 자에게까지도 신탁계약의 효력이 미치는 점에서 다른 계약들과 차이가 있다.

신탁이 성립하기 위해서는 위탁자로부터 수탁자에게로 신탁의 대상이 되는 재산이 전이 전제되어야 한다. 즉, 신탁이 설정되면 수탁자는 그 신탁재산의 소유자 및 권리자가 된다.

수탁자는 신탁재산을 자기이름으로 소유하여 외관상 자신의 재산인 것처럼 관리하지만 수익자를 위해 신탁재산을 소유하는 것일 뿐, 신탁의 원금과 이익은 모두 수익자에게 귀속된다. 수익자가 위탁자와 동일인이면 자익신탁, 수익자가 위탁자와 동일인이 아니면 타익신탁이 된다. 수탁자는 신탁의 소유자이지만, 신탁법에 의해 누구의 명의로도 신탁의 이익을 누릴 수 없고 신탁계약에서 정한 바대로 신탁사무를 잘 처리하고 있는지를 감시·감독할 권한을 가질 뿐이다.

신탁은 신탁법, 자본시장법, 금융투자업규정, 담보부사채신탁법 등의 다양한 법규가 적용되기 때문에 이에 대한 이해가 되어야 이를 활용할 수가 있다.

(3) 신탁의 특징

신탁법에서 신탁재산의 독립성을 법적으로 보장하고 있기 때문에 신탁재산은 위탁자의 파산이나 수탁자의 파산위험으로부터 격리되고, 이러한 신탁의 도산격리기능을 기초하여 위탁자인 기업체의 도산위험으로부터 수익자인 종업원의 퇴직연금수급권을 보장하기 위하여 신탁이 활용되고 있으며, 위탁자인 자산운용회사의 도산위험으로부터 펀드가입자의 재산을 보호하기 위하여 투자신탁에서도 신탁이 활용된다.

또한 신탁재산의 독립성으로 인해 신탁재산에 대해서는 강제집행 등이 금지되므로, 부동산개발사업이나 부동산을 선 분양하는 경우에 투자자나 피분양자를 보호하기 위하여 신탁이 이용되는 것이며, 부동산인 담보물건의 관리에도 신탁이 이용된다.

(1) 민사신탁과 상사신탁

특별한 대가없이 일반인들 간에 개인적인 친분이나 신뢰를 바탕으로 이루어지는 신탁을 민사신탁이라고 하며, 영리를 목적으로 하는 전문가나 신탁회사들에게 일정대가를 지급하고 이루어지는 신탁을 상사신탁 또는 영업신탁이라고 한다.

(2) 자익신탁과 타익신탁

신탁의 수익자가 누구인가에 따라 신탁의 유형이 결정된다. 위탁자는 수탁자와의 신탁계약을 통해 수탁자에게 신탁재산을 이전하여 주면서 신탁재산의 원금과 이익을 가지고 갈 자, 즉 수익자를 지정함으로써 신탁을 설정하게 된다. 이때, 위탁자가 본인 스스로가 수익자가 되어 신탁의 원금과 이익을 가지고 가는 신탁을 자신을 위한 신탁, 즉 자익신탁이라 하고, 위탁자가 자신이 아닌 제3자를 수익자로 지정하는 신탁을 타인을 위한 신탁, 즉 타익신탁이라고 한다.

위탁자가 수익자를 지정할 때, 신탁원금의 수익자와 신탁이익의 수익자를 따로 지정할 수도 있다. 예를 들면, 신탁원금의 수익자는 자신으로 하고, 신탁이익의 수익자는 부모님으로 지정하는 것도 가능하다. 이 경우, 신탁기간 중에는 신탁이익이 부모님에게 지급되다가 부모님의 사망 등으로 신탁의 존속이 필요 없어서 신탁을 해지하게 되면, 신탁원금을 위탁자 자신이 가지고 가게 된다.

신탁은 본래 자신이 직접 재산을 관리할 수 없게 된 경우에 믿을 만한 수탁자가 위탁자의 가족 등을 위해 재산을 관리하여 주는 타인을 위한 재산관리제도, 즉 타익신탁으로 출발하였지만, 자본주의경제가 발달함에 따라 점차 재산운용능력이 뛰어난 전문가에 의한 재산증식제도로 발전하게 되었다.

(3) 금전신탁과 부동산신탁

과거의 신탁은 질병이나 장기간의 여행, 법률적인 제약 등으로 재산을 직접 관리하지 못하거나 재산을 직접 소유할 수 없는 경우에 믿을만한 제3자에게 단순히 재산을 소유시켜서 보관·관리하게 하는 것이 주된 목적이었고, 신탁재산도 대부분 토지에 한정되었지만, 오늘날의 신탁은 신탁 재산의 종류도 금전, 금전채권, 증권, 부동산, 동산, 무체재산권 등으로 다양하고, 신탁상품을 이용하는 목적도 다양하게 발전하였다.

오늘날에는 재산증식, 즉 투자를 목적으로 신탁상품을 이용하는 경우가 가장 많으며, 소유하고 있는 재산을 유동화하거나 담보로 활용하여 자금을 조달하려고 신탁상품을 이용하는 경우도 많아졌고, 부동산개발사업의 진행을 위해서도 신탁이 많이 활용되고 있으며, 그 밖에 상속설계에 활용하거나 세금혜택을 받거나 공익사업이나 기부 등을 위해서도 신탁상품이 활용되고 있다.

신탁을 통해 주식회사제도처럼 사업을 영위한다든지, 신탁에서 신탁사채를 발행하여 자금을 조달한다든지, 상속형 신탁에 있어서 수익자를 대대손손으로 연속하여 지정한다든지, 위탁자가 스스로가 수탁자가 되는 자기신탁 등등의 새로운 신탁제도가 도입되면서 신탁의 활용도가 더욱 넓어졌다.

[신탁유형별 주요 활용 목적]

신탁상품	주요 활용 목적
금전신탁	적극적인 투자를 통한 재산증식을 목적으로 함.
증권신탁	유가증권의 보관·관리 또는 대여운용을 목적으로 함.
금전채권신탁	금전채권의 관리, 추심을 목적으로 하는 신탁이지만, 수탁된 금전채권의 수익권을 제3자에게 양도하여 자금을 조달하는 수단으로 주로 이용됨.
동산신탁	선박, 항공기, 차량, 중기 등의 수송용설비나 기계용 설비 등을 신탁받은 후 사업자에게 임대 운용하는 방식으로 신탁자산을 관리·운용하거나 처분하는 신탁임. 주로 신탁수익권의 양도를 통한 자금조달수단으로 활용됨.
부동산신탁	부동산의 관리, 처분, 담보활용 또는 개발을 목적으로 함.
부동산 관련 권리의 신탁	지상권, 전세권, 임차권 등의 관리 및 활용을 목적으로 함.
무체재산권의 신탁	저작권, 상표권, 특허권 등의 무체재산권의 관리 또는 처분을 목적으로 하는 신탁으로, 기업들의 특허권이나 영화, 음반 제작회사의 저작권 등을 신탁회사에 신탁하여 전문적인 관리가 가능하도록 하거나, 신탁수익권의 양도를 통한 자금조달수단으로 활용함.
종합재산신탁	하나의 신탁으로 여러 가지 종류의 재산을 한꺼번에 신탁하는 상품으로서 상속을 목적으로 하거나, 여러 종류의 자산을 한꺼번에 유동화 하여 자금을 조달할 때 활용함.

참고로, 구체적인 부동산신탁의 유형은 다음과 같다.

- 임대형 토지신탁: 부동산의 개발 및 임대운용을 목적(**예** 임대아파트)
- 분양형 토지신탁: 부동산의 개발 및 처분을 목적(**예** 분양아파트)
- 갑종 관리신탁: 부동산의 종합적 관리를 목적(**예** 빌딩 유지, 임대차 관리)
- 을종 관리신탁: 부동산의 소유권 관리를 목적(**예** 신탁에 의한 소유권이전)
- 처분신탁: 부동산의 효율적 처분을 목적
- 담보신탁: 부동산의 담보제공 및 자금조달을 목적

(4) 공익사업 신탁

1) 공익사업 신탁의 개념과 활용

개인이나 기업 등이 공익사업을 목적으로 자신의 재산을 신탁하면 신탁회사가 신탁재산의 관리운용은 물론 위탁자의 뜻에 따라 공익사업까지 행하여 주는 신탁상품을 말하며, 흔히 "공익신탁"이라고 한다.

공익신탁은 신탁의 목적이 공익사업이라는 점에서 개인의 사적인 이익을 추구하는 일반 신탁상품과 차이가 있을 뿐만 아니라, 신탁관계인에서도 차이가 있다.

일반적으로 신탁이 성립하려면 위탁자 및 수탁자와 함께 수익자가 지정되어야 하지만, 공익신탁은 신탁의 목적만이 지정될 뿐 수익자는 존재하지 않는 특이한 형태의 신탁이 된다.

따라서 공익신탁을 설정할 때에는 위탁자가 희망하는 특정의 공익사업이라는 신탁의 목적과 함께 수익자에 갈음하여 수탁자를 감시하고 공익사업의 수혜자들의 이익을 대변할 "신탁관리인"을 함께 지정하는 것이 일반적이다.

또한, 신탁회사가 공익사업을 원활히 수행할 수 있도록 학식과 경험을 갖춘 전문가들로 구성된 공익사업운용위원회를 신탁계약에 따라 설치하여 공익사업의 수혜자의 선정 및 공익사업집행에 대하여 신탁회사에게 자문을 하도록 하는 경우도 많다.

신탁법에서는 학술, 종교, 제사, 자선, 기예, 환경, 그 밖에 공익을 목적으로 하는 신탁을 공익신탁이라고 별도로 규정하면서, 수익자가 없는 공익신탁의 원활한 관리운 영을 위하여 공익신탁에 대해서는 일반 신탁과 달리 공익사업의 주무관청의 감독을 받도록 하는 등 여러 가지 특별한 규정을 두고 있다.

우리나라에서는 공익신탁이 아직 많이 이용되고 있지 않지만, 일본의 경우에는 장학 금지급, 과학연구기금조성, 교육진흥, 사회복지, 학술문화진흥, 문화재보전, 동식물보 호, 자연환경보호, 녹화추진, 도시환경 정비 및 보전, 국제협력, 국제교류촉진 등 다 양한 목적의 공익신탁이 폭넓게 활용되고 있다.

그러나 우리나라에서도 사회·경제적 발전에 따라 점차 민간공익활동에 대한 국민들 의 관심이 높아지고 있으므로, 향후 개인이나 기업이익의 일부를 사회에 환원하는 차 원에서 공익신탁이 점차 증가되고 있다.

우선 공익신탁에서 발생한 소득은 세금이 전액 비과세되며, 법인이 공익신탁으로 출 연한 재산에 대해서는 지정기부금으로 간주하여 손금으로 인정한다. 또한, 개인이 공 익신탁으로 출연한 재산도 지정기부금으로 간주하여 소득공제(기부금공제) 혜택을 부 여하고 있다.

2) 공익신탁과 재단법인제도의 비교

재단법인(공익법인)이란 공익목적을 위하여 제공된 재산을 기본으로 법인을 설립하 고, 출연된 재산을 그 법인에게 귀속시킴과 동시에 그 법인의 이사 또는 다른 기관으 로 하여금 정관에 따라 공익을 위하여 재산을 관리·운영토록 하는 제도를 말한다.

민간이 출연한 재산을 공익활동에 활용한다는 점에서는 공익신탁과 재단법인이 동 일하지만, 공익신탁은 다음과 같은 점에서 재단법인제도보다 장점이 있다.

① 행정수속을 신탁회사가 수행하므로 설정절차가 간편

공익신탁의 경우에도 재단법인과 마찬가지로 주무관청의 허가를 받아야 하지만 공 익신탁은 신탁회사가 허가신청업무를 수행하기 때문에 업무 절차가 간편하며, 법인등기 등의 절차가 불필요하므로 그 절차가 간편하다.

② 설정규모 및 운영비용이 효율적

재단법인은 법인의 존속을 위하여 기본재산을 소비하지 않고 수익금액을 기본으로 사업을 영위하기 때문에 상당규모의 대규모 재산을 필요로 한다. 그러나 공익신탁은 신탁원본을 소비하면서도 사업을 영위할 수 있으므로, 비교적 소규모의 재산으로도 설정이 가능한 장점이 있다. 또한, 재단법인과 달리 독자적인 사무소와 전임직원이 필요 없으므로 사무경비가 절약되어 효율적인 운용이 가능하다.

③ 사무집행의 엄격화와 재산의 보전기능이 강화

신탁회사는 신탁법에 의해 민법상의 일반적인 관리자보다 엄격한 수탁자로서 의무와 책임을 지고 있다. 또한, 신탁재산은 신탁법에 의하여 강제집행의 금지 등 신탁회사의 고유재산 및 다른 신탁재산과 분리되어 독립성을 유지하고 있으므로 재산의 보전기능이 강하다.

④ 수혜자의 보호에 유리

공익신탁에서는 일반적으로 불특정다수의 수혜자들의 이익을 대변하는 신탁관리인을 선임하고 있으므로, 재단법인에 비해 수혜자의 보호에 유리하다.

4 상속을 위한 신탁

(1) 신탁을 통한 상속설계

일반적으로 재산의 상속은 피상속인이 유언 없이 사망한 경우에는 민법에서 정한 바에 따라 법정상속 비율대로 법정상속인에게 상속되고, 피상속인의 유언이 있으면 유언에서 정한 바에 따라 상속된다. 따라서 일반적인 상속설계는 민법에 따른 유언서의 작성을 통해 이루어진다.

그러나 신탁을 통해서도 상속설계를 할 수 있으며, 신탁을 통하면 민법의 유언에 따른 경우보다 다양한 상속설계가 가능하고 유산의 분배 및 관리 업무까지 공신력 있는 신탁회사가 수행하여 주는 이점이 있기 때문에 미국 등지에서는 대부분 신탁을 통해서 상속설계가 이루어지고 있다.

또한, 최초 신탁의 기원이 상속문제를 해결하기 위한 목적으로 시작되었다는 점에서 우리나라를 포함한 대부분의 국가에서 신탁법으로 유언을 통해서도 신탁을 설정할 수 있도록 허용하고 있으며, 신탁회사의 대표적인 부수업무의 하나가 바로 유언의 집행 업무이다.

상속을 목적으로 이용되는 신탁상품으로는 유언신탁, 유언대용신탁, 수익자연속신탁 등이 있으며, 다양한 상속설계를 위해서 이들 신탁상품들을 결합하여 하나의 신탁상품으로 만드는 경우가 많다.

우리나라에서는 국민정서상 생전에 유언서를 작성하거나 상속계획을 미리 수립하는 것을 꺼리고 있어서, 유언을 남기거나 상속을 위한 신탁에 가입하는 비율이 매우 낮다. 심지어 사전에 주식을 증여하는 가업승계 주식증여특례에 대해서도 주식을 자녀에게 증여하는 것도 심적 부담감으로 실행을 잘 못하는 경우가 많은데 유언장을 작성한다는 생각은 더욱 생각하기 어려운 정서가 있다.

그럼에도 불구하고 노령화 시대의 도래에 따라 상속설계에 대한 중요성이 날로 증대되고 있고, 신탁법이 개정된 목적 중의 하나도 상속을 위한 신탁제도의 활성화에 있는 만큼 향후 상속을 위한 신탁상품의 이용이 많이 증가할 것으로 예상된다.

(2) 유언신탁

유언신탁이란, 원칙적으로 유언자가 유언으로써 재산의 일부를 타인에게 신탁하고 수익자를 위하여 또는 일정한 목적에 따라 관리·운용하게 하는 것을 말한다. 즉, 위탁자가 살아 있을 때 수탁자와 쌍방행위인 신탁계약을 체결하여 신탁을 설정하는 것이 아니고, 본인이 사망한 후 단독행위인 유언에 의해 신탁을 설정하는 것이다.

현실적인 유언신탁은 본인 사망 후 유언에 의해 신탁이 설정되는 것보다는, 신탁회사가 위탁자의 생전에 신탁계약을 통해 신탁재산을 관리하여 주는 동시에 유언집행의 위임을 받아 유언서의 작성보조 및 보관, 유언자의 사망 후 유언집행 및 유산분배 등의 사후관리업무까지를 수행하는 일련의 업무를 포괄적으로 유언신탁이라고 부르고 있다.

즉, 유언신탁은 일반적으로 신탁회사가 유언자와의 신탁계약 및 부수업무계약을 통해 ① 유언서의 작성보조 및 보관업무 ② 상속대상자산의 관리운용업무 ③ 유언집행업무 ④ 유산정리업무를 종합적으로 수행하여 준다.

(3) 유언대용신탁

1) 유언대용신탁의 개념과 장점

유언대용신탁이란 위탁자의 생전에 신탁회사와 신탁계약을 체결하면서, 위탁자가 사망할 때에 수익자가 될 자가 비로소 수익권을 취득하는 것으로 약정하거나, 수익자로 지정된 자가 위탁자의 사망 이후에 신탁재산의 원금과 수익을 지급받을 수 있도록 약정하는 신탁을 말한다.

이 경우 민법에 따른 유언을 남기지 않더라도 신탁계약에서 정한 바에 따라 위탁자 사망 후에 수익자가 신탁의 수익권을 취득하거나 행사할 수 있게 됨으로써 유언과 동일한 효과를 거둘 수 있다.

또한, 위탁자 본인의 생전 시에도 신탁회사가 신탁재산을 관리·운용하여 줄 수 있으며, 위탁자 사망 후에도 복잡한 유언집행이나 상속절차가 필요 없이 자동적으로 상속인인 수익자를 위하여 중단 없는 자산관리서비스가 계속될 수 있는 장점이 있다.

유언대용신탁은 위탁자 사후에 유언이 확실히 집행된다는 점도 매력적이다. 대부분 유언장을 작성해 상속을 결정하지만, 이 경우 불확실성이 작지 않다. 유언장이 법적 효력을 가지려면 엄격한 요건이 필요하기 때문이다. 자필 작성 여부, 날짜, 주소, 날인, 증인 등 한 가지 요건만 만족하지 못해도 유언은 무효가 되어 뜻대로 상속이 이루어지지 않는다. 신탁을 설정하면 자산 소유권이 신탁사로 넘어가고, 신탁사는 계약에만 따르기 때문에 신탁자의 뜻이 그대로 이행된다.

2) 유언대용신탁에 따른 신탁재산 유류분 제외 가능여부

[판례 내용]

2020년 3월 22일 수원지방법원 성남지원은 망인이 유언대용신탁을 통하여 공동상속인 중 한 명에 사후수익권을 부여한 경우 다른 공동상속인이 자신의 유류분권 침해를 이유로 한 유류분반환청구를 사건에서 원고의 청구를 기각하였다.

유언대용신탁과 유류분의 관계가 하급심 법정에서 다투어졌는데, 1심 재판부는 신탁재산이 유류분 산정의 기초가 되는 재산에 포함되지 않는다고 판단했고(성남지원 2020.1.10. 선고 2017가합408489 판결), 항소심 재판부는 신탁재산이 유류분 산정의 기초재산에 포함되는지 여부와 무관하게 유류분 부족액이 발생하지 않는다고 보아 신탁재산이 유류분 산정의 기초재산에 포함되는지 여부는 판단하지 않았다.(수원고법 2020.10.5. 선고 2020나11380 판결)

[판례 의미]

이 사건 신탁은 수탁자가 상속인이 아니므로, 이 사건 신탁은 민법 제1114조에 의하여 증여재산에 산입될 수 있는지 보건대, 이 사건 신탁계약 및 그에 따른 소유권의 이전은 상속이 개시된 2017.11.11.보다 1년 전에 이루어졌고, 수탁자인 하*은행이 이 사건 신탁계약으로 인하여 유류분 부족액이 발생하리라는 점을 알았다고 볼 증거가 없으므로 이 사건 신탁은 민법 제1114조에 따라 산입될 증여에 해당하지 않아 유류분 산정의 기초가 될 수 없다.

3) 유류분 포함 여부에 대한 학설

- 피상속인의 유족들의 생존권을 보호하고, 법정상속분의 일정비율을 유류분으로 산정하여 피상속인의 재산 형성에 기여하고 상속재산에 대한 기대를 보장하는 취지에서 유류분이 입법된 것으로 보아 포함설이 타당한 것으로 법조계에서는 바라보고

있는 상황이다. 포함설과 불포함설의 주장을 살펴보면 다음과 같다.

① 포함설(유류분 반환청구 대상이 된다)
신탁이라는 형식과 무관하게, 실질적으로 특정 수익자에게 재산이 귀속되므로 증여 또는 유증과 유사한 성격을 가진다.
신탁계약을 통해 재산을 특정 상속인에게 몰아줄 경우, 유류분권자의 최소한의 법적 권리를 침해할 가능성이 크다.
② 불포함설(유류분 반환청구 대상이 아니다)
신탁법상 신탁재산은 수탁자에게 귀속되며, 피상속인의 직접적인 재산이 아니므로 상속재산에 해당하지 않는다.
신탁 수익자는 직접 증여를 받은 것이 아니라 수탁자를 통해 수익을 받을 뿐이므로, 유류분 반환청구의 대상이 될 수 없다.

4) 관련법령(민법)

제1008조(특별수익자의 상속분)

공동상속인중에 피상속인으로부터 재산의 증여 또는 유증을 받은 자가 있는 경우에 그 수증재산이 자기의 상속분에 달하지 못한 때에는 그 부족한 부분의 한도에서 상속분이 있다.

제1113조(유류분의 산정)

① 유류분은 피상속인의 상속개시 시에 있어서 가진 재산의 가액에 증여재산의 가액을 가산하고 채무의 전액을 공제하여 이를 산정한다.

제1114조(산입될 증여)

증여는 상속개시전의 1년간 행한 것에 한하여 제1113조의 규정에 의하여 그 가액을 산정한다. 당사자 쌍방이 유류분권리자에 손해를 가할 것을 알고 증여를 한때에는 1년 전에 한 것을 알고 증여를 한 때에는 1년 전에 한 것도 같다.

(4) 수익자 연속신탁

수익자 연속신탁이란 신탁계약으로 수인의 수익자를 지정하면서, 최초의 수익자가 사망할 때 차례로 타인이 수익권을 취득하는 것으로 약정하는 신탁을 말한다.

이러한 신탁을 설정하게 되면, 민법의 유언으로는 달성할 수 없는 다양한 상속설계가 가능해진다.

수익자 연속신탁은 마치 왕위가 대대손손 계승되는 것처럼 신탁의 수익권이 신탁계약에서 정한 바에 따라 대대손손 이어질 수 있으면서도, 신탁재산의 관리는 최초 위탁자가 신탁계약으로 지정한 대로 신탁회사가 안전하게 관리하므로 후손의 자산관리 실패나 낭비 등으로부터 유산을 오랫동안 지켜낼 수 있는 장점이 있다.

5 신탁과 세금

신탁에 대한 우리나라 세법의 기본적인 과세 논리는 신탁은 신탁재산으로부터 발생한 소득을 수익자에게로 분배하여 주는 도관(Pipe)에 불과하다고 보아, 신탁재산의 실질적인 소유자인 수익자가 신탁재산을 직접 소유하고 있는 것으로 간주하여 세법을 적용하여야 한다는 과세이론이다. 수익자를 과세 주체로 하기 때문에 다른 말로 "수익자실질과세의 원칙"이라고도 한다.

우리나라의 국세기본법, 소득세법, 법인세법은 모두 이러한 수익자실질과세의 원칙을 천명하고 있다.

따라서 신탁재산으로부터 발생하는 소득은 펀드 등의 일반적인 간접투자상품과는 달리, 수익자가 그 신탁재산을 직접 가지고 있는 것과 동일하게 과세한다. 즉, 수익자가 신탁을 통하지 않고 그 신탁재산을 직접 소유하고 있는 것과 동일하게 소득의 종류별로 구분하여 과세한다.

소득의 종류별로 구분하여 과세한다는 것은 소득의 종류별로 각각 세율이 다르고 경우에 따라서는 비과세되기도 하므로, 일반적인 간접투자상품의 경우 이자소득세나 배당소득세로 일률적으로 과세하는 것과는 많은 차이가 있다.

우리나라 소득세법에서의 소득의 구분은 종합소득, 퇴직소득, 양도소득으로 소득을 구분한 후, 다시 종합소득을 이자소득, 배당소득, 사업소득, 근로소득, 연금소득, 기타소득으로 구분한다.

신탁을 통해 운용되는 자산은 대부분 증권이거나 부동산, 금전채권이므로 신탁으로부터 발생하는 소득도 대부분 이자소득이거나 배당소득, 부동산임대사업에 따른 사업소득이 대부분이다.

이렇듯 신탁상품에 대해서는 수익자실질과세의 원칙을 적용함에 따라 다른 간접투자상품과 달리 신탁의 과세가 복잡해지는 측면은 있지만, 다른 금융투자상품에 투자하는 경우보다 신탁상품의 고객들에게 세제상 유리한 부분도 많다.

신탁으로부터 발생한 수익이 수익자가 직접 투자하였을 때 비과세되는 소득인 경우에는 신탁에서도 비과세소득으로 인정되기 때문에 세금을 절감할 수 있다. 즉, 개인이 직접 투자할 때 비과세되는 주식매매익, 채권매매익, 파생상품관련이익, 환차익 등은 모두 신탁에서도 비과세가 된다.

(1) 신탁의 과세시기

신탁도관이론을 적용하는 신탁상품에 대해서는 신탁회사와 신탁회사에게 이자소득 등을 지급하는 자 간에 원천징수의 대리 또는 위임관계가 있는 것으로 간주하여, 신탁회사에게 소득금액을 지급할 때 소득을 지급하는 자가 원천징수하지 않고 신탁회사가 수익자에게 신탁의 이익을 지급할 때 원천징수가 이루어지게 된다.

그러나 신탁회사는 소득금액을 받는 즉시 수익자에게 지급하는 것이 아니라, 신탁계약이나 약관에서 정한 이익지급일까지 소득금액을 지급하지 않고 있다가 이익지급일에 비로소 소득금액을 지급하면서 원천징수를 하게 된다. 이 경우, 만일 신탁상품의 이익계산일이 5년 후 또는 10년 후 등 멀리 있는 경우에는 오랜 기간 동안 과세가 이루어지지 않고 이연되게 된다.

따라서 과세당국에서는 신탁을 통한 과세의 지나친 이연을 막기 위하여 최소한 매분기에 한번은 신탁계약이나 약관에서 정한 이익지급일이 아니더라도, 신탁회사가 지급받은 소득금액에 대하여 원천징수를 하도록 특례조항을 두고 있다.

이러한 특례원천징수의 대상이 되는 신탁상품은 수익자실질과세의 원칙이 적용되는 특정금전신탁 등의 단독운용신탁이며, 신탁실체이론이 적용되는 연금신탁이나 투자신탁에는 적용되지 않는다.

(2) 신탁의 양도

신탁상품의 양도, 즉 신탁의 위탁자와 수익자의 지위가 동시에 이전되는 경우에는 채권의 양도와 동일하게 과세한다. 즉, 신탁의 수익권 또는 수익증권을 채권과 마찬가지의 증권으로 보아 신탁상품의 보유기간 신탁이익 상당액에 대해 채권 등의 보유기간 이자상당액과 동일한 방법으로 과세한다.

예를 들면, 위탁자 겸 수익자인 "갑"이 3년 만기 신탁상품에 가입하여 1년 동안 보유하다가 만기 2년을 남겨 놓고 새로운 위탁자 겸 수익자인 "을"에게 양도하였다면, 신탁회사는 채권 등의 보유기간 이자상당액에 대한 과세방법을 적용하여 최초가입일로부터 양도일 전일까지의 1년간의 신탁이익에 대해서는 양도인 "갑"을 원천징수대상자로 하여 보유기간과세를 실시하고, 양도일로부터 만기까지의 남은 2년간의 신탁이익에 대해서는 양수인 "을"이 향후 신탁이익을 지급받을 때 원천징수대상자가 된다.

(3) 타익신탁의 증여의제

상속세 및 증여세법에서는 타익신탁에 대해서는 신탁의 이익을 받을 권리의 가액을 수익자가 증여받은 것으로 보고, 타익신탁의 수익자에게 증여세를 납부하도록 규정하고 있다. 따라서 타익신탁으로 신탁을 가입하거나 변경할 때에는 반드시 증여세를 고려해야 한다.

1) 타익신탁의 증여의제시기

타익신탁의 증여의제시기는 원칙적으로 신탁의 원본 또는 수익이 수익자에게 실제로 지급되는 때이다.

그러나 다음의 경우에는 아래에서 정한 날에 증여를 받은 것으로 보아, 그 해당일에 증여세 납부의무가 발생한다.

① 수익자로 지정된 자가 그 이익을 받기 전에 해당 신탁재산의 위탁자가 사망한 경우: 위탁자가 사망한 날
② 신탁계약에 의하여 원본 또는 수익을 지급하기로 약정한 날까지 원본 또는 수익이 수익자에게 지급되지 아니한 경우: 해당 원본 또는 수익을 지급하기로 약정한 날
③ 원본 또는 수익을 여러 차례 나누어 지급하는 경우: 해당 원본 또는 수익이 최초로 지급된 날. 다만, 신탁계약을 체결하는 날에 원본 또는 수익이 확정되지 아니한 경우에는 해당 원본 또는 수익이 실제 지급된 날로 한다.

2) 증여가액의 평가

타익신탁의 수익자는 상속세 및 증여세법에서 정한 방법으로 평가한 가액을 기준으로 증여세를 납부하게 된다.

신탁의 이익이 확정되어 있지 않거나 원본 또는 수익을 수회에 걸쳐서 분할하여 지급받는 신탁의 이익이나 분할금에 대해서는, 다음과 같이 평가한 금액을 기준으로 증여세를 납부해야 한다.

　상속세 및 증여세법 제65조 제1항의 규정에 의한 신탁의 이익을 받을 권리의 가액은 다음의 어느 하나에 따라 평가한 가액에 의한다. 다만, 평가기준일 현재 신탁계약의 철회, 해지, 취소 등을 통해 받을 수 있는 일시금이 다음에 따라 평가한 가액보다 큰 경우에는 그 일시금의 가액에 의한다.

① 원본과 수익의 이익의 수익자가 동일한 경우에는 이 법에 따라 평가한 신탁재산의 가액에 대하여 수익시기까지의 기간 및 수익의 이익에 대한 원천징수세액상당액 등을 고려하여, 다음의 계산식에 따라 계산한 금액의 합계액

$$\frac{\text{신탁재산가액} + \text{각 연도에 받을 수익의 이익} - \text{원천징수세액상당액}}{(1 + \text{신탁재산의 평균 수익률 등을 감안하여 기획재정부령으로 정하는 이자율})^n}$$

n: 평가기준일로부터 수익시기까지의 연수

② 원본과 수익의 이익의 수익자가 다른 경우에는, 다음의 규정에 의한 가액

가. 원본의 이익을 수익하는 경우에는 평가기준일 현재 원본의 가액에 수익시기까지의 기간에 대하여, 다음의 계산식에 따라 계산한 금액의 합계액

$$\frac{\text{평가기준일 현재 원본의 가액}}{(1 + \text{신탁재산의 평균 수익률 등을 감안하여 기획재정부령으로 정하는 이자율})^n}$$

n: 평가기준일로부터 수익시기까지의 연수

나. 수익의 이익을 수익하는 경우에는 평가기준일 현재 기획재정부령으로 정하는 방법에 따라 추산한 장래에 받을 각 연도의 수익금에 대하여 수익의 이익에 대한 원천징수세액상당액 등을 고려하여, 다음의 계산식에 따라 계산한 금액의 합계액

$$\frac{\text{각 연도에 받을 수익의 이익} - \text{원천징수세액상당액}}{(1 + \text{신탁재산의 평균 수익률 등을 감안하여 기획재정부령으로 정하는 이자율})^n}$$

n: 평가기준일로부터 수익시기까지의 연수

(4) 부동산신탁과 세금

여러 가지 재산 중 과세체계가 가장 복잡한 부동산을 신탁재산으로 관리·운용할 때에는 세금관계에 주의를 기울여야 한다. 특히, 부동산과 관련된 세금은 신탁회사에게 원천징수의무가 없으므로, 위탁자 또는 수익자가 신고·납부해야 한다.

부동산신탁과 관련된 세금 역시 신탁도관이론에 따라 대부분 수익자가 직접 부동산을 소유하고 있는 것과 동일하게 세금이 부과된다.

또한, 부동산은 소유권의 이전에 따른 취득세의 부담이 매우 큰 만큼, 부동산신탁에 따라 신탁회사에게 소유권이 이전되는 경우에는 취득세가 면제된다.

1) 신탁설정 시의 세금

신탁설정에 따른 부동산의 소유권이전은 신탁재산의 관리편의를 위한 형식적인 소유권이전으로 취득세가 부과되지 않으므로, 신탁설정 시에는 납부할 세금이 없다.

2) 신탁기간 중의 세금

① 재산세, 종합부동산세

신탁회사명의로 등기되어 있지만, 실질적으로는 위탁자가 신탁한 재산이므로 최종적인 납세의무는 위탁자에게 있다. 하지만 조세채권 확보의 편의상 현재 재산세, 종합부동산세 납세의무자는 신탁회사로 되어 있다.

② 신축·증축시의 취득세, 지방교육세, 농어촌특별세

신탁재산인 부동산에 새로운 건물을 신축하거나 증축한 경우, 신탁회사명의로 신축이나 증축된 부동산이 등기될지라도 취득세 등의 제세금은 신탁회사가 아닌 위탁자가 납세의무를 진다. 신탁회사는 단지 신탁재산의 관리자로서 납세업무를 대행해 줄 뿐 그 비용은 위탁자에게서 수령하거나 신탁재산 중에서 납부하게 된다.

③ 사업소득세, 법인세

신탁재산인 부동산의 관리, 운용, 처분에 의하여 발생한 소득에 대해서는 그 소득금액을 지급받는 수익자에게 과세된다. 따라서 수익자가 개인사업자인 경우에는 사업소득세를, 수익자가 법인인 경우에는 법인세를 납부하여야 한다.

④ 부가가치세

신탁재산인 부동산으로부터 발생하는 이익과 비용은 수익자에게 실질적으로 귀속하는 것이기 때문에, 부가가치세법상 과세대상인 부동산을 양도하거나 임대할 때에는 수익자가 부가가치세를 납부하여야 한다. 또한, 부가가치세 과세대상인 부동산을 신탁재산으로 하는 신탁의 수익권을 양도하는 경우, 양도인으로부터 수익권의 양수인에게 실질적인 재화의 공급이 있었던 것으로 보아 수익권을 양도한 사람이 부가가치세를 납부하여야 한다.

3) 신탁종료 시의 세금

신탁계약의 종료에 따라 신탁재산을 수익자에게 반환하는 경우에도 신탁을 신규로 설정할 때와 마찬가지로 취득세가 면제된다. 다만, 신탁재산을 돌려받는 수익자가 최초 신탁설정 시의 수익자와 다른 경우에는 실질적인 재산권의 양도가 일어난 것으로 보아 취득세는 물론 양도소득세도 납부해야 한다.

(5) 장애인 신탁과 세금

[장애인이 증여받은 재산의 과세가액 불산입의 적용(상증법 §52의2②)]

1) 개요

대통령령으로 정하는 장애인이 재산을 증여받은 후 장애인 본인을 수익자로 하는 자익신탁과 타인이 장애인을 수익자로 하는 타익신탁 계약을 하는 경우 해당 신탁이 일정 요건을 모두 충족하는 경우 최대 5억을 한도로 하여 증여세를 과세하지 않는다.

2) 취지

장애인에 대한 사회보장, 사회복지 향상 등을 위하여 장애인이 증여받은 재산에 대하여 일정한 금액 범위 내에서 과세가액에 포함시키지 아니하되, 그 조건으로 재산의 전부를 「신탁업법」에 의한 신탁회사에 신탁하고, 그 신탁의 이익의 전부를 당해 장애인이 사망할 때까지 받도록 규정하고 있다.(대법원2003두11889, 2004.1.29.)

3) 요건

① 수증자 및 증여자

구분	세부내용
증여자	제한 없음 (2017.1.1. 이후 직계존비속과 친족에서 증여자의 범위가 확대됨.)

수증자	(장애인)의 범위(소득령 §107①)
	
	① 법 제51조 제1항 제2호에 따른 장애인은 다음 각 호의 어느 하나에 해당하는 자로 한다.(2018.2.13. 개정)
	  1.「장애인복지법」에 따른 장애인 및 「장애아동 복지지원법」에 따른 장애아동 중 기획재정부령으로 정하는 사람(2018.2.13. 개정)
	  2.「국가유공자 등 예우 및 지원에 관한 법률」에 의한 상이자 및 이와 유사한 사람으로서 근로능력이 없는 사람(2018.2.13. 개정)
	  3.「국민건강보험법 시행령」 별표2 제3호 라목 1)부터 10)까지 외의 부분 전단에 따른 희귀성난치질환등 또는 이와 유사한 질병·부상으로 인해 중단 없이 주기적인 치료가 필요한 사람으로서 의료기관의 장이 취업·취학 등 일상적인 생활에 지장이 있다고 인정하는 사람(2025.2.28. 신설)

② 적용 대상

구분	세부내용
자익신탁	①「자본시장과 금융투자업에 관한 법률」에 따른 신탁업자(이하 "신탁업자"라 한다)에게 신탁되었을 것 ② 장애인이 신탁의 이익 전부를 받는 수익자일 것 ③ 신탁기간이 그 장애인이 사망할 때까지로 되어 있을 것. 다만, 장애인이 사망하기 전에 신탁기간이 끝나는 경우에는 신탁기간을 장애인이 사망할 때까지 계속 연장하여야 한다.

타익신탁	①「자본시장과 금융투자업에 관한 법률」에 따른 신탁업자(이하 "신탁업자"라 한다)에게 신탁되었을 것
	② 그 장애인이 신탁의 이익 전부를 받는 수익자일 것. 다만, 장애인이 사망한 후의 잔여재산에 대해서는 그러하지 아니하다.
	③ 다음의 내용이 신탁계약에 포함되어 있을 것
	  가. 장애인이 사망하기 전에 신탁이 해지 또는 만료되는 경우에는 잔여재산이 그 장애인에게 귀속될 것
	  나. 장애인이 사망하기 전에 수익자를 변경할 수 없을 것
	  다. 장애인이 사망하기 전에 위탁자가 사망하는 경우에는 신탁의 위탁자 지위가 그 장애인에게 이전될 것

4) 장애인이 증여받은 재산의 과세과액 불산입 한도(상증세법 집행기준 52의2-45의
   2-2)

5) 신탁재산의 사후관리

재산을 증여받아 자익신탁을 설정한 장애인이 다음의 어느 하나에 해당하면 대통령
령으로 정하는 날에 해당 재산가액을 증여받은 것으로 보아 즉시 증여세를 부과한다.
다만, 대통령령으로 정하는 부득이한 사유가 있거나 장애인 중 대통령령으로 정하는
장애인이 본인의 의료비 등 대통령령으로 정하는 용도로 신탁원본을 인출하여 원본이
감소한 경우에는 그러하지 아니하다.

① 신탁이 해지 또는 만료된 경우

다만, 해지일 또는 만료일부터 1개월 이내에 신탁에 다시 가입한 경우는 제외한다.

② 신탁기간 중 수익자를 변경한 경우

③ 신탁의 이익 전부 또는 일부가 해당 장애인이 아닌 자에게 귀속되는 것으로 확인된
   경우

④ 신탁원본이 감소한 경우

상증세법 시행령 제45조의 2【장애인이 증여받은 재산의 과세가액 불산입】④

법 제52조의 2 제4항 각 호 외의 부분 본문에서 "대통령령으로 정하는 날"이란 다음 각 호의 날을 말한다.

1. 법 제52조의 2 제4항 제1호의 경우에는 그 신탁해지일 또는 신탁기간의 만료일
2. 신탁의 수익자를 변경한 경우에는 수익자를 변경한 날
3. 신탁의 이익의 전부 또는 일부가 장애인외의 자에게 귀속되는 것으로 확인된 경우에는 그 확인된 날
4. 신탁의 원본이 감소한 경우에는 신탁재산을 인출하거나 처분한 날

상증세법 시행령 제45조의 2【장애인이 증여받은 재산의 과세가액 불산입】⑤

법 제52조의 2 제4항 각 호 외의 부분 단서에서 "대통령령으로 정하는 장애인"이란 다음 각 호의 어느 하나에 해당하는 사람을 말한다.

1. 「5·18민주화운동 관련자 보상 등에 관한 법률」에 따라 장해등급 3급 이상으로 판정된 사람
2. 「고엽제후유의증 등 환자지원 및 단체설립에 관한 법률」에 따른 고엽제후유의증환자로서 장애등급 판정을 받은 사람
3. 「장애인고용촉진 및 직업재활법」 제2조 제2호에 따른 중증장애인

상증세법 시행령 제45조의 2【장애인이 증여받은 재산의 과세가액 불산입】⑥

법 제52조의 2 제4항 각 호 외의 부분 단서에서 "본인의 의료비 등 대통령령으로 정하는 용도"란 다음 각 호의 어느 하나에 해당하는 비용에 사용하는 용도를 말한다.

1. 「소득세법 시행령」 제118조의 5 제1항 및 제2항에 따른 장애인 본인의 의료비 및 간병인 비용
2. 「소득세법 시행령」 제118조의 6 제11항에 따른 장애인 본인의 특수교육비
3. 장애인 본인의 생활비(월 150만원 이하의 금액으로 한정한다)

* 본인의 의료비 등의 용도로 신탁재산을 인출하는 장애인은 기획재정부령으로 정하는 장애인신탁 원금 인출신청서와 관련 증빙 서류 등을 인출일 전 3개월부터 인출일 후 3개월까지의 기간 이내에 신탁업자에게 제출하여야 한다.(상증세법 시행령 제45조의2 제7항)

상증세법 시행령 제45조의 2 【장애인이 증여받은 재산의 과세가액 불산입】 ⑨

법 제52조의 2 제4항 각 호 외의 부분 단서에서 "대통령령으로 정하는 부득이한 사유"란 다음 각 호의 어느 하나에 해당하는 때를 말한다.

1. 신탁회사가 관계법령 또는 감독기관의 지시·명령 등에 의하여 영업정지·영업폐쇄·허가취소 기타 기획재정부령이 정하는 사유로 신탁을 중도해지하고 신탁해지일부터 2개월 이내에 신탁에 다시 가입한 경우
2. 신탁회사가 증여재산을 신탁받아 운영하는 중에 그 재산가액이 감소한 경우
3. 「도시 및 주거환경정비법」에 따른 재개발사업·재건축사업 또는 「빈집 및 소규모주택 정비에 관한 특례법」에 따른 소규모재건축사업으로 인해 종전의 신탁을 중도해지하고, 준공인가일부터 2개월 이내에 신탁에 다시 가입한 경우

6) 장애인 신탁시 주의할 점

금전, 보험금, 부동산 등을 증여받아 장애인 신탁을 할 경우 위와 같이 증여세 부담은 덜지만 취득세, 재산세, 소득세 등을 부담할 수 있다. 또한 국민기초생활보장수급권, 장애인 연금 등 수급권을 판정할 때 신탁된 재산을 소득으로 포함한다. 따라서, 장애인 신탁시 증여세 뿐만아니라 그 외 세금과 사대보험, 각종 수급권 등에 대한 고려도 필수적이다.

(6) 공익신탁과 세금

[공익신탁재산에 대한 상속세 및 증여세 과세가액 불산입(상증법 §17, §52)]

1) 개요

상속 또는 증여재산 중 증여자가 「공익신탁법」에 따른 공익신탁으로서 종교·자선·학술 또는 그 밖의 공익을 목적으로 하는 신탁을 통하여 공익법인등에 출연하는 재산의 가액은 상속세 및 증여세 과세가액에 산입하지 아니한다.

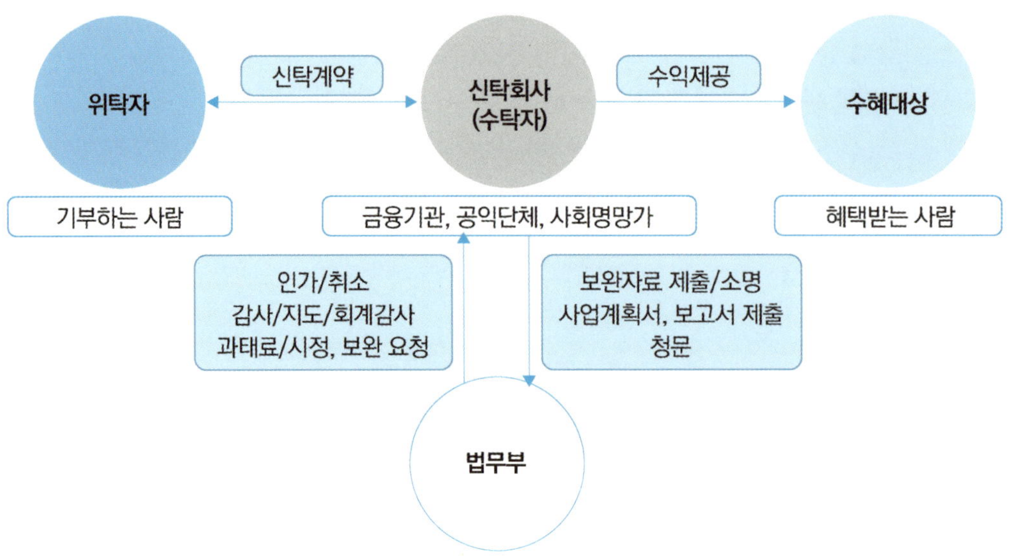

2) 취지

공익법인 지원을 위한 목적이며 조세회피 수단으로 악용하는 경우를 방지하기 위해 사후관리를 두고 있다.

3) 공익신탁의 의의 [3. 신탁의 구분 (4) 공익사업 신탁에 자세히 정리되어 있다.]

기부하려는 사람이 기부재산을 일정한 개인이나 기관에 맡겨 관리하게 하면서 그 원금과 수익을 기부자가 지정하는 공익적 용도로 사용하게 하는 제도이다.(단, 공익신탁법상 공익신탁은 수익자가 구체적으로 지정되지 않는 '목적신탁'임)

※ 상속세 및 증여세법 집행기준 16-12-1 【공익법인등의 범위】

구분	적용받는 관련법	영위하는 사업의 내용
상증령 §12	유아·초·중·고등교육법	학교, 유치원을 설립·경영하는 사업
	사회복지사업법	사회복지법인이 운영하는 사업
	의료법	의료법인이 운영하는 사업
	법인령 §39①(1) 각 목	일반기부금 단체 등이 운영하는 고유목적사업
	소득령 §80①(5)	공익단체가 운영하는 고유목적사업
	법인령 §39①(2)다	해당 일반기부금을 받은 자가 해당 기부금으로 운영하는 사업

구분	적용받는 관련법	영위하는 사업의 내용
상증령 §12	법인법 §24②(1)	해당 특례기부금을 받는 자가 해당 기부금으로 운영하는 사업
	종교의 보급 기타 교화에 현저히 기여하는 사업	

* 단, 법인령 §39①(1) 각 목, 소득령 §80①(5), 법인령 §39①(2)나에 따른 기부금 수령단체가 회원의 친목 또는 이익을 증진시키거나 영리를 목적으로 대가를 수수하는 등 공익성이 있다고 보기 어려운 고유목적사업을 하는 경우에는 공익법인에서 제외함.

4) 공익신탁의 장점

① 공익신탁은 기부자와 수탁자 간에 신탁계약을 체결하고 법무부의 인가만 받으면 즉시 설정할 수 있고, 별도의 조직을 운영할 필요가 없어서 공익법인의 설립에 비해 상대적으로 적은 관리비용이 소요되며, 신청일로부터 3개월 이내에 인가 여부가 결정된다.

② 공익신탁은 신탁의 특성상 수탁자의 고유재산과는 분별 관리되고, 수탁자가 파산하더라도 영향을 받지 않는다. 또한 기부재산을 신탁계약에서 정한 목적으로만 사용할 수 있으므로 위탁자의 의지대로 재산이 사용된다.

③ 공익신탁의 운영·회계를 법무부가 관리·감독하고, 공익신탁의 주요 현황을 인터넷 홈페이지에 공시하므로 기부자 및 일반인들이 쉽게 현황을 파악할 수 있어 투명성이 보장된다.

5) 공익신탁재산 상속세 및 증여세 면제 요건(상증세법 시행령 제14조 공익신탁의 범위 등 집행기준 17-14-1)

공익신탁재산의 상속세 및 증여세가 면제되기 위해서는 다음의 요건을 갖추어야 한다.

① 공익신탁의 수익자가 공익법인등이거나 그 공익법인등의 수혜자일 것
② 공익신탁의 만기일까지 신탁계약이 중도해지되거나 취소되지 아니할 것
③ 공익신탁의 중도해지 또는 종료시 잔여신탁재산이 국가·지방자치단체 및 다른 공익신탁에 귀속될 것

6) 공익신탁이행의 기한(상증세법 시행령 제14조 공익신탁의 범위 등 집행기준 17-14-2)

상속세과세가액에 산입하지 아니하는 재산은 상속세과세표준 신고기한(법령상 또는 행정상의 사유로 신탁 이행이 늦어지면 그 사유가 끝나는 날이 속하는 달의 말일부터 6개월 이내)까지 신탁을 이행할 것

7) 예규 및 판례

① 기부신탁의 경우, 공익법인의 「기부금 수익」의 귀속시기
- 거주자가 「상속세 및 증여세법」 제16조 제1항에 따른 공인법인 등에 기부될 것을 조건으로 「소득세법 시행령」 제80조 제1항 제3호 각 목의 요건을 모두 갖춘 신탁(이하 '기부신탁')을 설정한 경우, 해당 공익법인은 기부신탁계약의 원본 또는 수익이 해당 공익법인에 실제 지급되는 시점을 귀속시기로 보아 세무처리 하는 것임.

② 기부신탁의 기부금영수증 발급 시, 「기부일」을 언제로 보아야 하는지
- 거주자가 「상속세 및 증여세법」 제16조 제1항에 따른 공인법인 등에 기부될 것을 조건으로 「소득세법 시행령」 제80조 제1항 제3호 각 목의 요건을 모두 갖춘 신탁(이하 '기부신탁')을 설정한 경우, 해당 공익법인 등은 해당 거주자가 기부신탁을 설정한 때를 기부일로 하여 「법인세법」 제75조의4 제2항에 따른 기부금영수증을 발급할 수 있는 것임.(서면-2024-법규법인-1739, 2024.8.27.)

③ 공익신탁기관(은행 등)으로부터 주식운용소득(배당금)을 배정받아 직접 장학사업을 집행할 경우 상속세 및 증여세법 제16조 제2항 등의 발행주식총수에 합산하여 5% 초과분에 대하여 상속세·증여세 등이 과세되는지 여부
- 공익법인 등이 공익신탁을 통하여 의결권 있는 내국법인의 주식을 발행주식총수의 5%를 초과하여 출연받은 경우 그 5%를 초과한 주식의 가액은 증여세가 과세됨. (서면4팀-3136, 2006.9.13.)

기 업
가업승계와
상속증여세
절 세

Part 05

사내근로
복지기금

사내근로복지기금

1 사내근로복지기금의 목적

하나의 사업장 내에서 운영하는 사내근로복지기금과 여러 사업장이 함께 운영하는 공동근로복지기금은 기업복지제도의 일종으로 근로자의 실질소득 증대, 근로의욕 고취 및 협력적 노사관계 형성 등을 위해 도입

2 제도의 개요

(1) 사내 및 공동근로복지기금 제도 비교

사내근로복지기금	공동근로복지기금
하나의 사업장 내의 근로자들을 대상으로 하여, 각 사업장과 근로자들의 특성에 맞는 복지사업을 시행할 수 있으며, 근로복지기금의 조성 및 운영 등에 노사간 합의 용이	여러 사업주가 공동으로 기금을 출연하므로 사업장의 규모가 작아 자체적 복지제도 운영이 어려운 경우에 유용하며, 대-중소기업, 원-하청, 중소기업간 등 다양한 형태의 설립이 가능하고, 대-중소기업간 복지격차 완화에 기여

(2) 사내근로복지기금의 활용

사내근로복지기금	공동근로복지기금
① 하나의 사업장 내 근로자들을 위한 맞춤기금을 운영하려는 경우 ② 사업실적이 호전되어 근로자들에게 복리후생비를 지급하고 싶으나, 매년 정기적으로 지급하기 힘든 경우 ③ 상반기에 큰 실적을 거두어 근로자들에게 특별상여금이나 복리비를 지급하고 싶으나, 이에 대한 세금감면 혜택을 받지 못하는 경우	① 복지제도를 운영하고 싶지만, 사업장 규모가 작아 단독운영이 어려운 경우 ② 영세한 여러 협력업체들과 장기간 거래하고 있는 대기업의 경우 ③ 동일지역 또는 동종산업을 운영하는 중소기업간에 함께 복지제도를 운영하려는 경우

(3) 사내근로복지기금의 혜택

1) 기업

- 사내(공동)근로복지기금법인에 출연하는 출연금에 대해 법인세법이 정하는 바에 따라 법인세 손비 인정
- 대기업이 중소기업 사내(공동)근로복지기금법인에 출연할 경우 출연금의 10% 세액공제
- 협력중소기업의 사내 또는 공동근로복지기금에 대한 출연금은 투자·상생협력 촉진세제상 과세대상인 미환류소득 계산시 차감
- 대기업이 사내(공동)근로복지기금 지원시 동반성장지수 가점 부여(0.2점 ~ 1.0점)

2) 근로자

- 사내(공동)근로복지기금법인으로부터 받은 일정한 금품에 대해서는 증여세 비과세
- 사내(공동)근로복지기금으로부터 정관에 따라 금전을 무상 또는 저리로 대출받은 경우 적정 이자율과의 차이로 인한 이익이 1,000만원 미만일 때 증여세 비과세

> ※ 사내근로복지기금법인으로부터 받은 금품에 대한 증여세 과세 여부
>
> 사내근로복지기금법인이 사내 근로자에게 지급하는 지원금이 치료비·학자금·장학금 기타 이와 유사한 금품에 해당하거나 기념품·축하금 등으로서 통상 필요하다고 인정되는 금품에 해당하는 경우에는 증여세가 비과세되는 것임.(서면-2020-상속증여-0597, 2020.5.26.)

3) 기금법인

- 사내(공동)근로복지기금법인이 출연받은 재산은 증여세 비과세
- 피상속인이 사내(공동)근로복지기금에 유증 등을 한 재산은 상속세 비과세
- 사내(공동)근로복지기금법인이 고유목적사업준비금을 손금으로 계상한 경우 법인세법이 정하는 바에 따라 손금산입

4) 관련법령

법인세법시행령 제19조 [손비의 범위]

.... 중략

22. 다음 각 목의 기금에 출연하는 금품

가. 해당 내국법인이 설립한 「근로복지기본법」 제50조에 따른 사내근로복지기금

소득세법 집행기준 [20-38-1]

종업원이 사내근로복지기금으로부터 지급받는 자녀학자금. 이 경우 학자금의 원천이 출연금인지 또는 출연금의 수익금인지 관계없이 과세 대상 근로소득에 해당하지 않음.

상속세및증여세법 제12조 [비과세되는 상속재산]

.... 중략

5. 「근로복지기본법」에 따른 사내근로복지기금이나 그 밖에 이와 유사한 것으로서 대통령령으로 정하는 단체에 유증등을 한 재산

상속세및증여세법 제46조 [비과세되는 증여재산]

4. 「근로복지기본법」에 따른 사내근로복지기금이나 그 밖에 이와 유사한 것으로서 대통령령으로 정하는 단체가 증여받은 재산의 가액

5. 사회통념상 인정되는 이재구호금품, 치료비, 피부양자의 생활비, 교육비, 그 밖에 이와 유사한 것으로서 대통령령으로 정하는 것

상속세및증여세법 시행령 제35조 [비과세되는 증여재산의 범위등]

1. 삭 제(2003.12.30.)

2. 학자금 또는 장학금 기타 이와 유사한 금품

3. 기념품·축하금·부의금 기타 이와 유사한 금품으로서 통상 필요하다고 인정되는 금품

4. 혼수용품으로서 통상 필요하다고 인정되는 금품

5. 타인으로부터 기증을 받아 외국에서 국내에 반입된 물품으로서 당해 물품의 관세의 과세가격이 100만원 미만인 물품

6. 무주택근로자가 건물의 총연면적이 85제곱미터 이하인 주택(주택에 부수되는 토지로서 건물연면적의 5배 이내의 토지를 포함한다)을 취득 또는 임차하기 위하여 법 제46조 제4호의 규정에 의한 사내근로복지기금 및 공동근로복지기금으로부터 증여받은 주택취득보조금 중 그 주택취득가액의 100분의 5 이하의 것과 주택임차보조금 중 전세가액의 100분의 10 이하의 것

7. 불우한 자를 돕기 위하여 언론기관을 통하여 증여한 금품

3 기금설립

(1) 개념

사업주가 기업이익의 일부를 출연하여 회사와는 별개 사내근로복지기금 법인을 설립하고, 그 기금을 관리·운영하여 근로자의 생활안정·복지 증진을 위한 복지사업을 시행하는 제도 기금설립은 법적 의무사항이 아니며, 사업주가 여건을 고려하여 임의로 설립 가능

(2) 제도의 장점

1) 근로자 측면

근로소득 외 추가적으로 복지비용 수혜가능

- 재난구호금 지원, 생활안정자금 대부를 통한 저소득근로자의 생활안정 지원
- 우리사주 구입비 지원, 주택구입 임차자금 지원을 통하여 근로자의 재산형성에 기여
- 장학금, 기념품 등 기금에서 지급받는 금품에 대해서는 증여세 면제 혜택
- 기금에서 지급하는 금품은 임금이 아니므로, 소득세와 4대보험 부과대상 아님.

2) 사용자 측면

실질적 임금 인상 없이 근로자에게 복지혜택 제공 가능

- 사용자의 기금출연액은 기부금으로 인정되어 법인세 면제
- 경영 여건, 직전연도 수익금의 변동에 따라 출연액 조정 가능
- 근로자 복지수요에 능동적으로 대처할 수 있음.
- 기금에서 지급하는 금품은 임금이 아니므로, 실질적 임금 인상 없이 복지혜택 제공 가능

(3) 설립절차

① 사내근로복지기금법인 설립합의

노사협의회 의결 또는 사업주의 결정으로 설립

② 사내근로복지기금법인 설립준비위원회 구성

  a. 구성

    노사 각 3명 이상, 10명 이하로 구성

  b. 출연금의 결정

- 최초 출연금은 직전 사업연도의 법인세 또는 소득세 차감 전 순이익의 5%를 기준으로, 설립준비협의회에서 협의하여 결정. 다만, 출연금의 상·하한은 정해져 있지 않으므로, 5% 이하의 금액 또는 이상의 금액으로 출연 가능
- 사업주는 설립준비협의회에서 결정한 금액 외에도 임의로 유가증권, 현금, 업무수행상 필요한 부동산, 정관에서 정한 재산을 출연할 수 있음.
- 자사주식, 타사 상장주식, 어음, 기존 직원들에 대한 주택자금대출금채권도 출연 가능. 다만, 출연금으로 협의·결정한 금액을 출연할지 여부는 사업주의 의사결정 사항
- 사내근로복지기금은 제3자도 출연 가능하나, 제3자의 출연은 사업주의 기금 설치 이후 가능

③ 사내근로복지기금법인 설립준비위원회 개최

기금설립을 위한 의결: 기금정관, 임원(이사, 감사)의 선임, 사업계획서, 기금출연안 의결

④ 설립인가 신청

[제출서류]

- 정관
- 기금법인설립준비위원회 위원의 재직증명서나 그 밖에 신분을 증명하는 서류

- 사내근로복지기금 출연확인서 또는 재산목록
- 사업계획서 및 예산서
- 출연확인서 및 재산목록

⑤ 설립인가증 수령

- 고용노동부에서 인가여부를 결정하여 설립인가증 교부
- 기금설립인가신청서를 접수받은 지방고용노동관서는 20일 이내에 인가여부를 결정하여 기금설립인가증 교부

⑥ 설립등기

- 설립인가증을 교부받은 후 3주 이내에 주된 사무소 소재지 관할 등기소에 설립등기 신청
- 고용노동부의 설립인가증을 교부받은 후 3주 이내 기금법인의 주된 사무소 소재지 관할 등기소에서 설립등기하여야 함.('기타 분류할 수 없는 특수법인'으로 등기)
- 기간 내 등기를 하지 않는 경우, 1차로 10일간의 기간을 주어 등기를 촉구하고, 이에 응하지 않으면 인가 자체가 취소되므로 주의 요망

⑦ 기금법인사무 인수인계

- 기금법인 설립이 완료되면 기금법인의 이사에게 사무 인계

⑧ 사업자등록신청(관할세무서) 또는 고유번호증 발급

- 설립등기를 마친 후 20일 이내 관할세무서에 신청
- 수익사업을 하지 않는 경우에는 고유번호증으로 발급 신청

[고유번호증 신청서류]

a. 신청서: 세무서 비치(부가가치세법 시행규칙 별지 제4호 서식)
b. 조직과 운영에 관한 규정(정관, 규약, 협약, 회칙)※ 회원명단 첨부
c. 대표자 신분증

d. 대표자임을 확인할 수 있는 서류

e. 임대차계약서 사본 사업장 임차 시

f. 인·허가증 사본 인·허가 단체의 경우

h. 대리인 신고 시 위임장, 대리인 신분증

I. 단체직인

> ※ 수익사업 개시신고
> 비영리법인이 수익사업을 시작한 경우에는 수익사업 개시일로부터 2개월 이내에 수익사업 개시신고서와 함께 수익사업에 관련된 재무상태표 등을 첨부하여 납세지 관할 세무서장에게 신고해야 하고 당초 고유번호증은 반납해야 한다.

[신고사항]

a. 법인의 명칭

b. 본점이나 주사무소 또는 사업의 실질적 관리장소의 소재지

c. 대표자의 성명과 경영 또는 관리책임자의 성명

d. 고유목적사업

e. 수익사업의 종류

f. 수익사업 개시일

h. 수익사업의 사업장

⑨ 기금법인 명의 예금계좌 개설

• 금융기관에 기금법인 명의의 예금계좌를 개설한 후 출연금 납입을 위한 계좌번호를 사업주에게 통지

⑩ 출연금 납입

• 개설된 기금법인 명의의 예금계좌에 출연금 입금

(4) 예규 및 판례

• 당해연도에 설립된 회사의 경우는 사내근로복지기금 설립이 불가능한 것인지 여부
  - 사내근로복지기금법(현행 근로복지기본법)은 제4조(현행 제52조)에 따라 모든 사업(장)에 적용되며, 기금의 조성은 동법 제13조(현행 제61조)에 따라 순이

익의 일부출연 이외에 사업주가 유가증권, 현금 기타 재산을 출연할 수 있다고
규정하고 있으므로, 당해연도에 설립된 회사도 순이익 출연 이외에 사업주가
유가증권, 현금 기타 재산을 출연하여 사내근로복지기 금을 설립할 수 있음.
(임금복지과-2010, 2009.9.21.)

- 순이익이 없는 사업체도 기금을 설립할 수 있는지 여부
  - 근로복지기본법은 기업이윤의 일부를 기금으로 출연·조성하여 근로복지 사업
    을 하는 것이므로 이윤이 있는 사업을 전제로 하며 이윤이 없는 사업의 기금
    설립은 한계가 있을 것임.
    다만, 사업주가 임의로 출연하는 경우까지 기금 설치를 금지하는 것은 아니므
    로 순이익이 없는 사업의 기금 설립을 배제하지는 않음.(임금 32240-62,
    1992.1.30.)

- 사업주가 아닌 제3자의 임의출연에 의한 기금의 설립이 가능한지 여부
  - 근로복지기본법 제61조 제2항에 따라 사업주 외의 자는 유가증권, 현금 그 밖
    에 동법 시행령 제45조로 정하는 재산을 출연할 수 있음.
    다만, 사내근로복지기금제도의 목적에 비추어 볼 때 기금의 설치는 사업주의
    사업 이익의 출연을 전제로 하고 있으므로 제3자의 출연은 사업주의 기금설치
    이후 가능 할 것임.(임금 68207-237,1997.4.23.)

4 사내근로복지기금의 기관구성

(1) 기관의 종류

- 사내근로복지기금협의회, 이사, 감사로 구성
- 사내근로복지기금협의회 위원, 이사, 감사는 비상근·무보수이며, 사용자는 이들의
  기금법인 직무수행을 이유로 불이익한 처우를 할 수 없음.
- 기금법인 업무수행에 필요한 시간에 대해서는 근로를 제공한 것으로 봄.

(2) 사내근로복지기금협의회 구성

- 근로자와 사용자를 대표하는 같은 수의 위원으로 구성(각 2명~10명)
- 사내근로복지기금협의회는 기금법인의 주요사항을 결정하는 최고의사결정기관

(3) 사내근로복지기금협의회 업무

- 사내근로복지기금협의회는 기금법인의 주요사항의 결정을 위한 최고의사결정기관
- 협의회는 출연금액의 결정, 이사 및 감사의 선임과 해임, 사업계획서 및 감사보고서의 승인, 기승인된 사업계획서 변경, 정관의 변경, 회사 내의 다른 근로복지제도와의 통합운영여부 결정, 기금법인의 합병 및 분할·분할합병에 대해 협의·결정
- 협의회에서 의결한 사항을 사업주가 반대할 수 있는지 여부: 회사와 사내 근로복지기금법인은 그 사무 및 회계에 있어서 별도의 법인이므로, 의사결정은 협의회의 의결에 따름. 사업주는 해당 의결을 번복하거나 반대할 수 없음.
- 사내근로복지기금 목적사업비가 고갈되어 복지사업을 실시할 수 없는 경우에는 협의회의 의결 없이 사업 중단 가능

(4) 사내근로복지기금협의회 소집 및 의결방법

- 사내근로복지기금협의회의 회의는 협의회에서 결정할 사항이 있을 때 의장이 소집하거나, 사용자위원·근로자위원이 회의의 목적사항을 문서로 명시하여 회의소집을 요청하여 의장이 이에 응하면 가능
  a. 개최일 7일 전까지 회의 일시, 장소, 의제 등을 각 위원에게 통보
  b. 개의: 근로자위원과 사용자위원 각 과반수 출석
  c. 의결: 출석위원 3분의 2 이상의 찬성
  d. 회의는 공개가 원칙이나, 협의회의 의결에 의해 비공개 가능

(5) 이사와 감사의 선임

① 이사

- 근로자와 사용자를 대표하는 같은 수의 각 3명 이내로 구성
- 사내근로복지기금협의회 위원은 이사 겸임 가능하나, 감사 겸임은 불가능
- 이사의 선임은 사내근로복지기금협의회의 결정사항이므로, 근로자위원과 사용자위원의 각 과반수 출석과 출석위원 3분의 2 이상의 찬성으로 선임

② 감사

- 근로자와 사용자를 대표하는 각 1명으로 구성
- 감사의 선임은 사내근로복지기금협의회의 결정사항이므로, 근로자위원과 사용자위원의 각 과반수 출석과 출석위원 3분의 2 이상의 찬성으로 선임

5 사내근로복지기금의 조성(출연)

(1) 기금의 조성

- 직전 사업연도의 순이익의 5%를 기준으로 하나, 낮추거나 초과할 수 있음.
- 최초 설립시 직전 사업연도의 법인세 또는 소득세 차감 전 순이익의 5%를 기준으로 설립준비협의회에서 협의하여 결정함. 다만, 5%의 기준은 출연금의 적정선을 의미하므로, 기업의 형편에 따라 이를 낮추거나 초과할 수 있음. 초과하는 경우에도 해당 출연금 전액을 세법상 손비로 인정

(2) 기금출연 시기

- 출연결정이 있는 날로부터 30일 이내에 출연시기 결정
- 사내근로복지기금협의회의 결정에 따라 출연하는 경우, 사업주는 협의회의 출연결정이 있는 날로부터 30일 이내에 출연시기를 정하여 협의회에 통보하여야 함. 사업주 또는 사업주 외의 자가 임의출연하는 경우에도 협의회에 사전 통보

- 출연시기의 제한에 대한 특별한 규정이 없으므로, 일시 또는 분할하여 출연 가능

(3) 출연가능한 재산

- 현금, 유가증권, 기금법인의 업무수행상 필요한 부동산, 정관에서 정한 재산
- 사업주가 임의로 출연할 수 있는 재산은 '기금법인의 업무수행상 필요한 부동산'과 '정관이 정하는 재산'으로서 사실상 어떠한 재산이라도 출연가능
- 기금법인은 자금차입을 할 수 없으므로 자금차입으로 인한 채무가 있는 재산은 출연 불가

(4) 잉여금 전입

- 기금수익금 등을 목적(용도)사업에 사용하고 남은 잉여금이 있는 경우 기금에 전입해야 하나, 고유목적사업준비금으로 계상하여 다음연도 목적사업의 재원으로 사용 가능

6 사내근로복지기금법인의 운영

(1) 원칙

- 원칙적으로 수익금을 사용하여야 하나, 예외적으로 기본재산을 사용 가능

(2) 사내근로복지기금 목적(용도)사업 범위(예시)

구분	허용되는 경우	허용되지 않는 경우
근로자 주택구입·임차자금의 지원	• 무주택근로자를 대상으로 국민주택규모 이하 주택 우선, 가급적 직장주택조합과 연계하여 주택구입·임차자금 지원 또는 대부 • 유주택자의 경우, 수혜자격, 지원한도 등에 대한 기준을 정관에 엄격하게 정하여야 함	• 전직원에게 일률적으로 '주택구입·임대자금'의 명목으로 금품 지급
우리사주 구입비 지원	• 우리사주조합을 통한 근로자의 우리사주 구입비를 지원 또는 대부	• 우리사주조합과 관계없이 근로자로 하여금 자사주식을 매입하도록 지원하는 경우 • 우리사주 조합운영비 지원(기업의 부담)
저소득근로자의 생활안정 자금 대부	• 소정 자격요건(부양가족, 세대주 여부 등 정관에서 자율적으로 결정)을 갖춘 저소득 근로자의 신청을 받아 심사 후 생활안정자금을 대부	• 자격요건과 관계없이 전 근로자를 대상으로 생활안정자금 명목으로 자금을 대부

구분	허용되는 경우	허용되지 않는 경우
장학금 지급	• 근로자와 그 자녀의 초·중·고·대학교 등의 장학금 지원(대부)	• 직원이 아닌 불우이웃 등에게 장학금 지급
재난구호금 지급	• 천재지변이나 돌발사고(교통사고 등)를 당한 근로자에게 재난구호금을 지급	• 회사에서 지급할 의무가 있는 재난구호금
체육·문화활동의 지원	• 연극·영화 및 각종 공연·스포츠게임 관람료 지원 • 도서 및 문화상품권 지원 • 스포츠·레저장비 구입비 지원 • 헬스클럽, 수영장 등 체육시설 이용료 지원 • 각종 사내동호회 운영비 지원 등 실제 체육·문화활동에 소요된 경비 지원	• 실제 자금용도를 확인하지 않고 "체력단련비" 또는 "복리후생비" 등의 명목으로 전 근로자에게 일률적으로 소정의 금품을 지급
근로자의날 행사 지원	• 근로자의 날 행사 운영비, 기념품 지원	
근로자 복지시설에 대한 출자·출연 또는 구입·설치 및 운영	• 기숙사 및 사내구판장, 보육시설, 휴양콘도미니엄 등 취득 및 운영 지원 • 사내휴게실, 자판기, 구내식당 운영지원	• 사원주택(수혜대상이 소수, 비용이 과다 소요되기 때문) • 일반인을 대상으로 하는 사내구판장 및 구내식당 운영 지원
기타 근로자의 재산 형성 및 생활원조를 위한 사업으로 정관이 정하는 사업	• 근로자의 직장 새마을금고 출자금 지원, 직장인 단체보험(보장성 또는 저축성)가입 지원 • 경조비(축·조의금, 재해위로금 등) 지원 • 자녀학원비(속셈, 미술, 피아노 등) 지원 • 근로자의 어학·컴퓨터 학원 수강료 지원 • 근로자의 사기진작을 위한 국·내외 시찰비 지원 • 근로자와 그 가족의 의료비 및 건강 진단비 지원 • 휴양콘도미니엄 사용료 지원 • 회사 창립일의 기념품 지급, 설·추석 등 명절 선물 또는 상품권 지급	• 산재보험료 및 의료보험료, 국민연금 부담금 등 관계법령에 따른 사용자의 부담비용 지원 • 근로자의 업무수행과 관련된 학원수강료 지원 • 업무수행을 위한 출장·연수비 지원 • 통근버스 운영비 등 사업운영을 위한 사용자의 필요경비 지원 • 자가 운전자의 차량정비금 지원 등 수혜자가 특정 근로자 계층에 한정된 지원

(3) 기금법인의 부동산 소유 가능 여부

1) 부동산사용가능여부

- 원칙적으로 불가하나, 업무수행상 필요한 경우 예외적으로 허용

2) 예외적 허용범위

- 업무수행상 필요한 경우에 한하여 예외적 허용

  ① 기금법인의 운영 및 관리에 필요한 사무실과 그 부속시설의 소유

  ② 사내구판장, 근로자용 기숙사, 근로자용 휴양 콘도미니엄

  ③ 보육시설. 다만, 영유아보육법 제14조 제1항에 따라 사업주가 설치·운영할 의무가 있는 직장보육시설은 제외

  ④ 사내근로복지기금에 기부되거나 출연된 부동산

- 다만, 업무용으로 기부 또는 출연된 경우를 제외하고는 1년 이내에 처분하여 사내근로복지기금의 운용방법으로 전환
  - ⑤ 근로자의 여가·체육 및 문화 활동을 위한 복지회관
  - ⑥ 사용자가 소유하고 있는 주택을 종업원 및 임원에게 무상 또는 저가로 제공하거나, 사용자가 직접 임차하여 종업원등에게 무상으로 제공하는 주택
  - ⑦ 공동근로복지기금법인이 근로자의 주거안정을 위하여 근로자에게 무상 또는 저가로 제공하는 주택

(4) 사내근로복지기금법인의 해산

1) 해산사유

사내근로복지기금법인은 ① 해당 사업의 폐지, ② 기금의 합병 및 분할, ③ 분할합병이 있는 경우에만 해산할 수 있음. 다만, 기금법인의 합병, 분할·분할합병 등의 경우에는 청산절차를 거치지 않음.

2) '사업의 폐지'로 인한 해산시의 재산처리

- 해산한 기금의 잔여재산은 사업주가 당해 사업을 경영함에 있어 근로자에게 미지급한 임금, 퇴직금 기타 근로자에게 지급할 의무가 있는 금품을 지급하는데 우선 사용
- 미지급 금품 지급후 잔여재산이 있는 경우에는 그 50/100을 초과하지 아니하는 범위안에서 정관이 정하는 바에 따라 소속 근로자의 생활안정자금으로 지원할 수 있음.
- 나머지 잔여재산은 『정관으로 지정한 자』에게 귀속하되, 정관으로 지정된 자가 없는 경우에는 근로자복지진흥기금에 귀속

(5) 기금운영상황보고서 제출

① 해당 기관: 관할노동관서

② 보고 기한: 기금의 회계연도 종료 후 3월이내(연1회 정기보고)

　　(12월 결산법인은 익년 3월말, 9월 결산법인 12월말)

③ 첨부 서류

　　a. 기금운영상황보고서

　　b. 당해연도 결산서

　　c. 사업계획서

(6) 기금 자산총액 변경보고

① 해당 기관: 관할노동관서

② 보고 기한: 변경일로부터 3주 이내

③ 첨부 서류

　　a. 기금자산변경내역보고서

　　b. 재산목록(변경내역 포함)

7　사내근로복지기금법인의 회계일반

(1) 비영리법인의 회계

사내 및 공동근로복지기금법인은 법인세법 제2조 제2호 나목의 특별법에 따라 설립된 법인으로서, 민법 제32조에 규정된 목적과 유사한 목적을 가진 법인으로서 비영리법인으로 분류. 우리나라 비영리법인은 영리법인(주식회사)과 달리 통일된 회계기준이 마련되어 있지 않고, 비영리법인의 소관 주무부처가 감독의 목적 및 업종(학교, 의료기관, 사회복지법인, 상증법상 공익법인) 등의 특수성에 따라 개별적으로 회계기준을 마련

• 한국회계기준원은 2003년 '비영리법인의 회계처리준칙'과 2017년 7월 '비영리조
직회계기준'을 발표하였으나, 강제적인 사항이 아닌 권고사항

(2) 출연금 회계처리

(예) 출연금 2억원을 받을 경우

현금및현금성자산 200,000,000 / 기본재산 200,000,000(자본금)

(3) 운용수익 회계처리

(예) 기중 취득시: 정기예금(1년만기, 이자율 3%)에 2,000만원을 예입

단기금융상품 20,000,000 / 현금및현금성자산 20,000,000

(예) 1년후 만기시: 원금 2,000만원 및 이자를 수령

단기금융상품　516,000 / 이자수익 600,000

선급법인세　　84,000

현금및현금성자산 20,516,000 / 단기금융상품 20,516,000

(4) 지출 회계처리

(예) 장학금으로 200만원 지원하는 경우

장학금지원 2,000,000 / 현금및현금성자산 2,000,000

(예) 생활안정자금으로 170만원 지원하는 경우

생활안정자금대부금 1,700,000 / 현금및현금성자산 1,700,000

8 사내근로복지기금법인의 세무

(1) 기금 법인세 결산보고

1) 신고기한

- 수익사업을 영위하여 법인세 신고의무가 있는 기금법인은 결산서를 토대로 세무조정 계산서를 작성하고, 법인세 과세표준신고서를 회계연도 종료일로부터 3월 이내에 관할 세무서장에게 신고하여야 함.

2) 제출 서류

① 수익사업을 영위하지 않는 경우

- 법인세·농어촌특별세 과세표준(조정계산) 및 세액신고서(이자소득만있는 비영리 법인신고용)
- 원천납부세액 명세서(갑)(을)
- 고유목적사업준비금조정명세서(갑)(전자신고시 제출제외)

② 수익사업을 영위하는 경우

- 법인세 과세표준 및 세액신고서
  : 대차대조표, 손익계산서, 이익잉여금처분(결손금처리)계산서 첨부
- 법인세 과세표준 및 세액조정계산서
- 현금흐름표

(2) 사내근로복지기금의 세금혜택

1) 출연기업에 대한 혜택

- 기금법인에 출연하는 출연금(세전 순이익의 5/100 초과하더라도)에 대해 법인세 손비 인정(법인세법 지정기부금 적용)

2) 근로자에 대한 혜택

① 기금법인에서 지급한 아래 금품에 대해서는 증여세 비과세

- 이재구호금품, 치료비, 교육비로서 사회통념상 인정되는 금품
- 학자금 또는 장학금 기타 이와 유사한 금품

② 금전 대출 이자 비과세

- 가중평균차입이자율이 없는 경우 당좌대출이자율(4.6%)보다 낮게 무상으로 대부받을 경우 그 차액은 과세
- 기금법인으로부터 정관에 따라 금전을 무상 또는 저리로 대출받은 경우 적정 이자율과의 차이로 인한 이익이 1,000만원 미만일 때에는 증여세 비과세

③ 분리과세 효과

- 기금으로부터 받는 금품은 근로소득으로 보지 않고 증여소득으로 간주됨에 따라 누진적인 종합소득과세(6~42%)에서 제외됨.
- 과세대상 증여금품 가액이 1억원 미만일 경우 10% 세율 적용

④ 증여세 과세최저한: 증여세 과세표준이 50만원 미만일 경우 비과세

3) 기금법인에 대한 혜택

① 사내 및 공동근로복지기금이 출연금 등을 포함하여 증여받은 재산의 가액에 대해서는 증여세 비과세

- 사내근로복지기금과 우리사주조합, 공동근로복지기금 및 근로복지진흥기금이 증여받은 재산

② 기금법인의 고유목적사업준비금 계상시 이자소득 등의 손금산입

- 이자소득
- 배당소득금액

③ 피상속인이 사내 및 공동근로복지기금법인에 유증 등을 한 재산에 대해서는 상속세 비과세

(3) 청산소득에 대한 법인세 납부의무

별도의 청산절차가 존재하지 않으므로 청산소득에 대한 법인세를 부과할 수 없음.

(4) 부가가치세

1) 부가가치세 일반

- 일반적으로 고유번호증을 발급받아 부가가치세가 면제되는 기금법인이 고유목적사업(비수익사업)만 영위하는 경우 부가가치세 납부의무는 발생하지 않으며, 세금계산서도 발행 할 수 없음.
- 다만, 면세대상 사업을 영위하는 비영리법인이라도 부가가치세 과세대상 사업을 영위한다면 세금계산서 발행 및 부가가치세 납부의무 발생
- 부가가치세가 면제되는 기금법인이 수취한 매입세금계산서의 매입세액은 공제하지 않음.
- 사내 및 공동근로복지기금이 운영하는 구내자판기, 사내구판장 등은 부가가치세법상 과세대상 사업에 포함되므로, 부가가치세 납부의무가 발생하고 세금계산서 발행 가능

2) 과세사업자의 제출의무

비영리법인의 경우 부가가치세법상 과세사업을 영위하는 경우 포함

- 거래상대방으로 공급가액의 10%에 상당하는 세액(매출세액)에서 매입시 거래 상대방으로부터 거래징수당한 세액(매입세액)을 차감한 세액을 신고·납부하여야 함.

3) 부가가치세 면제사업자와 고유사업만 영위하는 비사업자의 제출의무

- 세금계산서 합계표 제출: 비영리법인(고유사업만을 영위하여 고유번호증을 발

급받은 경우)은 부가가치세의 납세의무가 없는 경우에도 매입처별세금계산서합
계표를 해당 과세기간 종료후 25일 이내에 사업장 관할 세무서장에게 제출(1
기 확정: 7월 25일, 2기 확정: 다음해 1월 25일)
- 계산서 합계표 제출: 부가가치세가 면세되는 재화 또는 용역을 공급하거나 공
급받아 교부하거나 교부받은 계산서의 매출 및 매입처별 계산서 합계표는 매년
2월 10일까지 납세지 관할 세무서장에게 제출(매입처별세금계산서합계표와 함
께 해당 과세기간 종료 후 25일 이내 제출한 것도 가능함)

9 사내근로복지기금법인의 상속·증여 활용

(1) 사내근로복지기금 출연으로 인한 주식가치 감소 및 직원복지 향상

현재 높은 주가로 인해 주가를 낮출 의사가 있고 직원들에게 복지프로그램을 현재
제공하고 있거나, 제공할 의사가 있는 법인의 경우 주식의 일부를 출연하여 출연한 가
액을 법인의 손금으로 인정받아 주식의 가치를 감소시킬 수 있다.

주식출연으로 인해 출연 법인은 전액 손금으로 인정받고 사내근로복지기금은 출연
받은 주식으로 배당을 지급받아 사내복지를 위해 사용할 수 있는 재원을 마련할 수
있다.

예를 들어, A법인의 '갑' 대표가 A법인의 주식 100억원을 보유하고 있으며, 상속·
증여와 사내 복지를 함께 고려하고 있다고 하자. 이 경우, '갑' 대표는 20억원 상당의
주식을 사내근로복지기금에 출연함으로써 본인의 주식 가치가 20억원 감소하는 효과
를 얻을 수 있다. 또한, 기금은 출연받은 주식에서 발생하는 배당금을 활용하여 사내
직원들에게 복지를 제공할 수 있다.

1) 출연 시 유의점

- 사내근로복지기금에 출연 시 출연한 주식에 대해 사내근로복지기금이 의결권을
행사할 수 있으므로 사전에 대리권을 위임할 수 있도록 정관에 작성해 우호지분을

확보하는 것이 필요해보인다.

- 사내근로복지기금 해산 시 출연한 잔여재산을 '정관으로 지정한 자(비영리단체)'에게 귀속하거나 정관에 지정한 자가 없는 경우 '근로복지진흥기금'에 귀속되니 재산출연에 대한 의사결정은 신중하게 결정할 필요가 있다

2) 예규 및 판례

기금법인에서 주식을 장기 보유할 수 있는지

- **(질의)** 사내근로복지기금법인이 모회사 및 제3자(대주주, 오너)로부터 자사주 및 계열사 주식을 출연받아 보유 중이며, 배당수익으로 기금법인의 사업에 사용하고자 하는데 자사주 및 계열사 주식을 장기간 보유 가능한지
- **(갑설)** 기 생산된 유권해석(복지 68233-131, 복지 68203-245)에 의해 장기 보유 불가
- **(을설)** 「근로복지기본법」 전부개정에 따라 사내근로복지기금이 자사주를 출연받아 보유하게 된 경우 유상증자에 참여하는 것이 허용된 것은 자사주 장기 보유가 실질적으로 허용되었다고 볼 수 있음.
- **(회신)** 기금의 안정성과 유동성이 확보되는 한도 내에서 복지기금협의회가 주식의 배당수익, 주식 가치의 등락 등을 종합적으로 고려하여 주식의 지속적인 보유 또는 매각을 결정할 수 있을 것임.(퇴직연금복지과-3425, 2019.8.7.)

사내기금이 보유한 주식의 의결권 행사 및 처리방법 등

- **(질의1)** 사내근로복지기금에 주식 출연 후 회사 이사회에서 주식 감자 등을 결의할 경우 사내근로복지기금의 주식 보유분에 영향을 미칠 수 있는지
- **(질의2)** 사내근로복지기금에 출연된 주식에 대한 의결권 행사 가능 여부 및 의결권 행사의 법적 요건이나 실무적 검토사항이 있는지

복지기금협의회 위원의 위임이 가능한지 여부

근로복지기본법상 복지기금협의회 위원의 위임 가능여부에 대하여 명시적으로 정하고 있지 않으나, 동법 제80조는 사내근로복지기금법인에 관하여 이 법에 규정한 것을 제외하고는 민법 중 재단법인에 관한 규정을 준용하도록 하고 있음. 민법 제62조에 따르면 이사는 정관 또는 총회의 결의로 금지하지 아니하는 사항에 한하여 타인으로 하여금 특정한 행위를 대리하게 할 수 있으므로, 위 민법의 규정을 준용하여 정관에 협의회 위원의 위임에 대하여 제한하고 있는 것이 아니라면 특정한 행위를 지정하여 대리권을 위임할 수 있을 것으로 판단됨.(퇴직연금복지과-1593, 2019.4.4.)

가업상속공제신고서

가. 가업현황

상 호 (법 인 명)		사업자등록번호	
성 명 (대 표 자)		주민등록번호	
개 업 연 월 일		업 종	
기 준 총 급 여 액		기준고용인원	

나. 중소기업 또는 중견기업 여부(해당되는 곳에 √표 기재)

중 소 기 업 여 부	[ ]해 당 [ ]해당안됨	상장여부 (상장일)	[ ]상장(. .) [ ]비상장
중 견 기 업 여 부	[ ]해 당 [ ]해당안됨	직전 3개 사업연도 평 균 매 출 액	

다. 피상속인

성 명		주 민 등 록 번 호	
가 업 영 위 기 간		대표이사(대표자) 재 직 기 간	
최 대 주 주 등 여 부		특수관계인포함 보유주 식 등 지분율	

라. 가업상속인

성 명		주 민 등 록 번 호	
가 업 종 사 기 간		임원/대표이사 취임일	
주 소		(☎)	

마. 가업상속 재산가액

종 류	수 량 (면 적)	단 가	가 액	비 고

바. 가업상속공제 신고액: 원

「상속세 및 증여세법」 제18조의2제3항 및 같은 법 시행령 제15조제22항에 따라 가업상속공제신고서를 제출합니다.

년 월 일

신고인   (서명 또는 인)

세무서장 귀하

신고인 제출서류	1. 중소기업 등 기준검토표(「법인세법 시행규칙」 별지 제51호서식을 말합니다) 2. 가업상속재산이 주식 또는 출자지분인 경우에는 해당 주식 또는 출자지분을 발행한 법인의 상속개시일 현재와 직전 10년간의 사업연도의 주주현황 각 1부 3. 그 밖에 상속인이 해당 가업에 직접 종사한 사실을 입증할 수 있는 서류 1부	수수료 없음

작성방법

1. "가. 가업현황"에서 '업종'은 「상속세 및 증여세법 시행령」 별표에 따른 업종 중에서 해당 업종을 적습니다.
2. "가. 가업현황"에서 '기준총급여액'은 상속이 개시된 소득세 과세기간 또는 법인세 사업연도의 직전 2개 소득세 과세기간 또는 법인세 사업연도의 총급여액의 평균을 적습니다(최대주주 및 친족 등에게 지급한 임금은 제외하되, 가업상속공제 당시 기준고용인원에 최대주주 및 친족 등에 해당하는 인원만 있는 경우 이를 포함합니다).
3. "가. 가업현황"에서 '기준고용인원'은 상속이 개시된 소득세 과세기간 또는 법인세 사업연도의 직전 2개 소득세 과세기간 또는 법인세 사업연도의 정규직근로자 수의 평균을 적습니다.
4. "나. 중소기업 또는 중견기업 여부"에서 '중소기업'은 「조세특례제한법 시행령」 제2조제1항제1호 및 제3호의 요건을 모두 충족하고 자산총액이 5천억원 미만인 기업을 말합니다.
5. "나. 중소기업 또는 중견기업 여부"에서 '중견기업'은 「조세특례제한법 시행령」 제9조제4항제1호 및 제3호의 요건을 모두 충족하고 상속개시일의 직전 3개 소득세 과세기간 또는 법인세 사업연도의 매출액 평균금액이 5천억원 미만인 기업을 말합니다.
6. "마. 가업상속 재산가액"과 "바. 가업상속공제 신고액"은 별지 제1호서식 부표1(가업상속재산명세서) 및 별지 제1호서식 부표2(가업용 자산 명세)를 작성한 후 해당 금액 등을 적습니다.

210mm×297mm[백상지 80g/㎡]

가업상속재산명세서

※ 뒤쪽의 작성방법을 읽고 작성하시기 바랍니다.　　　　　　　　　　　　　　　　　　　(앞쪽)

가. 「소득세법」을 적용받는 가업

구 분	자 산 종 류	㉮ 금 액	㉯ 담보채무액	가업상속공제 대상금액(㉮-㉯)
가업상속 재산가액	토지			
	건축물			
	기계장치			
	기타			
	① 계			

나. 「법인세법」을 적용받는 가업

② 상속개시일 현재 주식 등의 가액			
사업관련 자산가액 비율	③ 총자산가액		
	사업무관자산 가액	㉮ 「법인세법」 제55조의2 해당자산	
		㉯ 「법인세법 시행령」 제49조 해당자산 및 임대용부동산	
		㉰ 「법인세법 시행령」 제61조제1항 제2호 해당자산	
		㉱ 과다보유현금	
		㉲ 영업활동과 직접 관련없이 보유 하는 주식·채권 및 금융상품	
		④ 사업무관자산 가액 계	
	⑤ 사업관련 자산가액 (③ - ④)		
	⑥ 사업관련 자산가액 비율 (⑤ ÷ ③)		

⑦ 가업상속공제 대상금액 (② × ⑥)

다. 한도액 계산

⑧ 가업영위기간	⑨ 가업상속공제 대상금액 (① 또는 ⑦)	⑩ 한도액	⑪ 가업상속공제액 (⑨와 ⑩ 중 적은 금액)
10년 이상 20년 미만		300억원	
20년 이상 30년 미만		400억원	
30년 이상		600억원	

라. 중견기업 적용 요건

구 분	금 액
㉮ 가업상속인의 가업상속재산 외의 상속재산의 가액(사전증여재산 포함)	
㉯ 가업상속인이 상속세로 납부할 금액(가업상속공제를 받지 않았을 경우를 가정 하여 산정한 산출세액 중 가업상속인의 부담분) × 200%	
㉮ - ㉯ (해당 가액이 양수인 경우 가업상속공제 적용 배제)	

신고인 제출서류	1. 「소득세법」을 적용받는 가업의 경우: 가업에 직접 사용되는 사업용 자산 입증서류 2. 「법인세법」을 적용받는 가업의 경우: 주식평가내역 및 사업무관자산 가액을 확인할 수 있는 입증서류(재무상태표 등)	수수료 없 음

210mm×297mm[백상지 80g/㎡(재활용품)]

작성방법

1. "① 계"란은 「소득세법」을 적용받는 기업에 해당하는 경우에 적으며, 상속재산 중 가업에 직접 사용되는 토지, 건축물, 기계장치 및 그 밖의 사업용 자산의 가액에서 해당 자산에 담보된 채무액을 뺀 금액을 적은 후 그 합계액을 적습니다.

2. "② 상속개시일 현재 주식 등의 가액"란은 「법인세법」을 적용받는 기업에 해당하는 경우에 적으며, 상속재산 중 가업에 해당하는 법인의 주식 등의 가액을 적습니다.

3. "③ 총자산가액"란은 상속개시일 현재 해당 법인의 전체 자산을 「상속세 및 증여세법」 제4장에 따라 평가한 가액을 적습니다.

4. 사업무관자산 가액의 ㉮ ~ ㉺란은 「상속세 및 증여세법 시행령」 제15조제5항제2호가목부터 마목까지에 해당하는 가액을 각각 적습니다.

5. "⑤ 사업관련 자산가액"란은 "③ 총자산가액"에서 "④ 사업무관자산 가액 계"를 뺀 가액을 적습니다.

6. "⑦ 가업상속공제 대상금액"란은 "② 상속개시일 현재 주식 등의 가액"에 "⑥ 사업관련 자산가액 비율"을 곱한 가액을 적고, 해당 가액을 「가업상속공제 신고서」의 "라. 가업상속재산 명세"란의 "가액"란에 적습니다.

7. "⑨ 가업상속 대상금액"란은 「소득세법」을 적용받는 기업의 경우는 ①의 금액을, 「법인세법」을 적용받는 기업의 경우는 ⑦의 금액을 가업영위기간 구분에 따라 해당되는 란에 적습니다.

8. "⑪ 가업상속공제액"란은 "⑨ 가업상속공제 대상금액"과 "⑩ 한도액" 중 적은 금액을 적습니다.

9. "⑪ 가업상속공제액"란의 금액을 「가업상속공제 신고서」의 "마. 가업상속공제 신고액"란에 적습니다.

210mm×297mm[백상지 80g/㎡(재활용품)]

가업용 자산 명세

(단위: 원)

일련 번호	구분 코드	소재지, 지목, 명칭 등	평가액

작 성 방 법

1. 다음 구분에 따라 가업용 자산을 적습니다.

   − 「소득세법」을 적용받는 가업: 가업에 직접 사용되는 토지, 건축물, 기계장치 등 사업용 자산

   − 「법인세법」을 적용받는 가업: 가업에 해당하는 법인의 사업에 직접 사용되는 사업용 고정자산(사업무관자산 제외)

2. 가업용 자산 명세는 별지 작성이 가능합니다.

3. 구분(코드)은 아래와 같습니다.

구분 코드	①	②	③
설명	토지	건축물	기계장치 등

210mm×297mm[백상지 80g/㎡(재활용품)]

■ 조세특례제한법 시행규칙 [별지 제11호의8서식] (2024.3.22. 개정)

가업승계 주식 등 증여세 과세특례 적용신청서

가. 가업현황

상 호 (법 인 명)		사업자등록번호	
성 명 (대 표 이 사)		생 년 월 일	
개 업 연 월 일		업 종	

나. 중소기업 또는 중견기업 여부(해당되는 곳에 √표 기재)

중 소 기 업 여 부	[ ]해 당 [ ]해 당 안 됨	상장여부 (상장일)	[ ]상장(. .) [ ]비상장
중 견 기 업 여 부	[ ]해 당 [ ]해 당 안 됨	직전 3개 사업연도 평 균 매 출 액	

다. 증여자

성 명		주 민 등 록 번 호	
가 업 영 위 기 간		대 표 이 사 재 직 기 간	
최 대 주 주 등 여 부		특수관계인포함 보유주 식 등 지 분 율	

라. 수증자

성 명		주 민 등 록 번 호	
증 여 자 와 의 관 계		임원/대표이사 취임일	
주 소		(☎)	

마. 가업법인 주식등 증여세 과세가액

수증일	㉮ 수량	지분율	㉯ 단가	① 주식 등 가액 (㉮ × ㉯)	② 과세특례 적용대상 증여세 과세가액

「조세특례제한법」 제30조의6제5항에 따라 위와 같이 가업승계 주식등에 대한 증여세 과세특례를 신청합니다.

년   월   일

신청인   (서명 또는 인)

세무서장 귀하

신청인 제출서류	1. 가업법인의 중소기업기준검토표(「법인세법 시행규칙」 별지 제51호서식을 말합니다) 2. 가업법인의 증여일 현재와 직전 10년간의 사업연도의 주주현황 각 1부 3. 그 밖에 가업승계 사실을 입증할 수 있는 서류	수수료 없음

작성방법

1. "가. 가업현황"에서 '업종'은 「상속세 및 증여세법 시행령」 별표에 따른 업종 중에서 해당 업종을 적습니다.
2. "나. 중소기업 또는 중견기업 여부"에서 '중소기업'은 「조세특례제한법 시행령」 제2조제1항제1호 및 제3호의 요건을 모두 충족하고 자산총액이 5천억원 미만인 기업을 말합니다.
3. "나. 중소기업 또는 중견기업 여부"에서 '중견기업'은 「조세특례제한법 시행령」 제9조제4항제1호 및 제3호의 요건을 모두 충족하고 증여일이 속하는 법인세 사업연도의 직전 3개 사업연도의 매출액 평균금액이 5천억원 미만인 기업을 말합니다.
4. "마. 가업법인 주식등 증여세 과세가액"에는 「조세특례제한법」 제30조의6제2항에 따라 주식등을 증여받고 가업을 승계한 거주자가 2인 이상인 경우에는 각 거주자가 증여받은 주식등을 1인이 모두 증여받은 것으로 보아 전체 가업법인 주식등 증여세 과세가액을 적습니다.
5. "마. 가업법인 주식등 증여세 과세가액 ① 주식 등 가액"란은 증여일 현재 「상속세 및 증여세법」에 따라 평가한 가액을 적습니다.
6. "마. 가업법인 주식등 증여세 과세가액 ② 과세특례 적용대상 증여세 과세가액"란은 "가업증여 과세특례 증여재산평가 및 과세가액 계산명세서(「상속세 및 증여세법 시행규칙」 별지 제10호의2서식 부표 2)"의 ⑫의 금액을 적습니다.

증여세과세표준신고 및 자진납부계산서
(창업자금 및 가업승계주식 등 특례세율 적용 증여재산 신고용)
[ ]기한 내 신고 [ ]수정신고 [ ]기한 후 신고

관리번호   -

※ 뒤쪽의 작성방법을 읽고 작성하시기 바랍니다. (앞쪽)

수증자	① 성 명		② 주민등록번호		③ 거 주 구 분	[ ] 거주자 [ ]비거주자
	④ 주 소				⑤ 전자우편주소	
	⑥ 전화번호	(자 택)	(휴대전화)		⑦ 증여자와의 관계	증여자의 ( )
증여자	⑧ 성 명		⑨ 주민등록번호		⑩ 증 여 일 자	
	⑪ 주 소				⑫ 전 화 번 호	(자 택) (휴대전화)
세무대리인	⑬ 성 명		⑭ 사업자등록번호		⑮ 관 리 번 호	
	⑯ 전화번호	(사무실)				(휴대전화)

구 분			금 액	구 분	금 액
증여세 과세가액	창업자금 (「조세특례제한법」 제30조의5)	⑰ 해당 증여재산 (부표 1 ⑯가액)		㉛ 신고불성실가산세	
		⑱ 가산 증여재산 (부표 1 ⑪가액)		㉜ 납부지연가산세	
	가업승계주식등 (「조세특례제한법」 제30조의6)	⑲ 해당 증여재산 (부표 2 ⑫가액)		㉝ 자진납부할 세액 (㉗ - ㉘ + ㉛ + ㉜)	
		⑳ 가산 증여재산 (부표 2 ⑦가액)		납부방법	납부 및 신청일
	㉑ 합 계[(⑰ + ⑱) 또는(⑲ + ⑳)]			㉞ 연부연납	
㉒ 증여재산공제				현금 ㉟ 분납	
㉓ 재해손실공제 (「상속세 및 증여세법」 제54조)				현금 ㊱ 신고납부	
㉔ 감정평가수수료					
㉕ 과세표준 (㉑ - ㉒ - ㉓ - ㉔)					
㉖ 세율 (10%, 20%)					
㉗ 산출세액					
세액공제	㉘ 세액공제 합계(㉙ + ㉚)				
	㉙ 납부세액공제 (「상속세 및 증여세법」 제58조)				
	㉚ 외국납부세액공제 (「상속세 및 증여세법」 제59조)				

「상속세 및 증여세법」 제68조 및 같은 법 시행령 제65조제1항에 따라 증여세의 과세가액 및 과세표준을 신고하며, 위 내용을 충분히 검토하였고 신고인이 알고 있는 사실을 그대로 적었음을 확인합니다.

년   월   일

신고인   (서명 또는 인)

세무대리인은 조세전문자격자로서 위 신고서를 성실하고 공정하게 작성하였음을 확인합니다.

세무대리인   (서명 또는 인)

세무서장 귀하

신고인 제출서류	1. 증여재산평가 및 과세가액계산명세서(부표 1) 1부 2. 채무사실 등 그 밖의 입증서류 1부 3. 창업자금 특례신청서 또는 주식 등 특례신청서 1부	수수료 없음
담당공무원 확인사항	1. 주민등록표등본 2. 증여자 및 수증자의 관계를 알 수 있는 가족관계등록부	

행정정보 공동이용 동의서

본인은 이 건 업무처리와 관련하여 담당 공무원이 「전자정부법」 제36조제1항에 따른 행정정보의 공동이용을 통하여 위의 담당 공무원 확인 사항을 확인하는 것에 동의합니다.   * 동의하지 않는 경우에는 신고인이 직접 관련 서류를 제출해야 합니다.

신고인   (서명 또는 인)

210mm×297mm[백상지 80g/㎡]

작성방법

※ 이 서식은 증여재산이 「조세특례제한법」 제30조의5에 따른 창업자금 또는 같은 법 제30조의6에 따른 가업승계 주식 등에 해당되는 경우에만 사용하는 증여세 신고서식이며, 증여일자별로 각각 신고서를 작성하여야 합니다.

1. "② 주민등록번호" 및 "⑨ 주민등록번호"란: 외국인은 외국인등록번호(외국인등록번호가 없는 경우 여권번호)를 적습니다.

2. "③ 거주구분"란: 거주자와 비거주자 중 ✔ 표시합니다.

 * "거주자" 및 "비거주자": 「상속세 및 증여세법」 제2조제8호의 구분에 따릅니다.

3. "⑦ 증여자와의 관계코드"란: 수증자 기준으로 적습니다. (예시: 부모(증여자)가 자녀(수증자)에게 증여하는 경우: 자)

4. "⑬ 성명"부터 "⑯ 전화번호"란: 세무대리인이 기장한 경우 작성합니다.

5. 창업자금 과세특례의 규정을 적용받은 거주자는 가업승계 주식 등의 과세특례 규정을 적용하지 않으며, 가업승계 주식 등의 과세특례 규정을 적용받은 거주자는 창업자금 과세특례의 규정을 적용하지 않습니다.

6. "⑰"부터 "⑳"란까지의 증여세 과세가액: 「상속세 및 증여세법」 제47조제2항에도 불구하고 동일인(그 배우자를 포함)으로부터 증여받은 창업자금 또는 가업승계 주식등 외의 다른 증여재산의 가액을 포함하지 않습니다.

7. "㉒ 증여재산공제": 5억원을 적용하되, ㉑의 금액이 5억원에 미달하면 ㉑의 금액을 적습니다.

8. 창업자금 증여재산평가 및 과세가액 계산명세서(별지 제10호의2서식 부표 1)의 ⑬란의 금액이 30억원(창업을 통하여 10명 이상을 신규 고용한 경우에는 50억원)을 초과하는 경우 또는 가업승계 주식 등 증여재산평가 및 과세가액 계산명세서(별지 제10호의2서식 부표 2)의 ⑧란의 금액이 100억원을 초과하는 경우에는 그 초과금액에 대하여는 과세특례가 적용되지 아니하므로, 30억원(창업을 통하여 10명 이상을 신규 고용한 경우에는 50억원) 및 100억원을 초과하는 금액은 증여세 과세표준신고 및 자진납부계산서(기본세율 적용 증여재산 신고용, 별지 제10호서식)를 이용하여 증여세 과세표준 및 세액을 작성해야 합니다.

9. "㉖ 세율"란: 10%를 적용하되, 가업의 승계에 대한 증여세 과세특례를 적용하는 경우로서 과세표준이 30억원을 초과하는 경우 그 초과하는 금액에 대해서는 20%의 세율을 적용합니다.

10. 「조세특례제한법」 제30조의5의 창업자금 및 같은 법 제30조의6의 가업승계 주식 등에 대하여는 「상속세 및 증여세법」 제69조제2항의 신고세액공제 규정을 적용하지 않습니다.

11. "㉟ 분납"란: 납부할 금액(㉗ − ㉘)이 1천만원을 초과하는 경우 다음 각 목의 구분에 따른 금액을 적습니다.

 가. 납부할 세액이 2천만원 이하인 때에는 1천만원을 초과하는 금액

 나. 납부할 세액이 2천만원을 초과하는 때에는 그 세액의 100분의 50 이하의 금액

12. "㊱ 신고납부"란: 신고납부세액은 「상속세 및 증여세법」 제68조에 따라 증여세과세표준신고를 할 때 납부할 세액을 적습니다.

210mm×297mm[백상지 80g/㎡]

[별지 제10호의2서식 부표 1] (2024.3.22.개정)

창업자금 증여재산평가 및 과세가액 계산명세서

관리번호 [－]

※ 뒤쪽의 작성방법을 읽고 작성하시기 바랍니다.

(앞쪽)

가. 증여재산 및 평가명세서

① 재산구분 코 드	② 재산종류 코 드	국외자산 여부	국외재산 국가명	③ 소재지 · 법인명 등	④ 사업자등록번호 (지분)	⑤ 수량 (면적)	⑥ 단가	⑦ 평가가액	⑧ 평가 기준 코드
		[ ]여 [ ]부							
		[ ]여 [ ]부							
		[ ]여 [ ]부							
		[ ]여 [ ]부							
		[ ]여 [ ]부							
		[ ]여 [ ]부							
		[ ]여 [ ]부							
		[ ]여 [ ]부							

나. 증여세 과세가액 계산명세서

과세특례 적용 전 증여세 과세가액 계산	⑨ 해 당 증 여 재 산 가 액	
	⑩ 해 당 채 무 액	
	⑪ 기 과세특례적용분 증여세 과세가액	
	⑫ 계 (⑨ － ⑩ + ⑪)	
과 세 특 례 적 용 한 도 금 액 계 산	⑬ 총한도액 (50억원 또는 100억원)	
	⑭ 기 과세특례적용분 증여세 과세가액(= ⑪)	
	⑮ 계 (⑬ － ⑭)	
과세특례 적용대상 증여세 과세가액	⑯ ⑫과 ⑮ 중 적은 금액 (다만, ⑫ 〈 ⑬이면, ⑫ － ⑪의 금액)	
기본세율 적용대상 가액 (⑫ 〉 ⑬ 해당 시에만 적음)	⑰ 증 여 재 산 가 액 (⑨－ ⑯)	
	⑱ 채 무 액 (= ⑩)	

첨부서류	증여재산 증명서류 [예: 주주(증권계좌)번호 및 잔고증명서, 예금통장 사본 등]

210mm×297mm[백상지 80g/㎡]

작성방법

1. "① 재산구분코드"란: 아래의 재산구분에 해당하는 코드를 적습니다.

재산구분	증여재산 (창업자금)	증여재산 (가업승계)	증여재산가산 (창업자금)	증여재산가산 (가업승계)
코드	A12	A13	A22	A23

2. "② 재산종류코드"란: 아래의 재산구분에 해당하는 코드를 적습니다.

재산구분	현금	토지 I (순수토지)	토지 II [일반건물(07)의 부수토지]	개별주택 (부수토지 포함)	공동주택 (부수토지 포함)	오피스텔·상업용 건물 (부수토지 포함)	일반건물* (부수토지 제외)	부동산을 취득할 수 있는 권리	유가증권 (상장)	유가증권 (비상장)	금융재산 (현금, 유가증권 제 외)	기타재산 (01~11유형 제외)
코드	01	02	03	04	05	06	07	08	09	10	11	12

  * 일반건물은 재산구분코드 04~06 유형을 제외한 건물을 말함

3. "③ 소재지·법인명 등"란: 재산의 소재지 또는 법인명 등을 적습니다. 국외자산의 경우 국외자산여부에 ✔ 표시하고 해당 국가명을 별도 기재하고 소재지·법인명 등은 한글 또는 영문으로 적습니다. 부득이한 경우 해당 국가의 언어로 적습니다.

    가. 소재지를 기재할 경우: 해당 물건의 소재지번(예시: 세종특별자치시 나성동 457)을 적습니다.

    나. 법인명 등을 기재할 경우: 유가증권인 경우에는 해당 주식을 발행한 법인의 법인명을 적습니다. 그 외의 경우에는 작품명 등 재산명(예시: 보험금인 경우 ㅁㅁ생명 △△보험 / 유가증권인 경우 ㈜ㅇㅇ건설)을 적습니다.

4. "④ 사업자등록번호(지분)"란: "② 재산종류"가 유가증권인 경우에는 해당 주식을 발행한 법인의 사업자등록번호, 부동산인 경우에는 해당 수증자가 증여받은 부동산지분(예시: 증여자가 보유한 50% 지분 중 2분의1 을 수증자에게 증여하는 경우 25%로 기재)을 각각 작성합니다.

5. "⑧ 평가기준코드"란: 아래의 평가기준에 해당하는 코드를 적습니다.

평가기준	해당 재산의 매매거래가액 (「상속세 및 증여세법」제 60조)	해당 재산의 감정가액 (「상속세 및 증여세법」제 60조)	해당 재산의 수용보상가액 (「상속세 및 증여세법」제 60조)	해당 재산의 경매공매가액 (「상속세 및 증여세법」제 60조)	유사재산의 매매사례가액 등 (「상속세 및 증여세법」제 60조)	현금 등 가액 (「상속세 및 증여세법」제 60조)	저당권 등 평가특례가액 (「상속세 및 증여세법」제 66조)	기준시가 등 보충적 평가가액 (「상속세 및 증여세법」제 61조부터 제65조)
코드	01	02	03	04	05	06	07	08

6. "⑩ 해당 채무액"란: 해당 증여재산에 담보된 채무액 중 수증자가 인수한 채무액을 적습니다.

7. "⑪ 기 과세특례적용분 증여세 과세가액"란: 해당 증여 전에 이미 동일 과세특례를 적용받은 증여재산에 대한 과세가액(증여재산가액 − 채무액)을 적습니다.

8. "⑫ 계"의 금액이 30억원(창업을 통하여 10명 이상을 신규 고용한 경우에는 50억원)을 초과하는 경우 그 초과금액에 해당하는 "⑰ 증여재산가액"과 "⑱ 채무액"은 증여세 과세표준신고 및 자진납부계산서(별지 제10호서식)의 "⑰ 증여재산가액" 또는 "⑳ 채무액"란에 각각 적어 증여세 과세표준 및 세액을 작성해야 합니다.

가업승계 주식 등 증여재산평가 및 과세가액 계산명세서

관리번호	–

① 증여일 현재 주식 등의 가액			
사업관련 자산가액 비율	② 총자산가액		
	사업무관 자산가액	㉮ 「법인세법」 제55조의2 해당자산	
		㉯ 「법인세법 시행령」 제49조 해당자산 및 임대용부동산	
		㉰ 「법인세법 시행령」 제61조제1항제2호 해당자산	
		㉱ 과 다 보 유 현 금	
		㉲ 영업활동과 직접 관련없이 보유하는 주식·채권 및 금융상품	
		③ 사업무관자산 가액 계	
	④ 사업관련 자산가액 (② – ③)		
	⑤ 사업관련 자산가액 비율 (④ ÷ ②)		
과세특례 적용 전 증여세 과세가액 계산	⑥ 가업자산상당액 (① × ⑤)		
	⑦ 기 과세특례적용분 증여세 과세가액		
	⑧ 합 계액 (⑥ + ⑦)		
과 세 특 례 적 용 한 도 금 액 계 산	⑨ 총한도액 (※)		
	⑩ 기 과세특례적용분 증여세과세가액 (= ⑦)		
	⑪ 계 (⑨ – ⑩)		
과세특례 적용대상 증여세 과세가액	⑫ ⑧과 ⑪ 중 적은금액 [다만, ⑧ 〈 ⑨이면, (⑧ – ⑦)의 금액]		
기본세율 적용대상 가액	⑬ 증여재산가액 (① – ⑫)		

※ 총한도액

가업영위기간	한도액
10년 이상 20년 미만	300억원
20년 이상 30년 미만	400억원
30년 이상	600억원

작성방법

1. "① 증여일 현재 주식 등의 가액"란은 증여재산 중 가업에 해당하는 법인의 주식 등의 가액을 적습니다.
2. "② 총자산가액"은 증여일 현재 해당 법인의 전체 자산을 「상속세 및 증여세법」 제4장에 따라 평가한 가액을 적습니다.
3. 사업무관자산 가액의 ㉮~㉲란은 「상속세 및 증여세법 시행령」 제15조제5항제2호가목부터 마목까지에 해당하는 가액을 각각 적습니다.
4. "④ 사업관련 자산가액"란은 ② 총자산가액에서 ③ 사업무관자산 가액의 합계액을 뺀 가액을 적습니다.
5. "⑥ 가업자산상당액"란은 "① 증여일 현재 주식 등의 가액"에 "⑤사업관련 자산가액 비율"을 곱한 가액을 적습니다.
6. "⑦ 기 과세특례적용분 증여세 과세가액"란에는 해당 증여일 전에 동일 과세특례를 적용받은 증여재산에 대한 과세가액(「조세특례제한법」 제30조의6 제2항에 따라 주식등을 증여받고 가업을 승계한 거주자가 2인 이상인 경우에는 종전 거주자가 수증한 주식등의 가액을 포함)을 적습니다.
7. "⑬ 증여재산가액"의 금액은 증여세과세표준신고 및 자진납부계산서(「상속세 및 증여세법 시행규칙」 별지 제10호서식) "⑰ 증여재산가액"에 적어 증여세 과세표준 및 세액을 작성해야 합니다.

210mm×297mm[백상지 80g/㎡]

창업자금   [ ] 특례신청서
[ ] 사용내역서

※ [ ]에는 해당되는 곳에 √표를 합니다.

1. 기 본 사 항

<table>
<tr><td rowspan="3">수
증
자</td><td>① 성　명</td><td></td><td>② 주민등록번호</td><td></td></tr>
<tr><td>③ 주　소</td><td colspan="3">(전화번호:　　　　　　)</td></tr>
<tr><td>④ 증여자와의 관계</td><td></td><td>⑤ 전자우편주소</td><td></td></tr>
<tr><td rowspan="2">증
여
자</td><td>⑥ 성　명</td><td></td><td>⑦ 주민등록번호</td><td></td></tr>
<tr><td>⑧ 주　소</td><td colspan="3">(전화번호:　　　　　　)</td></tr>
</table>

2. 신 청 내 용 (※ 증여받은 날부터 1년 이내에 창업해야 합니다)

⑨ 수 증 일	⑩ 재 산 종 류	⑪ 증 여 재 산 가 액	⑫ 비　　　고

3. 사 용 내 역

증여받은 재산내역			사 용 내 역			
⑬ 수증일	⑭ 재산종류	⑮ 가 액	⑯ 사용일자	⑰ 사용용도 및 내역	⑱ 사용금액	⑲ 비　고

「조세특례제한법 시행령」 제27조의5제14항에 따라 위와 같이 창업자금 ([　]특례신청서, [　]사용내역서)를 제출합니다.

년　　　월　　　일

(서명 또는 인)

제출자

세 무 서 장 귀하

작성방법

1. 창업자금에 대한 증여세 과세특례를 신청하는 경우에는 1. 기본사항과 2. 신청내용만을 적습니다.
2. 창업자금 사용내역을 제출하는 경우에는 1. 기본사항과 3. 사용내역만을 적습니다.
3. ⑪ 증여재산가액란은 증여일 현재 「상속세 및 증여세법」에 따라 평가한 가액을 적습니다.
4. ⑰ 사용용도 및 내역란은 증여재산의 사용용도(예 : 사업용자산 취득, 임대보증금 및 임차료 지급 등)를 적고, 사용 관련 증명서류
   (예: 취득자산 명세, 대금지급 증빙, 주식 및 채권의 매각내역 등)를 별지에 첨부합니다.
5. ⑲ 비고란은 취득자산 등의 거래상대방 상호와 사업자등록번호를 적습니다.
6. 창업을 통하여 10명 이상을 신규 고용한 경우에는 부표1 신규 고용명세서를 제출합니다.

210㎜×297㎜[중질지(80g/㎡(재활용품)]

■ 조세특례제한법 시행규칙[별지 제11호의6서식 부표1] (2023.3.20. 개정)

신규 고용명세서

※ 신규 고용명세서는 증여받은 창업자금이 50억원을 초과하고 10명이상 신규 고용한 경우 작성합니다.

① 성명	② 주민등록번호	③ 주소	④ 입사일	⑤ 퇴사일

210mm×297mm[중질지(80g/㎡(재활용품)]

상속세(증여세) 연부연납허가(변경, 철회) 신청서

(앞쪽)

관리번호							–					
신 청 인	① 성 명							② 주민등록번호				
	③ 주 소					(☎)		④ 전자우편주소				
재산별 구분	⑤ [ ]「상속세 및 증여세법」 제71조제2항제1호가목의 상속재산 [ ] 그 밖의 상속재산 [ ]「조세특례제한법」 제30조의6을 적용받은 증여재산 [ ] 그 밖의 증여재산											
피상속인(증여자)	⑥ 성 명							⑦ 주민등록번호				
세무대리인	성 명			사업자등록번호			생년월일			연락처			

⑧ 신고(고지)납부기한		⑨ 총 납부세액			⑩ 최초 납부세액			⑪ 연부연납 대상금액(⑨-⑩)			
구 분	1 회	2 회	3 회	4 회	5 회	6 회	7 회	8 회	9 회	10회	
납부예정일											
납부예정 세액											
구 분	11회	12회	13회	14회	15회	16회	17회	18회	19회	20회	
납부예정일											
납부예정 세액											

「상속세 및 증여세법」 제71조 및 같은 법 시행령 제67조·제68조에 따라 위와 같이 연부연납 허가를 신청([ ]최초,[ ]변경,[ ]철회)합니다.

년   월   일

신청인   (서명 또는 인)

신청인   (서명 또는 인)

신청인   (서명 또는 인)

신청인   (서명 또는 인)

세무대리인   (서명 또는 인)

등 기 승 낙 서

년   월   일 납세담보제공서에 표시된 부동산에 대하여 납세담보의 목적으로 저당권을 설정할 것을 승낙합니다.

년   월   일

신청인   (서명 또는 인)

세무서장 귀하

신청인 제출서류	1. 유가증권인 경우 공탁영수증 1부 2. 은행의 지급보증서 1부 3. 납세담보제공서 1부	수수료 없음
담당공무원 확인사항	1. 토지 등기사항증명서 2. 건물 등기사항증명서	

행정정보 공동이용 동의서

본인은 이 건 업무처리와 관련하여 담당 공무원이 「전자정부법」 제36조제1항에 따른 행정정보의 공동이용을 통하여 위의 담당 공무원 확인사항을 확인하는 것에 동의합니다.   * 동의하지 않는 경우에는 신청인이 직접 관련 서류를 제출해야 합니다.

신청인   (서명 또는 인)

210mm×297mm[백상지 80g/㎡]

작성방법

1. ⑩란에는 상속세(증여세) 신고납부기한(기한 후 신고 포함) 또는 납세고지서에 따른 납부기한까지 납부하였거나 납부할 상속세(증여세) 액을 적습니다.

2. 연부연납기간은 다음 각 목의 구분에 따른 기간의 범위로 합니다.
   가. 상속세의 경우
      1) 「상속세 및 증여세법」 제18조의2에 따라 가업상속공제를 받았거나 「상속세 및 증여세법 시행령」 제68조제3항 각 호의 요건을 충족하는 중소기업 또는 중견기업을 상속받은 경우: 연부연납 허가일부터 20년 또는 연부연납 허가 후 10년이 되는 날부터 10년
      2) 그 밖의 상속재산의 경우: 연부연납 허가일부터 10년
   나. 증여세의 경우
      1) 「조세특례제한법」 제30조의6에 따른 과세특례를 적용받은 증여재산: 연부연납 허가일부터 15년
      2) 1) 외의 증여재산: 연부연납 허가일부터 5년

3. 가업상속재산이 아닌 경우로서 신고납부(납세고지서의 납부)기한과 신고납부(납세고지서의 납부)기한 경과 후 연부연납기간에 매년 납부할 금액은[연부연납 대상금액 / (연부연납기간 + 1)]으로 하며, 이 경우 각 회분의 납부예정 세액은 1천만원을 초과하도록 적어야 합니다.

4. 가업상속재산에 해당하는 경우로서 연부연납 허가 후 10년이 되는 날부터 연부연납기간에 매년 납부할 금액은 [연부연납 대상금액 / (연부연납기간 + 1)]로 합니다. 이 경우 각 회분의 납부예정 세액은 1천만원을 초과하도록 적어야 합니다.

5. 납부예정세액은 연부연납신청세액에 연부연납 각 회분의 분할납부세액의 납부일 현재 「국세기본법 시행령」 제43조의3제2항 본문에 따른 이자율을 적용하여 계산한 연부연납 가산금을 더한 가액을 적습니다. 다만, 가산금 납부의 대상이 되는 기간 중에 「국세기본법 시행령」 제43조의3제2항 본문에 따른 이자율이 1회 이상 변경된 경우 그 변경 전의 기간에 대해서는 변경 전의 이자율을 적용하여 연부연납 가산금을 계산합니다.

6. 상속인 전부가 연부연납을 신청하되, 연부연납을 신청하려는 상속인이 다른 공동상속인에게 공동신청을 요청했으나 그 공동상속인의 거부 또는 주소불명 등의 사유로 공동신청이 곤란하다고 인정되는 경우에는 상속인이 상속재산 중 본인이 받았거나 받을 재산에 대한 상속세를 한도로 연부연납을 신청할 수 있습니다.

7. 상속세 또는 증여세 납부세액이 2천만원 이하인 경우에는 연부연납을 신청할 수 없습니다.

210mm×297mm[백상지 80g/㎡]

상속세 물납(변경, 철회)신청서

※ 뒤쪽의 작성방법을 읽고 작성하시기 바랍니다. (앞쪽)

관리번호		—		
신청인	① 성명		② 주민등록번호	
	③ 주소	(☎)	④ 전자우편주소	
신청 내용	⑤ 납부세액		⑥ 물납신청세액	
	⑦ 유형	[ ] 신고분 [ ] 고지분 [ ]연부연납분	⑧ 납부기한	

물납대상 재산명세

⑨ 종류	⑩ 소재지 (유가증권은 발행기관)	⑪ 평가기준일	⑫ 평가기준	⑬ 단위당가액	⑭ 수량	⑮ 총액	⑯ 비고
⑰ 계							

「상속세 및 증여세법」 제73조 및 같은 법 시행령 제70조, 제72조부터 제75조까지에 따라 위와 같이 물납을 신청
([ ]최초,[ ]변경,[ ]철회)합니다.

년   월   일

신청인   (서명 또는 인)

세무서장 귀하

※ 「국유재산법」제11조에 따라 사권이 설정된 재산은 국유재산으로 물납할 수 없습니다.

신청인 제출서류	공과금 납세필증 1부	수수료
담당공무원 확인사항	1. 토지 등기사항증명서 2. 건물 등기사항증명서	없음

행정정보 공동이용 동의서

본인은 이 건 업무처리와 관련하여 담당 공무원이 「전자정부법」 제36조제1항에 따른 행정정보의 공동이용을 통하여 위의 담당 공무원 확인사항을 확인하는 것에 동의합니다. * 동의하지 아니하는 경우에는 신청인이 직접 관련 서류를 제출하여야 합니다.

신청인   (서명 또는 인)

210mm×297mm[백상지 80g/㎡(재활용품)]

(뒤쪽)

1. 물납은 아래의 요건을 모두 충족한 경우 신청할 수 있습니다. 증여세는 물납을 신청할 수 없습니다.

   가. 상속재산(「상속세 및 증여세법」 제13조에 따라 상속재산에 가산하는 증여재산을 포함) 중 부동산과 유가증권(국내에 소재하는 부동산 등 대통령령으로 정하는 물납에 충당할 수 있는 재산으로 한정한다)의 가액이 해당 상속재산가액의 2분의 1을 초과할 것

   나. 상속세 납부세액이 2천만원을 초과할 것

   다. 상속세 납부세액이 상속재산가액 중 금융재산(금전과 금융회사등이 취급하는 예금·적금·부금·계금·출자금·특정금전신탁·보험금·공제금 및 어음)의 가액을 초과할 것

2. "⑦ 유형"란은 해당되는 항목에 √ 표시를 합니다.

3. "⑨ 종류"란은 세무서장이 인정하는 정당한 사유가 없는 한 다음 순서에 따라 적습니다.

   가. 국채 및 공채

   나. 국·공채외의 상장 유가증권으로 최초로 거래소에 상장되어 물납허가통지서 발송일 전일 현재 「자본시장과 금융투자업에 관한 법률」에 따라 처분이 제한된 유가증권

   다. 국내에 소재하는 부동산(바의 재산을 제외)

   라. 내국법인이 발행한 채권 등(가, 나, 마의 재산을 제외)

   마. 국·공채외의 비상장 유가증권

   바. 상속개시일 현재 상속인이 거주하는 주택 및 부수토지

4. 유가증권 중 한국거래소에 상장되어 있지 아니한 법인의 주식 또는 출자지분(비상장주식 등)은 물납할 수 없습니다. 다만, 비상장주식 등 외에 상속재산이 없거나 「상속세 및 증여세법 시행령」 제74조 제2항 제1호부터 제3호까지의 상속재산으로 상속세 물납에 충당하더라도 부족하면 그러하지 아니합니다.

5. "⑪ 평가기준일"란은 다음과 같이 구분하여 적습니다.

   가. 신고분 또는 고지분의 경우 : 상속개시일

   나. 연부연납기간 중 각 회분의 분납세액의 경우 : 물납허가통지서 발송일 전일

6. "⑫ 평가기준"란은 시가와 기타로 구분하여 적습니다.

7. 물납신청을 철회하고자 하는 경우에는 최초 신청(또는 변경 신청)시 작성한 물납대상 재산명세 중 물납을 철회하고자 하는 재산명세를 적습니다.
   ※ 물납철회사유는 「상속세 및 증여세법 시행령」제71조 제1항 각호의 내용을 참고

8. 신청인들을 대리하여 세무대리인이 이 신청서를 제출하는 경우에는 세무대리인의 명칭(성명) 및 관리번호를 신청인란의 신청인 다음에 적고, 해당 세무대리인이 서명 또는 날인하여 제출합니다.

210mm×297mm[백상지 80g/㎡(재활용품)]

저자소개

세무사 **조남철**

이메일 주소: nexttax@nextsemu.com
홈페이지: nexttala.com
유튜브 채널: 조남철의 부자학교

상담 / 강연문의: 1644-7006

– 세무법인 넥스트 대표
– 중소, 중견기업 가업승계와 부동산 자산승계 컨설팅을 전문으로 하는 세무법인 넥스트를 운영하고 있으며, 고객들에게 세무, 회계, 법률, 자산관리 올인원 서비스를 통해서 "나에게 꼭 맞는 세무컨설팅 솔루션"을 제공을 하고 있다.

경력
• 한국세무사회 연수원 교수
• 중소기업 중앙회 가업승계 전임강사
• 중소벤처기업부 벤처캐피탈협회 M&A 자문

저서
• 중소기업 가업승계와 상속증여세
• 성실신고사업자 법인전환실무와 가족법인의 활용
• 조선생의 절세황금키, 나만 모르는 절세캐슬
• 절세미인, 절세 미리 알면 인생이 보인다

강의
• 삼성전자, 현대모비스, LS그룹, 매일경제, 한국경제, 삼성생명 등
• 기획재정부, 금융연수원, 한국거래소, 중소기업중앙회, 창업진흥원
• 이노비즈협회, 대한전문건설협회, 한국능률협회, 한국자동제어조합, 경남가업승계협의회
• 연세대학교, 서강대학교, 건국대학교, 서울종합과학대학원 등

공저자 **강성준**

▸ 세무법인 넥스트에서 중소기업 가업승계, 차명주식 해결, 조세불복 세무컨설팅을 전문으로 하고 있다.

공저자 **권우진**

▸ 세무법인 넥스트에서 중소기업 가업승계, 이익잉여금 해결, 현물출자 법인전환 세무컨설팅을 전문으로 하고 있다.

공저자 **문예인**

▸ 세무법인 넥스트에서 상속증여세 플래닝, 병의원 절세, 경정청구 세무컨설팅을 전문으로 하고 있다.

공저자 **최재원**

▸ 세무법인 넥스트에서 상속증여세 플래닝, 현물출자 법인전환, 기업청산 세무컨설팅을 전문으로 하고 있다.